C. S. 루이스와 필립 얀시의

보이지 않는 하나님을 찾아가는 여정

김병제 지음

서로사랑

C. S. 루이스와 필립 얀시의
보이지 않는 하나님을 찾아가는 여정

1판1쇄 발행 2012년 6월 28일

지은이 김병제
펴낸이 이상준
펴낸곳 서로사랑(알파코리아 출판 사역기관)
만든이 이정자, 윤종화, 주민순, 장완철
　　　　이소연, 박미선, 엄지일
이메일 publication@alphakorea.org

등록번호 제21-657-1
등록일자 1994년 10월 31일
주소 서울시 서초구 방배1동 918-3 완원빌딩 1층
전화 02-586-9211~4
팩스 02-586-9215
홈페이지 www.alphakorea.org

ⓒ서로사랑 2012
ISBN _ 978-89-8471-291-1 03230

* 이 책은 서로사랑이 저작권자와의 계약에 따라 발행한 것이므로
  본사의 허락 없이는 어떠한 형태나 수단으로도 이 책의 내용을 이용하지 못합니다.
* 잘못된 책은 바꿔 드립니다.
* 가격은 뒤표지에 있습니다.

목 차

추천의 글_ 6

들어가는 글_ 8

＊＊＊＊
제 1 부

영원과 시간: 우리가 살고 있는 세계의 두 개의 중심_ 13

1장 | 악마, 스크루테이프가 보는 인간과 세계의 근본 구조_ 21

인간을 바라보는 악마의 기본 시각: 동물 또는 벌레 / 인간: 몸의 감각 경험에 의해서 움직이는 존재 / 안락한 이 세상: 이 세상은 내가 거할 나의 집 / 현재와 영원 - 현재를 살아가기 / 영원과 현재를 동시에 살아가는 인간의 이중성: 파동의 법칙 / 하나님이 기뻐하시는 골짜기 경험 - 내가 사망의 음침한 골짜기를 다닐지라도 / 악마와 지옥의 본질: 자아 싸움의 공간

2장 | 그리스도인으로서 이 세계를 살아가는 일_ 81

C. S. 루이스, 믿음은 인간 삶의 출발 지점 / 사회적 관심을 신앙으로 바꾸어라 / 걱정과 근심에 대하여 - 근심과 걱정도 알고 보면 시간의 착각에 의한 것과 자기 집중의 문제 / 자기중심의 삶 - 내가 원하는 것은 단지 적당하게 구운 토스트 한 조각인데… / 신앙: 자신을 바라보는, 하나님이 아니라… / 겸손에 이르는 길 / 신앙 때문에 만들어진 교만: 자기 의로움 / 자아의 문제 / 자기 의로움 -

시편 사색 / 바리새인의 자기 의로움 / 기도에 대한 악마의 전략 / 내세의 천국은 신앙의 보상인가? / 신앙의 핵심: 하나님 사랑하기, 하나님으로 만족하기 / C. S. 루이스의 시간 명상 I - 시간은 하나님의 선물 / C. S. 루이스의 시간 명상 II - 하나님은 사람의 행동을 미리 아신다?

* * * *
제 2 부

보이지 않는 하나님 찾아가기_ 173

1장 | C. S. 루이스의 하나님 찾아가기_ 175

보이지 않는 하나님 찾아가기: C. S. 루이스 / 찰스 콜슨, C. S. 루이스의 「순전한 기독교」를 읽다, 그리고 거듭나다 / 프랜시스 콜린스의 회심, 그리고 C. S. 루이스 / 하나님은 어떻게 자연 세계에서 활동하시는가? - 양자물리학자 존 폴킹혼의 하나님 논의 / 존 폴킹혼과 리처드 도킨스 / 신앙 그리고 이성의 역할 - 악마, 스크루테이프의 경우

2장 | 필립 얀시의 하나님 찾아가기_ 239

보이지 않는 하나님 찾아가기: 필립 얀시 / 어떻게 하나님의 계심을 확신할 수 있는가? / 신앙은 머나먼 길 / 동굴의 비유와 쇼생크 감옥 / 신앙과 의심 / 불확실한 애매모호함의 의심과 함께 살아가기 / 확실한 증거가 있어야 믿을 수 있다 / 블레즈 파스칼의 회심: 마음으로 하나님 찾아가기

3장 | 신앙 없는 세계에서 신앙으로 살아가기 _ 295

이 세계와의 불화: 이 세상은 내 집 아니네 / 사람을 하나님의 아들로 만드시는 전략: 좋은 전염과 가면 쓰기 / 믿음을 포기하도록 만드는 환경 / 참새의 죽음과 하나님이 함께하심 / 유대인 엘리 위젤과 신학자 위르겐 몰트만: 십자가에 달리신 하나님 / 믿음은 뒤바꾸어진 편집증

4장 | 보이는 세계와 보이지 않는 세계:
욥 그리고 C. S. 루이스와 필립 얀시 _ 363

욥기, 고난 아닌 믿음의 문제 / 욥의 투쟁: 악한 자와 선한 자의 인과응보 / 욥, 인간의 무지, 그리고 하나님의 침묵 / 또 다른 세계의 소문: 욥의 문제 해결의 바탕 - 하나님의 침묵과 보이지 않는 세계 / 두 세계의 문제: 자리 바꾸기(Transposition) / 영적 현실을 어떻게 감각하는가 / 두 세계를 동시에 살아가는 신앙 / 참으로 견디기 힘든 하나님의 침묵: 엔도 슈사쿠의 경우

주석_ 423

추천의 글

 김병제 목사는 오래전부터 잘 알고 있는 분입니다. 김병제 목사님은 침례교단의 여러 기관에서 사역을 하고 교회에서 설교와 가르침으로 봉사를 하지만, 손에서 늘 책을 놓지 않고 책 읽기를 게을리 하지 않습니다. 특히 C. S. 루이스를 이해하는 데는 오랜 시간 그의 글을 읽었기 때문에 나름의 깊이를 지니고 있습니다.

 C. S. 루이스는 우선 한글 번역이라는 장벽으로 인하여 이해의 걸림돌이 생겨나고, 그의 신앙의 깊이를 폭넓게 이해하는 데 적지 않은 문제를 야기합니다. 이때 김병제 목사의 글은 의심의 여지없이 상당한 도움을 줄 것입니다. 김병제 목사는 루이스의 글의 행간의 깊이를 먼저 맛본 자로서, 좀 더 깊은 이해의 폭을 넓혀 줄 수 있으리라 믿습니다.

 특히 영문학과 철학자로서의 깊이를 지니고 있는 C. S. 루이스가 하나님을 믿고, 예수 그리스도를 주님으로 받아들이는 과정은 대단히 치밀하고 꼼꼼한 과정을 거치게 되며, 또한 그의 신앙의 삶도 역시 한 폭의 그림을 그리듯이 한 걸음씩 그 걸음의 의미를 되새기면서 그의 글들 가운데 녹아 있습니다. 그러므로 C. S. 루이스의 전체 모습을 파악하지 않고서는 그의 글의 맥락과 깊이를 알기 힘들고, 또한 그의 깊이는 대단히 중요한 신앙의 의미를 주고 있기에 놓치기 아까운 행간들입니다.

한글로 C. S. 루이스를 읽은 사람들이 한 걸음 더 나아가서 루이스 이해의 폭을 넓히고 싶다면, 바로 여기에 이 책의 기여가 있으리라고 생각합니다. 의미 없이 지나쳤던 내용들이 나름의 깊이를 지니고 새로운 이해로 다가올 때 이는 글 읽기의 기쁨이 아닐 수 없습니다. 그냥 지나치기에는 너무나 아까운 내용들이 한 아름 녹아져 내리면서 우리의 신앙의 폭을 넓힐 수 있을 것입니다. 신앙은 언제든지 잘 정리되어 좋은 맥락에서 잘 풀이되어야 합니다. 그래야 우리가 잘 이해할 수 있고, 그래서 우리는 신앙을 우리 지성과 마음으로 체험할 수 있도록 도움을 받습니다.

C. S. 루이스와 필립 얀시에 대한 관심이 있는 독자들에게 일독을 권합니다.

지구촌교회 원로 목사

이동원

들어가는 글

C. S. 루이스와 필립 얀시는 최근 우리 손에 가장 가까이 있는 저자들이다. 아마도 우리에게 갈증이 일었던 부분을 채워 주는 글들이기 때문에 그러하리라. 또한 하나님을 향한 갈증도 여전하다는 사실을 보여 준다. 물질문명의 끝까지 치닫고 있는 느낌이 들 정도로 인류는 여기까지 달려왔지만, 하나님을 향한 갈망은 전혀 수그러들 기미가 보이지 않는다. 종교 그 자체는 더 많은 사람들의 관심을 갖게 한다. 사람들은 목이 말라 있다. 물질을 향한 그들의 외적 갈증이 채워지면 질수록 하나님을 향한 내면의 갈증은 더해 간다. 그래서 C. S. 루이스와 필립 얀시는 계속 사람들의 관심을 끌고 있다.

C. S. 루이스는 내가 읽기 시작한 지 꽤 오래된 듯하다. 당시 신앙을 처음 갖기 시작할 무렵, 「내가 믿는 기독교」라고 해서 문고판으로 기독교서회에서 번역해서 간행한 「Mere Christianity」가 C. S. 루이스의 책 전부였다. 그리고 후에 도서관에서 김준곤 목사님이 번역하신 「고통의 문제」(The Problem of Pain)가 나온 것을 볼 수 있었다. 그런 책들은 내게 당시 일말의 정신의 파도를 일게 했으나 그게 뭔지 잘 모르고 지냈다. 아마도 아직 아니었나 보다. 그런데 미국 리버티 신학교(Liberty Baptist Theological Seminary)에서 공부할 때 유명한 노만 가이슬러(Norman Geisler) 교수가 C. S. 루이스를 소개하면서 「고통의 문제」를 읽고 학생들과 함께 스터디를 했다. 쉬운 내용은 아니었지만 그런 대로 읽을 만했다. C.

C. S. 루이스는 계속 내 책상 위에 있었고, 나는 관심을 끄지 않았다.

그리고 필립 얀시의 책들이 우리나라에 소개되어 나왔다. 재미있게 쓰였고, 문제를 에둘러가지 않고 정면으로 다루는 글에 나름 빠지게 되었다. 수많은 사례들을 인용해서 글을 쓰는 전형적인 미국 스타일로 하나님 찾아가기 문제를 쉽게 다루고 있다. C. S. 루이스와 필립 얀시, 두 작가의 책을 읽으면서 그들의 차이가 보였다.

C. S. 루이스는 신앙에서 인간 이성을 근래에 보기 드물 정도로 회복시킨 장본인이다. 우리 주변의 그리스도교 신앙의 많은 부분은 주로 이성의 역할을 폄하하는 상황에서 C. S. 루이스는 새롭게 그의 글을 드러내 보여 주었다. 그러나 필립 얀시는 C. S. 루이스와 달랐다. 물론 그의 글에는 무수히 많은 C. S. 루이스의 글들이 인용된다. 필립 얀시의 하나님 찾아가기는 블레즈 파스칼의 그것을 보는 듯했다. C. S. 루이스가 이성으로 하나님을 찾아간다면, 필립 얀시는 마음으로 하나님을 만난다. 굳이 표현을 하자면, C. S. 루이스는 이성과 머리로 하나님을 찾아간다면, 필립 얀시는 마음과 무릎으로 하나님을 찾는다. 물론 두 가지를 함께 더할 수 있으면 좋겠지만, 그게 쉽지 않다. 왜냐하면 사람들은 그들 나름의 삶의 배경을 지니고 있기 때문에 가슴의 하나님 찾기와 머리의 하나님 찾기는 그들 나름의 몫으로 될 것이다. 내게서 C. S. 루이스와 필립 얀시는 그렇게 구분되어졌고, 사실을 말하자면, 필립 얀시의 하나님 찾아가기가 더 마음에 들었다.

평소에 다시 읽고 싶었던 「스크루테이프의 편지」(The Screwtape Letters)를 좀 더 자세히 읽고 또 읽었다. 그러자 새로운 행간의 글들이 새롭게 말하기 시작했다. 그걸 담아내자니 벅차다. 어느 정도 가서는 그만하자는 생각이 들었다. 이 책은 그야말로 고전일 터인데, 읽으면 읽을수록 그 의미가 깊이를 더한다. 만약 그렇지 않다고 하면 영어와 한글 번역 사이의 메울 수 없는 의미의 간격도 그중 이유일 터이며, 의미가 우선 비틀려 있기 때문에 신앙 경험과 글을 읽어 내는 리딩(reading)이 같이 가야 그 말의 의미에 깊이 닿을 수 있다. 한 번 더 「스크루테이프의 편지」를 깊이 읽어야겠다 할 정도로 많은 부분이 남겨져 있는 느낌을 감출 수 없다. C. S. 루이스는 이것을 어디서 배우고 알았을까 하는 전율이 의문과 놀라움으로 압도해서 다가올 때, 그의 글의 깊이와 그 의미의 차원을 두고서 헤맬 수밖에 없다는 생각이 든다.

얼마간의 시간이 주어졌고, 그래서 다시 한 번 C. S. 루이스와 필립 얀시를 읽기 시작했고, 구할 수 있는 한 영어로 구해서 읽었다. 내가 주로 이 글을 위해서 읽은 책은 C. S. 루이스의 「Mere Christianity」와 「The Screwtape Letters」, 「The Problem of Pain」, 「The Miracles」, 「Reflections on the Psalms」이고, 필립 얀시의 책들은 「Disappointment with God」과 「Reaching for the Invisible God」, 「Rumors of Another World; What on Earth are We Missing」과 「Finding God in Unexpected Places」였다. 그리고 C. S. 루이스에 관한 저작은 「나니아 연대기」(The Chronicles of Narnia) 등을 포함해서 수없이 읽었다. 물론 이에 더하여 번역물들도 다시 읽었다. 그러나 내가 직접 번역을 해서 설명과 인용을 했다. 그러나 중요한 것은 논문과 같은 딱딱한 아카데믹한 분위기에서 벗

어나려 했다. 읽는 사람들에게 부담만 주게 될 터이니 말이다. 그리고 프랜시스 콜린스와 존 폴킹혼의 아티클과 기사들도 읽었다. 하나님을 찾아가는 길목에서 과학의 문은 이제 피할 수 없는 조건이 되었다. 특히 폴킹혼의 글들은 너무 좋았다.

자료에 대해서 한마디 덧붙이자면, 인터넷의 수많은 사이트들 덕분에 이런 자료들을 거침없이 구할 수 있으니 참 좋았다. 사실 C. S. 루이스의 이름 있는 저서들은 물론이고 그에 관한 많은 논문과 자료들도 관련 도서관과 사이트에서 얼마든지 찾을 수 있었다. 서점에 일일이 가지 않아도, 도서관에 가서 자료를 일일이 복사하지 않아도, 노트북 안에서 모든 자료를 읽을 수 있다. 또 다른 좋은 자료는 유투브다. 여기서 C. S. 루이스의 목소리를 들을 수도 있었고, C. S. 루이스에 대한 수많은 강연들과 필립 얀시의 강연도 직접 들을 수 있었다. 이제 맘만 먹으면 노트북 안에서 중요한 많은 읽기 자료들과 듣기 자료들을 찾을 수 있기 때문에 사료가 부족하다는 말은 핑계다.

나는 C. S. 루이스와 필립 얀시를 읽으면서 내가 하고 싶은 말들을 덧붙이고 싶었으리라. 다시 읽어 보니 그들의 글들 가운데, 그 행간들 사이에 내 말들이 곳곳에 숨어 있듯이 들어가 있다. C. S. 루이스와 필립 얀시 안에 들어가고 싶었고, 그들을 내 안으로 들어오게 하고 싶었다. 본시 모든 글은 텍스트 간의 대화들이다. C. S. 루이스는 어거스틴과의 대화를 통해서 자신을 만들어 갔고, 필립 얀시도 많은 경우에 끊임없이 C. S. 루이스를 그의 글 안에 끌어들인다. 이를 일러서 상호텍스트성(Intertextuality)이라고 하던가….

이 세계 내에서 우리가 살아가는 데 신앙은 얼마나 우리를 사로잡는 물음인가? 그리고 이 물음에 대해서 쓰고 읽고 하는 일은 우리를 결코 지치지 않게 한다. 하나님을 향한 갈증과 하나님에 대한 우리의 물음은 그 자체가 늘 복으로 다가온다. 나는 이 글을 쓰면서 신앙으로 산다고 하는 것이 얼마나 깊은 기쁨을 주는 일인지 다시 한 번 경험할 수 있었다. 아픔과 고통이 우리를 결코 지나치지 않지만, 동시에 하나님의 기쁨도 여전히 우리 곁에 자리하고 있다. 그래서 때로 아픔에 치이기도 하지만, 그 기쁨은 상처와 아픔을 넘어서서 우리를 다시 일어서게 한다.

제1부

영원과 시간:
우리가 살고 있는 세계의 두 개의 중심

C. S. 루이스 이전, 1667년에 존 밀턴은 그의 책 「실낙원」(Paradise Lost)에서 악마를 매우 섬세하게 그린다. 밀턴이 그리는 악마의 뚜렷한 특성은 "하늘에서 섬기기보다는 지옥에서 다스리는 것이 훨씬 더 낫다"는 말로 드러난다. 이 말은 "나는 섬기기 위해서 왔노라"는 예수의 말씀에 정면으로 위배되는 삶의 유형이고, 예수께서 그토록 지겨워하면서 독설을 퍼부으신 바리새인들의 삶과 긴밀하다. 결코 섬김과 겸손의 자리에 설 줄 모르는, 그래서 끝내 다스림의 자리와 자아의 드높음을 추구하는 악마의 모습은 낯설지 않은 우리 자신의 모습이고, 우리 주변의 모습이다.

나는 수년 전 교회의 대학생들과 직장인들의 소그룹에서 「스크루테이프의 편지」를 일주일에 한 번씩 읽으면서 토론한 적이 있었다. 그들은 매우 흥미 있어 했지만, 그 편지의 내용을 완전히 파악하기는 힘들어 했다. 우리는 여럿이서 함께 생각하고 토론을 하는 동안에야 비로소 그 의미를 파악할 수 있었다. 몇 차례 읽었지만 함께 읽으면서, 또 다시 새로운 의미를 찾아가는 경험을 하면서 C. S. 루이스는 이런 놀라운 신앙 경험을 어디서 배웠을까 하는 전율을 느낀 적이 있다.

C. S. 루이스의 스크루테이프는 이미 우리 가까이에 있다. C. S. 루이스는 「스크루테이프의 편지」가 태어나는 과정을 이렇게 설명한다.

1940년 7월 어느 주일, 예배를 드리는 중에 목사의 설교가 조금 지루했다. 그때 C. S. 루이스 특유의 상상력이 자기도 모르게 그의 머리를 스치고 지나면서 꽃을 피운다. 어떤 한 악마가 다른 악마에게 편지를 쓴다는 착상으로, 여기서 높은 지위에 있는 악마가 졸병 악마에게 어떻게 하면 하나님 편으로 나아가는 사람을 유혹해서 그들 편으로 끌어들일 것인가 하는 가르침을 담고 있는 편지다. 기도와 신앙에 대해서 이제 막 그리스도인이 된 자를 포로로 잡고 있는 어떤 졸병 악마를 위한 충고를 담은 내용인 것이다. C. S. 루이스는 이 31통의 편지를 입수하여 성공회 신문 주간지인 〈가디언〉지에 보낸다. 1941년 5월부터 11월까지 편지는 매주 한 통씩 연재되고, C. S. 루이스는 원고료로 62파운드를 받는다. C. S. 루이스는 이 원고료를 미망인을 위한 자선기관에 보낸다. 후에 이 편지들의 묶음이 책으로 출간되자 첫해에 8쇄를 거듭하게 되었고, 후에 전 세계적으로 2백만 부 정도가 발매되었다.

C. S. 루이스는 이 책을 쓰면서 나름의 고통을 겪는다. 한 사람을 어떻게 유혹할 것인지를 곰곰이 생각하는 동안 그는 악마의 입장이 되었고, 악마의 심정을 갖게 되었다고 한다. 그는 잠시 악마의 탈을 쓰고서 악마처럼 유혹자의 역할을 한다. 그때 그의 성격에 악마의 품성이 스며들었다고 말하기도 했다. 후에 천사가 또 다른 천사에게 편지를 쓰는 내용의 글을 쓸 계획을 가졌으나, 천사의 마음을 상상하기 어려워서 그 책은 포기했다는 말도 전해진다.

이 편지의 시대 배경은 제2차 세계대전이다. 그러나 이 편지에서 전쟁은 그리 큰 배경이 되지 않는다. 이 편지는 일상의 생활이 주 무대이고, 보편적인 문제를 그들의 관심으로 다룬다. 시간과 공간을 넘어서 공감을 얻을 수 있는 이유는 바로 이 때문이다. 악마는 어떻게 하면 인간의 영혼을 소유할 수 있는가를 최대의 관심사로 갖는다. 그들이 악으로 끌어들이는 악의 면모는 매우 작은 스케일이다. 일상에서 일어나는 소소한 것들이 쌓인다. 스크루테이프는 엄청난 학살을 일으키는 자는 아니다. 일상의 삶 가운데 도덕의 파괴와 인간성의 붕괴와 영혼의 파괴를 만들어 낸다. 습관적으로 짓는 작은 죄들로 만들어진 부드럽고 미끄러지는 듯한 경사를 타고 내려오는 죄가 더욱 치명적이다. 엄청난 살인과 강간과 성적인 부도덕 등보다는 작고 미미한 죄들이 문제다.

이 편지의 모든 내용은 완전히 뒤바뀐 구조를 지닌다. "하늘에 계신 우리 아버지"는 "땅 아래에 있는 우리 아버지"로 바뀌고, 하나님은 '적'이 되고, 악마가 지배하고 관리하는 사람을 '환자'라고 하여 병실에 입원을 해서 의사가 환자를 처치하는 풍경을 자아낸다. 그는 악마가 관리하는 환자다. 한 사람을 하나의 악마가 담당해서 관리한다. 그리고 계급이 낮은 악마는 계급이 높은 악마에게 일일이 그 환자의 상태를 보고하고, 지시와 감독을 받는다.

이제 C. S. 루이스는 악마를 우리 곁으로 가까이 끌어들인다. 그래서 C. S. 루이스는 그의 스크루테이프를 통해서 인간 의식과 심리가 어떻게 변모해 가는지를 말한다. 매순간 인간 심리는 끊임없이 바뀌고, 변하고, 그래서 일정한 하나의 패턴을 만들고, 끝내는 거의 돌이키기 힘들 정도로 확고한 자리매김을 하여, 더 이상의 변동 없는 하나의 고정된 자아가 만들어지고, 그에 따라서 그가 있을 자리가 하나님 있는 자리(천국)

또는 하나님 없는 자리(지옥)로 정해진다. 사람은 태어날 때부터 자신의 자리를 갖고 나오지 않는다. 그는 점차로 자기도 모르는 사이에 어느 한 방향을 향해서 조금씩 나아간다.

지옥으로 가는 길은 점차로 조금씩 걸어가는 길이다. 부드럽게 경사진 곳이며 걸어가기에 조금도 불편하지 않다. 이 길은 넓은 길로, 가파르게 떨어진 절벽도 아니고 가시밭길도 아니다. 그저 아무 생각 없이 자기 좋을 대로 흥얼거리면서 천천히 나아간다. 속도는 문제가 되지 않는다. 문제는 진로의 방향이다. 이미 악마는 그의 방향을 틀어 놓았다. 하나님을 향한 궤도에서 이탈해 천천히 걸어간다. 그는 이미 어둠의 끝을 향해서 태양으로부터 등을 돌린 채로 느릿느릿 걸어간다. 그래서 C. S. 루이스의 말을 내 나름대로 옮기면 이런 식이다.[1]

> 지옥으로 향하는 가장 안전하고도 확실한 길은 한 걸음씩, 그리고 조금씩 걸어가는 시간이 오래 걸리는 길이다. 비탈길이 있다 해도, 그래서 오르락내리락하기도 하지만, 그래도 평지를 걸어가는 것과 거의 차이가 없다. 그의 발아래 사뿐하게 밟히는 부드러운 흙들은 살맛나는 삶의 부드러움을 느끼게 한다. 그저 그렇게 아무런 고민도 없이 한 걸음씩 걸어가다 보면 시간은 흘러간다. 그렇게 가다 보면 갑자기 틀어서 방향을 바꾸어야 할 때도 있지만 그건 다른 사람들 이야기일 뿐이다. 인생의 의미를 알려 주는 어떤 삶의 이정표도 찾을 수 없다.

그러나 C. S. 루이스에 의하면, 이는 한 개인이 홀로 결정하는 것이 아니라, 바로 악마가 우리의 영혼과 마음에서 충동질을 하고, 유혹하고 속삭이면서 우리를 그 악마가 거하는 악마의 공간으로 이끌어 간다. 악마는 자신을 확대하기 위하여, 다른 자아를 흡수하기 위하여, 그 자아를 먹어 치우기 위한 성찬의 자리를 마련하기 위하여 인간 자아를 자신에게로 끌어들인다. 이것이 바로 악마의 유혹이다.

또 하나의 큰 착각은, 자신이 내린 모든 결정과 선택은 언제든지, 그리고 얼마든지 취소하고 다시 다른 선택을 할 수 있다는 생각이다.[2] 그것은 그 녀석의 잘못된 생각이다. 그런 하나하나의 선택과 결정 그 자체가 문제가 아니라, 그런 선택과 결정을 하는 그 사람 자신이 문제다. 그런 사람이니까 그런 선택을 한 것이다. 그리고 그는 자신의 선택들을 통해서 그런 사람이 되었고, 그는 그런 선택의 범위를 벗어나지 못한다. 이미 그런 울타리에 갇힌 사람이기 때문이다. 그래서 사람은 천천히 아래로 걸어가서 이제는 거의 돌이키지 못한다. 그는 이제 경사진 길에 더욱더 익숙하고, 다시 거슬러 올라가는 길은 상상할 수 없다. 지옥은 거의 그의 안방이 되어 간다. 너무나 안락하고 따뜻한 곳이 되어 그는 자신도 모르는 사이에 어느덧 지옥에 알맞은 인물이 되었다.

> 내가 여기서 말하고자 하는 바는, 당신이 어떤 선택을 내리는 그 순간 당신의 중심(당신의 자아-움긴이)은 이전과 조금이라도 다른 모습으로 조금씩 변해 가고 있다는 사실이다. 당신의 생애 전체를 하나로 본다면 그 생애는 무한한 선택들로 이루어진다. 당신은 그런 매일의 결정들을 통해서 천천히 당신의 중심을 천국에 알맞은 자로 바꾸어 나가든지 아니면 지옥에 알맞은 자로 바꾸어 나가든지 한다. 하나님과 하모니를 이루는 자가 되느냐, 아니면 자기 자신과 이웃들과 하나님과 다투고 싸움을 하는 증

오의 상태에 이르느냐 하는 것이다. 어떤 자는 천국에 알맞은 자가 되는데, 이곳은 기쁨과 평화와 지식과 능력의 장소다. 아니면 그는 광기와 공포와 바보스러움과 분노와 무능력과 영원한 외로움의 장소에 알맞은 자가 되기도 한다. 우리는 모두 다 매 순간의 삶에서 둘 중 하나의 상태로 나아가고 있다.[3]

그래서 C. S. 루이스는 100퍼센트 그리스도인과 100퍼센트 비그리스도인으로 나뉜다고 하지 않는다. 그리스도인이라고 스스로 말하는 어떤 자들은 자신의 그리스도인 됨을 서서히 그만두고 있으며, 이들 가운데는 물론 성직자들도 포함되어 있다. 어떤 자는 하나님의 도움을 받아서 자신을 천국에 알맞은 자로 바꾸어 가고 있는가 하면, 그와 정반대의 경우도 많이 있다.[4] 그래서 지옥에 이르렀을 때 하나님은 지옥에 있는 그를 향해서 "네가 스스로 너 자신을 그렇게 만들어 놓은 결과다"라고 말씀하신다. 그리고 천국에 이르렀을 때 천국에 있는 그는 하나님을 향해서 "주님, 당신께서 친히 저를 이렇게 만들어 놓으신 결과입니다"라고 말한다.[5] 이 말은 C. S. 루이스의 신앙을 이해하는 시금석이다.

악마는 지금까지 우리가 상상해 왔던 기괴한 그리스 신화의 괴물이 아니라, 우리의 마음과 영혼 가운데 생생하게 살아서 우리 귀에 끊임없이 속삭이는 유혹자다. C. S. 루이스가 그려 내는 악마의 모습은 결코 낯설지 않은, 때로 우리 주변에서 만나는 인물들이고 또한 나 자신이기도 하다. 그래서 스크루테이프의 편지들은 인간 현실과 밀접하게 관련된다. 소리를 높일 필요도 없이 조용한 톤으로 말하면서, 눈부시게 하얀 컬러의 와이셔츠와 단정하게 손질한 손톱과 부드럽게 면도한 갸름한

턱을 뽐내면서, 깨끗한 카펫이 깔린 부드럽고 환한 불빛의 사무실에서 일하는 바로 당신과 내가 이 '환자'[6](patience)이며, 또한 스크루테이프의 작업 터이다.

두 악마 사이에서 오고 가는 대화를 통해서 C. S. 루이스는 하나님이 어떤 분이시고 악마가 어떤 자인지를 적나라하게 보여 주며, 또한 그 악마는 인간의 어떤 약점을 노리고 있는가, 인간은 어떤 존재인가를 보여 준다. 스크루테이프는 일상적인 삶과 유리된 신학적이고 이론적인 악마의 모습과 인간의 모습이 아니라, 우리 일상적인 삶과 깊은 관련을 맺은 인간 삶의 허점과 약점, 그리고 그런 약점을 이용하는 우리의 진정한 적(enemy)의 정체를 그림처럼 보여 주고 있다.

- 1장 -
악마, 스크루테이프가 보는 인간과 세계의 근본 구조

1. 인간을 바라보는 악마의 기본 시각
동물 또는 벌레

사람은 두 가지 요소를 지닌다. 물론 딱 부러지게 구분되는 것은 아니라 해도, 인간의 육체는 그의 삶의 방향에 결정적인 영향력을 끼친다. 마치 배의 키와 같다. 육체는 영혼을, 전체는 아니라 해도, 매우 중요하게 통제한다. C. S. 루이스에게서 사람은 육체를 지닌 동물, 털 없는 두 발 짐승이다.[7] 악마 스크루테이프는 꼬마 악마 웜우드에게 인간은 다름 아닌 동물이며 벌레라는 사실을 끊임없이 깨우친다. 인간이 동물이라는 이 사실에서부터 인간에 대한 모든 유혹의 거리들이 파생되기 때문이다. C. S. 루이스가 스크루테이프를 통해서 인간을 바라보는 시각은, 인간 존재가 동물과 벌레로서 얼마나 지지리도 구차한가를 보여 준다. 사람은 동물이 될 수도 있고 천사가 될 수도 있다는 파스칼의 말은 얼마나 사실인가? 천사의 차원으로 올라갈 수 있는 가능성의 존재, 그러나 시작은 동물과 벌레다. 그가 자신을 하나님께로 그의 방향을 움직일 때 비로소 그는 참으로 벌레와 동물의 껍질을 깨고 벗어나서 하나님의 아들이 된다.

스크루테이프는 인간을 더러운 벌레 취급한다. 그의 원수, 하나님께서 왜 이런 버러지와 같은 '반은 영혼, 반은 동물'(half spirit and half animal)⁸⁾과 같은 존재를 만들었는지에 대해서는 주체할 수 없는 분노를 갖는다. 혐오스러운 잡종을 만들어 내는 하나님을 향해서 악마는 끓어오르는 증오심과 함께 하나님을 반역하고 결별한다. 그 인간 벌레는 땅 위에 발을 디디고 살지만, 때로는 영적 존재의 흉내를 내면서 영원을 갈망한다. 이런 이중성을 악마는 견디지 못한다. 순수한 영으로서 말이다. 어떻게 순수한 영이신 하나님이 벌레들이 꿈틀대면서 기도를 한다고 해서 스스로 그의 허리를 숙여서 벌레들에게 하나님에 대한 지식을 부어 주는가? 있을 수 없는 일이고, 이는 영적 존재의 위엄과 경이로움에 수치를 안겨다 줄 뿐이다.⁹⁾

그런데 더 괴이한 사실이 있다. 악마가 보기에 하나님은 이 인간 동물에게 일어서서 그의 두 발로 앞을 향해서 걸어 나갈 수 있도록 하는 목표를 정해 주고, 괴이한 일은 인간 동물들이 그들 스스로의 힘으로 그 목표를 향해서 혼자 걸어가도록 내버려둔다는 것이다. 이것이 바로 '인간 동물'을 향한 하나님이 최종 목표이며, 악마로서는 도저히 이해할 수 없는 처사이다. 누구의 도움도 받지 않고 하나님과 별개의 존재로 홀로 걸어가다니, 말도 안 된다. 스스로 서서 걷게 하다니… 있을 수 없는 일이다. 인간 동물은 나의 밥상 위에 놓일 먹잇감으로 있는 것이지, 독립해서 그들 스스로 걸을 수 있도록 하다니, 말도 안 된다.

악마의 입장에서 볼 때, 인간은 지겨운 벌레이긴 하지만, 동시에 '하나님 자신을 복제해 놓은 작은 신적 존재' (little replicas of Himself)¹⁰⁾이다. 인간 생명은 하나님의 축소판이다. 하나님은 악마와 달리 사람을 '먹지' 않는다. 악마는 사람을 '먹어서' 자신의 자아를 확대하여, 자신의 뜻 안으로 사람의 뜻을 빨아들여 인간 의지의 굴복을 악마의 권력 확대로 이용한다. 악마에게 있어 사람은 잡아먹기 위해서 키우는 가축에 불과하다. 악마는 사람을 빨아먹으면서 흡수한다.[11] 드라큘라가 사람의 목에 빨대를 꽂고 사람의 피를 빨아먹는 이야기는 악마의 행동을 그려 준다. 악마는 사람의 영혼을 빨아서 마시기 위해서 동분서주한다. 특히 전쟁 시에 일어나는 인간의 고뇌와 혼동은 악마를 취하게 하는 포도주다.[12] 그들은 인간의 공포와 두려움을 즐기면서 유쾌하게 바라본다. 인간의 고통은 악마의 기쁨이다. 그러나 전쟁의 공포와 두려움 그 자체가 곧 사람들의 영혼을 악마의 손에 건네주는 근거는 아니다.[13] 사람은 악마의 식탁 위에 놓인 맛있는 식사 거리 외에 아무것도 아니다.

악마는 전적으로 '순수한 하나의 영' (a pure spirit)[14]이다. 그래서 영은 영적인 지위와 체면이 있다. 그런데도 '원수', 곧 하나님은 영으로서의 위엄을 헌신짝처럼 버리고 '인간 동물' (human animals)[15]이 무릎을 꿇을 때 하나님 자신에 대한 지식을 부어 준다. 이는 같은 영적 존재로서 악마가 보기에 수치를 모르는 하나님의 몰염치한 행위이다. 그래서 스크루테이프는 하나님의 '성육신이라 하는 이것은 도저히 쪽팔려서 얼굴을 들 수 없는 에피소드' (the discreditable episode known as the Incarnation)[16]라고 한다. 순수한 영적인 존재이기 때문에, 하나님이 몸을 입는다든가 아니면 인간 벌레 동물이 영적인 존재로 바뀌어 가는 것을 참지 못한다.

하나님은 악마가 보기에 도저히 동의할 수 없는 환상을 갖고 있다. 구역질나는 작고 하찮은 '인간 벌레' (human vermin)[17]를 그들이 스스로 자유를 만끽하는 아들이며, 연인이며, 동시에 종이기도 한 그런 잡종으로 만들어서, 영적 세계의 질적 수준을 떨어뜨리려고 하다니… 이 '두 다리 달린 짐승'(the two-legged animals)[18]은 보기만 해도 역겹다. 그런데도 이 벌레를 '영원의 세계'[19]로 이끌고 가려는 원수의 기이한 작태를 이해할 수 없다. 인간은 동물임에도 이 땅에 사는 것에 대한 일말의 불안감[20]을 느끼면서 또 다른 영원의 세계를 그리도록 한 것은 바로 하나님의 작업이니, 악마는 하나님과 인간에 대해서 반감과 증오를 갖는다. 악마는 그래서 인간의 육체성을 진저리치도록 싫어한다.

악마가 인간의 육체를 부러운 듯이 말하는 장면도 있다. 하나님은 인간의 몸을 입은 적이 있기 때문에 인간을 이해하는 데 악마보다 훨씬 더 유리하다. 하나님은 사람이 된 적이 있기 때문이다. 그래서 하나님은 사람의 몸 됨을 잘 이해한다. 그런 점에서 인간의 몸 됨에 대해서 악마는 무지하다. 그래서 악마는 사람들이 비용이 많이 들어가는 고급 양로원에서 죽기를 바란다. 잘만 하면 더 오래 살고 죽지 않을 수 있다고 거짓말하는 의사들과 그의 친구들과 주변 사람들, 그리고 칭얼거림과 응석받이가 되어 버린 노인들과 환자들, 그러니 양로원의 노인들과 환자들은 제멋대로 마구 굴어도 된다는 식의 논리가 통하는 곳이다. 때문에 그곳은 악마가 활동하기에 좋은 놀이터다.[21]

몸을 자신의 것으로 착각하는 사람들의 작태이다. 그러나 사람의 몸은 사람의 것이 아니다. 악마는 사람의 몸이 대단히 위험한 거주지라고 한다. 몸은 한 인간 영혼이 거주하는 거대한 공간인 동시에 위험한 영혼의 현실을 만든다. 이 사람의 몸은 깊은 곳에서 흘러넘치는 에너지로 가득하여 깊은 갈망과 욕망의 음성을 그치지 않는다. 그 몸에서 울려 나오는 소리는 깊고, 다듬어지지 않았고, 충동적이다. 그가 비록 그의 몸의 주인 행세를 하고 있으나, 실은 그 몸의 주인 됨은 우연히 그렇게 된 것이다. 내가 이 몸에 거하겠다고 동의를 구한 적도, 동의를 해 준 적도 없다. 실은 그 몸은 내 것이 아니다. 단지 내 것으로 튜닝을 하여 그렇게 보일 뿐이다. 그래서 사람은 그렇게 몸을 그의 거주지로 삼고 있다가, 언젠가 시간이 되면, 우리가 아닌 절대 타자의 밀어내시는 힘으로 그는 한마디 못하고 모든 것들을 그대로 다 놓아 둔 채 그 몸에서 튕겨져 나가게 될 것이다.[22]

사람이 그의 몸에 거주하는 것은 그들의 뜻에 의함이 아니다. 그의 몸은 어떤 의미에서 그에게 선물로 주어진 것이다. 그래서 언젠가 시간이 다했을 때, 그는 자신의 몸인 양 보이던 그의 몸을 떠나야 한다. C. S. 루이스는 사람의 몸이 위험한 거주지라고 하면서 동시에 세계를 창조하시는 하나님의 에너지로 가득 차 있다고 한다. 위험하지만 에너지가 넘치는 인간 몸, 그러나 그 몸은 내가 동의한 적도 없이, 나와 상관없이 나에게 주어진 것이며, 그래서 언젠가는 내 몸처럼 보이던 내 몸에서 나는 내 뜻과 관계없이 튕겨져서 떨어져 나갈 것이라고 말한다. 죽음에 대한 C. S. 루이스의 표현이다.

그러나 악마의 입장에서 볼 때, 인간 영혼이 그의 몸을 떠나는 죽음이 마냥 즐거운 일은 아니다. 악마는 우리의 예상과 달리 인간의 죽음을 좋아하지 않는다. 어떻게 죽느냐에 관심이 있다. 전쟁과 죽음을 이용해서 악마가 사람의 영혼을 끌어들여서 먹고 마시지 않는다면 말짱 헛것이다. 악마의 작업은 인간 영혼을 질질 끌고 가서 그의 입으로 마시는

데서 끝이 난다.[23] 인간의 고통과 아픔은 그 자체로 악마에게 깨알 같은 자잘한 즐거움을 주지만, 그렇다고 해서 사람의 영혼이 모두 다 악마의 소유가 되지는 않는다. 악마는 인간의 고통을 즐기기보다는 차라리 고통을 이용해서 영혼을 빨아 먹고, 자신을 더 크게 확대하여 만드는 것을 더 좋아한다. 전쟁과 고통 그 자체는 악마에게 유리할 것이 없다.[24] 사람은 고통 가운데서 잔혹함과 음탕함을 드러내기도 하지만, 반대로 영혼의 고귀함을 드러내는 기회가 되기도 한다.

사람은 악마가 보기에 천한 동물이며, 버러지다. 더구나 영적인 시각에서 볼 때 사람은 영의 세계를 더럽히는 야만적인 반쪽 존재다. 그래서 악마는 하나님과 사람을 둘 다 지겨워한다. 사람의 몸은 악마에게 미지의 것이긴 하지만, 그리고 한편 부럽기도 하지만, 결코 가까이하기 싫은 잡종에 불과하다. 그래서 하나님이 사람 흉내를 내서 사람의 몸을 입고 사람들이 사는 세계로 들어갔다는 '성육신 에피소드'는 무엇보다도 악마를 불쾌하게 만든다. 하나님의 스캔들?

C. S. 루이스의 스크루테이프는 기본적으로 영지주의 사고에 물들어 있다.[25] 물질과 몸은 더러운 것이다. 영혼만이 순수한 것이고 깨끗한 것이다. 몸을 입고서 이 땅에 오신 그리스도는 타락과 부패의 세계에 진입하였다. 사람은 반쯤은 영혼, 반쯤은 몸으로 구성되었는데, 이런 잡종은 영지주의자들에게 분노를 자아내게 한다. 그러나 하나님은 성육신을 통해서 인간 몸의 거룩함의 가능성을 인정하신다. 예수께서 몸을 입으심으로 사람이 되었고, 예수의 몸 되심을 부인하는 자는 그리스도의 적대자이다.[26] 스크루테이프는 플라톤 읽기에 빠져 있던 자이던가? 플라

톤의 이데아의 세계, 영의 순수한 세계, 정신만으로 구성된 세계, 이는 인간 현실이 아니다. 몸은 사람의 현실이며, 몸을 벗어나서 사람을 말하는 것은 거짓이다. 몸의 거룩함이 없이는 영혼의 거룩함도 없다. 몸으로 드리는 예배 없이는 영혼의 예배도 없다. 몸으로 행동하는 구제가 없는 말로만 하는 구제는 가증하다. 몸으로 사람의 의지가 구체화되지 않는 생각은 판타지에 불과하고, 이는 악마의 비웃음을 산다. 악마는 생각을 즐기고 액션으로 나아가지 않는 자를 희롱한다. 별로 개의치 않을, 아무것도 아니기 때문이다.

여기에 악마의 찬스와 위기가 동시에 나타난다. 인간 동물이 감정에 따르지 않고서도 그들의 몸을 통해서 자신의 의지를 갖고 그 목표를 향해서 한걸음씩 꾸준히 나아간다면, 그때 가서는 악마의 유혹이 빛을 잃고 만다.[27] 사람의 내면은 C. S. 루이스에 의하면 세 가지 부분을 지닌다. 가장 바깥에 있는 외적 내면은 상상력이 작용하는 판타지의 공간이다. 사람은 생각하고 상상하는 환상의 세계에 살고 있다. 그러나 사람의 생각과 상상력은 지성의 내면 안에서 분석되고 이해되고 파악되어진다. 지성은 두 번째 내면이다. 사람은 두 번째 내면의 지성의 공간 안에서 그의 상상들이 걸러지고 판단되고 이해된다. 그리고 그 후에 세 번째 의지의 공간 안에서 상상력과 판타지가 옮겨져서 내면화된다. 그 후에 사람의 상상력과 생각은 지성으로 판단되고, 의지를 거쳐서 행동으로 옮겨지게 된다.

사람은 어떤 것에 대한 생각과 상상을 먼저 한다. 다음에 그의 생각과 상상이 지성에 의해서 이해되고 파악된다. 후에 그는 의지의 동력으로 생각과 상상이 행동과 실천으로 이르게 된다. 결국 의지에 의한 몸의 행동이 따르지 않는 생각과 지성은 별 의미가 없다.[28] 생각과 상상은 지성의 영역에서 이해되고, 이는 의지의 실천과 행동으로 구체화된다. 이때 몸의 실천이 따라 주어야 한다. 그래서 사람은 몸의 존재이고, 몸이 누리는 이 세계는 하나님이 주신 하나님의 공간이며, 이제 우리 몸은 악마의 비웃음에도 불구하고 거룩함을 기다리는 하나님의 창조물이다. 그래서 사람의 몸은 그대로 사그라질 물질이 아니라 부활의 몸으로 다시 태어날 시간을 기다린다. 몸을 이토록 고귀하게 여겼던 사유가 예수의 말씀 이전에 과연 있었던가 싶다. 어느 누구도, 어떤 종교도 몸의 고귀함을 신약성경처럼 강조한 적은 없다.

2. 인간
몸의 감각 경험에 의해서 움직이는 존재

사람들은 흔히 몸의 자세를 어떻게 하든지 기도를 드리는 데는 아무 관계가 없다고 생각한다. 기도야 마음으로 드리는 정신 행위이므로 몸의 모습은 별로 상관없다는 생각. 그러나 이는 매우 어리석은 생각이다. 엎드려 기도하건, 서서 기도하건, 아니면 누워서 기도하건, 걸어가면서 기도하건, 기도는 마음의 문제라고 생각한다. 이것은 대단히 큰 착각이다. 사람은 몸을 지니고 있는 동물이기 때문이다. 스크루테이프는 끊임없이 이를 강조한다.[29] 사람들은 자신이 동물이라는 사실을 자주 잊는다. 그래서 사람은 몸을 어떻게 움직이느냐에 따라서 그의 정신에 큰 영향력을 가하게 된다.[30] 정신도 몸에 작용하지만, 몸도 역시 정신에 크게 작용한다. 몸과 정신은 뗄 수 없기 때문이다.

C. S. 루이스에게 있어 인간은 유한과 무한, 시간과 영원을 동시에 살고 있는 양서동물이다. 물과 뭍을 동시에 사는, 두 개의 세계를 살아가는 동물이다. 악마 스크루테이프는 그의 편지에서 조카에게 '파동의 법칙'(the Law of undulation)을 가르치면서, 인간은 근본적으로 '반은 영혼, 반은 동물'이라고 한다.[31] 그래서 사람은 엉거주춤하게 한쪽 발은 땅에 두고, 다른 한쪽 발은 하늘에 두고 있다. 사람은 영원을 향한 시선을 결코 거두지 않는다. 비록 땅에 그의 발을 디디고 서 있는 존재, 그래서 반쪽은 동물이라 해도, 영원을 향한 그의 꿈을 결코 놓지 않는다. 유한을 살면서 무한을 바라보며, 시간 안에 발을 디디고 있으면서 영원을 향하는 그의 시선을 결코 거두지 않는다. 인간의 이러한 이중성은 인간의 삶에서 늘 결정적이다.

인간은 실상 동물이다. 비록 반쪽 동물이긴 하지만, 인간이 동물의 차원을 지닌다는 사실은 인간을 이해하는 데 결코 놓칠 수 없는 엄연한 현실이다. 인간이 몸을 지니고 있는 육체의 존재라는 사실은 중요하다. 사람은 순수한 영적 존재가 아니기 때문에 영적 관심과 몸의 현실 사이에서 흔들리면서 왔다 갔다 한다. 그러나 사람에게서 더욱더 그의 감각으로 다가오는 현실은 몸의 현실이다. 배고픔, 일상들, 거리의 버스와 지나가는 사람들 등, 그의 눈에 보이는 몸의 현실은 그의 상황을 결정적으로 지배한다. 배의 배고픔이 머리의 생각을 가로막는다.

스크루테이프는 그의 첫 번째 편지에서, 정신을 차리고, 이성이 깨어나서 하나님을 찾아가는 어떤 한 사람을 다시 그의 품으로 되돌린 이야기를 한다. 그때 그 환자는 그의 이성으로 차근차근 하나님을 찾아가는 중이었다. 사람이 차근차근 생각하기 시작하면 악마가 어쩔 수 없을 정도가 된다. 이성을 바탕으로 하는 논쟁은 하나님의 운동장이지, 악마의 놀이터가 아니다. 생각을 잘 정리하는 논쟁은 악마에게 불리하다. 일단 사람이 정신을 차리게 되면, 그래서 일단 이성이 깨어나게 되면, 나중 일은 장담 못한다.[32] 몸의 감각 경험에서 벗어나서 생각의 이성이 작동하면 이제는 마치 기계가 돌아가듯이 그의 생각이 자동으로 돌아간다. 하나님과 죽음 이후의 문제와 인간 기원과 목적과 방향이라는, 사람들이 바쁘다는 이유로 거의 건드리지 않는 '보편적인 이슈'(universal issues)[33]에 관심을 돌린다. 그러면 악마는 끝장나고 만다. 신앙은 이성으로 잘 생각하는 데서 시작된다. 사람이 신앙을 갖지 않는 이유는 그의 머리로 잘 생각하지 않거나, 바빠서 생각할 시간이 없기 때문이다.

악마는 사람을 그의 눈에 보이는 현실의 '감각 경험'(sense experience)[34]에 매달리게 하고, 그런 현실이야말로 '진짜'(real)[35]라고 속인다. 사람들은 "진짜가 뭔데?"라는 질문을 하지 못하고, 눈에 보이는 현실이 바로 진짜라고 믿으며, 눈에 보이지 않는 진짜 현실에 대해서는 그의 생각이 따라오지 못하게 한다. "눈에 보이는 것만이 진짜다." "아니다. 눈에 보이지 않는 것이 더 진짜다." 악마는 전자를 말하는데, 이는 물론 거짓이다.

이때 악마의 무기는 사람이 '몸을 지니고 있는 감각 경험의 존재'라는 사실이다. 생각으로 치닫는 논리적인 이성의 생각을 악마는 논증으로 이기지 못한다. 악마는 배고픔과 거리의 버스와 소리치는 신문팔이와 같은 눈에 보이는 생생한 현실을 보여 주면서 그의 생각을 멈추게 한다. "야, 이따 와서 생각해! 지금은 배가 고프니까 밥을 먹고 와서 하란 말이야!"[36] 그러자 그는 모든 생각을 접고, 거리로 나가서 점심을 먹는다. 그리고 그의 생각은 사라지고, 이제 모든 것을 다 잊어버리고 악마가 말하는 눈에 보이는 현실 세계로 다시 돌아가서 그런 부질없는 생각은 다 버리고 먹고사는 문제에 다시 몰두한다. 생각과 이성보다 훨씬 더 뛰어난 현실 경험 감각이 그를 인도하는 삶의 지표가 되었다. 이렇게 악마는 몸을 사용해서 사람들이 하나님께 나아가지 못하게 한다. 생각하는 이성은 배고픔의 몸의 감각 때문에 사그라진다.

눈에 보이는 현실에 관심을 둘 때 믿음은 무용지물이다. 몸의 경험이라는 울타리는 믿음으로 한 치도 나아가지 못하게 한다. 믿음은 눈에 보이지 않는 하나님의 영역과 영혼의 공간으로 자신을 적응시키는 모험이다. 그러나 악마는 계속해서 몸의 현실만이 사람에게 최고 최대의 현실인 것처럼 속삭인다. 그리고 많은 사람들은 몸의 현실에 갇혀서 눈에 보이는 대로, 귀에 들리는 것만을 경험하면서 그의 경험을 삶의 중심에 둔다.

C. S. 루이스는 누구보다도 인간의 삶과 신앙에서 이성을 중시하였다. 신앙은 이성의 활동과 매우 깊은 관련을 맺는다. 잘 생각하면, 깊이 생각하면 하나님과 인간의 삶의 본연의 방향을 알 수 있다. 그러나 사람의 생각은 끊임없이 방해받는다. 몸의 현실 경험에 의해서이다. 눈앞에 보이는 나무와 숲들 그리고 거리를 바쁘게 걸어가는 사람들과 경적을

울리면서 달리는 자동차들, 그리고 출근하면서 오늘 해야 할 일을 골똘하게 생각하는 나 자신, 이것이 내 몸이 경험하는 뚜렷한 현실이다. 누구도 부정할 수 없는 몸이 경험하는 생생한 현실, 그리고 먹고사는 문제, 더 나아가서 좀 더 높은 봉급과 높은 자리와 인정받은 폼 나는 삶과 여유로움과 사회적 지위 등은 우리 삶의 현실이다. 여기에 어쩌면 생각 그 자체가 끼어들 여지가 없어 보인다. 그는 생각 없이 살아간다. 생각 없이 세속에 이리저리 흔들리는 약한 갈대에 불과하다. C. S. 루이스는 몸의 현실을 벗어난 또 다른 세계를 향한 갈망이 각성되고 드러나야 한다고 한다. 먹고사는 문제가 아닌 세속성을 벗어나서 삶의 근원에 질문할 때에야 그 출발점을 갖는다. 실상 C. S. 루이스가 보는 우리의 현실은 진짜 현실이 아니라 그림자의 세계(Shadowland)이다. 그래서 그림자는 오리지널을 향한다.

3. 안락한 이 세상
이 세상은 내가 거할 나의 집

사람은 또 다시 이 세계 내에 안락하게 안착한다. 악마 스크루테이프는 이 '세계'[37] 또는 이 '세상' 내에서 풍요로움을 경험한 인간의 모습을 설명한다. 나이가 들어서 이 세상 내에서 삶의 여유를 경험한 자들은 더 쉽게 유혹의 대상이 된다. 풍요로움은 이런 사람을 이 세계로 꽉 붙들어 매어 놓는다. 그래서 그는 드디어 "이제야 내가 있을 곳을 찾은 기분이 들어!"[38]라고 읊조린다. 이 세상은 하나의 세력과 힘이다. 그 세력과 힘은 신앙을 거부하고 하나님으로부터 사람을 떼어 놓는다. 그리고 세상은 사람을 유혹하여 자기 자리로 끌어들이기도 하고, 세상이 그의 영혼과 마음속에 들어가서 그 세상의 자리를 가꾸어 놓는다. 그래서 이제 세상은 그 영혼에게 낯설지 않고 익숙한 자리가 되어, 드디어 그는 세상에 속한 자가 되어 세상을 사랑한다. 드디어 이 세계와 짝이 된 것이다.[39]

그런데 사람은 중년이 되면 악마의 유혹의 적기가 된다. 두 가지 경우가 있다. 첫째는 곤경에 처해 있는 중년의 무리들이다. 중년의 시기를 지난다는 것은 사람에게는 어떤 경우에든 쉽지 않다. 지루하고 무미건조한 시간들이 중년의 시간들이다. 젊은 날의 사랑과 희망은 하나씩 사라지고 곤경은 일상사가 된다. 그리고 이제는 다반사가 되고 만 유혹의 패배로 인한 저항 없는 무기력한 좌절감, 그들의 삶 가운데 만들어 놓은 활력 없는 시무룩한 얼굴이 드러내는 무의미의 시간들, 그리고 누군가를 향한 것인지조차 알 수 없는 애매한 분노들, 이 모든 것들은 사람의 영혼을 지치게 만들 수 있는 절호의 기회가 된다.[40]

시간의 흐름에 완전히 지쳐 버린 영혼들의 그림이다. 그들은 이 세계가 주는 곤경에 찌들어 있다. 패배와 좌절과 절망에 익숙한 자들은 이제 거의 자포자기다. 이제 그는 어떤 움직임도 보이지 않는다. 좌절과 곤경을 통해서 중년의 시간을 지내는 자들은 이제 지쳐서 더 이상의 희망이 없다. 그러나 곤경과 아픔과 고난은 시간에 관계없이 골짜기 경험을 통해서 하나님께 나아갈 수 있는 기회가 주어진다. 사람들은 차라리 아픔의 골짜기 경험이 하나님께 더 가까이 나아갈 수 있도록 하는 기회가 된다. 절망은 절망을 의식할 때 더 이상 절망이 아니다. 좌절과 절망의 골짜기는 시간의 흐름 가운데서 더 이상 피할 수 없는 인간 경험이다.

골짜기는 스스로 골짜기를 알고 있을 때 더 이상 골짜기가 되지 않는다. 시간에 의해서 지쳐 버린 중년들은 시간의 흐름에 의해서 또 다른 골짜기를 벗어나는 봉우리 경험이 멀지 않다는 사실을 희망할 수 있다. 하나님을 믿는 일은 희망 그 자체다. 희망을 놓는 일은 하나님을 놓는 일이다. 골짜기는 반드시 지나간다. 시간의 피로에 쓰러지지 않으면, 하나님을 믿는 믿음에 있어 희망을 포기하지 않으면 시간의 곤경은 시간의 흐름과 함께 지나가고 만다. 이것이 C. S. 루이스가 말한 파동의 법칙이다.[41]

또 다른 중년이 있다. 중년의 풍요로움을 즐기는 자들이다. 악마는 중년의 풍요로움을 즐기는 자들이 유혹하기 더 좋다고 단언한다. 그래서 그는 자신의 세계를 찾았다고 안도의 한숨을 쉰다. 이 세상은 내가 서할 나의 집이다. 그는 나의 자리를 찾았다고 말한다. 그러나 실은 그게 아니라, 그의 안에서 세상이 세상의 자리를 찾은 것이다.[42] 그가 세상을 얻은 것이 아니라, 이 세상이 그를 얻은 것이다. 세상의 힘이 그를 지배한다. 그래서 그는 높은 명성의 VIP 의식을 갖게 되고, 명사들과의 사귐과 많은 사람들을 다스리는 지위와 일에 몰두하게 된다. '이 세상은 참으로 살 만한 곳이고, 산다는 것은 꽤 좋은 것이지' 하는 생각이 들지 않을 수 없다. 마치 그것은 고향에서 누리는 안락함과 같다.

그러나 인간 안에 심어 두신 이 세상에서 느끼는 불안과 불편함 역시 만만치 않다. 스크루테이프는 참으로 납득할 수 없게끔, 하나님은 이

'하찮은 동물'(mere animal)⁴³⁾에게 '하나님의 영원한 세상 안에 있는 생명'(life in His own eternal world)⁴⁴⁾을 주시기 위해서 많은 장치들을 만들어 놓으셨다. 사람은 이 세상을 자신의 고향으로 마냥 느끼기에는 어딘가 모르게 불안함이 스며들어 있다. 사람은 본질적으로 '천국을 향한 갈망' 또는 '천국을 향한 식욕'(appetite for Heaven)을 끊어 버리지 못한다. 아무리 물질과 권력과 명예의 길에 들어서도 이 세계 너머와 죽음 너머에 있는 또 다른 세계를 향한 갈망은 사라지지 않는다.

유토피아 또는 무릉도원과 같은 이상향을 향한 오래된 꿈은 사람들이 이 세계를 만족스러운 장소로 여기지 않고 있다는 강한 증거다. 그래서 스크루테이프는 꼬마 악마 웜우드에게 충고한다: "천국을 향한 식욕과 갈증은 이 지상을 천국으로 바꾸도록 하면 된다고 꼬드겨라." 언젠가는 이 꿈이 우리에게 현실로 다가올 것이다. 정치와 유전공학, 온갖 종류의 과학과 심리학의 발전은 천국에 대한 우리의 꿈이 결코 망상은 아니라고 거짓을 말한다는 것이다.⁴⁵⁾ 하늘을 향한 하나님이 심어 놓으신 참된 갈망을 이 땅에서 만들어, 그것을 유토피아로 변질시키는 일, 그것은 스크루테이프의 중요한 작업이다.

그리스도인의 가장 두드러진 결코 양보할 수 없는 시선은 영원을 향한 시선으로, 이는 이 땅을 상대적인 삶으로 보고, 우리의 삶을 일시적인 나그네의 여정으로 본다. 이 땅은 영원의 거주지가 아니다. 영원을 향한 감각은 사람이 지닐 수 있는 최고의 감각이며, 이 감각을 잃어버릴 때, 또는 영원을 사모하는 마음을 다른 것들로 채울 때, 그래서 영원에 전혀 무관심한 자가 될 때 그는 참으로 불행한 자리에 놓이게 된다. 영원을 놓치는 자보다 더 불행한 자가 없다. 더럽고 썩은, 냄새나는 진흙탕에서 뒹굴면서 궁전을 마다하는 자와 같다.

❖

C. S. 루이스에게 있어 사람은 동물임과 동시에 하나님을 갈망하는 영원을 사모하는 자이다. 그러나 사람됨을 드러내는 영원을 갈망하는 이 갈망은 우리 안에서 결코 사라지지 않는 본능이다. C. S. 루이스는 이를 '기쁨'(Sehnsucht, 그리움)이라 하고, 이 말은 C. S. 루이스가 그리스도교로 움직일 수 있도록 하는 중심 모티프였다. 이 세상에 결코 안주하지 못하도록 하는 인간 본능, 또 다른 세계를 향하는 누구도 말릴 수 없는 발걸음과 움직임이 있다. 이는 시간과 공간을 넘어서는 인간 존재의 또 다른 차원을 가리키는 본향을 향한 인간의 깊은 갈망, 기쁨이라고 칭하는 노스텔지어다.

구약성경에서 하나님은 사람을 흙으로 만드시고 그에게 하나님의 숨을 불어넣으신다. 그리고 그렇게 탄생한 사람을 네페쉬(개역한글, '생령'), '살아 있는 영혼'이라고 한다. 이 말의 본래 의미는 '목구멍'이다. 인간이 갈망과 욕구의 존재로 태어났다는 사실을 암시한다. 사람은 이성과 감성과 의지의 존재이긴 하지만 무엇보다도 갈망의 목구멍의 존재이다.[46] 무엇인가를 그의 목구멍으로 채워야 하는 욕망과 갈망의 비어 있는 존재, 그게 바로 인간의 깊은 모습이다. C. S. 루이스는 이 깊은 갈망의 실마리를 통해서 무신론에서 결국 그리스도에게 다다른다. 인간 창조 시에 영혼에 깊이 아로새겨진 이 땅의 만족이 채워 주지 못하는 갈망, 이 갈망이 이 세계 안에 있는 우리를 불안하게 한다. 그래서 우리는 이 세계 안에 평안하게 정착하지 못한다. 사람은 이 세상을 벗어난 또 다른 세계를 향한 갈망을 결코 억누를 수 없다. 때문에 엄청난 물질문명 가운데서도 또 다른 세계를 향한 움직임을 포기하지 않는다. C. S. 루이스의 갈망에 대한 설명은 명쾌하다.

> 이 세계의 피조물들에게 갈망을 채우는 만족이 없다면, 갈망도 있을 수 없다. 갈망은 만족을 이미 가리키고 있다. 아기는 배고픔을 느낀다. 그래서 음식이 있다. 오리는 헤엄치기를 원한다. 그래서 물이 있다. 사람은 성적인 욕구가 있다. 그래서 섹스가 있다. 이 세계 내에서 결코 만족을 주지 못하는 어떤 갈망을 경험한다면, 가장 타당한 설명은 내가 또 다른 세계를 위하여 만들어졌다는 것이다.[47]

C. S. 루이스의 설명에 따르면 갈망의 구체적 결과와 갈망의 현실은 아귀가 맞는다는 말이다. 활은 화살을 예견한다. 낚싯대는 물고기가 없이는 설명이 안 된다. 그렇다면 영원을 향한 인간의 갈망, 영생을 향한 사람의 소원은 자세히 말하기 힘들지만, 뭔가가 분명히 있다. 영생을 향한 우리의 갈망을 진시황의 불로초가 채워 줄 수 있다고 흉내를 낸다. 그러나 가짜에 불과하다.

베토벤 교향곡 No. 9 〈합창〉 교향곡의 CD는 놀라운 음악을 들려준다. 어떻게 평생 귀가 들리지 않았던 베토벤이 저런 음악을 작곡했는지 도무지 납득이 되지 않는다. 그런 음악이 손바닥만 한 CD 안에 들어 있다니 놀랍지 않은가. 그러나 CD는 아무리 그래도 복제품이고 흔적이다. 사이먼 래틀의 베를린 필의 음악이 있었기 때문에 그 흔적으로 남아 있다. 진짜보다는 못하다. 우리 손에 있는 CD는 진짜가 어딘가에 있다는 사실을 말해 준다.

영원을 향한 우리의 갈망은 우리 손에 있는 CD처럼 있다. CD로 베토벤 교향곡 No. 9를 듣는다. 그러나 어느 날 사이먼 래틀의 베를린 필의 No. 9를 실제로 듣게 되면, "아! 이게 그것이었구나!"라면서 무릎을 친다. 비슷한 것들은 여전히 흔적들이다. 흔적은 결국 진짜 오리지널을 가리키며, 원본이 올 때 굴복한다. 이 세계는 인간의 영원을 향한 갈망을 흔적과 신기루로 채워 줄 뿐이다. 오리지널이 있다는 말이다. 이 땅에서 영원의 갈망을 단지 흔적으로 채워 준다 해도 영원을 향한 우리의 갈망은 결코 사라지지 않는다. 영원은 인간 본능에 속한다. 하나님이 주셨기 때문이리라. 결코 부인할 수 없는 결정적인 사실은 영원을 향한 갈망이 있다는 것이다. 그러나 우리가 살고 있는 이 세계는 이 목마름을 채워 주지 못한다. 때문에 또 다른 세계를 논리적으로 추론하지 않을 수 없다. 그래서 C. S. 루이스는 이렇게 말한다.

> 더 중요한 것은 물론 내 안에 있는 영원을 향한 갈망이다. 나의 참된 고향을 향한 갈망을 늘 생생하게 살려 두어야 한다. 죽음 뒤에 가서야 찾을 수 있는 나의 참된 고향 말이다. 우리는 이 갈망이 다른 것들에 치여서 사라지거나 없어지도록 해서는 안 된다. 이 갈망이 다른 세계를 향해서 내가 움직이도록 하는 내 삶 전체의 중심이 되도록 해야 한다. 또한 덧붙여서 다른 사람들도 그렇게 하도록 도움을 주어야 한다.[48]

위의 C. S. 루이스의 말은 이 세계는 이 세계 자체가 이 세계에게 만족을 주지 못하는 장소임을 보여 주고 있다. 그리고 C. S. 루이스는 여전히 어거스틴과 파스칼의 뒤를 잇고 있다.

> 주님, 당신은 당신 자신을 위해서 만드셨습니다. 그리고 우리의 마음은 당신 안에서 안식을 찾을 때까지는 평안이 없었나이다.
> - 어거스틴

> 하나님은 사람들의 마음에 빈 공간을 만드셨다. 이 빈 공간은 어떤 것으로도 채울 수 없고 오직 하나님만으로 채울 수 있다.
> - 블레즈 파스칼

4. 현재와 영원
현재를 살아가기

사람은 시간을 살고 있으나 하나님은 인간을 영원한 존재로 그의 운명을 삼으셨다.[49] 그래서 사람은 시간 안에 살면서도 영원을 향한 그리움에 사로잡혀 있다. 여간해서는 영원을 떨쳐 버리지 못한다. 그러나 끝간 데 없이 세속성과 더불어 놀다 보면 영원에 대한 관심도 거의 사라지고 만다. 영원을 망각한 몸 껍데기만 지니고 있는 사람들이 있으며, 그런 인간을 주변에서 흔히 보기도 한다. 영원을 사모하는 마음속에 있는 뿌리 깊은 영원을 향한 갈망을 제거하기는 쉽지 않다. 영원을 지우기 위해서는 세속으로 아주 깊숙이, 또 깊숙이 들어가서 악마, 아버지와 함께 노닐면서 한참을 보내면 된다. 그때 그들은 보이는 세상만이 그들 세상의 전부이고, 드디어 죽으면 만사가 끝이라는 무식하고 무지막지한 확신에 이른다. 이때 그들은 영원과 아무 상관없는 불행한 자가 된다.

그러나 신앙은 내가 죽는다 해서 모든 것이 끝나지 않는다는 사실을 철저하게 인식케 한다. 신앙은 죽음으로 모든 것이 끝나지 않는다는 사실을 알게 한다. 하나님은 사람들이 두 가지, 곧 현재와 영원에 집중하기를 원하신다. 사람은 현재를 통해서 영원을 만난다.[50] 사람은 현재만을 경험할 수 있다. 현재는 사람이 경험할 수 있는 유일한 현실이다. 그리고 우리는 현재를 통해서 영원을 만난다. 현재는 영원을 향하는 바로 그 접촉점이다. 사람은 현재를 통해서, 현재와 함께 미래와 영원으로 나아간다. 그리고 사람은 단지 현재만을 경험한다. 사람에게 과거는 이미 사라져서 얼어 버린 돌이킬 수 없는 현실이고, 미래 역시 우리 손이 닿지 않는 멀리 있는 현실이다. 그래서 사람은 단지 현재만을 경험할 수 있다.[51]

사람은 시간을 현재로 경험할 뿐이다. 과거 역시 현재 과거를 회상함으로 과거를 경험하며, 미래도 역시 현재 그 미래를 경험할 뿐이다. 나는 현재 존재하기 때문에 단지 과거와 미래를 현재의 시점에서 경험할 수 있을 뿐이다.[52]

사람은 현재 바로 그 시점에서 어떤 현실을 경험한다. 그러나 하나님은 현재와 관계없이, 시간과 관계없이 그냥 사건을 통째로 경험하신다.[53] 하나님은 시간 밖에 계시다. 때문에 시간과 관계없이 단지 일어난 사건 그 자체를 아신다.[54] 그러나 사람에게는 자유라는 것도, 현실도, 시간 안에서만 가능할 뿐이지, 시간을 벗어난 어떤 현실도 상상할 수 없다. 사람은 그의 현실을 과거도 아니고 미래도 아닌 현재로 경험할 뿐이고, 그 현재도 끊임없이 흘러내려가고 있다. 그러나 미래 역시 현재와 흡사하다. 미래는 과거와 상당히 닮았다. 과거는 고정되었기 때문에 어떻게 해 볼 수 없다. 미래 역시 아직 다가오지 않은 것이기 때문에, 미래는 아직까지 내 것이 아니기 때문에 어떻게 해 볼 수 없다. 우리의 힘이 미치지 않는다는 점에서 미래와 과거는 서로 닮았다.

물론 우리가 현재를 어떻게 만들어 가는가에 따라서 미래의 모습이 그려질 것이다. 미래는 어느 정도 현재에 달려 있다. 그러나 미래는 내 손 안에 있지 않다. 현재만이 지금 내 손가락 사이로 빠져나가고 있다. 말하자면, 현재만이 내 것이다. 미래는 내 것이 아니다. 과거가 이미 내 것이 아니라는 이유와 마찬가지다.

그러나 사람은 생리적으로 미래를 향하게 되어 있다.[55] 미래를 향한 사람들의 생각, 또는 미래를 향한 비전(vision)이라는 것은 희망과 두려움[56], 이 두 가지로 불타고 있다. 미래는 사람들에게 아직까지 알려지지 않았다. 그래서 사람들은 미래를 비현실이라고 생각한다. 그러나 미래도 역시 알고 보면 흘러가는 시간의 한 부분이다. 현재가 연장되어진 시간의 한 부분이다. 그러나 과거는 이미 굳어져 버린 것으로서 더 이상 흐르지 않는다. 또한 현재는 영원의 빛과 함께 지금 환하게 타고 있는 불빛이다.[57] 현재는 영원으로 들어가는 접촉점(contact point)이다. 현재 없이는 미래도 없고, 더 나아가서 영원도 없다. 현재를 놓치면 다 놓친다.

어떤 자들은 이 땅에 언젠가 미래에 천국을 이루어 놓겠다고 큰소리를 치지만, 동시에 그는 언제든지 하나님의 명령을 현재 깨뜨릴 준비가 되어 있다.[58] 미래의 천국을 위해서 지금 잡지 않으면 영원히 사라지는 현재를 놓치고 만다. 현재를 놓치는 것은 미래도 놓치는 것이다. 미래를 위하여 현재를 부순다. 그래서 현재와 미래를 둘 다 놓친다. 이게 악마가 원하는 바이다. 미래를 갖기 원하지만, 미래는 현재로 인해서 만들어지기 때문에 미래를 위해서 현재를 희생하면 그에게 주어진 시간은 없다. 미래는 그래서 그들의 환상 속에만 존재하게 될 뿐이다.

악마는 사람들이 저 멀리 있는 무지개를 보고서 끝없이 달려가기를 원한다. "현재야 거짓과 탐욕과 무례함으로 가득한 들 그게 무슨 상관이겠느냐?" 현재 그렇게 거짓을 행한다 해도 미래에 얻을 것을 생각하면 미래를 위해서 현재를 왜곡하는 짓은 견딜 수 있다고 말한다. 그러나 그들의 현재가 거짓으로 이어지면 그들의 미래도 거짓으로 드러난다. 미래는 현재의 연장선상에 있기 때문이다. 현재는 미래와 똑같이 작동한다.

사람들은 현재 누려야 할 하나님의 귀한 선물을 미래의 제단에 바친다. 미래를 위해서 그들의 재능을 현재 유보하고 미룬다. 마땅히 현재의 제단에 그들의 재능을 바쳐야 함에도 불구하고 미래의 제단에 드린다.[59] 그렇게 해서 그의 재능을 드려야 할 미래는 영원히 그에게 다가오지 않는다. "현재를 살아가다"[60]라는 말은 어느 정도 애매하다. 그런데 많은 경우 현재를 산다는 말이 미래의 희망과 불안을 말하기도 한다. 사람의 미래에 대한 태도는 두 가지, 곧 희망과 불안으로 구성된다.[61] 미래에 대해서 나름의 기대감과 희망으로 바라볼 때, 그런 희망으로,

막연하게나마 그의 미래를 물들인다. 그러나 많은 경우 그런 막연한 희망은 실망으로 끝나기 일쑤다. 그의 희망이 부서질 때 참담한 상황이 되어 실망으로 무너지고 만다. 또한 불안은 미래와 동의어가 되기도 한다. 이는 모두 다 현재를 살지 않고 미래에 줄곧 관심을 두고 "그러므로 내일 일을 위하여 염려하지 말라 내일 일은 내일이 염려할 것이요 한 날의 괴로움은 그 날로 족하니라"는 말씀을 잊어버린 결과다.

신앙은 미래에 아픔과 고난이 다가오지 않는다는 것을 보장하지 않는다. 오히려 신앙은 고난과 아픔이 다가온다 해도 그것을 넘어설 수 있는 고귀한 덕목을 갖추게 해 달라는 기도를 지금 현재 드리는 것이다. 미래의 어느 날 아픔과 고난이 다가온다 해도, 그런 역경을 이길 수 있도록 해 달라는 기도를 현재 드린다. 그러면서도 여전히 현재의 일에 자신을 몰두하고 있다. 모든 은혜와 모든 의무와 모든 지식과 모든 기쁨이 바로 현재에 있기 때문이다. 고난과 아픔이 있으리라는 예측에도 불구하고, 그는 현재 이에 대한 기도드림으로 하루를 산다. 현재는 모든 은혜와 기쁨이 솟아나는 유일한 샘터요, 터전이기 때문이다.[62] 그리고 오히려 아무런 감정과 느낌이 없는 메마른 상태에서 드리는 기도야말로 하나님을 기쁘시게 해 드린다.[63]

Sacrament(성례전)는 'sacra'(신성)와 'mental'(염두에 둔다)이다.[64] 하나님에 대해서 늘 깨어 있는 마음을 갖는다는 말이다. 매 순간을 산다. 아니 매 순간만이 내 순간이다. 매 순간이 없이는 나의 시간도 없다. 우리는 매 순간을 살 뿐이다. 영성의 신비함을 깨달은 자들은 한 번에 한 순간을 살 뿐이다. 자기 앞에 주어진 시간에 집중한다. 한순간을 헤쳐 나갈 수 있다면 하루를 헤쳐 나갈 수 있고, 하루를 어떻게 사느냐가 결국 그의 일생을 어떻게 사느냐를 결정한다.[65] 필립 얀시는 장 삐에르 드 코사드(Jean Pierre de Caussade)를 인용한다.

> "… 살아 있는 믿음은, (우리의 현실이) 우리를 쪼개고, 분해하고, 추하게 만들고, 비틀고, 그래서 끝내 우리를 파괴시킨다 해도, 하나님을 끈질기게 추구하는 것 외에 다름 아니다." 드 코사드는 매순간이 하나님의 계시라고 받아들였다. 그에게 주어진 시간이 어떤 모습을 띠고 나타난다 해도 말이다. 역사의 모든 사건들은 결국 이 땅 위에서 하나님의 목적을 이루는 데 궁극적으로 사용될 것이라 믿었다. 그는 진심으로 말한다: "현재 당신에게 주어진 순간을 최고의 시간으로 사랑하고 받아들이라. 하나님의 선하심을 온전히 신뢰함으로 … 어느 것 하나 예외 없이 우리에게 다가오는 사건들은 우리를 거룩하게 하시는 거룩함의 도구이며 수단이다 … 우리를 향하신 하나님의 목적은 늘 우리의 선을 위해서 최고로 움직인다."[66]

현재 우리의 모습, 우리에게 들려오는 모든 말, 우리에게 벌어지는 모든 일은 하나님의 사건이며 부르심이다. 우리에게 일어나는 모든 일은 우리가 변화시킬 수 없는 것을 받아들이거나 받아들일 수 없는 것을 변화시키라는 하나님의 부르심이다. 그래야 우리가 서 있는 이 자리에서 하나님의 임재가 넘쳐날 수 있다.[67]

"오늘 우리에게 일용할 양식을 주시옵고"라는 기도는 우리의 생애가 과거와 미래가 아니라, 현재에 몰두되어야 한다는 사실을 말씀해 주신다. 삶의 기쁨과 도전은 우리의 현재에 있을 뿐이다. 미래의 두려움과 미래의 희망에 매달리다 보면, 그게 무지개를 좇는 상황이 되고 만다. 그가 하나님을 믿음으로 하나님을 향해서 드리는 소망이 단지 매일, 매 시간 일용할 양식을 원하고 있다는 사실은 악마를 경악스럽게 한다. 그는 매 순간에 하나씩 행할 뿐이다. 이제는 겸손의 길에 들어선 것이다. 어느 사무실에 갔는데, 이 시가 붙어 있었다. 시인 구상이 마지막으로 남긴 시이다. C. S. 루이스와 같은 생각을 하는데, 아마도 요한복음의 내용을 닮은 듯하다.

〈오늘〉

오늘도 신비의 샘인 오늘을 맞는다

이 하루는 저 강물의 한 방울이
어느 산골짝 옹달샘에 이어져 있고
아득한 푸른 바다에 이어져 있듯
과거와 미래와 현재가 하나다

이렇듯 나의 오늘은 영원 속에 이어져
바로 시방 나는 그 영원을 살고 있다

그래서 나는 죽고 나서부터가 아니라
오늘서부터 영원을 살아야 하고
영원에 합당한 삶을 살아야 한다

마음이 가난한 삶을 살아야 한다

마음을 비운 삶을 살아야 한다

이그나티우스 로욜라의 말이다.

그대는 모든 일들이 다 그대의 손에 달린 듯이 일을 하고 노력을 해야 하지만, 동시에 그 일들이 하나님께 달려 있는 듯이 기도해야 한다.

5. 영원과 현재를 동시에 살아가는 인간의 이중성
파동의 법칙

개인적으로 볼 때, C. S. 루이스의 가장 인상적인 인간 이해는 바로 이 '파동의 법칙'이 아닌가 한다. 인간은 끊임없이 그의 이중 구조 때문에 진자(振子)처럼 왔다 갔다 한다. 지킬 박사와 하이드의 이중 구조 또는 야누스의 두 개의 얼굴 등과 흡사하다. 인간은 고정된 존재가 아니라 상황과 환경에 따라서 움직임을 그치지 않는다. 낮에는 점잖고 예의 바른 지킬 박사이지만, 밤에는 야수처럼 사나운 하이드가 된다. 자기 앞에 있는 사람이 누구냐에 따라서 또 자신의 면모를 바꾸기도 한다. 돈이 많으면 거만해지고, 돈이 없으면 비굴해진다. 건강하면 자신이 넘치지만, 몸이 약하면 비굴하다. 사람은 이런가 하면 저렇고, 저런가 하면 이렇게 자신의 모습을 카멜레온처럼 바꾼다.[68]

C. S. 루이스의 인간 이해도 그와 그리 다르지 않지만, 차이는 있다. 인간은 기본적으로 양서동물이다. 유한과 무한, 시간과 영원을 동시에 살고 있는 양서동물이다. 물과 뭍을 왔다 갔다 하는 동시에 두 개의 세계를 산다. 환경과 상황과 시간에 따라서 자신을 바꾸는 것이 아니라, 인간이 본래 그렇다는 말이다. 스크루테이프는 이를 '파동의 법칙'으로 인간의 존재론적인 이중 구조를 설명한다.[69]

인간은 근본적으로 '반은 영혼, 반은 동물'이다. 사람은 한쪽 발은 땅에 두고, 다른 한쪽 발은 하늘에 둔다. 끊임없이 영원을 바라보면서, 동시에 땅에 자신의 발을 굳건히 디디고 있다. 사람의 동물성에도 불구하고 영원을 향한 그의 꿈을 결코 놓지 않는다. 유한을 살면서 무한을 바라보고, 시간에 살면서도 영원을 바라본다. 상황이 좋으면 올라가고, 상황이 나쁘면 내려가는 것이 아니다. 인간은 본래 일정한 리듬을 타면서 올라갔다 내려갔다를 반복하고, 골짜기와 봉우리를 경험한다. 사람은 존재 자체가 이렇게 왔다 갔다 한다. 태어나기를 그렇게 태어났다는 말이다. 이는 인간 삶의 모든 영역에서 나타나는 법칙이다. 사람은 늘 기대하는 대로 봉우리에 머물지 않는다. 그리고 죽을 것 같은 골짜기도 역시 시간이 지남에 따라서 골짜기에서 헤치고 나와서 또 그럭저럭 봉우리로 기어 올라간다.

여기서 우리는 인간 이해에 대한 C. S. 루이스의 번뜩이는 통찰력을 본다. 특히 우리 마음을 울리는 대목은 인간 현상으로 나타나는 오르락내리락하는 파동 가운데, 골짜기에서 겪는 아픔과 고난 그리고 상처 가운데서 오히려 하나님이 더 가까이 우리와 함께하시면서 우리를 돌보신다는 말이다. 파동의 법칙은, 말하자면 생체 리듬과 같은 인간 현상이라 할 수 있는데, 기가 살아서 펄펄 날뛰는 때가 있는가 하면 풀이 푹 죽어서 널브러져 있는 경우가 있다. C. S. 루이스에 의하면, 봉우리와 골짜기 경험은 많은 경우 상황에 의한 인간 반응이 아니라, 인간 존재 그 자체가 빚어내는 존재론적인 인간 현상이다.

그러나 악마는 인간 파동 현상을 자기가 유리한 쪽으로 이끌고 가려 한다. 그래서 세우는 계략이 있다. 특히 골짜기 경험을 유리하게 이끌고 가려 한다. 골짜기 경험은 이른바 다윗의 "사망의 음침한 골짜기"에 해당한다. 죽음의 그림자가 드리워 있는 골짜기 경험은 하나님의 인자하심과 선하심이 그의 평생에 함께한다 해도 사라지지 않는다. 골짜기의 죽음 경험은 하나님의 인자하심과 선하심과 동반한다. 이 두 가지는 항상 있을 터인데, 그 하나는 다른 하나를 제외하지 않는다. 함께 같이 간다. 그래서 인간 삶은 이중적이며, 이는 피할 수 없다.

> "내가 사망의 음침한 골짜기로 다닐지라도 해를 두려워하지 않을 것은 주께서 나와 함께 하심이라 주의 지팡이와 막대기가 나를 안위하시나이다 주께서 내 원수의 목전에서 내게 상을 차려주시고 기름을 내 머리에 부으셨으니 내 잔이 넘치나이다 내 평생에 선하심과 인자하심이 반드시 나를 따르리니 내가 여호와의 집에 영원히 살리로다"

다윗의 기도와 찬양에서도 골짜기 경험을 통해서 그가 확신하는 것은 바로 주의 함께하심이다. 심지어 원수의 목전에서 상을 베푸시고, 기름으로 그의 머리는 빛이 난다. 하나님은 오히려 골짜기에서 더욱더 그와 함께하신다는 확신이다. C. S. 루이스의 경우도 다윗과 흡사한 신앙 경험을 통해서 골짜기 경험이 어떤 것인지를 파악했으리라.

이런 굴곡의 사이클은 사람들이 주변 사람들과 맺는 인간관계, 그리고 사람들의 관심과 능력에서도 볼 수 있다. 사람들과 좋은 관계를 맺기도 하지만, 깨어지기도 한다. 부부관계가 늘 그렇게 좋을 수는 없다. 마치 리듬처럼 좋다가 좋지 않다가 한다. 관심도 사이클이 있다. 겨울을 좋아했다가 여름을 좋아하기도 하고, 야구를 좋아하다가 테니스로 바뀌기도 한다. 더 나아가 이런 사이클은 하나님과의 관계에서도 끊임없이 바뀐다.

어릴 땐 장난감을 처음 받으면 죽을 때까지 이것만 있으면 지루하지 않으리라고 생각한다. 그러나 일주일도 못 간다. 좋았다가 싫어지는 파동의 경험이다. 어떤 친구를 사귄다. 죽을 만큼 우정을 이어 갈 수 있으리라고 생각하지만, 시간이 지나면 싫증난다. 그래서 헤어지고 만나고를 반복한다. 이런 반복은 인간 삶의 모든 곳에서 나타난다. 심지어 여자를 만나고, 남자를 만나는 일도 크게 다르지 않다. 이 여자면 목숨을 주어도 아깝지 않다고 믿는다. 그 순간만큼은 진짜 현실이다. 그러나 파동의 법칙은 여기서도 작용한다. 인간은 원래 그렇게 파동을 타게 되어 있다. 골짜기로 내려가기 시작하면 걷잡을 수 없이 빠져서 헤맨다. 그래서 그는 이제 반대로 그 여자만 없으면 모든 것이 다 행복하리라고 믿는다. 그런데 이는 반복해서 다가오기 때문에 그런 확신에 자신을 내맡길 필요는 없다. 조금 있으면 또 바뀌게 된다.

사람은 환경과 시간에 의해서 바뀌는 존재다. 그러나 C. S. 루이스가 말하는 사람은 존재 그 자체가 리듬에 따라서 골짜기와 봉우리를 오르락내리락한다. 그렇게 하면서 사람은 그런 흔들리는 상태에서 벗어나서 견고함에 이르는 '항구성'(constancy)에 도달하게 된다.[70] 흔들리지 않는 견고함을 지닌 그의 모습은 이렇게 나타난다.

하나님은 이제 그의 자녀가 흔들리지 않는 바위와 같은 모습을 갖기 원하시고, 이제 골짜기는 그의 작업을 한다.[71] 자기 발로 흔들리지 않게, 어린아이가 드디어 그의 발로 땅에 우뚝 서 있다. 처음에 하나님은 그의 자녀들이 혼자 설 수 있도록 하기 위해서 일으켜 세워 주시고, 옆에서 손을 잡아 주시고, 걸음마를 한 걸음씩 가르치시고, 이렇게 도움을 주신다. 그래서 이런 골짜기의 시기는 반드시 필요하다. 언제까지 걸음마를 하면서 하나님을 의존할 수는 없는 노릇이다. 이제 하나님은 그의 경험이 느끼는 범위 안에서 그런 도움을 철수하신다. 그러나 실제로 그가 느끼시는 못하지만 언제든지 결정적인 곤경에 처해 있을 때에는 또 다시 깊이 개입하실 준비가 되어 있으시다.[72]

그러나 처음의 시간이 지나면 하나님의 그러한 도움을 크게 느끼지 못한다. 이제 하나님은 옆에서 넘어지는 것을 막아 주시고, 걸음을 뗄 때마다 손을 잡아 주시고, 넘어지면 일으켜 세워 주시지 않는다. 옆에서 넘어지는 것을 그대로 두고 보시고, 넘어지면 홀로 일어설 때까지 기다리신다. 그러나 알고 보면 이렇게 옆에서 두고 보시는, 그래서 그의 두 발로 혼자 걸을 수 있도록 하는 것이야말로 하나님이 궁극적으로 그의 자녀에게 원하시는 것이고, 가장 큰 하나님의 도움이다. 그래서 골짜기를 통해서 하나님은 그가 원하시는 자녀의 모습으로 자라게 하신다.[73] 골짜기에 처박혀 있을 때, 이 시기를 통해서 그는 오히려 하나님이 원하시는 아들로 자란다.[74]

인간의 이중성이 빚어내는 파동의 공간 가운데 골짜기의 침체 시기는 그 자체로서 악마에게 유익한 것은 아니다. 골짜기는 봉우리와 마찬가지로 인간 존재가 그 자체로서 파생하는 리듬에 해당한다. 그것은 인간의 시각이 하늘과 땅을 동시에 보기에 그럴 뿐이다. 그러나 악마는 이를 이용해서 그의 환자를 어두움으로 더욱더 끌고 가려 한다. 그의 전략은 이렇다.

우선 인간 파동에서 골짜기는 성적 유혹이 잘 먹혀 들어가는 좋은 기회다. 이상하게 보일지 모르지만, 봉우리의 시기, 즉 육체적 에너지가 넘치고 식욕도 왕성한 시기에 성욕이 더 넘친다고 생각한다. 에너지가 넘치는 시기는 무엇이든 활기차다. 이성을 향한 관심도 넘치게 마련이다. 동시에 봉우리에는 악마의 유혹을 저항하는 힘 역시 상당하게 나타난다. 신앙의 봉우리에는 에너지가 넘치지만 에너지를 관리할 수 있는 신앙 에너지도 동시에 작용한다. 봉우리는 에너지가 넘치는 동시에 악마의 유혹을 견딜 수 있는 힘이 제대로 나타나는 때이다.[75]

그런데 문제는 봉우리보다는 골짜기의 경우다. 성욕의 약점은 골짜기가 드러내는 인간의 내적 상태 또는 영혼의 현실이 메마르고 냉랭해져서 공허한 상태에 있을 때다. 성욕을 이용한 악마의 공격은 오히려 공허한 영혼의 경우에 잘 먹혀 들어간다. 주목할 사실은 골짜기에서 경험하는 인간의 섹스는 미묘하게 봉우리의 섹스와는 질적으로 다르다. C. S. 루이스가 말하는 섹스는 봉우리와 골짜기에서 달리 나타난다. 골짜기의 섹스는 사람들이 사랑에 빠졌다고 하는 현상과는 매우 다르다. 이는 오히려 성적 도착 또는 성적 변태와 같이 나타난다. 인간의 섹스는 동물적 차원만이 아니라, 인간 차원의 사랑과 용서와 관용과 상상력 등의 정신작용과 함께 나타난다. 때로는 영적인 흔적까지도 있다. 섹스는 그래서 때로 어떤 의미에서 고차원적인 승화 작용이기도 하다.[76]

알코올과 섹스가 이 점에서 크게 다르지 않다. 사람들은 친구들과 함께 떠들썩하게 분위기를 띄우면서 기쁨의 시간을 술과 함께 보낼 수 있다. 이때 악마는 무슨 해를 가하기 쉽지 않다. 그러나 푹 가라앉은 상태에서 피곤에 절어서 또는 피곤과 낙담의 경우에 알코올을 이용해서 악마의 덫으로 이끌어 가기 쉽다.

여기서 우리는 C. S. 루이스의 쾌락(pleasure)에 대한 통찰력을 그냥 지나칠 수 없다. 쾌락은 본래 하나님이 만드시고, 하나님이 주신 선물이며, 또한 하나님은 참으로 쾌락주의자시다.[77] 쾌락은 본질상 하나님이 만드신 것이고, 악마의 작품이 전혀 아니다. 악마는 그의 실험실에서 많은 노력을 기울이며 쾌락을 제조해 내기 위해서 무진 애를 썼으나, 쾌락, 기쁨, 즐거움을 한 조각도 만들지 못했다.[78] 악마의 일은 단지 쾌락을 오용하도록 하는 것이다. 잘못 사용된 쾌락을 통해서 사람을 빗나가게 만들 수 있다. 그래서 스크루테이프는 쾌락을 통해서 사람을 유혹하는 것은 악마가 하나님의 적진에 들어가서 싸움을 하는 격이라고 한다.[79] 쾌락은 하나님의 영역이기 때문이다.

그래서 쾌락은 죄를 향한 하나의 도구이며 과정이긴 하지만, 악마는 될 수 있으면 쾌락을 사용치 않는다. 건강할 때 사람에게 나타나는 쾌락, 정상적인 기쁨을 주는 쾌락의 경우는 악마가 하나님의 것으로 하나님의 적진에서 싸움을 하는 격이다. 악마는 불리한 싸움을 하지 않으려 한다. 쾌락은 악마의 소유물이 아니다. 단지 악마는 왜곡된 쾌락, 변태의 쾌락으로 유혹한다. 이때 쾌락은 쾌락을 닮지 않은 괴이한 변종의 쾌락이 되고 만다. 여기서 발견되는 공식은 점점 사라지는 쾌락을 향한 점점 증가하는 쾌락의 갈망과 쾌락의 변종이다. 쾌락의 비틀어진 변태의 왜곡을 추구하다 보면 사람의 몸과 정신은 그와 같이 비틀어진 왜곡의 모습을 스스로 만들어 낸다. 악마는 이런 공식이 누구에게나 적용되기를 원한다.

6. 하나님이 기뻐하시는 골짜기 경험
내가 사망의 음침한 골짜기를 다닐지라도

악마는 여기서 경험 있는 신실한 그리스도인들과 인간 삶의 파동 현상에 대해서 무지한 초신자들을 떼어 놓으려 한다. 어려운 골짜기 현실이 다가왔을 때, 골짜기 상황이 밑도 끝도 없이 계속 이어지리라는 두려움에 사로잡힐 수 있다. 그에게 다가온 그 메마름의 경험, 아무런 감동 없는 무미건조한 신앙도 역시 계속 이어지리라고 믿게 한다. 그의 머리에 이런 터무니없는 생각이 꽉 차게 되면 낙심과 두려움은 그를 더욱더 좌절케 하고, 신앙의 반대 방향으로 나아가도록 한다.

십자가의 성 요한(St. John of the Cross)이 기록한 영혼의 자서전, 「영혼의 어두운 밤」 역시 이와 비슷한 내용을 말한다.

> 기도를 드렸음에도 불구하고 여전히 궁핍하다. 그들은 기도를 드림으로 느낌으로도 알 수 있을 정도의 기쁨과 헌신을 경험할 수 있다고 믿는다. 그래서 그들은 무진 애를 써서 이런 경험을 얻기 원하지만, 이제 몸도 머리도 다 지치고 만다. 기쁨을 어디서도 찾을 수 없을 때 그들은 무척 낙심하게 되고 아무것도 이루지 못했다고 생각한다. 이렇게 애를 쓰는데도 불구하고 참된 경건과 영성을 상실하기에 이른다. 그러나 이는 실상 오래 참는 인내와 겸손과 자기 부인으로부터 나온다. 그래서 그들은 결국 하나님 그분만으로 기뻐하기에 이른다.
>
> 이런 이유로, 그들이 하나님 경험의 기쁨을 놓친다면, 이제 혐오감과 좌절에 빠지게 된다. 그래서 하나님 경험의 기쁨을 이제 더 이상 추구하지도 않으려 한다. 그들은 아이들과 같다. 생각 없이 그냥 내키는 대로 행동하는 아이들 말이다. 영적인 쾌락과 위로를 찾으려 애를 쓴다. 독서에 매달리기도 하고, 묵상을 하기도 하고, 하나님께 속한 것들을 경험하기 위해서 간절한 갈망을 추구한다. 그러나 하나님은 참으로 지혜로우시고 사랑이 넘치시는 분이시기 때문에 그런 갈망을 거부하신다. 이런 영적인 탐욕과 비정상적인 욕구는 끊임없는 악한 일들을 만들어 내기 때문이다. 그래서 그들이 어두운 밤으로 들어가야 한다. 이는 매우 적절한 상황이다. 아이들의 그런 유치함은 이런 과정을 통해서 깨끗하게 정화될 수 있기 때문이다.[80]

악마는 이렇게 사람을 유혹한다. 항상 비관적이고 실망을 잘하는 타입이 있고, 늘 뭔가를 바라면서 마땅한 근거도 없이 무작정 잘될 것이라고 믿는 낙관적인 타입이 있다. 전자는 절망으로 스스로 들어가게 하고, 후자는 어떻게든 잘되리라는 막연한 믿음을 불어넣어야 한다. 그런데 전자는 최근에 거의 찾아볼 수 없다. 뭔가 현대 교육의 영향이라서 그런지 비관적인 사람들은 거의 찾아볼 수 없다. 낙관적인 교육과 자기 긍정의 교육은 사람들 안에 매사에 잘될 것이라는 식의 사고방식을 확산시켜 놓았다. 그러나 이런 자들은 경험 있는 신앙인과 접촉하지 못하도록 하면 별 문제없이 잘된다. 그 사람이 골짜기 경험 시에 뭔가 해결책이 있나 싶어서 성경이나 이곳저곳을 뒤지면서 마땅한 해답을 찾으려 하지만 그게 잘되지 않는다. 성경을 무슨 마법 책 뒤지듯이 본다고 해서 되는 게 아니기 때문이다. 골짜기를 벗어나려고 처음의 신앙 기분이 다시 회복될 수 있도록 필사적인 노력을 하지만, 아무것도 되는 게 없다.[81]

그 사람이 낙관적이라면, 악마의 일은 그 사람이 처져 있고 냉랭한 그의 영혼 상태를 당연한 것으로 받아들이게 하여 이런 냉담한 영혼의 상태도 그렇게 나쁜 것이 아니라고 믿게 해 준다. 내가 처음 예수를 믿는다고 너무 설친 것이 아닌가 하는 생각을 하게 하면 된다: '이제 너무 과하게 하지 말자. 이제 냉정해지자. 뭐든지 과하면 탈이 나게 마련이니까….' 종교라는 것은 어느 정도까지는 괜찮지만 도가 지나치면 문제가 되기 쉽다는 생각을 하게 한다. 대충 지내는 신앙은 악마에게도 좋고, 신앙이 전혀 없는 것도 그와 똑같이 좋은 것이다.[82]

사람이 살아가는 데는 굴곡이 있고, 높낮이가 있다. 그런데 하나님은 그의 자녀들을 다루실 때 봉우리 경험보다는 골짜기 경험을 통해서 더욱더 가까이 계시고, 깊이 일하신다. 완전히 다운되어서 더 이상 일어설 기력이 없을 때, 기진맥진하여 일어설 힘이 없을 때, 우리는 본능적으로 하나님을 향하게 된다. 더 이상 내려갈 곳이 없을 정도로 떨어져서, 한때 날개로 높이 올라갔지만, 추락하는 것에는 역시 날개가 있다. 이때 우리는 하나님을 향해서 걸어가게 된다. 이것이 바로 우리가 거듭날 때 하나님으로부터 새롭게 거듭난 생명으로 받은 것이고, 이 생명은 골짜기에서 헤매는 경험을 하면서 본능적으로 하나님을 향하게 된다.

그러므로 골짜기는 그야말로 믿음이 우리의 삶에 작용하는 결정적인 시기다. 우리가 봉우리에 있을 땐 하나님을 절실하게 요구하지 않는다. 잘나갈 땐 하나님을 기억하거나 의식치 않는다. 가장 절실하게 하나님을 필요로 할 때, 오히려 우리는 하나님이 그렇게 필요하다는 사실을 놓친다. 이때 하나님께서 우리가 그렇게 필요로 하는 모든 자원들을 철수했다는 느낌을 갖는다. 그러나 이 느낌은 우리 경험의 수준에서 그렇게 느낀다는 말이지 실제로는 정반대다.[83]

스크루테이프가 말하는 골짜기와 봉우리 경험은 악마가 만들어 놓은 것이 아니라 사람의 생명 그 자체의 모습이 그런 리듬을 만든다. 인간의 존재 구조가 만들어 놓은 일종의 자연 현상에 불과하다. 그래서 악마는 그에게 유리하게 이용한다. 그런데 예상 외로 하나님은 사람들이 겪는 골짜기/봉우리 사이클에서 골짜기 경험을 더 좋아하신다. 하나님께서 특별히 좋아하시는 사람들은 다른 사람들보다 더 깊이, 더 오래 이 골짜기를 통과했다는 사실은 시사하는 바가 적지 않다.[84]

골짜기 경험을 통해서 하나님의 자녀들이 얻는 것은 무엇일까? 물론 앞에서 말한 바와 같이 하나님이 그의 자녀들에게 원하시는 바는 홀로 서서 걸어가는 것이다. 하나님의 의지를 따라가면서 하나님께 순종하는 자임과 동시에 그는 독립적인 자유를 구가한다. 하나님의 자녀들은 하나님과 하나가 되었지만, 동시에 그들은 하나님과 다른 개체로서 독립적인 자들이다.[85]

그에 반해서 악마의 목표는 전혀 다르다. 악마에게 사람은 우선 먹이이며 밥이다. 악마는 단지 인간을 그들의 식탁 위에 놓일 한입거리로 본다. 악마가 원하는 바는 인간의 의지와 인간의 뜻을 악마의 의지와 뜻으로 흡수하는 것이다.[86] 그렇게 해서 악마의 자아(selfhood)는 인간 의지를 흡수함으로써 더욱더 확장된다. 자신의 권력의 확대다. 권력은 본질상 타인의 뜻과 의지를 내 뜻과 의지에 종속시켜서 내 뜻을 타인의 뜻과 동일하게 하여 그를 내 뜻에 종속시킨다. 사람은 바로 이 같은 권력의 맛에 맛이 가 버리기 일쑤다. 권력의 핵심은, 그러므로 내 뜻의 확대에 있다. 내 뜻을 따르라, 이것이 바로 권력과 힘의 매혹이다. 그래서 악마는 바로 권력의 화신으로서 오직 자신의 뜻이 이 세계를 지배하기 원한다. "나는 천국에서 섬기기보다 지옥에서 다스린다." 밀턴의 악마의 말이다.

C. S. 루이스는 이렇게 스크루테이프를 통해서 권력의 본질을 파헤치고 있다. 권력은 본질상 자아의 확대이고, 이는 악마적 속성에 다름 아니다. 내 뜻이 이 땅에서 이루어지기를 간절히 원하는 자는 바로 악마다. 내 뜻과 내 의지에 대한 간절한 집착은 바로 악마적인 사고방식이

다. 다른 사람의 다른 뜻은 내 뜻에 종속되어야 한다. 타인의 뜻이 내 뜻에 굴복토록 하는 권력의 쾌감은 실상 그래서 악마적이다. 악마는 다른 자아의 뜻과 의지를 먹는다. 악마는 모든 다른 자아들이 오로지 그에게 종속 또는 흡수되어 그의 뜻을 따르게 한다. 그래서 C. S. 루이스는 사람은 악마에게 단지 먹어치워져야 할 한 끼 식사에 불과하다고 말한다.[87] 타인의 영혼을 지배하려는 강렬한 욕구는 그래서 악마적이다.

악마가 말하는 자아 확대는 인간의 갈망 가운데 가장 강한 욕구다. 사람은 누구나 자신의 뜻이 관철되기를 원한다. 심지어 어떤 길로 갈 것이냐 때문에, 사실 어떤 길로 가더라도 별로 관계가 없는 경우에라도, 자기 고집을 꺾지 않고 집착을 보인다. 자기 확신과 자기 고집은 일단 한 번 그의 길을 정하면 좀처럼 돌아서지 못한다. 짜장면을 먹을 것인가 짬뽕을 먹을 것인가 때문에, 종로에서 먹을 것인가 신촌에서 먹을 것인가 때문에 자기 확신(실은 '고집')을 과시하는 경우도 많다. 어쨌든 어떤 경우에라도 자기 뜻이 이루어지기를 원한다. 실패와 성공의 여부와 관계없이 내 뜻대로 한다는 고집과 일종의 확신이 항상 우리를 지배한다. 권력은 결국 내 뜻이 다른 자들의 뜻에 침범하여 그들을 굴복시키는 악마적 쾌락을 말한다. 그래서 내 뜻이 꺾이고, 내 의지가 부러지고, 내 의지가 이루어지지 않는 좌절은 신앙에서 결정적으로 배워야 할 골짜기 경험이다. 하나님의 자녀들은 오히려 좌절과 무너짐과 어둠 속에서 헤매는 경험을 통해서 하나님을 배운다. 이게 바로 십자가 경험이다. 그래서 십자가는 권력의 대척점에 있다.

하나님이 그의 자녀들에게 원하시는 바는 다르다. 하나님은 그의 자녀들이 완전한 자유를 누리기 원하신다. 이는 악마가, 그들의 사고(思考) 카테고리에서는 도저히 이해할 수 없고 납득 불가능한 진리다. 자유를 갖는다는 것은 하나님과 닮았다는 말이다. 하나님만이 그의 뜻대로 무언가를 선택할 수 있으시고, 이것이 바로 자유의지다. 그리고 하나님은 사람이 그러한 자유를 지니기 원하시고, 이런 자유의 존재, 그분을 닮은 존재들로 이 세계가 가득 차기를 원하신다. 그래서 사람을 하나님의 형상을 닮았다고 하며, 그들을 또한 하나님의 자녀들이라고 한다. 하나님의 자녀들은 자유롭게 그의 자유의지를 발휘하지만 여전히 하나님의 뜻을 거스르지 않는다. 여기서 C. S. 루이스의 문장은 화려하다.

> 우리(악마-옮긴이)는 키워서 잡아먹을 식량을 원한다. 그러나 그 (하나님-옮긴이)는 끝내 아들이 되는 종을 원한다. 우리는 빨아 먹기를 원한다. 그러나 그는 내어 주기를 원한다. 우리는 비어 있고 채우기를 원한다. 그러나 그는 채워져 있고 넘쳐난다. 우리의 목표는 지하에 계신 아버지께서 모든 다른 것들을 그 자신에게로 빨아들여서 만들어 내는 단 하나의 세계다. 그러나 그는 자신과 연합되어졌으나 동시에 독립된 존재로 가득 차 있는 세계를 원한다.[88]

골짜기가 필요한 이유는 바로 이 때문이다. 골짜기 경험은 사람들이 하나님과 함께 있으면서도 동시에 별개의 존재로서, 하나님께 종속되어 있으면서도 동시에 그 자신의 자유를 만끽하는 자로 만들어 가는 메커니즘이다. 골짜기를 통해서 사람은 더욱더 하나님을 느낀다. 골짜기에서 사람은 하나님을 더욱더 깊이 만난다. 그러나 동시에 그는 더욱더 그 자신이 된다. 그는 하나님께 가까이 나아갈수록 더욱더 그 자신이 된다. 그가 더욱더 그 자신이 되기 위해서는 그 자신이 더욱더 하나님께로 나아가야 한다.

하나님은 그의 임재하심을 그의 자녀들에게 어느 정도 허락하신다. 이때 하나님의 임재로 인한 감정의 달콤함이 유혹을 쉽게 이길 수 있도록 해 준다. 그러나 오래가지는 않는다. 시간이 지나게 되면, 적어도 자녀들이 의식할 수 있는 수준 내에서는 하나님의 임재하심의 달콤한 느낌은 거의 사라지고 만다. 이제 아무리 둘러보아도 하나님의 흔적조차 보이지 않는다. 왜 내가 이런 처지에 놓였는지를 알 수 없다. 이제 차라리 하나님의 뜻을 따르고 싶은 감정도 느낌도 갈망도 사라진다. 그래도 여전히 하나님을 따르겠다는 의지는 사라지지 않는다. 하나님을 순종한다. 이때 악마는 패배한다.[89]

하나님이 사람에게 원하시는 바는 역설적이다. 그는 이제 하나님의 도움이 없이도 흔들리지 않고, 그의 발로 홀로 서서 그의 길을 가기를 원하신다.

사람은 상상력과 지성과 의지의 영역을 지닌다. 먼저 상상하고 미리 예견하고 꿈을 꾼다. 앞서서 미리 생각하고 예측하는 능력이다. 그러나 우리의 상상이 만들어 내는 예상되는 일은 우리의 지성으로 다시 한 번 걸러서 현실과 조정 단계를 거친다. 그리고 결심을 하는 의지의 작용이 있다. 사람의 생각과 상상과 예상은 지성으로 분석한 다음에 의지의 영역에 이르러서 실천될 수 있는 단계에 이른다.

하나님은 사람이 단지 생각하고 분석하는 단계가 아니라 실천의 의지를 갖기 원하신다. 예상하고 생각하는 것에 그쳐서는 웃음거리가 되고 만다. 의지가 중요하다. 하나님은 우리의 의지적 행동, 몸의 구체적인 실천을 원하신다. 하나님은 우리의 실천이 하나님의 도움에 의해서 이제는 홀로되어지기를 원하신다는 말이다. 신앙의 처음 단계에는 하나님의 임재와 사랑이 주는 기쁨과 달콤함이 있다. 이제 그런 달콤함이 사라진다 해도 사람의 실천적인 의지만으로 행동할 수 있도록 몸의 움직임이 중요하다. 사망의 음침한 골짜기를 지난다 해도 그는 이제 흔들리지 않는다. 때로는 지루할 정도의 매일의 반복 가운데서도, 무미건조함에서도 단지 의지만으로 기도를 드린다. 주변의 상황에서 기적과도 같은 일이 하나도 일어나지 않지만 그는 단지 의지로만 기도를 그치지 않는다. 이때 이를 하나님이 기뻐하신다.

악마는 '유혹' 한다. 악마의 달달한 유혹은 우리를 미끄러지듯이 그의 유혹으로 끌어들인다. 그러나 하나님은 우리를 유혹하지 못하신다. 악은 달콤함으로 우리를 유혹하지만, 선과 도덕은 그런 달콤함이 없어서 악마처럼 우리를 유혹하지 못한다. 악마는 우리의 뜻과 의지를 거슬러 가면서 우리를 질질 끌고 가서 추잡하게 만들어 놓는다. 하나님은, 굳이 말하자면, 우리가 홀로 걷도록 하기 위해서 넘어지는 우리의 걸음을 그대로 두고 보신다. 하나님의 도움이 사라지기도 한다. 이제 너 홀로 걸어 보라는 말이다. "홀로 너의 발로 디디고 서서 걷는 게 중요하다. 맨날 갓난아이처럼 그렇게 무릎을 질질 끌면서 기어 다닐 판이냐?" 그러나 하나님이 관심 가지시는 것은 우리의 넘어짐이 아니라 다시 일어서려는 우리의 의지다.

갓난아이는 계속해서 넘어진다. 그렇게 몇 번 넘어지고 또 다시 일어나는 게 좌절을 부른다. 그렇다고 그냥 넘어져서 다시 일어나려 하지 않고, 그냥 넘어진 채로 퍼질러 엎어져 있으면 그 아기는 '악질'이다. 아무리 넘어져도 다시 일어나려는 의지가 중요하다. 넘어지는 게 문제가 아니라, 일어나려는 의지가 있느냐 하는 것이다. 하나님의 말씀대로 살아가다 보면 넘어질 때가 있다. 이때 필요한 것이 또 다시 일어나려는 포기하지 않는 일종의 의지와 근성이다. 주변에 하나님의 흔적이 보이지 않는다 해도 단지 다시 일어서려는 의지와 근성이 중요하다. 이때 그는 홀로 서 있게 된다.

왜 이런 어려움이 닥쳐왔는지 알지 못한다. 그래도 그는 하나님을 포기하지 않는 의지가 있다. 왜 나는 아무런 도움을 받지 못하는가? 그래도 그는 하나님을 포기하지 않는 의지가 있다. 하나님의 뜻을 알지 못하는 비참한 처지에 놓인다 해도, 하나님을 포기하지 않는다. 이때 악마는 더 이상 그 사람을 어쩌지 못하는 위기를 만난다.[90]

> 하나님이 그의 자녀들에게 원하시는 바는 하나님의 자녀답게 홀로 걸을 수 있게 되는 것이다. 홀로 걸어라!

이것이 하나님이 그의 자녀들에게 원하시는 바이다. 특히 하나님의 도움이 사라졌다고 느끼는 그 순간에도 여전히 하나님을 따르겠다는 의지를 포기하지 않는다. 주변을 둘러보아도 하나님께서 그를 도우시고 그와 함께하신다는 흔적이 보이지 않는다. 그러나 여전히 하나님의 뜻을 포기하지 않는다. 왜 내가 이런 지경에 놓여야 하는지, 항변을 하면서도 여전히 하나님을 순종하겠다는 마음을 갖는다. 이런 사람의 마음은 바로 골짜기를 지나는 동안에 만들어지고, 이때 악마는 패배의 처지에 있게 된다.

그런데 여기서 악마가 납득 못하는 하나님의 현실이 있다. 왜 하나님은 인간의 영혼이 그의 감각으로 느낄 수 있을 정도로 그의 임재하심의 파워(power)를 보여 주지 않느냐 하는 의문이다. 하나님께서 사람의 영혼을 그토록 끌어들이고 싶어 하신다면, 충분히 강제로, 또는 어느 정도의 힘을 보여 주시면서 그렇게 하실 수 있지 않은가? 사실 조금만 하나님의 임재하심을 느끼게 해 주어도 사람의 영혼은 하나님께로 얼마든지 끌려간다. 어느 정도의 강제성만 발휘해도 사람은 하나님께 끌려간다. 그러나 하나님은 강제로 사람을 끌어들이지 않으신다. 사람은 하나님과 독립적인 자유의지를 지닌 별개의 존재이기 때문이다.[91] 그래서 기껏 해야 하나님은 사람에게 사랑을 호소하실 뿐이다. 차라리 악마는 악으로 사람을 유혹한다. 하지만 하나님은 선으로 사람을 유혹할 수 없다.[92]

악마의 표현에 의하면 하나님은 사람에게 '징징댄다'고 한다.[93] 왜냐하면 사랑은 호소이며 진정이며 희생이지, 강간이 아니기 때문이다. 사랑은 마음의 문제다. 그러기에 하나님은 호소하시는 분이시고, 비시는 분이시다. 그러나 이런 사랑의 풍경은 낯설지 않다. 부모와 자식 간의 사랑에서 부모는 사랑하기 때문에 지기도 하고, 희생도 하고, 호소도 하고, 빌기도 한다. 심지어 때려 보기도 하지만, 이는 결국 사랑이 그 원인이다. 많이 사랑하는 쪽이 언제나 지기 마련이다. 악마는 잡아먹는다.

그러나 사랑은 애원한다.

'불가항력적'(Irresistible)[94]이라는 말은 하나님이 하시는 일에 어울리지 않는다. 이는 '불가항력적인 은혜'(Irresistible Grace)[95]라는 칼빈주의에 대한 C. S. 루이스의 거부감인 듯하다. 그 말의 문자적 의미는 인간의 자유를 거의 폐기시키는 듯한, 그래서 하나님이 강제로 그의 은혜를 강요하시는, 도저히 피할 수 없는 하나님의 은혜를 뜻하고 있다면, C. S. 루이스는 이를 받아들이기 어렵다.[96] 하나님은 설득하시고, 설복하시고, 애원도 하시지만, 강제로 잡아서 질질 끌어다 놓고 패면서 신앙을 강요하지는 않으신다. 신앙은 본질상 그런 것이 아니기 때문이다. 신앙만큼 자발적이고, 자기 마음에 우러나서 만들어지는 것은 없다.

신앙은 그를 홀로 걷도록 하기 위해서 골짜기가 있어야 한다. 하나님이 도와주시는 것 같지 않을 때라도, 홀로 그의 골짜기를 통과한다. 홀로 걷다 보면 넘어지기도 한다. 하나님은 홀로 걷도록 하기 위해서 붙잡고 있던 손을 슬며시 놓으신다. 그러면 넘어진다. 쓰러지기도 한다. 그러나 걸으려고 하는 의지만 보여도 하나님은 그를 기뻐하신다.[97] 그러다 보면 홀로 걷는 발목 힘이 이제는 괜찮아진다. 골짜기의 자갈밭을 걷기 위해서 맨발이 되어야 하고, 좁은 문 때문에 허리를 숙여야 하고, 영혼의 어둔 밤을 지나기 위하여 어둠에 익숙해져야 한다. 그래서 골짜기는 하나님을 배우도록 하며, 홀로 걷는 법을 배우게 한다. 이것이 바로 골짜기 경험을 통한 하나님의 자녀 교육 방법이다.[98]

7. 악마와 지옥의 본질
자아 싸움의 공간

　악마의 근거지는 지옥이다. C. S. 루이스에 의하면, 지옥에는 하나의 존재는 또 다른 존재와 결코 같이 있을 수 없다는 지옥 철학이 있다. 하나의 자아는 또 다른 자아와 경쟁과 충돌을 빚는 별개의 존재다.[99] 나의 이익은 나의 이익일 뿐, 너하고는 아무 상관이 없는 일이고, 너에게 좋은 것은 너에게 좋은 것일 뿐, 그게 나하고 무슨 상관이냐는 식이다. 내가 따면 너는 잃는다.[100] 이게 지옥의 원리다.

　지옥의 철학은 경쟁을 그의 존재의 원리로 삼는다는 측면에서 현대 사회와 자본주의의 원리와 크게 다르지 않다. 심지어 길거리의 돌 한 개도 그 돌의 자리에 있던 다른 것을 밀어내고 자기 자리를 차지한다. 이 세계의 존재 방식이 그러하다. 그래서 자신의 힘을 확대시키기 위해서는, 판돈을 더 따먹기 위해서는 다른 자들이 먹기에 앞서서 자기가 먹을 것을 더 먹어야 한다. 이게 지옥의 존재 근거이며, 악마의 지옥의 원리다. 그러나 지옥은 자기 자리를 차지하는 것에 그치지 않는다. 강한 자는 약한 자를 먹어 치운다.[101] 짐승은 자기보다 약한 것들을 섭취하기 위하여 먹는다. 악마에게서 약한 자아는 강한 자아에게 빨려 들어가 흡수당한다.[102]

　악마에게 인간은 밥이다. 사람들이 소나 돼지를 키우는 것과 같이 그의 환자를 키우는데, 이는 키워서 잡아먹기 위함이다.[103] 악마는 스스로 텅 비어 있기 때문이다. 인간을 향한 악마의 목표는 인간의 의지를 악마의 의지 속으로 흡수하는 것이다. 그래서 될 수 있는 한 악마는 자신의 자아의 크기를 확대한다. 끝내 온 세계가 지하에 계신 아버지 안으로, 다른 모든 인간들이 그 악마 안으로 스며들어 더 이상의 이견과 또 다른 자아는 사라지고, 하나의 자아, 하나의 거대한 자아로 통일된 악마의 세상으로 만들기 위함이다.[104] 종국에는 모든 다른 생각은 사라지고, 오직 하나, 악마의 뜻이 지배한다. 우리의 소원은 통일이다! 악마에게는 인간을 밥으로 갖다 바치든지, 아니면 자신이 밥이 되든지.[105]

동물은 다른 동물을 잡아먹는다. 뭔가를 먹고 나서 자기 몸 안에서 그가 먹은 것을 소화해서 마지막에는 그것을 빨아들이는 '흡수'(absorption)를[106] 한다. 악마도 마찬가지다. 악마에게 있어서 흡수한다는 것은 강한 자아가 약한 자아를 빨아들이는 것[107], 약한 자의 자유와 의지를 강한 자가 마셔 버리는 것이다. 한마디로 하면, 약한 자의 고유성, 독특성, 그 자신만이 갖고 있는 삶의 방향과 자유로움이 또 다른 강한 자에 의해서 여지없이 흡수당한다. 자기 의지는 제대로 펼 수가 없다. 자기 뜻이 있어도 자기 자유가 없기 때문에 그의 고유한 뜻은 늘 거절당하고 좌절에 놓일 수밖에 없다. 이게 바로 강한 자가 약한 자의 자유와 의지를 흡수한다는 말이다. 강한 자는 약한 자의 자유와 의지를 먹음으로 더욱더 자기 영역은 넓어지고 확대되어, 더 높게, 더 넓게 자신의 위치를 폼 나게 만들어 간다. 이게 바로 악마의 지옥 철학이다.

악마가 인간 자아의 의지를 먹는다는 말은 약한 자아의 의지가 강한 자아의 의지에 흡수되어 약한 자아의 의지가 설 자리를 잃어버리게 되는 것이다. 스크루테이프가 말하는 원수, 하나님은 한 인간의 영혼을 영원히 소유하려는 노력을 애써 감추지 않는다. 사람을 향한 하나님의 사랑은 그분의 형상을 닮은 아들들로 이 세계를 뒤덮는 것이다. 하나님의 생명을 닮은, 하나님의 모습을 닮은 그런 흡사한 존재가 되어서 인간은 자발적으로 그의 의지를 하나님께 드리게 된다. 그래서 그들은 진정 하나님을 닮은 하나님의 자녀가 되는 것, 이것이 바로 스크루테이프의 원수, 하나님의 목표다.[108] 신앙을 가진 자를 하나님의 자녀라 부르는 이유는 자녀가 아버지를 닮는다는 뜻이다. 악마는 인간의 의지를 빨아들여서 그의 의지를 흡수하기 원하지만, 하나님은 사람들이 그들의 의지를 하나님께 드렸음에도 불구하고, 그래서 하나님과 일체가 되었지만, 여전히 그로부터 독립한 자유로운 개별적인 존재이길 원하신다.[109] 그러나 비단 이게 어찌 지옥의 원리만이겠는가? C. S. 루이스의 진면목은 바로 악마의 입을 빌려서 우리 인간 삶의 고통스러운 부분을 말한다는 데 있다. 이는 하나님께서 본래 만드신 세상의 원리가 아니며, 그럼에도 우리는 악마의 원리에 편승해서 여전히 이렇게 살고 있다는 말을 하고 싶다. 이 세계 내에서 살아가고 존재한다는 것은 경쟁과 투쟁과 싸움에서 벗어날 수 없다는 것이 악마의 철학이다. 그래서 C. S. 루이스는 여기서 악마들의 혼란을 끼워 넣는다. 악마들끼리의 싸움과 경쟁도 예외가 아니다.

스크루테이프는 잠시 하나님의 사랑이라는 딜레마에서 이단(?)에 빠지게 된다. 꼬마 악마에게 원수, 곧 하나님의 사랑에 대한 설명을 하다가 그만 헷갈리고 만다.[110] 스크루테이프의 말은 이런 내용이다.

하나님은 참으로 사람을 사랑하는 듯 보인다. 사랑은 악마의 영역이 아니다. 악마는 사랑을 이해할 수 없다. 악마는 사랑 앞에서 무너지고 당혹해 한다. 악마의 사전에 '사랑'이라는 말이 없기 때문이다. 하나님이 벌레-사람을 사랑한다 하고, 벌레-사람이 하나님을 아버지라 부를 때, 악마는 소름이 돋는다. 악마의 눈에는 몸을 지닌 하찮고 더러운 벌레다. 그런데 이런 것들을 아들 삼고 아버지라 부르게 하는 원수/하나님을 또한 소름끼치도록 저주한다. 그토록 깨끗하고 정결한 이 세계를 벌레로 더불어 아버지와 아들이라 부르면서 사랑 노름을 하다니 … 끔찍한 노릇이다. 벌레를 아들로 삼아서 함께 노닐고자 하는 원수의 작태는 구역질이 돋고, 토악질이 절로 솟는다.

그들이 서로 아버지라 부르고 아들이라 부르는 이유는 그들이 서로 닮아 있기 때문이다. 아버지와 아들은 서로 닮아 있지만, 별도로 독립적이다. 그들은 그래서 아버지와 아들이다. 악마는 벌레는 잡아먹기 위해 시 기운다. 하나님이 악마와 다른 점이 바로 이것이다. 하나님은 벌레를 키워서 아들로 변형시켜서 자신과 닮은 독립적이고 자유로운 그의 분신으로 삼으신다. 그러나 악마는 벌레를 녹이고 빨아 먹어 그의 배를 부르게 하려 한다. 그의 몸집으로 이 우주를 채우려 한다.

악마는 말한다: "우리는 빨아 먹기를 소원한다. 왜냐하면 우리는 텅 비어 있기 때문이다. 그래서 그 벌레들을 먹어야 허기를 채운다. 사람은 단지 내 먹이다. 모든 존재들은 경쟁하고 공존하지 못한다. 존재는 함께 있을 수 없다. 누군가는 누군가에게 속해야 한다. 힘센 자는 힘이 약한 자를 빨아 먹어 흡입하여 나를 커다랗게 만들어 더욱더 크게 나 자신을

확대해 나간다. 나를 말리지 마라. 이 세계는 단 하나의 존재만이 있고, 그게 바로 나 자신이다. 나 자신만이 진실로 존재할 뿐이다."

하나님은 말씀하신다: "나는 이미 가득 차 있다. 그래서 나는 스스로 넘쳐흐른다. 나와 가까이 있는 자들은 내 넘쳐흐르는 풍요함으로 그들을 채울 수 있다. 그래서 그들은 나를 닮아서 나를 진정 아버지라 부르고 나는 그들을 자녀라 부른다. 자녀는 내 허기를 채우는 먹이가 아니라 나를 닮은 아이들이다. 나는 그들을 흡입하지 않는다. 나는 그들을 먹지 않는다. 그들은 단지 내 넘치는 우물에서 마신다. 그래서 그들은 내 아들이다."

악마는 하나의 세계를 원한다. 하나님은 무지 많은 세계를 원하신다. 악마는 획일화된 하나의 색깔을 원한다. 하나님은 다양한 색깔을 원하신다. 그래서 하나님과 아들은 닮아 있지만 다르다. 그리고 하나님은 그런 차이를 기뻐하신다.[111]

스크루테이프는 여기서 큰 실수를 한다. 삼촌 악마는 이런 말을 주워 삼키면서 자신도 모르게 "하나님은 사람을 진짜로 사랑한다. 그리고 이는 소름끼치는 사실"이라고 발설한다. 지옥 공간에 사랑은 없다. 사랑은 헛소리에 불과하다. 그래서 스크루테이프는 그의 조카 웜우드에게 고발당한다. 스승을 제자가 고발한다. 하나님이 사랑한다는 이단적인 발언을 했기 때문이다. 악마의 교리에는 사랑이라는 게 아예 없다. 악마의 세계에서, 악마의 사전에서 사랑이라는 말은 이해되고 납득 가능한 용어가 아니라, 아무 의미도 없는 그냥 소리 나열에 불과하다. 그런데 스크루테이프는 흥분해서 하나님 사랑을 비난하다가 그만 그 사랑이 진짜라고 전제하고 말한다. 우리도 흔히 남을 비난하다가 그의 좋은 점을 그만 미리 전제하고 말을 이어 가는 수가 있다. 기막힌 섬세함으로 악마들을 그려 내면서, 유머를 끼워 놓는다.

모든 자아와 모든 존재가 본질적으로 경쟁적이라면 원수, 즉 하나님의 사랑은 거짓이거나 속임수에 불과하다. 원수는 또 다른 속셈이 있기 때문이지, 원수가 인간이라는 저 벌레를 사랑한다는 것은 결코 있을 수 없고, 가능하지도 않다. 왜냐, 사랑은 그 자체가 없기 때문이다. 사랑은 불가능하다(impossible love).[112] 있다 해도 도저히 납득할 수 없다. 사랑은 해결되지 않는 의문이다(insoluble love).[113] 사람은 이기적인 유전자의 동물이다. 이타적인 것도 역시 이기적인 욕심을 드러내는 전략일 뿐, 이기적인 면모를 잠시 숨겼다 해도 그게 사랑일 수는 없다. 사랑은 거짓이다. 지옥의 경쟁 철학만이 이 세계에 있을 뿐이다.[114] 사람은 경쟁 빼면 시체이기 때문이다.

그렇다면 그 원수의 사랑은 착각이며 환상일 뿐, 아무것도 아니라고 비웃고 끝나야 한다. 그러나 스크루테이프는 그의 조카 웜우드에게 계속 원수가 벌레 같은 인간을 진짜로 사랑하며, 악마의 흡수와 달리 원수는 인간의 생명과 자유가 이루어지기를 원한다고 말한다.[115] 아마 악마조차도 어쩔 수 없는 사랑의 마력에 끌린 것일까? 아무리 악마라도 사랑은 도저히 끊을 수 없는 그리움일까? 어쨌든 스크루테이프는 악마의 사랑 교리에서 이단에 빠진다.

악마의 신학적 교리에 사랑은 없다. 그런데 스크루테이프는 원수의 사랑이 마치 진짜인 양 설명을 하고 경고를 한다. 자기모순을 일으킨 것이고, 이는 지옥의 경찰청에 고발해야 할 심대한 이단 사설에 빠진 것이다. 그래서 그냥 심각하게 생각지 않고 잠시 헷갈린 것이기 때문에 별일 아니라는 투로 웜우드에게 변명한다. 하나님이 인간을 진심으로 사랑한다는 게 말이나 되는가 하면서 변명하기에 바쁘다. 잠시 헛소리를 한 것이니 신경 쓰지 말라는 투다.[116]

하나님도 하나의 존재고, 인간도 하나의 존재다. 이 둘의 관계는 필시 잘 알 수 없는 비밀이 있어 보이지만, 결국 둘 사이도 경쟁 관계일 수밖에 없다. 하나님에게 좋은 것은 인간에게 좋을 리가 없고, 인간에게 좋은 것 역시 하나님께 좋을 리가 없다. 이게 지옥의 철학이고, 이는 인간과 하나님께도 여전히 적용되는 원리다. 하나님이 사람을 사랑하신다? 이건 아니다. 결코 그럴 수 없다! 사랑이라니, 사랑은 없다! 사랑은 뭔가를 감추려는 속임수 또는 위장이며 거짓일 뿐, 그럴 리가 없다. 뭔가 하나님께는 사람을 그렇게 사랑하는 것처럼 보이게 하는 또 다른 진짜 속셈이 있다. 존재한다는 것은 곧 경쟁으로 존재하기 때문이다. 여전히 스크루테이프는 하나님의 사랑의 진짜 동기를 찾을 수 없다.[117]

도대체 하나님은 사람을 사랑한다고 해 놓고 무슨 속셈일까? 도대체 무엇을 먹으려고 하는 심산일까? 정말 모를 일이다. 하나님이 사람을 먹을 목적이 아니라면 사람을 사랑한다는 것은 있을 수 없다. 사랑은 먹기 위한 포장이다. 사랑이라는 것은 애초부터 불가능하다. 뭔가 또 다른 진짜 이유가 있을 것이다. 그런데 무진 애를 써 보았지만 알 수 없는 노릇이다.[118] 이게 사랑에 대한 악마의 고백이다. 사랑은 악마를 넘어선다. 악마는 사랑에서 길을 잃고 헤맨다. 악마는 절대로 사랑을 이해하지 못한다. 악마의 시각에서 사랑은 이름조차 사라진다.

남녀 간의 사랑도 악마는 전혀 다르게 말한다. 어떤 거미 종류는 마치 암컷이 수컷을 잡아먹는 것처럼 그들의 섹스를 끝낸다. 남녀 간의 섹스도 이와 다르지 않다. 강한 자가 약한 자를 잡아먹는 것이 실상은 남녀 간의 결혼이고, 그런 면에서 볼 때 섹스라는 것은 아무것도 아니며, 악마에게 해로울 것도 유익할 것도 없다.[119] 섹스도 역시 지옥의 철학의 범주 내에서 벗어나지 못한다. 강한 자가 약한 자를 '먹는 것'에 불과하다. 그런데 원수, 하나님은 벌레의 섹스에 납득할 수 없는 '애정'(affection)을 집어넣었다. 섹스 욕망과 더불어 남녀 사이의 사랑 또는 애정을 넣어서 남녀 사이의 관계를 지옥의 철학 범주에서 벗어나게 하는 이유를 알 수 없다. 이게 스크루테이프의 불평이다.[120] 사람의 섹스는 거미처럼 잡아먹는 것이다. 그런데 웬 사랑이니 애정이니 따위가 거기에 끼어드는가 하는 불평이다. 이것 역시 스크루테이프에게는 알 수 없는 미스터리다.

사실 악마의 시선에서 볼 때 남녀의 사랑은 우스운 짓이다. 사랑은 호르몬의 화학작용에 불과하다. 끓어오르는 호르몬의 화학작용은 남녀 사이를 적나라하게 만들어 섹스를 만들어 준다. 그게 다다. 더 이상은 없다. 섹스는 먹기 위해서 나타나는 호르몬의 작용이다. 이건 동물의 짝짓기에 불과하다. 그리고 짝짓기 역시 인간 삶의 현실이다. 그러나 이때 사람은 동물이다. 그래서 사람은 동물이 될 수도 있고, 천사가 될 수도 있다는 파스칼의 말이 사실이다. 섹스는 사랑의 결과이고, 사랑과 결합 되었으며, 한 몸임을 서로 알고 있다. 그때 섹스는 사람의 지평으로 솟아오른다.

    사람은 동물이다. 아니 동물과 영의 잡종이다. 그래서 악마는 사람을 경멸하고 욕하고 천시하면서 먹는다. 찬물에 밥 말아먹듯이…. 그러나 사람은 사람인 이유가 하나님을 향한 갈망에 있다. 이는 깊이 새겨진 인간의 본능이다. 이 세계를 벗어나서 또 다른 세계를 갈망하는, C. S. 루이스가 기쁨이라 칭하는 하나님을 향한 끊임없는 욕구 말이다. 사람은 이 세계 내에서 궁극적인 만족을 얻지 못한다. 그러나 그의 영혼 속에 깊이 새겨진 영원을 향한 갈망과 사모하는 마음은 하나님을 가리키는 이정표다. 사람은 그래서 초월의 존재이고, 이 세계 내에서 결코 만족하면서 살아갈 수 없는 자다. 동물과 차이가 있다면 바로 이 갈망이며 사모함이다.

    (이 갈망은) 뭔가 '다른 곳' 또는 바깥을 가리킨다는 데 가치가 있다. 그러나 '다른 곳'은 여전히 의심과 함께 있을 뿐이다. 그때 갈망이 가리키는 바는 자연히 우리의 생각을 사로잡는다. 숲속에서 길을 잃었을 때 이정표는 매우 중요하다. 이정표를 처음 본 사람은 소리를 지른다. 여기에 이정표가 있다고…. 그러면 다른 사람들도 다 함께 모여서 이정표를 보면서 즐거워한다. 그리고 이정표가 가리키는 길을 갈 때 그들은 이제 더 이상 그곳에 머물지 않는다. 우리는 이정표 때문에 힘을 얻어서 길을 가고, 그것을 세운 자들에게 감사한다. 그러나 이제 우리는 그곳에 머

물지 않고 더 이상 이정표를 바라보지 않는다. 이정표가 아무리 은빛 찬란하게 드러내고 금을 입혔다 해도 말이다. 우리는 예루살렘으로 가야 하기 때문이다.[121]

영원과 아무 관계가 없는 사람들은, 또 다른 세계를 향한 갈망이 사라진 사람들은 동물로 전락한다. 그리고 악마는 그것을 먹는다. 그래서 스크루테이프에게 있어 사람은 식사 거리다. 악마는 잡아먹고 빨아 먹는다. 그것은 자아의 확대 의지를 말한다. 권력은 여기서 발생한다. 권력은 결국 자아의 확대고, 자신의 의지를 널리 펴서 그의 뜻이 이 땅 위에서 이루어지도록 한다. 권력은 하나님의 뜻이 이루어지는 것을 방해한다. 결국 권력은 하나님의 자리에 자기를 앉히는 것이고, 자신이 스스로 하나님의 자리에 앉는 것이다. 악마는 다름 아니라 우리 자신이다. 악마에 의해서 우리 역시 악마가 되어 힘을 추구한다. 이웃을 섬김의 대상으로 보는 것이 아니라 지배의 대상으로 보고, 통제의 대상으로 본다. 이게 악마의 자아 확대다.

그래서 악마의 공간은 바로 지옥이다. 지옥은 자아들끼리의 충돌과 싸움이다. 내 것은 내 것이고, 네 것은 네 것, 아니 더 나아가서 내가 따면 너는 잃는다. 내가 살기 위해서 너는 나에게 흡수되어야 한다. 그의 자유와 의지는 내 속에 흡수되어 그는 더 이상 그 자신의 존재로 존재하는 것이 아니라 나의 존재로 마치 그림자처럼 희미하게 존재할 뿐이다. 존재는 경쟁이고, 경쟁으로 하나의 존재는 또 다른 존재에게 삼켜진다.

천국은 없다. 천국은 존재 자체가 불가능하다. 악마의 시각에서 볼 때 경쟁과 자아의 싸움만이 존재 근거이며 존재 방식일 뿐, 사랑 따위의 내용은 허구이며 불가능한 헛소리다. "나는 너를 먹고 싶다." 이 말은 삼촌 악마 스크루테이프가 조카 웜우드에게 하는 말이다. 강한 자가 약한 자를 먹어 치운다. 이것 외에는 이 세계를 움직이는 원리가 없다. 이 세계는 먹느냐 먹히느냐의 싸움판이라는 말이다. 약육강식의 적자생존! 진화론적 세계관은 이를 근거해 있다. 여기서 사람은 동물로 타락한다.

그러나 악마가 도저히 상상할 수 없는 사랑의 공간이 있다. 하나님은 그분과 닮은 아들을 원하시고, 그 아들은 자신의 자아를 하나님께 드릴 때 그는 진짜 자기 자신이 되어 참된 자유에 이른다. 네게 좋은 것은 나에게 좋은 것이고, 섬김은 하나님이 만드신 천국의 원리다. 천국에서는 모두 다 승자이며, 이는 자기희생을 통해서 이루어진다. C. S. 루이스가 보는 인간은 하나님에 의해서 철저하게 진정한 자기 모습을 취득하는 존재다. 그가 홀로 서서 하나님 없이 그의 생을 지날 때 그는 더 이상 악마의 한 끼 식량에서 벗어나지 못한다. 하나님께 귀속될 때 비로소 그는 자기 자신이 되어 하나님과 닮은 아들의 자유의 길을 갈 수 있다.

하나님은 사람이 그분의 아들이 되기를 원하신다. 그러나 아들은 이제 아들답기 위해서 골짜기를 경험해야 한다. 하나님이 개입하시는 골짜기 경험은 하나님이 진정 원하시는 아들로 자랄 수 있도록 하는 시간이다. 사람은 파동의 법칙에 의해서 봉우리에 오르기도 하고, 골짜기에 떨어지기도 한다. 하나님은 골짜기를 좋아하신다. 그래서 골짜기 경험을 통해서 그분의 아들이 홀로 설 수 있기를 바라시며 홀로 내버려 두신다. 그렇게 아들은 튼튼한 다리를 가진 홀로 걸어갈 수 있는 자가 된다.

그리고 악마는 하나님과 아들의 관계를 방해하기 위해서 존재한다.

    C. S. 루이스의 파동의 법칙은 참으로 위로의 통찰력이다. 사망의 음침한 골짜기를 다니는 신앙의 경험이 우리가 쉽사리 견딜 수 있는 것은 아니다. 그러나 자녀를 사랑하시는 하나님께서 그 사랑 때문에 골짜기를 주신다. 그리고 골짜기 경험은 사람이 자신을 향한 자기 영광 추구에서 벗어나서 하나님을 향한 관심을 제대로 만들어 주는 거의 유일한 시간이다. 그래서 C. S. 루이스는 이 세계가 사람이 하나님을 향한 자아 포기와 항복 경험을 가능케 해 주는 고통의 공간으로서 자기 역할을 잘하고 있다고 말한다. 고통과 고난과 아픔과 상처는 이 세계의 기능으로, 사람을 동물로 전락하지 않고 하나님의 자녀로 만들어 가는 매우 중요한 작용이다. 골짜기 경험에 대한 C. S. 루이스의 통찰력은 많은 사람들이 오래 간직할 것이다.

    C. S. 루이스는 인간이 죽음에 대해서 매우 일상적인 어조로 그린다. 악마는 전쟁 가운데서 사람들이 공포와 두려움에 떠는 것을 신나해하지만, 스크루테이프는 그런 것들은 아무것도 아니라고 빈정댄다. 중요한 것은 사람의 영혼을 집어 삼키는 것이지, 어떻게 두려움에 떨면서 죽느냐 하는 것은 중요한 것이 아니다. 죽는다는 것은 사람에게서 당연하다. 죽음을 호들갑 떨면서 대하지 않는다. 죽는 일은 누구나 경험해야 하는 그렇고 그런 일에 불과하다.

    전쟁에 대해서 악마는 거의 무관심하다. 단지 사람이 어떤 상태에서 죽느냐 하는 것이 그의 관심사다. 폭격을 받아서 죽게 되면, 그래서 환자가 세속성에서 벗어난 채로 한순간에 죽는다면, 지금까지 공을 들여서 작업한 악마의 전략은 말짱 헛것이 되고 만다. 전쟁 때문에 그들이 세속성에서 차라리 벗어나게 되면 악마는 전쟁 때문에 그의 작업이 망가진다. 오히려 전쟁으로 인해서 사람들이 그들만의 관심에서 벗어나서 이웃에 대한 관심이 증대하고 하나님을 의존하는 마음이 커지면, 전쟁터는 악마에게 불리한 전선이 되고 만다. 사람에게서 죽음은 최악의 결과가 아니다. 전쟁은 오히려 사람의 죽음을 상기시키고, 이 세상에서 영원히 살아간다는 착각을 깨뜨린다. 이 세상에서 잘 먹고 잘 살겠다는 생각은 전쟁 때문에 오히려 사라진다.

진짜 인간의 죽음은 몸의 죽음이 아니라 영혼의 죽음이며, 이는 사람이 하나님 없이 살아가는 인간 상태를 일컫는 말이다. 죽음은 단지 또 다른 삶으로 들어가는 관문에 불과하다. 그런데 스크루테이프와 웜우드는 그가 데리고 있던 '환자'를 놓치고 말았다. 그리고 한순간 그 영혼은 몸에서 떨어져 나간다. 폭탄이 터지고, 건물들이 무너지고, 폭탄의 매캐한 냄새는 그의 코로 스며들며 온몸은 두려움과 공포로 새파랗게 질린다. 머리는 띵하고 마음은 무너진다. 그리고 그는 끝내 죽음에 이른다. 그러나 다음 순간 그는 꿈에서 깨어난 것처럼 모든 것이 변하고 말았다. 악마는 끝내 그 영혼을 손가락 사이로 미끄러지듯이 놓치고 말았다.[122]

그 영혼은 이제 마치 상처의 오랜 딱지가 떨어지듯이, 그리고 거추장스러운 허물을 벗어 던지듯이, 물에 착 달라붙어 있는 끈적거리는 옷을 벗어 던지듯이 또 다른 세계로 들어간다. 벌레가 허물을 벗고서 눈깜짝할 사이에 새로운 삶으로 들어간다.[123] 꿈이 한순간에 악몽이 되는가 했더니 한순간에 깨어난다. 죽고 나서, 죽자마자 이제 죽음을 넘어선다. 너무나 명백하기 때문에 살아 있을 때 잠시 의심을 했던 것이 오히려 이상하다.[124]

이제 죽음을 건너서 모든 것이 다 분명해지고 의심은 사라진다. 그는 그림자 세계에서 진짜 세계로 들어갔다. 진짜 현실이 그의 눈앞에 펼쳐진다. 현실 중의 진짜 현실은 다름 아닌 그분을 목격하는 사건이다. 스크루테이프의 편지에서 역전의 드라마틱한 사건은 바로 여기다.

죽음을 건넌 그 녀석이 이제 그의 눈으로 목격하는 것은 바로 '그들'(아마도 천사들)이다. 악마는 그 천사들 앞에서 현기증으로 쓰러질 정도인데, 진흙탕에서 기어 나온 벌레 같은 인간 존재가 이제 그 영들과 마주서서 말을 나눈다. 그러나 그 녀석은 영들과 늘 친구처럼 지내 오던 사이처럼 자연스럽다. 이럴 수가! 처음 보는 영들이 전혀 낯설지 않고, 오래전부터 익히 알고 있는 친구들처럼 말을 나눈다. 천사들은 물론 몸을 지닌 자들에게 낯선 존재이긴 하지만, 그들은 이제 전혀 낯선 자들이 아니다. 그는 천사들이 어떻게 생겼는지 전혀 상상할 수 없었는데, 더구나 그들이 이렇게 멀쩡하게 그 앞에 나타날 줄은 꿈에도 생각지 않았고, 심지어 그들이 실제로 존재하는지도 의심했었는데, 이렇게 그의 눈앞에 나타나다니! 그런데 그들이 전혀 낯설지 않고 처음부터 익히 알고 지내 온 친구처럼 생각된다. 나는 늘 홀로 외로이 나의 신앙의 길을 걸었다고 생각했는데, 그 여정의 길목마다 그 천사들이 무슨 도움을 주었는지 이제야 알게 된다. 그래서 "당신은 누구입니까?"라고 묻지 않는다. 그는 이미 그들을 알고 있었다. 그래서 "그 때에 그 자리에 있었던 분이 바로 당신이었군요!"라고 탄성을 발한다.[125]

그리고 이제 드디어 그분(아마도 예수님)을 본다. 벌레와 같은 존재, 그의 앞에 이제 악마의 숨통을 틀어막는 불길처럼 뜨거운 그분이 나타나셨다. 악마의 눈과 귀를 틀어막는 뜨거움이 그에게는 오히려 가을바람의 시원함을 준다. 그분은 맑음 그 자체로서 사람의 모습을 띠고 그의 앞에 서 계신다. 그분의 임재 앞에서 자신이 얼마나 혐오스러운 자였는지, 그리고 자신의 죄를 낱낱이 고백할 때, 악마는 그 녀석이 숨을 깩깩거리는 느낌과 몸이 비틀어지는 마비되는 느낌을 가질 것이라 생각하지만 실은 전혀 그렇지 않다. 아픔과 상처의 흔적이 그에게 다가온다 해도 그분은 그런 상처와 고통을 안아 주신다. 이 기분을 뭐라고 말할 수 있을까? 아픔이라 해도 차라리 땅 위의 쾌락과 바꾸지 않는다.[126] 그렇게 그들은 한순간에 죽음을 통해서 죽음을 넘고, 죽음을 넘어서서 죽음을 죽이고, 우리가 그토록 그리워했던 하나님의 세계, 우리의 본향으로 들어간다. 그때 우리는 그림자처럼 아른거리던 현실을 건너서 진짜 현실로 보게 될 것이다.

- 2장 -
그리스도인으로서 이 세계를 살아가는 일

1. C. S. 루이스, 믿음은 인간 삶의 출발 지점

의사에게 몸을 맡기고 수술을 할 때 이미 우리는 의사를 믿고 신뢰한다. 의사를 믿지 않았다면 몸을 의사에게 내맡기지 않았을 것이다. 믿음과 신뢰의 관계가 이미 형성되었다. 이렇게 분명히 믿음으로 출발했다 해도 수술대 위에 누워 있는 나에게 두려움과 불신 또는 '이 의사가 수술을 잘할까?' 하는 의혹이 지나가게 마련이다. '마취할 때 내가 숨을 완전히 놓지나 않을까, 주사는 제대로 놓을까, 수술 칼은 제대로 사용하나?' 하는 유치할 정도의 의심과 회의도 피할 수 없다. 그러나 몸을 이미 내맡긴 이상 믿음과 신뢰의 관계는 오래전에 시작되었다. 의심과 두려움을 피할 수 없다 해도 믿음과 신뢰를 파괴하지는 못한다. 의심이 솟아오른다 해도 믿음으로 시작하지 않으면 수술을 할 수 없고, 그러면 그는 죽고 만다.[127]

믿음은 하나님과 사람의 관계만이 아니라 인간의 삶 전반에서 늘 중요한 일을 한다. 믿음이 없으면 아예 우리의 삶이 가능하지 않다. 그러므로 믿음이라는 매우 보편적인 인간 현상을 사용해서 우리가 하나님을 향하여 걸어간다는 것은 이상한 일이 아니다. 믿음이 얼마나 우리 인간의 삶에서 보편적이며 늘 목격하는 것인가 하는 것에 대해서 C. S. 루이스는 너무나 아름답게 설명한다.

신뢰가 없이는 어떻게 해 볼 도리가 없는 상황이 있다. 올가미에 개가 옭아매어 있을 때, 주인과 개 사이의 신뢰는 필수적이다. 개는 어떻게 하든지 주인이 행하는 바를 믿어야 한다. 그래야 올가미에서 벗어난다. 올가미를 빼내려는 주인의 행동은 마치 더 깊이 개를 옭아매려는 듯이 보인다. 아이의 손가락에 가시가 박혀 있을 때, 엄마와 아이의 신뢰는 필수적이다. 아이는 엄마가 가시를 빼낼 때 아프게 하는 엄마를 믿어야 한다. 믿지 못할 이유는 많이 있다. 그러나 신뢰가 없이는 가시를 빼낼 수 없다. 아이에게 수영을 가르칠 때도 마찬가지다. 아이는 엄마가 그를 물에 빠뜨리지 않으리라는 것을 믿어야 자신의 몸을 맡길 수 있다. 그래야 그는 수영을 배운다. 믿음이 없이는 수영을 배우지 못한다. 수영을 하지 못하는 아이가 물에 빠져 있을 때 또한 그를 구하기에 앞서서 신뢰와 믿음이 선행되어야 한다. 그를 구하기 위해서 때로 그를 물속에 처넣을 수도 있기 때문에 이를 믿고 신뢰해야 물에서 나올 수 있다. 가파른 산 위로 올라갈 때 내미는 손을 신뢰하고 믿지 못하면 거친 산길을 오르지 못한다. 이때 산을 오르지 못하는 이유는 그에게 힘이 없기 때문이 아니라 신뢰와 믿음이 없기 때문이다.

불신은 그를 산으로 오르지 못하게 하는 결정적인 장애물이다. 신뢰와 믿음이 터무니없어 보이기도 한다. 신뢰를 갖기에는 미덥지 못하고, 믿음은 동떨어져 있다. 그래도 산에 오르기 위해서는 그를 신뢰하고 믿어야 한다. 떨어질 각오도 있어야 한다. 믿음은 동시에 위기이기도 하다. 위기는 믿음과 같이 간다. 위기를 넘어서서 신뢰와 믿음의 자리에 있을 때 비로소 산에 오른다.

"의사는 믿을 수 있다." "의사는 믿을 수 없다." 둘 다 맞는 말이다. 그러나 적어도 의사를 믿지 않고서는 암을 치료할 수 없다. 의사를 믿고 자신의 몸을 맡겼는데 죽을 수도 있다. 그런 일이 있기 때문에 의사를 믿을 수 없다는 그의 믿음 거부는 타당하다. 그러나 결국 의사를 믿을 수 없다는 위기를 넘어서서 믿음을 가질 때 암을 치유한다. 믿음 외에 다른 도리가 없다. 의사가 치료하다가 죽었다는 신문과 방송 기사가 그의 뇌리를 쓰치더라도, 그는 자신의 몸을 의사에게 맡기고 침상에 자신을 뉘여야 한다. 믿음은 그래서 늘 치명적이다. 믿음은 위기다. 시퍼런 수술 칼은 믿음을 사라지게 한다. 그러나 도리가 없지 않은가 말이다. 신뢰할 수 없다 해도 신뢰를 통과해야 낫는다. 믿음을 거치지 않으면 어떤 치유도 없다. 모든 상처는 믿음의 길을 거쳐야 비로소 낫는다.

신뢰와 믿음은 그럴듯하기 때문에 되는 게 아니다. 의사의 겉모양은 신뢰와 관계없다. 병원 수술실의 침대에 자신의 몸을 누이는 것은 두렵기도 하다. 의사의 주사바늘이 제대로 찌르는가? 약은 바뀌지 않았는가? 간호사는 제대로 진료 보고를 하는가? 두려움은 반드시 있다. 어쩔 수 없다. 믿음이 있다 해도 두려움이 다가온다. 두려움은 우리의 믿음이 건너야 할 장애물이다. 믿음과 함께 다가오는 일종의 회의와 두려움은 자연스럽다. 그러나 두려움 때문에 도망쳐 버린다면 질병 치유의 기회는 우리에게 다가오지 않는다. 믿음에 두려움이 있다 해도 두려움을 건너서서 믿음을 드러내면 치유가 다가온다. 그래도 두려움은 믿음과 함께 오며, 여전히 믿음의 장애물이다. 하나님을 믿는 신앙은 주인과 개의 관계, 어린아이와 부모의 관계, 산을 오를 때 손을 내미는 자와 손을 잡아 주는 자의 관계와 다르지 않다.[128]

믿음이 없으면 출발 그 자체가 가능하지 않다. 함정에 빠져 있는 아이는 손을 내미는 사람이 자신을 참으로 도우리라는 믿음을 가져야 한다. 그렇지 않고 오히려 그를 함정으로 더 밀어 버리리라는 생각이 들 때 손을 내밀 수 없다. 치과에 가서 치아의 고통을 제거하기 위해서 드릴을 치아에 들이댈 때, 의사를 믿을 수밖에 없다. 의사를 믿지 못한다면 고통을 제거하기 위한 아픔에 지레 놀라서 도망치고 말 것이다. 겉으로 보기에 가능해 보이지 않고, 내 지성과 생각에는 오히려 더 큰 위험이라 생각이 들어도 의사에게 몸을 맡겨야 한다. 그래야 치료가 된다. 그리고 이 치료는 의사의 실력 전에 환자의 믿음이 있어야 한다. 믿음이 없으면 결코 치료는 발생하지 않는다.

이때 물론 의심과 두려움이 나타나기도 한다. 그러나 믿음과 의심 사이에서 믿음에 더 큰 의지를 해야 제대로 치료가 일어난다. 그러므로 믿음이 아무리 견고해도 믿음에는 반드시 의심이 뒤따른다는 사실을 이해하고 지나가야 한다. 믿음이 일어날 때 동시에 의심이 일어나는 것은 지극히 당연한 사실이다.

믿음은 일사천리로 우리를 하나님께로 이끌어 가는 채널이 아니다. 믿음은 하나님께로 나아가는 직선 도로가 아니다. 믿음은 우리를 하나님께로 끌어올리는 기중기도 아니다. 믿음은 마치 하나님께로 나아가도록 하는, 의심과 가시밭길과 회의의 자갈길과 좌절의 험준한 산길과 실망의 강가와 물가를 지나서야 도달할 수 있는, 좁은 길이다.

그래서 필립 얀시는 믿음의 여정을 등산에 비유한다. 갑자기 불어 닥친 눈보라가 그들의 앞길을 막는다. 그렇게 되자 방향 감각을 놓치고 말았다. 때로는 가짜 산꼭대기가 그들을 전혀 다른 방향으로 인도하기도 한다. 산 정상이라고 해서 올라갔으나 가 보니 그게 아니더라는 경우도 있다. 눈과 구름 속에 산을 헤매기도 한다. 물론 지도와 나침반이 있다. 그러나 때로는 그런 도구들이 무용지물이 되기도 한다. 그렇게 가다 보면 푸른 하늘을 바라보는 즐거움도 있고, 샘터에서 누구도 마시지 않았던 샘물을 마시는 기쁨도 있다. 기다림과 계산 착오, 배신과 곤경 등은 여정에서 필수로 뒤따라 다니는 상황이다. 위의 것들은 신앙의 오랜 친구들처럼 함께 나아간다. 그리고 신앙은 불확실함과 분명한 증거 없음을 넘어서서 힘 있게 나아간다. 아니, 오히려 불확실함과 애매한 증거에도 불구하고 더 하나님을 신뢰하고 나아간다.[129]

신앙은 기계를 돌려서 물건을 찍어 내는 것도 아니고, 알라딘의 램프를 비벼서 소원을 이루어 내는 것도 아니고, 도깨비 방망이를 두들겨서 "금 나와라 뚝딱" 하는 것도 아니다. 신앙은 길을 가는 여정이다. 그러나 목표는 신앙의 여정 그 자체다. 길 가는 것 그 자체가 목표다. 물론 확실한 증거가 주어지지는 않았다. 때로 어두움의 먹구름이 드리우기도 하고, 길을 잘못 들어서 쓰러지기도 하고, 상처를 부여안고 소리를 지르기도 한다. 그러나 아무런 대답도 없는 침묵이 오래 따라다닌다. 유혹이 우리를 넘어뜨리기도 하고, 고통이 다가와서 우리를 부러뜨리기도 한다. 그래도 우리는 희미한 불빛만으로도 신앙의 여정을 포기하지 않고 간다. 이보다 더 소중한 시간이 없기 때문이다.[130]

어떻게 사람으로서 우리가 하나님을 충분히 이해할 수 있겠는가? 충분한 하나님 이해를 가진 다음에 하나님을 믿겠다면 그런 하나님은 처음부터 없다. 그런 하나님은 진정 참되신 하나님이 아닐 테니 말이다. 우리가 명확히 이해할 수 있는 신앙의 대상은 결국 우상을 벗어나지 못한다. 눈에 보이고 만질 수 있는 신, 그게 하나님이라면 그것은 우상이다. 하나님은 결코 그런 방식으로 우리 앞에 나타나시지 않는다. 필립 얀시는 다음과 같은 실례를 인용한다.

개와 사람의 관계에서 개가 사람을 따르고 좋아하지만, 개는 사람의 원하는 바와 뜻을 잘 알지 못한다. 때로 개의 입을 벌려서 가시를 꺼내려 할 때 개는 주인이 자신을 죽이려는 줄 안다. 그래서 이제 개는 주인을 떠나려 한다. 그리고 개들은 같은 개들과 함께 있기를 원한다. 그러면 그는 입속의 가시 때문에 심각해지고 만다. 신앙은 수준이 다르기 때문에 발생하는 필연적인 모험이며 신비다. 신앙은 파악된 후에 따르는 것이 아니라, 믿음으로 따르면서 알고 경험해 가면서 신앙과 신뢰를 더해 가는 여정의 길이다. 신비가 제거된 신앙은 신앙이 아니다. 우리는 우리보다 훨씬 더 높은 수준의 하나님을 신앙하기 때문에 모험과 신비와 비약의 믿음으로 나아간다. 모험과 두려움이 우리를 피해 가지 않는다. 그래서 믿음은 그런 조건들을 수락하고 또 다시 그의 여정을 떠난다.[131]

이성을 만나서 사귀는 경우도 이와 다르지 않다. 어떤 모임에서 어떤 여인을 만나게 된다. 매혹적이다. 그러나 착각일 수 있기 때문에 신중을 기해야 한다. 그래서 그 여인이 무엇을 하며, 누구의 가족이고, 출신은 어떻고 하는 그 여인에 대해서 더 많은 정보를 가져야 된다 싶어 하면,

그 여인을 결코 만날 수 없을 것이다. 우선 만나야 한다. 그 후에 가서도 늦지 않다. 이런 태도가 아니면 연인을 만날 수 없고, 사랑은 시작될 수 없다.

차라리 신앙의 경우는 태양이 빛나는 대낮에 명백해지는 것이 아니라, 어두울 때 더욱 분명해진다. 신앙은 태양이 모든 것들을 환히 보여줄 때 더욱더 분명하게 알게 되는 것이 아니라, 어두움이 모든 것들을 가리고 아무것도 볼 수 없을 때 더욱더 확실하게 드러난다. 우리는 별빛을 대낮에 보지 못한다. 어둠이 드리워진 후에 가서야 별은 그들의 모습을 드러내고, 우리는 어둠과 함께여야 별빛을 본다. 그 별들은 어둠이 되어서야 존재하는 것이 아니라, 어둠이 되어서야 우리 눈에 보이고 우리 눈은 그 빛을 볼 수 있게 되는 것이다. 어둠이 없다면 별빛이 드러나지 않는다. 하나님의 경우도 마찬가지다.[132]

인디아나 존스는 이제 마지막 탐험을 앞두고 있다. 거룩한 잔(聖杯)을 찾아가는 그의 여정은 막바지에 이른다. 그는 어떤 계곡에 이른다. 계곡은 허공이다. 계곡 저쪽으로 건너갈 수 있는 다리가 보이지 않는다. 그러나 그가 받은 암호에 의하면 계곡을 건널 수 있는 다리가 놓여 있다고 한다. 눈에 보이지 않는 다리가 계곡 사이에 놓여 있다는 말이다. 눈에 보이지 않지만, 분명하게 다리가 놓여 있다. 그에게 주어진 암호를 믿을 것이냐, 그의 눈을 믿을 것이냐! 다리는 눈앞에 없다. 다리가 없다는 허공의 현실을 받아들일 수도 있다. 이제 그는 집으로 되돌아가야 한다. 끝내 성배를 찾지 못한다.

내 눈에 보이지 않는다 해도 그가 받은 지시에 의하면 다리가 있다고 믿어야 한다. 그래야 성배를 찾을 수 있다. 이때만큼 믿음이 절실한 때가 없다. 그리고 믿음 외에 방법이 없다. 믿음으로 그의 자리에서 발을 내밀어 계곡으로 자신의 몸을 던져야 앞으로 나갈 수 있다. 아니, 계곡으로 떨어져서 몸이 산산조각이 날 수도 있다. 믿음은 위기와 함께 간다. 그리고 그는 허공을 향해서 발을 내딛는다. 그러자 그의 발밑에 단단한 다리가 모습을 드러낸다. 계곡을 잇는 다리는 마치 크리스텔처럼 되어 있어 눈에 보이지 않을 따름이다. 그 눈에 보이지 않는 수정 다리는 발을 내디딜 때에야 비로소 모습을 보여 준다. 믿음이 다리를 드러나게 한다. 믿음이 없으면 결코 그 다리를 볼 수 없다. 그리고 그는 당당하게 그 엄청난 계곡을 걸어간다. 믿음으로 다리가 나타나도록 하여 다리를 밟고 간다.

2. 사회적 관심을 신앙으로 바꾸어라

악마는 극단주의를 매우 좋아한다. 극단적인 것은 하나님을 향한 헌신에서 드러나야 한다.[133] 그것이 아니라면 어떤 극단도 악마적이다. 신앙은 궁극적 관심으로, 한 인간의 삶에서 그가 지니고 있는 전부를 요구한다. 그래서 악마는 극단적인 애국자이든가 아니면 극단적인 평화주의자이든가, 사회적 정의에 몸 바쳐 일을 하게 한다. 신앙은 궁극적으로 하나님 외에 어떤 것도 헌신의 가능성을 제거한다.[134] 그러나 악마는 사회성 있는 중요한 관심과 이슈를 그리스도인의 마음속에 집어넣고 교회 안으로 조금씩 끌어들여 온다. 사회적 정의에 헌신하게 되면, 반전

(反戰)이건 촛불이건, 좌파건 우파건 간에 악마는 그들의 사회적 관심의 대의명분을 신앙으로 바꾸려 한다. 그래서 드디어 교회조차도 이런 일에 뛰어들어야 한다고 믿는다. 신앙은 물론 출세의 수단으로 이용당하기도 하고, 이제 바로 신앙 그 자체가 사회적 이슈의 일부분이 된다.[135]

그들에게 이 세계는 영원의 근거처럼 보인다. 이 세계는 그들이 헌신을 바쳐야 할 최종 공간이다. 신앙은 세계 변혁과 개혁을 위한 수단이 된다. 그는 이제 이 세상을 잘 살게 하는 데 온갖 힘을 기울이거나, 그래서 그 사회적 대의명분을 위해서 교회의 신앙을 이용하고, 끝내는 사회적 관심과 신앙이 구별되지 않을 정도로 신앙과 사회의 이슈를 혼합한다. 그리스도교와 심리학, 그리스도교와 정치, 그리스도교와 채식주의, 그리스도교와 촛불집회, 그리스도교와 사회 개혁 등의 이슈로 신앙의 자리에 유행과 사회적 문제가 자리를 차지한다. 신앙이 있어야 할 자리에 사회 정의와 관심이 신앙의 색채를 띠면서 신앙의 자리를 차지하고, 교회 안으로 이 세계를 물들인다.[136] 그렇게 되면 우리는 악마의 수중에 빠진 것에 진배없다. 좋은 나라와 좋은 민족을 만들기 위해서 신앙을 이슈화하고 신앙을 사용하려는 행태는 신앙이 뭔지 모르는 자들이 하는 짓이다. 이는 마치 천국으로 올라가는 계단을 이용해서 옆집의 약국으로 가는 것이다.[137]

환자에게 약이 필요하다면 골목길을 지나서 약국으로 가야 한다. 왜 약국을 천국으로 가는 길로 가려 하는가 말이다. 신앙은, 약국을 가는 자들이 마치 천국 가는 길을 이용하려는 것처럼 그렇게 사회의 중요한 문제들을 위해서 이용해서는 안 된다. 신앙은 수단이 아니다. 천국의 계단은 하나님 경험과 하나님 신앙을 위한 길이어야 하고, 그 외의 어떤 것을 위해서도 사용할 수 없다. 그만큼 신앙은 고귀한 것이고, 사회적 정의는 신앙을 사용하기에는, 가치의 측면에서, 한참 아랫것들이다. 신앙은 좋은 사회를 만들기 위해서 사용하는 수단이 아니다. 신앙으로 좋은 사회를 만들려고 하는 자들은 신앙이 뭔지 모르는 자들이다. 신앙으로 좋은 군 전력을 만들려 하는 것도 마찬가지다. 신앙은 좋은 사회와 강한 군대를 만드는 일에 사용될 수 없다. 질이 다르기 때문이다.[138]

그리스도교를 사회적 정의를 실천할 수 있는 수단으로 사용하게 하는 것, 이것은 악마가 참으로 바라는 바이다. 사회 정의를 부르짖는 자들의 행태도 그들의 말을 그대로 믿을 수 없지만, 그리스도인이라는 자들이 사회 정의에 편승해서 신앙을 사회 정의의 수단으로 사용하려 한다.[139] 하나님은 물론 사회 정의를 구하신다. 그래서 교회와 신앙이 사회적 정의를 구현하는 데 도움이 되어야 하고, 수단으로 이용되어야 한다는 말은 거짓이다. 신앙은 결코 어느 것에도 신앙 그 자체의 목적이 아닌 경우에 도움이 되거나 수단으로 이용되어서는 안 된다.

사회적인 집회를 하고, 팸플릿을 만들고, 정책을 개발하고, 운동의 차원으로 만들고, 대의명분을 개발하고, 거리로 뛰어나가서 소리를 치고, 개혁 운동을 하고, 그래서 이런 일들이 기도를 드리고, 주의 만찬을 행하고, 예배를 드리고, 자선을 베푸는 것보다 더 중요하게 될 때, 그들은 이미 악마의 놀음에 놀아나게 된다. 그들이 '신앙'을 가지고 사회적 관심에 몰두를 하면 할수록 그들은 악마의 게임에 빠진다.[140]

악마의 가장 최고의 무기는 이 세계가 그들에게 편하게 느껴지도록 하여 이 세상을 만족하는 마음이다.[141] 그래서 이 세계에서 보람을 느끼고, 이 세상을 그의 뜻대로 바꾸어 더 살기 좋은 땅으로 만들고, 이런 일들은 그 자체로서 나쁘지 않다 해도, 교회가 끼어들 일이 아니다. 교회의 현실은 영원의 현실이고, 영적인 현실이다. 이 세계는 영원의 시각에서 볼 때 상대가 되지 않는다.

C. S. 루이스에게서 나라의 운명은 한 개인의 수명에 비해서 훨씬 더 짧다.[142] 한 나라의 수명이 신라의 경우 1,000년이 되었다 해도, 한 개인의 수명은 그보다 훨씬 더 길다. 개인의 영적 현실은 나라와 회사와 사회 그리고 어떤 조직이라 해도 그보다 더 중요하지 않다. 나라와 민족도 수명을 다하면 해체되고 만다. 그러나 개인은 해체되지 않는다. 그는 영원히 남는다. 그런 측면에서 볼 때 개인은 어떤 집단보다도 더 귀하다.

신앙은 한 개인이 하나님께로 돌아서서 하나님의 진짜 아들이 되어가는 여정이다. 신앙에서 사회와 민족이 무시될 수 있는 요소는 아니라 해도, 신앙을 대치해도 좋을 만큼 사회적 관심은 우리를 사로잡지 않는다. 두 가지 이유 때문이다. 한 개인의 수명이 나라나 민족보다 더 길기 때문이다. 또 하나는 신앙을 위해서 존재하는 교회에게는 한 개인의 영적 현실인 영혼보다 더 높은 관심이 없기 때문이다. 이 세계는 우리가 영원히 거하는 곳이 아니다. 이 세계는 나그네로서 거하는 일시적 공간 정도다. 그러나 영혼은 영원한 개인의 현실이다.

논란의 여지가 있지만, 콘스탄티누스의 그리스도교 승인과 그 이후에 이어지는 로마의 그리스도교 국교화 작업은 오히려 그리스도교 신앙에 대단히 부정적인 타락의 시점이 되었다. 신앙이 권력화 되었을 때 그 신앙은 권력에 의해서 반드시 이용되고 부패한다는 사실이다. 신앙은 좋은 나라를 만들 수 있는 도구가 아니다. 신앙이 그런 결과를 가져올 수 있다. 그러나 신앙은 그런 목적으로 사용되어서는 안 된다. 절대 군주가 신앙을 갖고 있을 때, 그 나라는 신앙을 국가화하려 한다. 그때 신앙은 오히려 타락의 계기를 갖는다. 신앙이 권력과 결탁하게 되어 힘을 얻게 되면, 신앙의 겸손이 사라지고, 신앙은 안하무인이 되고 만다. 신앙은 다른 사람들을 향한 경멸의 도구가 된다. 신앙은 오로지 신앙만으로, 은혜와 사랑으로 타인을 대해야 한다. 이때 신앙은 신앙의 길에서 벗어나지 않는다. 반대로 신앙이 힘과 권력을 갖게 되면 신앙은 망가지고 만다. 차라리 대통령은 그리스도인이 되지 않는 게 좋다.[143]

3. 걱정과 근심에 대하여

근심과 걱정도 알고 보면 시간의 착각에 의한 것과 자기 집중의 문제

불안과 걱정은 사람이 하나님께 나아가는 것을 가로막는 가장 좋은 도구다. 불안과 걱정을 자세히 살펴보면, 많은 경우 현재 우리를 괴롭히는 고통에 대한 것이 아니다. 우리의 불안과 걱정은 미래의 일들이다. 아직 우리 손에 잡히지 않는 미래에 속한 것들이다. 미래는 아직 우리의 것이 아니다. 내 것이 아닌 것을 끌어안고 걱정에 사로잡혀 두려워하는 꼴이다. 그리고 더 엉뚱한 일은 사람이 미래를 불확실하게 볼 때, 희망과 불안감 때문에, 미래의 일들이 서로 꼬여 얽히고설켜서 완전히 엉망

이 된 상태를 마음에 그린다. 그러나 결코 그런 일들은 발생하지 않는다. 어떻게 동시에 일이 그토록 심하게 엉켜서 그렇게 일이 발생하는가? 가능하지 않다. 미래를 위한 상상이 그의 불안 때문에 늘 과장되게 그려지고, 과하게 그의 미래 그림에 새겨진다.[144] 그의 두려움은 아직도 다가오지 않은 미래의 극단적인 상황을 지레 겁을 먹고 앞서서 미리 그리고 있다. 그러나 미래는 아직 다가오지 않았다. 미래는 아직도 그의 것이 아니다.

하나님은 그들이 지금 현재 당면한 일들을 처리하기 원하신다. 그러나 악마는 그들이 앞으로 다가올 미래 일에 매달리기 원한다. 하나님이 그들에게 원하시는 것은 현재 그가 당하는 시련을 인내를 갖고 받아들이는 것이다. 현재 지금 당신에게 발생한 사건을 인내로써 받아들이라. 그래서 "주님의 뜻이 이루어지이다"라고 기도를 드릴 수 있고, 이를 위하여 우리는 또한 일용할 양식을 구할 수 있다. 매일의 짐을 지기 위하여 매일의 양식이 주어진다. 그러나 악마는 그의 환자가 현재의 아픔을 인내로써 견딜 생각을 하지 않고, 앞으로 다가올 아픔을 미리 그의 생각에서 그리면서 두려워하도록 만든다.[145]

사람은 미지의 미래를 그리면서 희망과 두려움에 사로잡힌다. 그렇게 되면 사람은 대단히 비현실적이고 엉뚱한 미래의 허구를 그린다.[146] 사람은 참으로 시간 감각에서 실패를 한다. 현재와 미래를 구분하지 못한다. 아직도 그에게 다가오지 않은 고난을 미리 그려서 애쓰고 힘을 들여서 그 두려움을 처리하는 데 무진 애를 쓴다. 그러나 하나님은 그렇게 미리 앞질러서 걱정에 사로잡혀 있는 자들에게 도움을 주실 수 없다. 현재 실제로 그에게 발생한 고통이라면, 그래서 그런 고통이 두려움을 일으킨다면 하나님은 실제로 도움을 주실 수 있다.

하나님은 우리가 현재에 몰두하기를 바라신다. 현재 우리에게 주어진 시련을 견뎌야 한다. 현재를 몰두한다. 악마는 우리가 미래의 일에 몰두하게 만들고, 현재의 두려움이 아니라 아직 일어나지 않은 일을 걱정거리로 삼게 한다. 사람들의 미래 걱정은 그렇게 일어날 리가 없는 사건들이 한 데 몰려서 악화된 방향으로 일어날 것이라고 서둘러 미리 상상하면서 불안해하기 때문에 발생한다. 쓸데없이 내일의 그림을 그려서 아직 나에게 다가오지도 않은 내일을 끌어안고 걱정과 근심을 스스로 창조해서 불안에 휩싸이는 것이다. 여기에 하나님의 도움이 다가갈 수는 없다.[147]

우리 마음이 미래의 걱정으로 가득하게 될 때, 하나님을 향한 우리의 마음은 차단당하고 만다. 현재 우리에게 닥친 것이 아닌 미래의 근심과 걱정에 빠질 때, 그것은 우리를 끊임없이 구덩이로 몰아넣는다. 근심과 걱정으로 우리의 에너지는 소비된다. 우리에게 실제로 그런 일이 닥치게 되면 하나님은 우리를 도울 수 있으시다. 그러나 우리가 미리 앞질러서 걱정을 할 때, 하나님의 도움은 우리에게 다가오지 못한다. 그러기에 악마는 사람들에게 끊임없이 미래의 것들, 아직 우리 손에 들어오지 않은 것들에 열의와 관심을 갖게 하여 현재를 놓치게 한다. 현재를 버리고 미래에 매달리는 자는 이미 악마의 두려움과 불안과 걱정, 근심의 포로 된 지가 오래된 자이다.

창조적 진화론, 과학적 휴머니즘, 공산주의와 유토피아 등과 같은 것은 미래를 향한 사람들의 꿈이다.[148] 그러나 미래의 비전 자체가 잘못이 아니라, 미래는 현재에 의해서 만들어진다는 사실을 놓친다는 데 문제가 있다. 오늘 하루를 성실하게 나의 현재로 살아가야 내일의 미래가 그렇게 이어진다. 그러나 사람들은 미래에 사로잡혀서 현재 삶의 매순간들을 놓친다. 이게 악마의 노림수다.

악마는 말한다: "모든 악한 일들은 대개 미래에 뿌리를 두고 있다" (nearly all vices are rooted in the future).[149] 사람에게는 현재만이 그들의 것이다. 과거를 생각할 때 우리는 감사함에 젖는다. 현재는 사랑의 눈으로 다가온다. 그러나 미래는 탐욕과 정욕과 야망을 만들어 낸다.[150] 미래에 사로잡혀서 현재를 놓치면 미래의 어느 날 내가 이루어야 할 야망과 탐욕 때문에 현재 내가 해야 할 오늘의 일을 지나치게 된다. 물론 사람이 미래를 생각지 않고 살 수는 없다. 그러나 내일 해야 할 일을 오늘 계획하고 대비하는 것은 바로 현재의 일이다. 내일 내가 해야 할 일을 오늘 계획하는 일은 내가 해야 할 현재의 일이다. 물론 자료는 미래에서 가져온다. 그러므로 현재 내가 해야 할 일을 지나치면 그것은 현재와 미래를 모두 다 놓치게 되는 것이다. 미래 역시 현재로부터 흘러들어가는 것이기 때문이다.[151]

사람은 미래를 향한 과도한 걱정과 희망 때문에 그의 마음을 빼앗기게 되고, 이로 인해서 그는 현재도 미래도 다 잃어버린다. 미래를 참으로 우리의 것으로 보존하는 방법은 현재 우리의 매 시간과 매일을 충실하게 살아가는 것이다. 사람에게는 현재만이 유일하게 주어진 시간이기 때문이다. C. S. 루이스가 말하는 신앙인의 모습은 이러하다.

그는 하루 동안에 주어진 일을 한다. 아내와 아이들을 위해서 그에게 주어진 일을 하고 대가를 받아서 먹고살아야 한다. 사람이 먹고사는 일보다 더 중요한 일이 어디 있겠는가? 직업과 일을 갖고 하루를 보낸다. 그는 하루의 일과를 마쳤다. 집에 돌아와서 하루를 돌아볼 때 하루를 보낸 감사의 마음이 있다. 고된 일과 기쁜 일이 굴곡처럼 하루를 채웠다. 집에 왔지만 그런 일들은 여전히 잔상처럼 그의 뇌리를 떠나지 않는다. 오늘 하루는 이제 지나간 일들이다. 지나간 것들은 지나간 것들이다. 오늘 하루에 있었던 일들은 그의 마음에서 깨끗하게 지워 버리고, 진인사대천명(盡人事待天命) 하는 태도를 갖는다. 이런 말이 그냥저냥 생긴 게 아니다. 이제 내가 할 일을 다 했으니, 내 영역에서는 끝이다. 우리가 내일 만나게 될 결과는 또 다른 우리 삶의 여백이 만들어 낼 것이다. 내가 아우성을 하고 소리를 쳐도 안 되는 게 있다. 그러한 것들은 하나님께 맡긴다. 오늘 하루를 채우는 모든 일들은 지나갔다. 이제 나는 현재의 고난과 아픔을 견딜 수 있는 인내가 필요하다. 동시에 현재 나에게 주어진 선물에 대한 감사하는 마음이 있어야 한다. 이제 그는 지나가는 과거의 오늘에 매달리지 않고, 현재의 오늘을 견디고, 감사한다.[152]

하나님은 사람들이 그들의 마음을 미래에 빼앗기기를 원치 않으신다. 그들이 소중하게 여기는 것을 현재 누리지 못하고 미래에 두기를 원치 않으신다. 소중하게 여기는 가족과 친구들이, 그리고 내가 귀하게 여기는 것들이 미래 때문에 현재 희생되기를 원치 않으신다는 말이다. 그래서 악마의 즐거움은 사람이 그의 미래 때문에 현재 번민과 고민에 사로잡혀서 어쩔 줄 모르는 상태에 빠지는 것이다. 현재 내게 다가오지도 않은 허상의 미래 때문에 번민으로 밤잠을 설치는 사람은 악마의 기쁨이다. 그에게 주어진 것도 아닌데, 자기 것도 아닌데, 미리 자기 것인 양 그것 때문에 머리를 쥐어뜯는 것은 그야말로 코미디다.

4. 자기중심의 삶
내가 원하는 것은 단지 적당하게 구운 토스트 한 조각인데…

영적인 생활은 현재에 집중할 줄 아는 것이다. 그러나 이와 동등한 위험은 우리가 우리 자신의 영적 채점표에 과도한 관심을 갖는 것이다. 너무나 우리 자신에 대해서 반성적이고 집중해서 자각에 몰두해 있다. 중요한 일은 다름 아니라 하나님이 우리에게 원하시는 모습에 우리의 관심을 두는 것이다.

C. S. 루이스는 그의 「스크루테이프의 편지」에서 철저하게 자기 자신에게 사로잡힌 한 영혼의 모습을 보여 준다. 그는 바로 환자의 어머니다. 악마 글루보즈는 이 여인을 그의 손아귀에 넣고 마음대로 주무른다.[153] 그 여인의 삶은 한마디로, 그 여인의 배가 그의 삶 전체를 좌지우지한다. 이는 그들의 배가 그들의 신이라는 말씀과 맥을 같이한다. 배의 쾌락을 위해서 살아가는 삶이다. 그러나 C. S. 루이스는 배를 채우려는 탐식 자체가 문제가 아니라 오히려 '내가 단지 원하는 것'(All-I-Want)이라는 사고방식이 치명적이라고 말한다.

식당에 가서 피로에 지친 종업원에게 "어머나, 이렇게 많이 가져와서 누가 다 먹는단 말이에요!"라고 비명을 지른다. '내가 단지 원하는 것'은 적당하게 만들어진 차 한 잔이다. 아니면 적당하게 삶아진 달걀 하나, 아니면 살포시 구워진 토스트 한 조각일 뿐이다. 이게 무슨 심한 욕심이겠는가 하는 태도다. 그런데 바로 그 '내가 원하는 적당하게'를 만족시킬 수 있는 사람이 없다. 아무것도 아닌 그 '적당하게'를 채울 수 있는 사람이 없다. 그에게는 아무것도 아니지만 다른 사람들은 결코 그의 까다로움과 짜증을 채우지 못한다. 까다로움을 무슨 교양의 수준으로 착각한다. "나는 수준이 아주 조금 달라!"

C. S. 루이스는 그 여인의 태도에서 얼마나 그 여인이 자신을 이 세계의 중심에 놓고서 떼를 쓰는지 보여 준다. 자기의 그 조그마한 욕심조차 만족시켜 주지 못하는 주변 친구들에게 불평을 해 대는 그 여인의 자기중심적인 사고방식 말이다. 그 여인의 '적당하게'는 결코 채워질 수 없는 불가능한 요구이며, 누구도 채울 수 없는, 심지어 자신조차도 맞출 수 없는 까다로운 기준이다. 그 여인의 까다로움을 누가 맞출 수 있겠는가? 그래서 그 여인이 식탁에 앉았을 때 일어나는 '대단한 테러'(a positive terror)는[154] 공포 자체다. 식탁 위의 공포! 식탁의 그 여인은 공포와 까다로움의 상징이 되어 누구도 두려워하지 않을 수 없다. 그 여인의 '적당하게 구워 달라'를 아무도 맞추지 못하기 때문이다.

> 제가 원하는 건 단지 엷게 탄 홍차 한 잔뿐이에요. 아니 근데, 너무 엷게는 말고요. 그리고 살짝 구운 토스트 한 조각뿐이에요. 너무 태우지는 마시고요.

아니 그 옆머리는 살짝 잘라 주시고요, 귀 밑은 귀가 살짝 드러나게 해 주세요. 갸름하게 다듬어만 달라니까요.

이 사람들은 이발소에서 공포의 '테러'를 가한다. 우리도 역시 그 '적당하게'라는 자기 표준을 강제하여 다른 사람들을 불편하게 만든다. 자신의 입맛과 기호와 욕망, 특별한 취향을 양보하지 않으려 한다. "이것들은 내 생활에서 누리는 나만의 고유한 기쁨이고 취미인 걸… 이 정도는 맞추어 주어야지 않겠어? 이게 무슨 어려운 일이라고…." 이렇게 자신을 정당화하지만 자신이 주변 사람들에게 얼마나 까다로운 공포의 테러를 가하는지 알지 못한다. 그래서 이런 사소한 것처럼 보이는 자기 자신의 까다로움을 강요해서 그들은 끊임없이 주변 사람들과 불화를 일으키고 스스로는 짜증을 내고, 편할 날이 없다. 악마는 이를 조장해서 조금씩 사람을 망가뜨린다.

"냉면이라면 내가 잘 알고 있는 집이 있지. 잔말 말고 나를 따라와. 기가 막힌 곳이야. 쫄깃쫄깃한 그 집의 면발을 따라갈 집이 없지. 그 집 냉면을 먹어 보지 않고는 냉면 먹었다고 말할 수 없어. 내가 오늘 쏠게"라고 하면서 자신의 미각이야말로 초일류라는 것을 자랑하며 젠 체하는 사람을 본다. 별걸 갖고 다 으스댄다고 하지만, 우리 주변의 흔한 풍경이다. 허영과 주인공 되기의 일종이다. 무엇이든지 자기의 미각과 감각 그리고 그의 취향이야말로 주변 사람들이 따라올 수 없는 독특하고도 고급스러운 것이라는 '젠 체'의 일종이고, 자신을 중심에 갖다 놓으려는 허영이다. "나는 조금 달라!"

그러나 C. S. 루이스는 이렇게 허영으로 시작된 사고의 행태가 드디어는 습관이 되어 그의 생각과 삶의 스타일로 굳어진다고 경고한다. 그렇게 되면 이제 누구도 못 말리게 된다. 누가 뭐래도 고집스럽고 자기주장이 강한, 그래서 끊임없이 주변과 불화를 일으키는, 그래서 동시에 항상 중심인물이 되어 소란스러움을 만들어 내는 주인공이 된다. 불평과 소란스러움은 역시 악마의 지옥 공간의 두드러지는 특성이다. 지옥 공간은 한 치의 남김도 없이, 그리고 지옥의 시간은 한 순간도 소음으로 가득 차 있지 않은 적이 없다.[155] 악마의 목표는 이 우주 전체를 소음덩어리로 만드는 것이다.[156]

내가 좋아하는 바로 그 음식, '적당하게' 구워진 스테이크와 '적당하게' 맛이 밴 커피 한 잔이 주어지지 않았을 때 짜증이 난다. 이때 그는 자기중심의 주인공이 되고 만다. 그가 말하는 자비와 정의 그리고 하나님께 순종해야 한다는 등의 말은 헛것이 된다. 그가 말하는 자비와 긍휼이라는 것도 자기가 맞추어 놓은, 자기 경험이 만들어 놓은 그만의 자비와 긍휼이다. 그가 말하는 공의라는 것도 자기중심적인 공의, 자기중심적인 의로움에 아무것도 아니다. 짜증부리는 자에게 순종과 공의와 자비는 사라지고 만다.

그에게 있어서 사랑과 믿음의 내용은 그의 경험과 그의 배움 안에 갇혀 있는 그들만의 사랑, 그들만의 믿음, 그들만의 신앙에 아무것도 아니다. 신앙은 그들의 무덤을 하얗게 빛나도록 칠하는 페인트 외에 다름 아니다. 그들만의 사랑과 그들만의 믿음과 그들만의 신앙은 언제든지 그들 자신이 주인공이 되어 잘난 척하는 데 사용되는 도구이기 때문이다.

그래서 신앙의 명분은 그럴듯해 보이기는 하지만, 신앙이라는 것도 알고 보면 그들이 폼 잡는 데 사용될 뿐이다. 이때 신앙은 삶을 바꾸기는커녕 겉이 찬란하고 번지르르한 포장지가 되고 만다.

바리새인들의 신앙은 그럴듯해 보이지만, 그래서 그들은 예수와 가장 닮은 듯이 보이기도 하지만, 신앙을 빙자해서 그들 자신이 주인공으로 드러나기를 원하는, 신앙은 그들이 잘난 척하는 데 사용되는 수단에 불과하다. 그들이 말하는 의로움은 결국 자기 의로움(self-righteousness)에 불과하고, 그래서 그들은 자기 의로움을 앞세우는 데 열을 낼 뿐, 하나님보다 더 자신을 앞세우고, 그들은 드디어 하나님을 전혀 만나지 못하고 성전을 나온다.[157] 스크루테이프는 이렇게 말한다.

> 그가 행하는 자선과 공의와 순종이라는 것들이 이제 너의 손아귀에 들어가게 된다.[158]

그의 자선과 공의와 순종은 신앙을 빙자한 자기 자랑으로 그친다. 이것은 대단히 치명적이다. 누구도 말리지 못하는 결정적인 자기 의이며, 하나님으로부터 멀리 떨어져 나가는 길에 선다. 그의 모든 신앙 행위는 이제 그의 영광과 자존심과 자기 기쁨을 위해서 행하는 것이다. 신앙은 다른 사람들이 그에게 주는 박수와 갈채 때문에 기쁨이 넘친다. 그는 이제 하나님이 아니라 자기 자신을 향한 관심으로 치닫는다. 그의 하나님은 하나님이 아니라 그 자신이다. 그는 자신을 향해서 예배드린다. 다른 사람들도 역시 그를 향해서 예배드리기를 강요한다. 이제 그는 악마의 길에 들어선다.

자기 의로움을 자랑하는 잘난 척하는 행위는 스스로 비이기적인 태도를 취하는 데서도 절묘하게 나타난다. 사실은 사랑과 자비(charity)가 그리스도인 덕목이어야 하는데, 이를 교묘하게 비틀어서 '비이기적인 태도'(unselfishness)가 그리스도인의 덕목인 것처럼 만들었다. 이제 그리스도인의 주요 덕목은 사랑과 자비가 아니라 이기적인 태도가 아니라면 된다. 비이기적인 태도는 행동하는 사랑이 아니라, 자기 손해가 아니기 때문에 아무런 일이 없다는 듯이 가만히 있는 것이다.[159] 이기적이지 않은 태도라 해도 그것은 사랑과 자비가 아니다. 그들은 단지 무례하고 천박스럽게 욕심을 부리지 않는다면서 신사인 체하는 태도일 뿐이지, 그리스도인의 삶과는 관계없다.[160]

내가 이기적이지 않다는 것을 드러내려 한다. 많은 그리스도인들이 욕심 사납게 굴지 않는다는 것으로 만족한다. 탐욕스럽게 내 것을 취하지 않고 욕심의 뒤로 물러나서 나는 이기적이지 않다는 사실을 보여 준다. 여기서 C. S. 루이스는 절묘하게 자신이 천박하게 욕심을 부리지 않는다는 사실을 부각해서 폼을 잡는 자들의 자기 의로움을 지적한다. 내가 이기적이 아니라는 사실을 겉으로 보여 주는 자기 잘난 체를 통해서 자기 의로움을 드러내려 한다. 실제로 내가 원하는 것이 있는데도 불구하고 내가 그것을 원치 않는 것처럼 행동한다. 점잖은 신사가 이기적이 아닌 체하는, 겉으로 폼을 잡는 외적 치장이다.

교회에서 청소를 하거나 설거지를 하는 등 유달리 수고를 많이 한다. 비이기적인 태도다. 그런데 스토리가 이상하게 돌아간다. 늘 그들의 비이기적인 태도는 반전을 가져온다. 이 정도 열과 성의를 다해서 수고를 했으면 다른 사람들이 당연히 박수를 보내야 하는 게 아닌가? 그런데 아무런 칭찬도 없다. 그때 그들, 일을 열심히 행한 사람들은 드디어 분노한다: "이렇게 열심히 일을 했는데 아무런 반응이 없다니…." 이제 이 사람은 교회 내에서 성가신 자가 되고 만다. 그들의 비이기적인 행동은 칭찬과 갈채로 끝을 맺어야 한다. 그렇지 않을 때 그들은 분노에 사로잡힌다. 자신의 폼 나는 비이기적인 행동이 아무런 성과도 없이 끝나기 때문이다.

C. S. 루이스는 이를 '좌절된 자기 의로움'(thwarted self-righteousness)이라고 한다.[161] 자기 의로움에 사로잡힌 자들은 어떤 경우에도 자기 의로움을 드러내려 한다. 봉사를 많이 하면 그에 따르는 박수를 요구하고, 봉사를 하지 못하면 그런 이유 때문에 또한 자신의 의를 드러낸다. 그는 어떤 상황에서도, 어떤 경우에도 자기 의로움을 드러내는 데 주저함이 없다. 신앙을 빙자해서 자기 자신을 드러내는 데 미쳐 버린 것이다.

일을 열심히 하는데 다른 사람이 알아주지 않아서 좌절한다. 칭찬과 박수 소리가 그의 귀에 들리지 않는다. 여기서 그는 좌절한다. "내가 얼마나 희생적이고 이기적이지 않았는데, 이런 대우를 받다니…." 결국 자기 의로움은 다른 사람들의 시선을 끊임없이 의식하면서 그들의 갈채에 굶주려 있다. 봉사를 열심히 하지만, 일을 열심히 하지만 결국 그는 문제아가 되고 만다. 자신이 주인공이 되어서 많은 사람들의 관심의 중심에 서야 하는데, 그리고 이를 위해서 뼈 빠지게 봉사를 했는데, 나를 이렇게 무시하다니 하면서 좌절과 분노에 빠진다. 못 말리는 자기 의로움의 행태다. 자기 의로움은 결국 하나님을 향한 시선으로 자신을 향한 관심과 집중을 제거해야 제거되는 악이다.

    C. S. 루이스에게 있어 신앙은 자신을 버리는 것인데, 오히려 신앙을 통해서 자신을 더 드러낸다. 신앙이 사람을 악마로 바꾸는 경우다. 악마의 손아귀에 사로잡힌 자선과 공의와 순종은 그들만의 취미 생활이 되어 자신을 드러내고 자신의 영광을 보여 주는 자기 PR이 된다. 하나님이 아니라 자기 자신을 신앙하는 것이다. 그래서 자기 의로움은 다름 아니라 일종의 자기 신앙이며 자기 예배다.

5. 신앙
자신을 바라보는, 하나님이 아니라…

    어떤 한 여인이 매일 아침 일찍 성모 마리아 상 앞에 나와서 무릎을 꿇고 기도를 드린다. 이를 지켜본 새로 부임한 신부는 참으로 감탄한다: '어떻게 저토록 신심을 깊게 할 수 있지? 하루도 빠지지 않고 아침 일찍 성당에 와서 성모 마리아 상 앞에서 기도를 드리다니, 대단한 신앙이 아니고서는 저렇게 할 수 없지.' 신부는 전임 신부에게 그 여인에 대해서 물어본다: "어떤 여인이기에 저토록 깊은 신심을 갖고 있습니까?" 그러자 전임 신부는 피식 웃으며, 별게 아니라는 듯이 말한다. 얼마 전에 그 동네에서 마리아 상을 조각하면서 조각가가 동네에서 모델을 찾았는데, 동네가 좁은지라 그 여인이 그래도 낫기에, 그 여인을 모델로 해서 조각을 했다는 말이다. 마리아 상을 그 여인을 모델로 해서 세웠는데, 그때부터 그 여인은 하루도 빠짐없이 아침마다 나와서 마리아 앞에서 기도를 드리는 것이다.

이것은 마리아에게 기도를 드리는 것이 아니라, 자기 자신을 향해서 기도하는 것이다. 마리아 예배가 아니라 자기 예배다. 하나님 신앙이 아니라 자기 신앙이다. 마리아가 아니라 자신을 바라본다. 아침마다 그렇게 하루도 빠짐없이 나오는 그 열심은 자기 숭배의 열심으로, 자신을 찬양하는 일에는 무슨 일도 다 포기하고 희생하면서 열심을 부릴 수 있다. 그만큼 자기 집중과 자기 숭배는 무한한 열심을 낳을 수 있다. 자기 예배에 열심인 바리새인들의 열심은 누구도 따라갈 수 없는 열심으로 자기 자신에게 몰두한다.

신앙은 어떤 경우에도 자기 자신을 향하는 시선이 아니다. 결국 신앙은 우리 눈을 자신에게서 하나님께로 돌려서 하나님을 향해서 우리의 관심을 온통 쏟는 것이다. 우리 스스로 우리 자신에게 갖는 자기 증오와 자기혐오도 결국 알고 보면 자기 자신을 앞세우는 자기중심의 일이다. 자기 증오와 자기 멸시도 하나님께로 시선을 돌리게 하는 데 사용되어야 한다.[162] 신앙과 비신앙은 결국 우리가 하나님께 우리의 시선을 둘 줄 아느냐, 아니면 끊임없이 나 자신에게 관심을 두느냐 하는 차이다.

사람이 어느 정도 제대로 된 사람이라면 일종의 자기혐오와 자기 증오를 어렵지 않게 경험한다. 자신의 죄인 됨을 자각하는 일은 신앙으로 나아가는 주제 파악의 지름길이다. 죄인 됨의 자각은 인간이 그러한 죄인 됨으로부터 벗어날 수 있는 원초적인 자기 자신을 향한 태도다. "내가 죄인이로소이다!"라는 자각이야말로 인간됨의 가장 고차원적인 자세다. 하나님 앞으로 나아가는 길은 역설적이게도 나 자신을 향한 일종의 증오와 혐오로부터, 자기 부인과 자신의 죄인 됨의 자각으로부터 시작된다. 내가 잘났기 때문에 하나님 앞으로 나아갈 수 있는 것이 아니라, 내가 못났기 때문에 오히려 하나님께 나아갈 수 있다. 이 은혜와 역설에서부터 죄인 됨의 깊은 자각은 하나님께 나아갈 수 있는 최고의 자리매김이 된다. 그래서 하나님께 나아가기 위해서는 '밑바닥을 쳐야 올라갈 수 있다'(hit bottom in order to climb upward).[163] 그래서 죄책감이 하나님께 나아가는 길이라면 드디어 이렇게 말한다.

O felix culpa!(오, 행복한 죄책감이여!)[164]

하나님은 오히려 우리를 죄를 통해서 하나님에게로 이끄신다. 죄를 짓지 않았다고 주장하는 자들이나 죄책감을 갖지 않는 자들, 그리고 너무나 바쁘기 때문에 자기 죄를 생각하지 않는 무지한 자들은 하나님과 관계없다. 하나님께 가까이 나아갈수록 자신의 죄인 됨의 인식은 말도 못하게 커진다. 바로 거룩한 자들의 삶에서 나타나는 공통점이다. 죄인이라고 하는 자기 죄책감은 그런 의미에서 역설적으로 하나님께 나아가는 최고의 복이다. 자기 죄인 인식이 없이는 하나님께 나아갈 수 없기 때문에, 죄책감은 이제 복이 되어 하나님을 향한 디딤돌이 된다.

그러나 죄인 됨의 자각이 비록 하나님께 나아가는, 또는 하나님을 발견하는 최고의 미덕일 수 있지만, 이것 역시 일종의 자기 관심으로서 자기 자신에 대한 자아의식에 갇혀 있도록 한다. 나는 죄인이라는 죄인의식을 바탕으로 하나님께 나아간다. 예수께서 오신 이유는 그야말로 의인이 아니라 죄인을 위함이다. 그래서 스스로 죄인 됨의 자리에 앉지 않으면 예수의 오심과 관계가 없다. 그러나 이게 오염된다. "나는 죄인이야"라고 소리쳐 불러서 모든 사람들이 그에게 관심을 갖도록 하는 묘한 형태로 자신을 중심의 자리에 놓는다.

자기혐오와 자기 증오 역시 자신을 주인공 삼는 사고 행태다. 자신을 계속 스스로 바라보고, 자신이 자신에게 중심인물이다. 그는 더 이상 자기 자신에게서 벗어나지 못한다. 그래서 자신의 죄인 됨의 자각이 자기 경멸과 자기 멸시로 발전되기도 한다. "나 같은 놈은 죽어야 해", "나는 없어져야 해"라는 자조 섞인 자기 학대가 이어지면 이 역시 자신을 중심으로 놓는 왜곡된 자기중심 사고방식이다. 이런 식의 자기 학대는 다른 사람들까지도 경멸하고 멸시하게 한다.[165] 다른 사람을 잔인하게 대한다든가 냉소적으로 깔본다든가 하는 식의 태도는 자기혐오와 자기 증오가 정리되지 않은 상태에서 자기 자신만을 바라보는, 일종의 자기중심적 사고방식에서 비롯된다. 무자비하게 다른 사람을 향해서 폭력을 쓰고, 다른 사람들이 괴로움을 당할 때에도 마치 사디스트처럼 이로 인해서 쾌락을 느낀다. 사람들의 고귀함에 대해서는 전혀 동의하지 않고 마냥 사람들의 천박한 동물성을 거론하는 일들은 모두 다 이에 해당한다.

신앙은 단적으로 말해서 하나님을 바라보는 일이다. 자신에 대한 혐오와 경멸, 죄의식과 자기 파괴적인 자기 증오 역시 신앙의 여정에서 우리의 신앙을 돕는 데 일익을 한다. 이런 모든 자기 부정적인 평가를 통해서, 우리는 하나님의 은혜로 인하여 진정한 자기 자신을 대면하는 때가 다가온다. 이사야의 "화로다 나여 망하게 되었도다"라는 부르짖음은 오히려 진정한 자기 대면이다. 그리고 하나님을 만난 사람은 누구나 이런 자기 대면의 신앙 여정을 거친다.

시선을 우리 자신에게 둘 때, 우리의 자괴감과 자기혐오와 자기 증오 또는 자기 경멸이라는 자기 인식은 진정한 신앙의 발판이 된다. 이를 통해서 우리는 하나님께 나아간다. 또한 이는 겸손에 이르는 장치다. C. S. 루이스에 따르면, 자괴감과 자기혐오 등은 긴 안목에서 보면 겸손에 이르도록 하는 메커니즘이다.[166] 진정한 겸손은 자기 자신에 대한 정직한 인식에서 출발되기 때문이다. 그러나 자기 경멸과 자기혐오도 역시 자기 집중이며 자기 사랑의 나르시시즘이다. 사람이 자기 자신에 대한 생각에 갇혀 있게 되면, 이 역시 무엇보다도 일종의 자기 찬양과 자기 집중이며, 주인공 의식에 다름 아니다. 부정적이건 긍정적이건 자기 집중에 머물러 있게 되면 자기 집중은 자신을 주인공으로 만드는 자기 의로움과 자기 자랑의 함정에 빠지게 된다. 이런 부정적인 자기 판단은 하나님을 향한 움직임에서 일시적이어야 한다. 이렇게 자기 자신을 바라보는 시각 역시 자신을 향한 몰두이기 때문이다. 악마의 유일한 관심은 끊임없이 자기 자신을 향한 관심을 그치지 않도록 하는 것이며, 하나님의 관심은 비록 죄 문제라 해도 너무 깊이 빠져 들어가서 자기 자신에 너무나 몰두하지 않도록 하는 것이다. 회개 후에는 빨리 자신에게서 벗어나서 하나님께 관심과 시선을 돌리는 것이 진정한 겸손의 길이다.[167]

신앙은 여전히 자기 자신이 아니라 하나님을 향한 시각을 더 깊이 하는 일이다. 신앙에 의한 겸손은 결국 자기 자신에게 매달리는 것이 아니라, 자기 자신에 대한 어떤 평가에서도 벗어나서 하나님을 향하여 우리의 관심을 증폭시키는 것이다. 우리 자신에 대한 어떤 판단이라도 그것은 신앙에 별로 유익이 되지 않는다.

겸손은 자기 자신에 대한 낮은 평가가 아니다. 오히려 자기 자신에 대한 어떤 평가를 내리는 데로부터 자유로워지는 것이다. 그리고 하나님을 바라보는 것이다. 겸손은 자신을 향한 시선에서 벗어나서 하나님께 시선을 돌리는 것이다. 동시에 겸손은 자신의 능력과 재능을 무시하는 것이 아니라, 하나님의 시선으로 다시 한 번 더 자기 자신의 가치를 감상하고 감사할 줄 아는 일이다. 자신의 재능과 능력을 실제보다 낮게 평가해 일부러 무시하는 것이 아니다.[168] 겸손은 아름다움이 추하다고 보는 것이 아니다. 겸손은 총명함을 바보라고 주장하는 것이 아니다. 이런 노력은 자기 위선이고, 어떤 의미에서 가능하지 않는 자기 속임수다. 그래서 그는 또한 계속해서 자신을 바라보고 자신만을 생각하고 자기 몰두에 빠져 있게 된다.[169] 이는 겸손하기 위해서 부정직으로 자신을 속이고, 오히려 자기 파괴적인 상황이 되고 만다. 하나님은 그런 부정직과 겸손을 원치 않으신다.

6. 겸손에 이르는 길

C. S. 루이스에게서 교만은, 어거스틴의 전통을 따라서, 신앙의 가장 큰 적이다.[170] 신앙은 결국 교만을 피하는 과정이고, 겸손이야말로 신앙

의 가장 큰 증표다. 악마 역시 그의 포로가 교만에 빠져서 허우적대면서 겸손의 길에 들어서지 못하게 하려고 무척 많은 노력을 한다. 여기에 적지 않은 매우 미묘한 문제들이 있다. 우선 겸손이라는 것은, 성격상, 내가 겸손해졌다는 사실을 깨닫는 순간, 그는 자신의 겸손을 자랑스러워하는 교만의 함정에 빠지고 만다.[171] 무슨 말장난 같은 소리냐 할 수 있을지 모르지만, 실제가 그렇다. 이런 겸손의 함정에 바로 자기 자아(self)가 놓여 있다. C. S. 루이스에게서 자아는 신앙에서 다루어야 할 최고 최대의 적이고, 이를 어떻게 다루는가 하는 것은 신앙의 길에서 가장 중요하게 작용한다.

교만은 가장 큰 악이며 궁극적인 악이다.[172] 다른 악들은 때때로 경쟁을 한다. 도둑질을 누가 더 잘하는가, 거짓말을 누가 더 잘하는가에 대해서, 터무니없는 듯하지만, 자랑을 하고 경쟁을 한다. A가 은행에서 백만 원을 훔쳤다고 말하자, B가 나선다. 나는 은행에서 5백만 원을 훔쳤다고 자랑한다 도둑질도 자랑거리가 되고 경쟁이 된다. A는 아버지가 돌아가셨다고 거짓말하고 회사를 결근했다. 그러자 B는 아버지와 어머니가 함께 교통사고를 당해서 돌아가셨다는 거짓말로 회사를 빠졌다고 자랑하고 경쟁한다. 누가 더 거짓말을 잘하는가로도 경쟁을 한다.

그러나 교만은 다르다. "나는 너보다 더 교만하다"고 자랑을 하는 자는 없다. "나의 교만은 누구도 따라올 수 없다"고 하지 않는다. "나는 우리 회사에서 가장 교만한 사람"이라고 말하지 않는다. 그래서 사람에게 줄 수 있는 가장 치명적인 욕은 교만하다는 말이다.

누구라도 교만은 피하고 싶어 한다. 그러나 교만은 누구도 피하지 못한다. 자신을 누가 낮추고 싶어 하겠는가? C. S. 루이스의 실례를 들어보자. 사람은 돈을 더 벌기 위해서 노력한다. 그러나 교만은 단지 돈을 많이 번다가 아니라, 저 사람보다 더 돈이 많아야 한다는 태도다. 내가 쓸 수 있을 정도로 충분한 돈에 만족하지 않고 다른 사람의 돈과 비교해서 더 많은 돈을 벌어야만 만족한다. 이처럼 교만은 모든 상황에서 우월성을 드러내려는 태도다.[173)]

한 여인을 두 남자가 좋아해서 쟁탈전을 벌이는 것에도 교만이 숨어 있다. 교만은 자신의 능력과 우월성을 입증하기 위해서 그 여인을 빼앗는다. 교만은 자기 자랑과 자기 과시로 드러난다. 경쟁을 해서 이겨야 속이 시원하다. 교만이 많이 드러나는 영역은 권력이다. 더 많은 권력을 누가 갖느냐는 권력의 속성이다. 교만은 끝없이 경쟁을 하기 때문에 싸움이 일어난다. 교만은 그러므로 더 이상 경쟁을 할 필요가 없어야 끝이 난다. 다른 사람들보다 자신의 상황이 더 우월한 자기만족의 상황에 이르러야 한다. 이는 C. S. 루이스에 따르면, 하나님 앞에 서야 교만이 제거될 수 있다. 하나님은 우리와 상대가 되지도 않을 만큼 높으시며 깊으시며 넓으시기 때문이다. 그래서 하나님을 믿는다는 말은 곧 하나님 앞에 서 있다는 말이고, 하나님 앞에서 겸손해질 수밖에 없다는 자기 인식에 도달하게 된다. 그는 하나님을 찾기까지는 결코 교만의 벽을 넘을 수 없다. 교만한 자는 그러므로 하나님을 믿지 않는 자들이고, 하나님을 믿는 자는 교만의 함정에서 벗어나게 된다.[174)]

교만에서 벗어나지 못하고 교만 가운데서 허우적대면서도 하나님을 신앙한다는 것은 그의 상상에서 만든 가짜 하나님을 신앙하는 것일 뿐, 참된 하나님을 만난 자는 교만에서 벗어난다.[175] 교만은 일종의 자기의식이다. 겸손은 그래서 자기의식과 자기 집중에서 벗어나는 심오한 능력이다. 그 앞에 하나님이 계실 때 그는 더 이상 자신에게 집중하지 않을 수 있고, 자기 찬양을 그친다. 그가 하나님을 향해서 그의 시선을 둘 때 교만에서 벗어난다.

허영심의 교만도 이와 흡사한데, 허영은 자화자찬이기 때문에 타인의 칭찬과 박수에 약하다. 그래서 그들은 다른 사람들과 동시에 자기 자신에게 시선을 갖는다. 자신을 향한 박수와 갈채에 만족해하며 허영심을 채운다. 그러나 악질적인 교만은 본질적으로 타인을 얕본다. 만만하게 본다. 그들이 무슨 말과 판단을 해도 개의치 않는다. 무지한 자들이 하는 말에 내가 일일이 신경 쓸 필요가 없다는 식의 판단이다. 허영은 자신과 타인을 동시에 보지만, 교만은 오로지 자기 자신만을 본다. 교만은 그래서 철저한 자기 집중이고, 자기 찬양이며, 자신을 어떤 일에서도 중심에 놓는 사고방식이다. 다른 사람의 칭찬과 비난까지도 개의치 않고 자신만을 바라보면서 자신을 기뻐할 때 최악에 빠진다. 시선을 하나님께로 돌리지 않는 한 희망이 없다.

충남 예산에 3대째 거지가 있었다고 한다. 할아버지 거지, 아버지 거지, 손자 거지가 한 데 살고 있었다. 할아버지 거지는 자신의 거지 일생이 꽤 괜찮다고 생각했다. 그래서 아들에게도 딴생각하지 말고 거지로 살라고 권하였고, 아들도 아버지의 거지 생활이 그리 나쁘지 않아 보였다. 거지로 산다 해서 굶는 때가 전혀 없지 않지만, 그 정도는 견딜 수 있다. 조금만 비겁하면 거지로 사는 게 오히려 편하다. 그래서 아들 거지는 그의 아들에게도 거지로 살아 보니 그리 나쁘지 않다, 너도 할아버지처럼, 또 나처럼 거지로 살라고 권한다. 손자도 이렇게 해서 거지가 되었다. 거지들도 자기만족을 하면서 살아간다. 아마도 거지가 만족스럽지 않았다면 3대에 이르기까지 거지 생활을 하지는 않았을 것이다. 자신의 거지 됨이 부끄럽거나 수치스러웠다면 그들은 적어도 거지에서 벗어날 수는 있었을 것이다. 그러나 놀랍게도, 거지를 만족해하면서 살다 보면, 3대까지도 거지로 살아갈 수 있다. 이때는 자기만족이 치명적이다.

거지들은 또한 자기가 밖에 나가서 얻어온 것을 다른 거지에게 거의 나눠 주지 않는다고 한다. 늘 배가 고프기 때문에 자기 것을 먼저 챙기고, 언젠가 또 배가 고플 것이기 때문에 자기 것을 다른 거지에게 잘 주지 않으려 한다. 그래서 거지는 자기가 배불리 먹고 남아 있다 해도 좀처럼 주지 않는다. 거지는 또한 자랑을 잘한다고 한다. 거지가 자랑할 게 뭐가 있느냐 하는데, 사람이 뭔지 모르는 말이다. 사람은 어떤 경우에도 자랑할 거리가 있다.

10년 거지 생활을 한 거지는 5년 거지 생활을 한 거지에게 자랑한다. 네가 아직까지 거지 생활을 짧게 해 봐서 잘 모르는데, 동냥은 그렇게 하는 게 아니라는 둥, 그건 이렇게 하고 저렇게 해야 한다는 둥 자신의 지혜를 나누어 주면서 그게 자랑이라고 한다. 5년짜리 거지는 2년짜리 거지에게 "거지라는 것은…" 하면서 그의 경험을 섞어서 자랑한다. 그리고 이제 그는 1년이 채 안 된 거지에게 그의 거지 경험담을 자랑하면서 거지 생활을 가르친다. 거지 생활은 이렇게 해야 한다고 꾸짖으면서 자기 자랑을 한다. 놀랍게도, 거지도 자기만족을 하고, 자기 자랑을 한다. 그러나 사실 알고 보면, 우리의 자랑과 교만은 거지들의 잘난 체와 자기 자랑과 크게 다르지 않다.

7. 신앙 때문에 만들어진 교만
자기 의로움

신앙의 길을 들어선 자들이 빠지는 교만이 있다. 신앙을 갖게 되면 그 사람은 도덕적 수준이 이전보다 어느 정도 높아지는 것이 사실이다. 신앙은 대체로 그 사람의 도덕과 인격 수준을 높게 한다. 물론 그렇지 않은 경우도 있다. 어떤 사람은 신앙을 갖고 그의 인격과 도덕의 수준을 높이기도 한다. 어떤 사람은 신앙을 가질 때나 그렇지 않을 때나 변한 게 없다. 그러나 C. S. 루이스에 따르면, 누구라도 신앙의 길에 들어선 사람은 그 사람의 옛날 수준에서 볼 때 높아진 것이 사실이라고 한다. 본인 자신은 그것을 안다. 내가 신앙을 갖지 않았다면 이 정도에 이르지 못했으리라는 사실을 본인은 알고 있다. 신앙을 가졌기 때문에 그나마 이 정도라도 된 것이다. 신앙은 사람을 바꾼다. 그 사람의 수준에서 나름의 변화를 만들어 낸다.

신앙의 길에 들어선 사람이 신앙 때문에 이제 술에 취해서 주정을 부리지 않는다. 자신의 변화에 자신이 먼저 놀란다: '신앙을 갖기 전에는 더 엉망이었는데… 내가 이 정도의 수준에 이르다니… 나는 참 대견해!' 그리고 여전히 술에 절어 있는 자를 경멸하면서 아래로 내려다본다. "저 녀석은 신앙을 갖고 있다면서 아직도 술을 끊지 못하고 저렇게 헤매고 있나?" 하며 자신의 우월성을 드러낸다. 신앙에 의해서 만들어진 자기 의로움을 슬쩍 드러낸다. 자기 의로움은 신앙을 가진 자들이 쉽사리 빠지는 함정이고, 피하기 힘들다. 이를 극단화시킨 자들이 바리새인들이다. 그들은 신앙을 빌려서 그들의 신앙의 높음을 극단적으로 자랑하는 자들이다. 신앙을 이용하고 신앙을 수단으로 사용해서 자신을 빛나게 하는 자들이다. 이때 신앙은 신앙이 아니라 자기 자랑, 자기 과시이며, 자기 영광을 추구하는 악질적인 자기 숭배가 된다.

그들은 어떤 상황에서도 그야말로 필사적으로 자신의 의로움을 간교하게 드러낸다. 자기 의로움의 교만은 교묘하게 신앙을 가장하여, 또는 신앙을 팔아서 교만의 자리를 차지한다. 교만은 주님도 고칠 수 없었다. 모든 자들이 주님 앞에서 용서를 받을 수 있었지만, 교만의 바리새인은 용서가 되지 않고 저주의 대상이 될 뿐이다. 용서는 자신이 잘못을 고백할 때, 자신의 죄와 오류를 인식할 때 가능하다. 그러나 자기 의로움의 교만은 자신에게서 잘못을 발견치 못하고, 자신의 오류를 알지 못한다. 실제로도 그는 잘못과 오류가 없을 정도로 완벽에 가깝다. 바리새인은 거의 완벽에 가까운 자들이다. 겉으로 보기에 그들은 당시 예수와 가장 비슷한 자들이다. 그래서 그들은 예수가 필요 없는 자들이었다. 그들은 하나님을 빙자해서 그들의 의로움을 드러내는 자들이었다. 하나님을 이용하는 자들에게 용서가 가능하지 않다. 그래서 용서는 불가능하다.

"독사의 자식들아 누가 너희에게 일러 장차 올 진노를 피하라 하더냐"

교만은 결코 용서의 대상이 되지 않는다. 모든 죄는 용서될 수 있다. 그러나 교만은 하나님을 모른다. 교만은 하나님을 거부하는 유일한 죄다. 교만은 하나님의 자리를 차지하여 하나님처럼 굴기 때문이다. 모든 선함과 공의와 정직과 율법이 자기 자신 안에 있다. 아니, 이토록 무지하지 않다 해도 거의 그런 식으로 행동하고 사고한다. 그들은 잘못이 없다. 잘못을 저지르지 않기 때문이다. 그들에게는 틀리는 일도 오류도 없다. 틀리지도 않고 잘못도 없기 때문이다. 그래서 그들은 하나님께 나아갈 수 없다. 의롭기 때문에 하나님과 관계없는 사람이 되고 만다. 하나님께 나아가는 자들은 잘못이 있어야 하고, 죄가 있어야 한다. 죄 없는 자들은 하나님 앞에 나아갈 필요도 없고, 나아갈 수도 없다. 죄인만이 하나님께 나아갈 수 있다. 주님은 간음한 여인들과 바리새인들 사이에서 오히려 바리새인을 용서할 수 없다. 죄 있는 여인과 죄 없는 바리새인 사이에서 오히려 죄 있는 여인이 용서를 받는다. 왜냐하면 바리새인의 죄는 영적인 죄이며, 동물적인 몸의 죄가 아니라 지옥에서 곧장 나오는 죄이기 때문에 그렇다.[176]

C. S. 루이스는 이를 동물적 자아(Animal Self)와 악마적 자아(Diabolical Self)로 나눈다. 동물적 자아의 인물은 주님 앞에 엎드려진 간음한 여인이다. 그 여인을 고발한 바리새인들은 악마적 자아의 인물이다. 그들은 아주 냉정하고 자기 의로움으로 가득한 자들이다. 바리새인들은 차라리 창녀보다 지옥에 더 가까운 자다. 그들은 교회 출석에 열심이긴 하지

만 창녀보다 더 지옥에 가깝다.[177] 악마적 자아는 신앙을 왜곡하는 자들의 치명적인 악함이며, 어느덧 자기 의로움을 지닌 악마적 자아는 우리의 신앙생활 가운데 자신도 모르게 슬금슬금 기어 들어온다. 사람의 본성에 악마가 작업을 가하여 만들어 내는 악함이 있다. 거짓과 폭력과 탐욕과 같은 악함이다. 그러나 이는 악마적 자아보다는 덜 치명적이다. 악마적인 악함은 사람들의 본성으로부터 나오는 것이 아니다. 이 악함은 지옥에서 곧장 튀어나오는 것이다. 이 악함은 순전히 영적인 것이고, 그 결과로 이 악함은 다른 악보다 훨씬 더 교묘하고 치명적이다.[178] 이게 바로 자기 의로움의 교만이다.

자기 의로움은 신앙에 의해서 가장되고 만들어진 교만이다. 아니, 신앙을 팔아서 자신을 영광되게 한다. 신앙을 지렛대로 해서 자기 자랑을 하며, 머리를 굴리는 나름의 교묘함을 보인다. '나는 너보다 거룩해'(holier-than-thou)라는 생각을 하고 그런 말을 내뱉기도 하지만, 이런 말도 안 되는, 그러나 이는 엄연히 신앙을 왜곡하는 바리새인과 신앙을 가졌다고 하는 자들의 현실이다. 신앙을 전문으로 먹고사는 자들이 더 심하다. 그래서 바리새인은 고대 어느 한 때만이 아니라 오늘 우리의 현실이기도 하다. 그들은 신앙을 전문하는 자들이다.

교만은 '교만 일반'과 '자기 의로움으로 인한 교만'으로 나눌 수 있다. 일반적인 교만은 자신의 힘과 능력과 돈과 지식 등을 총망라해서 어떤 경우든지 간에 찬스를 잡아서 타인과 자신을 비교해서 그의 우월성을 드러내고 싶어 하는 간절한 갈망이다. 그러나 자기 의로움으로 인한 교만은 신앙으로부터 비롯된 훨씬 더 간교하며, 신앙을 명분으로 하나님을 이용해서 하나님의 영광이 아니라 자신의 영광을 추구하는, 자신을 드러내는 바리새적인 자기 숭배다. 신앙은 우리를 의롭게 한다. 거룩하게 한다. 그래서 '나는 너보다 거룩하다' 는 생각으로 자기 의로움을 드러내고, 이는 끝내 자기 영광을 향하게 된다. 이게 신앙에 의한 자기 의로움이다.

신앙은 우리를 거룩하게 만든다. 그러나 그 거룩하심은 하나님의 성령에 의해서 만들어진 하나님의 작품이다. 내 속에 거룩함이 손톱만큼이라도 있다면 이는 내가 만들어 낸 것이 아니라, 하나님의 만드신 바다. 신앙에 의해서 만들어진 거룩함을 내 것으로 착각해서 나의 거룩함을 나 자신의 우월을 입증하는 자료로 삼아서는 안 된다. 이게 바로 자기 의로움의 함정이다. 신앙이 철저하게 무력해지는 지점이 바로 여기다. 신앙을 애용하여 폼 나는 인생을 만들려 할 때, 신앙은 가면이고 가장이다. 신앙은 자신을 감추는 수단과 방법일 뿐이다. 신앙은 그를 한 치도 변화로 이끌지 못한다. 신앙을 가진 자들이 여전한 채로 신앙을 갖지 않은 자들과 하나도 다르지 않은 이유는 바로 그 때문이다. 거짓과 불의의 내면을 가진 채로 신앙을 가장하고 있다. 여기서 절망의 끝에 다다른다. 바리새인은 결코 하나님을 만난 적이 없는 절망의 인물들이다.

바리새인은 과거의 인물들이 아니다. 그들은 우리들이다. 바리새인의 자기 의로움은 신앙을 팔아서 자기 영광을 추구하는 자들이 만들어가는 현재 우리의 이야기다. 불행하게도 자기 의로움은 용서가 되지 않는다. 자기 의로움은 그 자체가 용서의 대상이 안 된다. 용서가 불가능한 죄, 이게 바로 자기 의로움의 교만이다. 자기 의로움은 결코 하나님을 만나지 않는다. 신학 교수들이며 목사들인 바리새인은 하나님을 만나러 성전에 오지만, 결국 그는 자신의 의로움을 끝내 스스로 찾아내고, 세리의 불의를 찾아내고 스스로 만족해하면서 성전을 내려온다. 세리는 하나님을 만나고, 바리새인은 그 자신을 만나고 성전을 떠난다. 그는 하나님을 만난 적이 없다. 용서는 하나님 앞에서 이루어진다. 그러나 그는 하나님을 만나지 않았다. 하나님을 필요로 하지도 않기 때문이다. 교만 일반은 하나님 없이 자신의 우월을 드러낸다. 그러나 자기 의로움을 드러내는 신앙을 가장한 교만은 하나님을 이용해서 성전 안에서, 교회 안에서 자신의 의로움의 우월성을 드러낸다.

자기 의로움은 결국 하나님을 신앙하는 척하면서 자신을 신앙한다. 하나님을 앞세우고 높이는 척하면서 실은 자신을 높인다. 자기 의로움은 하나님께 시선을 두는 것이 아니라, 자기 자신에게 시선을 둔다. 자기 의로움의 교만은 실제로 하나님의 경건을 따르는 자들이 빠지는 함정이다. 결국 '자기'(자아)는 어떤 경우에건 끈질기게 따라붙으면서 자신의 영광을 추구한다. 신앙을 가진다 하면서도 결국 자신의 영광을 추구하는 자리에 이른다. 시와 때를 가리지 않고 호시탐탐 틈을 타서 자신의 의로움을 드러낸다.

C. S. 루이스는 「순전한 기독교」(Mere Christianity)에서 교만을 설명한다. 그리고 그는 또한 「시편 사색」(The Reflection of the Psalm)에서 바리새인의 자기 의로움(self-righteousness)을 상세하게 설명한다. 또한 「고통의 문제」에서도 교만은 고통으로 말미암아 깨어져야 할 가장 심각한 죄로 설명한다. 고통은 교만을 목표한다.

교만은 삶 전체에서 하나님 없이 살아가는 치명적인 죄임에 틀림없으며, 자기 의로움은 신앙 안에서 발생하는 교만으로서 하나님을 이용하는 교활한 죄다. 따라서 교만 일반과 자기 의로움의 교만은 동일한 교만이지만, 동시에 이 둘은 분명하게 구분할 필요가 있다. C. S. 루이스는 아마도 이를 뚜렷하게 구분하지 않은 듯하다. 교만 일반은 하나님 없이 살아가는 자들에게 해당하고, 자기 의로움의 교만은 하나님을 신앙한다고 하는 자들이 하나님을 이용해서 만들어 내는 바리새인의 죄악이다.

C. S. 루이스는 「고통의 문제」에서 자기 의로움에 대해서 짧게 말하는데, 이를 나름대로 풀이하자면 다음과 같다. 신앙의 출발에는 단지 하나님의 소명에 의한 하나님의 뜻에 따라서 그의 삶을 만들어 간다. 그러나 그분의 뜻을 따라서 살다 보면 생각지도 않았던 신앙의 기쁨과 즐거움이라는 '부스러기'(accidents)가 나타난다.[179] 하나님 신앙에 의해서 선한 삶과 거룩한 삶을 어느 정도 만들어 가다 보면, 내적으로는 자신만의 내밀한 기쁨이 나타나고, 외적으로는 다른 사람들의 칭찬과 박수가 그에게 주어진다. 그러나 하나님 신앙에 의해서 출발된 신앙 여정이 칭찬과 박수 소리에 이르게 되면 그만 정신을 잃고 만다. 급기야 하나님 신앙에서 하나님을 제외하고, 하나님 신앙으로부터 떨어지는 칭찬과 박수의 '부스러기'를 줍는 일에 매달리게 된다.

이제 그는 하나님이 목적이 아니라 칭찬과 박수의 황홀감에 빠진다. 그래서 이제 전면에 드러나는 것은 나의 명예와 자존심과 명성이다. 그는 이제 신앙의 요령을 터득한다(know the ropes).[180] 그는 이제 어떻게 신앙을 만들어 가면 신앙의 부스러기들이 그에게 떨어지는가를 안다. 교회 안에서도 즐거움이 있다. 교회 안에서 교인들이 그에게 주는 박수와 갈채는 어느 것 못지않게 황홀감을 준다. 그리고 이제 그는 신앙의 여정에서 자신을 위한 하나님께서 주신 그의 일에서 자신을 위한 계획을 세우고 자신의 자아가 점차로 하나님을 제치고 전면에 드러나기 시작한다.

하나님 신앙에서 하나님이 사라지고 나 자신의 자아가 나타난다. 처음에는 하나님으로 말미암아 하나님 신앙으로 출발했다. 그러나 하나님 신앙에서 하나님이 사라지고 나면, 이제 나의 자존심과 나의 명예가 드러난다. 그래서 우리에게서 하나님은 마치 '하나의 부드럽게 경사진 미끄럼틀' (a smooth inclined plane)[181]과 같다. 하나님은, 하루 종일 또는 우리 생애의 모든 날 동안에, 우리에게 이제 미끄럼틀이 되시는 듯하다. 그래서 C. S. 루이스는 우리가 "마치 하나님이 미끄러운 경사면이라도 되는 듯이 우리는 끊임없이 미끄러진다"고 말한다.[182] "하나님은 우리의 미끄럼틀이 되신다"는 말은 우리가 이제는 애초와 달리, 하나님 때문에 아래로 미끄러져 굴러 떨어지고 만다는 말이다. 바리새인은 하나님을 신앙했으나 이제 하나님을 이용하려는 그들의 자기중심 사고방식 때문에 자기 자신에게로 미끄러져서 굴러 떨어진다. 그리고 이는 또한 우리 자신의 스토리다.

이제 우리는 뭔가 하나님으로부터 멀어지도록 우리를 이끌어 당기는 자석에 이끌리어, 하나님으로부터 멀어져서, 이제 우리 자신에게로 끊임없이 이끌려 간다. 이토록 끈질기게 우리를 하나님으로부터 멀어지게 이끄는 힘은 다름 아니라 우리 자신의 자아이며, 자아는 커다란 마력으로 우리 자신을 끌고 들어가서 우리 자신을 주인공의 자리에 놓는다. 그리고 C. S. 루이스에 의하면 이는 바로 인간의 부패와 타락의 산물이다.[183]

삶의 방향을 더 이상 하나님께 맞추지 않고, 자신에게로 사고와 생각과 관심이 집중되어 있고, 하나님을 예배하는 과정에서 따르는 '부산물'의 즐거움을 우선순위에 둔다. 부산물의 쾌락은 결국 하나님 예배가 아니라 자기 예배가 되고 만다. 하나님에게서 벗어나서 자기에게로 방향을 비틀게 되면, 이제 이 방향으로 나아가는 힘은 가속도가 붙는다. 그래서 아무리 사소하고 작은 일이라도 자신을 하나님께 양도하는 일은 대단한 힘이 들게 된다. 회개는 그래서 전속력을 다해야 다시 되돌아갈 수 있는 것이다.[184]

사람들은 흔히 스스로 자신이 완벽하지는 않다 해도 어느 정도 웬만하다는 생각을 하면서 산다. 잘못이 있다 해도 그 정도는 괜찮고 다들 그렇게 살지 않느냐, 그렇게 스스로 위로를 한다. 그리고 언젠가 때가 되면 그런 나쁜 습관은 고칠 수 있다고 생각한다. 내 친구 중 하나는 담배를 아주 심하게 피운다. 다른 사람들이 힐난을 하면 늘 하는 말이, 나는 내가 끊으려 하면 언제든지 담배를 끊을 수 있다고 한다. 내가 맘을 안 먹어서 그렇지 맘만 먹으면 한방에 끊을 수 있다고 스스로 확신한다. 그런데 수십 년이 흘렀는데도 여전히 끊지 못한다. 담배가 신앙에 어떻다는 말이 아니라, 자기 스스로 뭔가 생각하고 결심을 하면 그대로 이룰 수 있으리라는 착각이 문제다. 자기 몸이 자신에게 속했다는 생각은 큰 착각이다. 내 몸은 내가 내 맘대로 할 수 있는 대상이 아니다. 뭔가 잘못이 조금 있다 해도, 자동차 정비소에 가서 조금 고치면서 사용하듯이 내 몸도 그렇게 할 수 있다고 하는데, C. S. 루이스는 이게 착각도 유분수라는 따끔한 지적이다.

차를 조금 손보려고 정비 공장에 갔더니 그게 그렇게 조금만 고친다고 해서 고쳐지는 게 아니라 한다. 그 주변 부품을 전부 고쳐야 한단다. 우리는 웬만한 자들도 아니고, 조금 고쳐서 쓸 수 있는 차와 같은 자들도 아니다. 우리는 전혀 정반대의 길을 온힘을 다해서 달려가고 있는 반역자다. 우리는 우리 손에 들고 있는 무기를 내려놓고 항복해야 한다. 그래야 회개의 과정으로 갈 수 있다. 회개는 두 손을 모으고 고개를 숙이는 겸손의 모습을 하는 것도 아니고, 허리를 숙이고 가늘게 눈을 뜬 채 미소를 지으면서 사람 좋은 얼굴로 들이대는 것도 아니다. 회개는 참으로 오랫동안, 수천 년을 내려오는 인간 의지의 고집을 온힘을 다해서 거꾸로 되돌아가는 운동이다. 회개는 한번 해 보는 장난이 아니다. 회개는 나 자신의 의지와 고집을 항복하고, 죽이고, 스스로 죽음의 길로 가는 것이다.[185]

자기 의로움은 신앙으로 인한 자기 우월의 도덕적인 과시를 말한다. 신앙이 결부되었을 때 자기 의로움은 타인의 불신앙과 뒤떨어진 신앙을 경멸하며 아래로 깔본다. 또한 자기 의로움은 신앙과 관계없이 도덕적인 자기 우월감을 드러낸다. 도덕의 경지에 도달한 군자의 선비들과 득도에 이른 승려들은 필연적으로 도덕의 자기 우월성을 주장하고 드러내려 한다. 여기에 예외가 없다. 교만이 경쟁적으로 자신의 능력을 과시하는 것이라면, 자기 의로움은 갖가지 도덕과 종교적인 우월성을 드러낸다. 그의 신앙과 행동은 다른 사람들보다 우월한 덕목이다. 그래서 자기 의로움은 우리 삶에 어디서나 나타난다. 그는 타인의 행동과 의견에 대해서 도덕적으로 열등하다는 판단을 내린다.

"네 눈 속에 들보가 있는데 어찌하여 형제에게 말하기를 나로 네 눈 속에 있는 티를 빼게 하라 하겠느냐"

우리는 하나님의 시선으로 볼 때, 어거스틴의 말이라고 기억되는데, 내가 하나님이라면 나는 이 세계를 파괴시켜 버리고 말았을 것이라고 한다. 우리는 참으로 못 말리는 끔찍한 존재들이다. 그리고 놀랍게도 하나님의 거룩함에 다가가는 사람들일수록 자신이 얼마나 끔찍한 피조물인가를 너무나 잘 인식하고 있다. 여기서 겸손이 시작된다.[186] 겸손은 자신이 얼마나 교만한 자인가를 인식함으로써 시작된다.[187] 그런 의미에서 교만은 자기 자신을 파악하지 못하는, 주제파악이 되지 않는 자신에 대한 가장 큰 무지다. 그러므로 신앙은 결코 교만과 공존할 수 없다. 하나님 신앙에 가까이 다가갈수록 교만하지 않다. 이는 반드시 그러하고 필연적이다.

8. 자아의 문제

사람은 성격상 어떤 경우에도 자기 자신을 향한 관심에서 벗어나기 힘들다. 결국 어떤 경우에도 자기 연민이건 자기 자랑이건 자신을 향한 관심이며, 결국 자신을 자신의 생각과 행동에서 주인공으로 놓고 있다.

자신 때문에 기뻐하고, 자신 때문에 슬퍼하고, 자신을 자랑스러워하고, 자신을 미워하고, 자신을 멸시하고, 자신을 긍정하고, 자신을 드러내는 일, 자신의 뜻을 관철해서 자신의 의지를 이루고야 마는 일, 이런 모든 것들은 하나도 빠짐없이 자신에 관련된 사고방식이며 행동이다. 결국 이 모든 상황에서 자기 자신은 주인공이 되어야 하고, 중심인물이어야 하고, 센터에 자신의 자리를 차지해야 한다. 그래야 된다. 이게 인간 삶의 방향이고 목표다. 그러나 신앙은 이를 거부할 수 있는 능력이고, 이야말로 인간이 발휘할 수 있는 최고의 복이며, 최고의 능력이다. 무척 에너지가 많이 들어가는 작업이긴 하지만 말이다.

자아의 문제는 결국 그의 관심을 어디에 두느냐, 그의 시선의 방향이 어디를 향하고 있느냐 하는 데 달려 있다. 그래서 겸손은 결국 자신을 향해 있던 관심이 자신에게서 벗어나서 하나님께로 향하고 있으며, 동시에 자신은 관심의 대상이 되지 않는 '자기 망각'(self-forgetfulness)을 말한다. 겸손의 미덕은 자신의 겸손을 의식하는 순간 물거품이 되고 만다. 정직은 자신이 정직하다고 의식한다 해도 그대로 있다. 용기 있는 자가 자신의 용기를 자랑한다고 해서 용기가 사라지는 것은 아니다. 배려도 역시 자랑의 요건이 될 수 있고, 자신의 배려를 자랑한다고 해서 배려가 사라지지는 않는다. 그러나 겸손은 다르다. 겸손은 자랑할 수 없다. 겸손은 성격상 자랑하는 순간 사라진다. 왜냐하면 겸손은 어떤 경우에도 자랑하지 않는 것이기 때문이다.

겸손과 교만과 자기 의로움은 모두 다 일종의 나르시시즘이다. 우리 자신을 잘 관찰해 보면 우스꽝스럽고 소름끼치는 사실을 알게 된다. 머리에서 갑자기 떠오르는 생각의 3분의 1은 자기 자신을 찬양하는 소리다. 그래서 우리는 하루 종일 거울 앞에서 자기 자신의 모습에 황홀해하는 모습을 가진다. 내가 말하는 스스로의 모습이 대견하고 자랑스럽다.[188]

어떤 경우에도 자신을 향한 자기의식을 그치지 않는 자기 집중이 있다. 겸손은 자기 자신에게서 시선을 돌려서 하나님께로 시선을 드리는 것이다. 하나님께로 시선을 드리는 것은 우리의 기도와 예배와 삶에서 가장 중요한 찬양이다. 기도는 하나님께 바치는 우리의 관심과 시선이다. 우리는 어떤 경우에도 주님을 바라본다. 자신을 바라볼 때 우리는 모든 결국을 자기 자랑이 아니면 자기 경멸로 끝을 맺는다. 자기 자랑도 자기 경멸도 모두 다 자기 자신에게 시선을 둔다는 점에서 나르시시즘이다. 신앙은 결국 나르시시즘과의 경쾌한 싸움이다.

기도라는 형식을 띠고 있기는 하지만 그게 자기 집중이 될 때 이는 기도가 아니라 자기 관심이다. 우리는 때로 자신만의 즐거움과 기쁨에 빠져들 때 자기 자신을 잊어버리게 된다. 그리고 C. S. 루이스는 이런 자기만의 기쁨, 곧 세상적인 유혹, 출세, 야망과 패션, 유행, 경향, 세상적인 흐름 등에서 벗어날 수 있는 대단히 중요한 무기가 될 수 있다고 한다. 그래서 이 세상에서 참으로 사심 없이 즐거움을 주는 단 하나의 일이 있다 해도, 그 일을 통해서, 그 자체가 주는 기쁨만으로도, 다른 사람들이 무어라 말을 한다 해도 그에 개의치 않고 기쁨을 누린다면, 이는 이 세상의 표준이 아니라 자기 개인의 표준에 의해서 살아가게 한다.

C. S. 루이스는 이에 대한 악마의 실패담을 이렇게 간단하게 말한다. 악마는 어떤 사람을 사회적인 출세와 야망으로 강하게 유혹하였으나 그게 제대로 되지 않았다. 그 이유는, 그 사람이 엉뚱하게도 '소 내장'이 어떠니 '양파'가 어떠니 하면서 다른 사람들은 전혀 관심을 갖지 않는 것에 그렇게 목숨을 걸고(?) 시간을 쏟으면서 온통 그것들에 관심을 쏟기 때문이다. 그 관심은 다른 사람들은 아랑곳하지 않는 자기만의 세계였다. 그러자 그는 어느덧 이 세상이 요구하는 사회적 야망에서 벗어나게 되어 더 이상의 악마의 유혹이 통하지 않게 되었다는 스크루테이프의 유혹 실패 고백이다.[189]

또한 꼬마 악마도 그런 실패를 한다. 어떤 사람이 진짜로 좋아하는 일, 일테면 책을 읽는 일은 아는 체하려고 책을 읽는 게 아니라 진짜 책 읽기가 좋아서 책을 읽었다. 물방앗간의 시골길을 산책하면서 차를 한 잔 마시는 일, 그 사람이 그렇게 좋아하는 시골길을 홀로 걷도록 하는 것은 마치 그 사람의 감수성을 예민하게 만들어 이제야 그의 고향을 찾아가는 느낌을 갖도록 한다.[190] 이런 진짜 기쁨이 사람에게 주어지면, 이 세계가 제시하는 관습과 유행을 따라서 살아가도록 해야 유혹이 제대로 되는데, 유혹이 실패한다. 내가 다른 사람들 앞에서 나 자신을 드러내는 것이 아니라, 내가 나 혼자서도 진짜 좋아하는 일에 몰두할 수 있게 된다. 이때 우리는 이 세상의 시선과 사회적 야심과 이 세계의 유행을 따라가는 길에서 벗어날 수 있게 된다.

내가 진짜로 좋아하는 것, 다른 사람들의 시선과 관계없이 내가 좋아하기 때문에 아무에게도 나 자신을 드러낼 필요가 없는 내가 좋아하는 것, 곧 우표를 모은다, 크리켓을 즐긴다, 베토벤과 모차르트를 듣는다는 등은 악마에게 해롭다. 이렇게 내가 좋아하는 일에는 순수함과 겸손함과 자기 몰두가 있다. 그렇다면 그는 이 세상에서 자신을 마구 드러내고 싶은 욕망을 잊고서 사회적 야심에 빠지지 않는다.[191]

사람은 자신을 증오하고 미워하면서도 동시에 많은 사람들이 자신을 알아주는 갈채의 주인공이 되기를 원한다. 자신이 잘났기 때문에 박수의 대상이 되기도 하지만, 자신이 악질이기 때문에도 여전히 주인공이 되고 싶어 한다. 어떤 경우라도 주인공이 될 수 있다면, 박수와 갈채를 받을 수 있다면, 자신을 증오하면서까지 자신이 결국 주인공이 되고, 많은 사람들의 시선을 원한다. 아니, 어쩌면 자신의 몸을 불사르면서까지도 박수와 갈채를 받는 주인공이 될 수 있다면, 자신을 죽음에 내어 놓는다 해도 그렇게 할 수 있는 것이 바로 인간 삶의 모습이고, 또한 자신을 향한 과도한 관심이다.

본래 자기 거부와 자기 증오 등은 자기 자신을 향해 있던 자기 집중의 관심에서 벗어나도록 하기 위해서 디자인된 것들이다.[192] 자기 거부, 자기 증오는 자신에 대한 관심으로부터 벗어나기 위함이다. 그러므로 자기 거부라는 장치를 통해서 결국 자신에 대한 관심에서 벗어날 때 비로소 가치가 있다. 그러나 자기 증오와 자기 부인과 같은 상황에서도 여전히 자신에 대한 관심을 놓지 않고 자신을 주인공으로 행세하려 드는 것이 끈질긴 자아의식이다. 자기 경멸을 수단으로 해서 자신을 주인공으로 행세하게 한다면, 이는 자기 경멸에서 끝나는 것이 아니라 다른 사람들을 향한 경멸과 경시와 무시 그리고 잔인함까지도 만들어 놓는다.[193]

진짜로 겸손함은 '자신을 잊어버리고'(self-forgetfulness)[194] 하나님을 향하는 것이다. 겸손은 자신이 갖고 있는 재능을 무시하거나 낮게 평가하는 것도 아니다. 예쁜 얼굴의 여인이 스스로 못생겼다고 억측을 하는 것도 아니다. 똑똑한 사람이 자신을 멍청하다고 믿으려 애쓰는 것도 아니다. 이것은 겸손을 가장한 난센스이며, 애를 쓰면 쓸수록 터무니없는 상황에 빠진다. 말도 안 되는 일에 빠지게 된다. 애써서 그렇게 하려고 해도 되지 않는다. 여전히 그 사람은 말도 안 되는 일을 하는 모순에 빠져서 헤매면서도 여전히 끈질기게 자신을 향한 관심의 끈을 놓지 않는다. 자기 경멸, 자기 증오, 자기 멸시도 그들에게는 자신이 주인공으로 등장할 수 있는 찬스일 뿐이다.

하나님이 사람에게 원하시는 것은 단지 자신의 재능을 다른 사람들이 갖고 있는 재능을 기뻐하고 감사하듯이 하는 것이고, 그는 자신의 재능에 대해서 편견을 갖거나 하지 않고 있는 그대로 바라볼 수 있는 것, 그래서 마치 다른 사람의 재능을 보듯이 자신의 재능을 보면서 감사함으로 자신의 재능을 볼 수 있고, 이렇게 해서 자신을 향한 관심으로부터 벗어나는 것이다. 자기의 것을 다른 사람의 것을 보듯이, 그저 무뚝뚝하게 볼 수 있는 힘이 바로 겸손의 길로 가는 것이다.[195]

사람은 자기 것에 대해서는 잘못 생각하게 되어 있다. 이는 인간 사고방식의 주관적인 강한 흐름을 결코 막을 수 없기 때문이다. 사람은 무조건 자기 좋을 대로 생각하도록 되어 있다. '내가 가진 능력은 늘 다른 사람들이 보는 것보다 훌륭하다.' '내가 만든 건물과 음악과 그림과 또한 내가 세운 교회와 내가 키운 제자들과 내가 쓴 책들은 다른 것보다 더 낫다.' 목사들은 이렇게 생각한다. '내 교회가 너의 교회보다 더 낫다. 작은 교회라 해도 큰 너의 교회보다 더 낫다.' '내 거룩함이 너의 거룩함보다 더 낫다.' 이런 사고방식은 거의 피할 수 없는 인간 현상 아닌가? 심지어 "내가 한 거짓말은 너의 거짓말보다 더 정교하고, 내 속임수는 너의 것보다 더 우수하다. 그 정도는 내가 한 나쁜 짓에 비하면 게임이 되지 않는다. 그것 봐라! 내가 지난번에 그렇게 말을 하지 않았는가! 그럴 줄 알았다"면서 미래를 내다보는 통찰력을 자랑한다. 어떤 경우에도 내가 주인공으로 늘 등장할 이유가 있다. 이런 착각은 인간 사고방식의 필수 전제 조건이다. "나는 주관적이지 않다. 나는 객관적이다." 이런 말은 그래서 구역질이 난다. 몰라도 너무 모른다.

이런 착각을 피할 수 있는 유일한 길은 내 생각과 내 자랑과 내 업적과 내 것들이 결코 내가 생각하는 것만큼 그렇게 높고 위대하지 않다고 전심전력을 다하여 거꾸로 생각을 하는 데 있다. 내 생각의 빈약함과 가난함과 죄스러움과 자기 자랑의 늪에 빠져 있다는 현실을 무엇보다도 앞서서 자각해야 한다.

C. S. 루이스의 처방은 명료하다. 내 것처럼 보이는 것들이 결국은 내 것이 아니라는 말이다. 그래서 자신의 재능을 마치 다른 사람의 재능처럼 때로는 무덤덤하게 볼 수 있다. 마치 거대한 폭포 앞에서 경외감을 느끼듯이, 자연 앞에서 감동을 받듯이, 저녁노을 앞에서 가슴이 벅차오르듯이 기뻐하고 즐거워한다. 진정 기뻐할 수 있는 이유는 나의 재능이 나 아닌 자연에 속한 저녁노을과 같은 차원이기 때문이다.[196]

하나님이 진정 원하시는 것은 자기 자신의 가치에 대해서는 그리 큰 관심을 갖지 않는 것이다. 내가 대단한 건축가라는 사실을 부인하지 않는다. 하지만 내가 그 사실에 오래 머물지 않고 잊어버릴 수 있다. 자신이 비록 위대한 시인이라 해도, 금방 그 사실을 잊어버릴 수 있다. 내가 위대한 화가라는 사실 때문에 밤을 새면서 그 사실에 몰두한다? 아니면 자신이 그에 미치지 못한다는 생각을 하면서 자책을 한다? 이런 것들은 자신을 향한 관심과 주인공 의식에 다름 아니다. 하나님이 사람에게 원하시는 바는 단지 그의 재능에 대해서 가타부타하는 것이 아니다. 내 재능이 뛰어나니, 아니니 그런 자기 평가를 할 필요도 없이 단지 자신의 재능을 발전시키는 데 노력을 할 뿐이다.[197]

참으로 마음에 와 닿지 않는 중요한 사실이 있다. 사람은 자신의 창조자가 아니라는 사실이다. 그들의 재능도 역시 선물로 받은 것이지 처음부터 그의 것이 아니다. 그의 머리카락 색깔이 노랗다고 해서 그걸 자랑스럽게 생각하고 심지어 교만하다면, 어이없는 일이다. 내 것이라야 자랑을 하든 말든 하지, 내 것도 아닌데 내가 왜 자랑을 하고, 겸손을 떨고 할 필요가 있는가 말이다. 내 재능뿐 아니라, 나 자신을 알고 보면 아예 나 자신의 것이 아니고, 나 자신도 나로부터 비롯되지 않았다는 사실을 놓쳐서는 안 된다는 말이다.[198]

악마는 계속해서 이런 사실을 감추기에 여념이 없다. 포로의 마음에서 이런 생각이 떠오르지 않도록 하고, 포로는 단지 자신에게 끊임없이 관심을 쏟도록 한다. 이 피곤한 작업을 말이다. 회개는 바로 이것이다. 하나님은 심지어 그의 죄에 대해서도 그렇게 많은 시간을 내서 몰두하기를 원치 않으시고, 일단 회개하면, 자신에게서 벗어나서 타인과 하나님께 관심의 방향을 돌리는 것을 원하신다.[199]

❖

마귀 유혹의 특성은 사람들의 영혼 또는 마음 가운데 그런 죄의 흐름을 만성화시키고, 고정된 것으로 패턴화시킨다. 참으로 회개해야 할 사람이 전혀 회개할 마음이 들지 않는다? 이게 바로 문제다. 회개할 게 거의 없는 자들은 오히려 회개할 것이 많다고 통곡을 한다. 그래서 그들은 하나님께 더욱더 가까이 나아가고, 회개할 필요가 없다고 생각하는 자들은 오히려 하나님으로부터 더욱더 멀리 떨어지고 만다.

9. 자기 의로움
시편 사색

C. S. 루이스가 「시편 사색」에서 말하고자 하는 핵심은, 내가 보기에 '자기 의로움'(self-righteousness)이다. 그는 2장부터 시작하여 '자기 의로움'을 다루는데, 4~7장에 걸쳐서 조금씩 다루다가 6~7장에서 많은 부분을 할애하여 자세히 다룬다. 그만큼 C. S. 루이스가 보기에 이 문제는 그리스도인에게서 결정적인 항목이다. 예수께서 가장 준엄하게 꾸짖은 무리는 바리새인들이었고, 그들과 도저히 함께할 수 없었던 이유는 그들이 자기 의로움으로 굳세게 무장한 무리들이기 때문이다. 자기의 의로움은 그리스도인에게 영적 위험에 처하게 한다.

'내가 옳다'(being in the right)는 확신과 '나는 의로운 사람, 나는 선한 사람이다'(being righteousness)라는 확신은 구별해야 한다.[200] 누구도 의로운 사람은 없다. 그래서 '나는 의로운 사람이다'라는 확신은 언제나 치명적인 망상이다. 어떤 특정한 상황과 특정한 문제에서는 옳을 수 있다. 그리고 우리는 어떤 문제에 따라서 틀린 사람과 옳은 사람이 될 수 있다. 그러나 이는 어떤 사람의 인격과는 거의 상관없는 문제다.[201] 우리는 때로 옳을 수도 있고, 때로 틀릴 수도 있기 때문이다.

따라서 우리는 시편 기자들이 어떤 상황에서 특정한 자들에게 "나는 완전히 옳다"라고 말하는 것을 보는데, 이를 잘못이라고 굳이 말할 필요가 없다. 사람은 때로 옳을 수 있다는 사실을 염두에 두면 그냥 지나갈 수 있다. 물론 그들의 어투는 귀에 거슬리고 그런 말이 주는 뉘앙스가 썩 내키지 않는다. 그러나 어떤 상황에서 내가 옳았다는 옳음에 대한 확신은 크게 나무랄 일은 아닌 듯하다.

그러나 문제는 '내가 옳다'에서 그치지 않고 '내가 의롭다'고 나올 때, 이는 전혀 다른 문제가 된다. 자기 의로움이 문제가 되는 이유는 하나님과의 만남에서 사람의 위치에 대한 착각과 망상이기 때문이다. 사람이 하나님을 만나서 거룩함의 길을 가기 시작하면 어느덧 자신도 모르게 더 높은 곳을 향하는 자신의 위치를 착각하여 자신을 거룩함의 자리에 놓고 만다. 신앙으로 옳음의 경험을 한 자들은 옳음의 맛을 알았다고나 할까, 아니면 옳음의 부스러기가 주는 맛을 알았다고나 할까?

이때 '더 높이 올라갈수록 더욱더 위험하다'(the higher, the more in

danger)는 말이 적용될 수 있다.[202] 술독에 빠지면서 이기적으로 살아가는 속물근성의 사람이 있다. 또 한 사람은 높은 목표, 고상한 목적을 갖고 열과 성의를 다해서 노력하고 욕망을 억제해 가면서 재산을 드리기도 하고, 심지어 때로는 목숨도 바칠 준비가 되어 있다. 처음의 저급한 속물과 후자의 위인이 위험하다. 거창한 목표를 위해서 죽을 수 있는 사람은 오히려 그 고상한 목표를 위해서 다른 사람의 목숨을 빼앗을 수도 있다. 고위직에 있는 자나 국가의 위대한 지도자들과 그가 추구하는 대의를 위해서 분신자살도 감행할 수 있는 단체의 리더들이 그런 함정에 빠질 수 있다.[203]

국가의 위대한 지도자들은 민족을 위해서 자신의 재산과 생명을 내어 놓는다고 하는데 왠지 믿겨지지 않는 이유가 그런 것 때문이다. 사리사욕 없이 마을과 공동체를 위해서 봉사하겠다고 하지만, 결국 자기 욕심을 채우는 결과를 만들 뿐, 그 자신이 감당할 수 없는 너무 거창한 목표를 세운 탓이 아닐까 한다. 자기 의로움은 결국 사람이 자신에게 어울리지도 않는 높고 고상한 자리를 정하여 그 자리에 맞게 행동하기도 하지만, 그래서 희생을 치르기도 하지만, 결국 이는 모두 다 자기 자신의 영광을 위함이었다는 말이다.

그게 국가뿐이겠는가? 하다못해 계모임을 하면서도 그는 자신의 이익이 아니라 계주들의 유익을 위해서 일한다고 말한다. 그러나 모두 다 거짓일 뿐이다. 회사의 경우도, 회사의 유익을 위해서 자신을 희생한다? 그게 아니라 진짜 자신의 유익을 잠시 유보할 뿐이다. 교회도 그렇지 않은가? 교단의 경우도 마찬가지다. 어떤 교단의 리더들이 교단의 유익을 위해서 일한다고 하지만, 별로 미덥지 못하다. 사람들은 고작해야 그의 가족의 유익을 위해서 희생할 뿐, 그 이상은 넘어갈 수 없는 존재들이다. 사람은 구조상 그게 안 되는데 그걸 해 보겠다고 나서니… 착각도 유분수다.

가룟 유다의 경우는 어떨까? 통상적으로 그는 민족주의자로 알려진다. 애국애족을 목표로 예수를 따른다. 그리고 예수를 통해서 그는 로마를 제거하고 이스라엘의 영광을 재현하려 한다. 이 일을 위해서 예수를 믿고 따라나섰지만, 예수는 끝내 그의 기대를 저버리고 십자가 위에서 죽는다. 그래서 그는 예수를 배반했다. 이것이 유다에 대한 통상의 인식 중 하나다. 그러나 복음서의 유다에 대한 기록은 냉정하다. 민족적인 애국심이니 애족이니 하는 따위의 평가는 전혀 없고, 단지 그는 도둑이었다. 돈을 탐내는 자, 돈으로 스승을 팔아먹는 자라는 극히 비도덕적인 인물로 평가한다. 그는 스스로 너무나 높은 목표와 대의를 세우고 실은 전혀 그렇지 못한 자리로 추락하고 만 것이 아닌가?

가룟 유다는 돈을 향한 숨겨진 탐욕을 자기도 모르는 사이에 감추어 놓고, 스스로 자신을 애국자로 가장하면서, 아니, 이런 사실도 스스로 알지 못한 채 어쩌면 스스로 하나님의 뜻을 행한다고 믿고서 그의 길을 간 것이다. 하나님의 뜻을 자신의 뜻으로 깎아내리고, 아니면 자신의 뜻을 하나님의 뜻으로 올려서 스스로 자신의 영광을 취한다. 어떤 경우에든 말이다.

바리새인들은 자기 의로움이라는 상황을 누구보다도 심하게 구현시킨 인물들이다. 바리새인들이 다른 사람들보다 더 심각한 죄에 빠질 수 있는 이유는 그들이 하나님으로부터 더 멀리 있었기 때문이 아니라 더 가까이 있다고 믿었기 때문이다. 더 높은 곳에서 그들은 마치 추락하는 것은 날개가 있다는 식으로 철저하게 추락하고 만다. 예수는 그들을 결코 용서할 수 없었다. "독사의 자식들아!"라는 저주를 피할 수 없었다. 이 말씀은 그들이 용서 불가능한 자들임을 보여 준다. 그들에게 하나님 나라의 복음은 결코 들려질 수 없다. 도저히 어떻게 해 볼 수 없는 무리들이 있게 마련이다. 하나님 나라에 들어갈 수 없는 자들이 있는데, 그들이 바로 자기 의로움에 도취해 있는 자들이다. C. S. 루이스의 말의 행간을 들여다보자.

사람은 그의 영혼으로 하나님과 만난다. 그래서 인간의 삶은 이 땅의 관심에서 벗어나서 하늘을 바라보고 영원을 관심하는 영혼의 인간이 된다. 짐승의 자리를 벗어난 것이다. 이때 사람은 그의 영혼에 두 가지 가능성을 갖게 한다. 그의 영혼이 하나님을 감각하고 만나게 되면 거룩함과 경건과 겸손을 필연적으로 배우게 된다. 그러나 불행하게도 또 다른 길이 하나 있다. 신앙을 앞세우면서 자신을 드러내고 타인을 멸시하는 광기와 영적인 교만과 자기 의로움을 드러내는 길이다. 영혼이 깨어나는 영적인 감각을 이렇게 악질로 드러내기 시작하면, 옛적의 순수했던 평범한 미덕으로 되돌아갈 수 있는 길은 없다.

사람이 신앙과 종교를 맛보고 진정 하나님의 거룩하심을 드러내지 못한다면, 그때 그는 대단히 악질이 되고 만다. 바리새인은 예수를 가장 많이 닮았다. 마귀는 하나님의 존전에 가장 가까이 있던 자다. 하나님을 빙자해서 자신을 드러내기 시작하면 이것은 말릴 방법이 없다. 그래서 C. S. 루이스는 가장 악한 자들은 종교나 신앙을 앞세우면서 자신의 욕심을 채우는 자들이라고 한다. 모든 창조물 가운데서 가장 사악한 자는 본래 하나님의 현존 앞에 있던 자이다.[204]

하나님을 만나게 되면 인간은 자멸의 바닥을 헤매게 된다. 그러나 그들이 하나님의 도움으로 양 발을 디디고 일어서게 되면 어느 정도 거룩함의 수준을 갖게 되고, 이로 인해서 이제 그들은 영적인 교만과 겸손의 양 갈래 길에 서게 만든다. 그들이 하나님의 율법을 지키게 되고, 하나님을 사랑하게 되고, 하나님에 대해서 남다른 관심을 보이게 되면, 그리고 치명적인 것은 그런 거룩함의 자리에 내가 들어가 있다는 자부심과 자의식이 뿌리를 내리게 되면, 주변의 사람들에게 급기야 "율법을 알지 못하는 이 무리는 저주를 받은 자로다"(요 7:49)라고 일갈하게 된다.

이제 그는 빠져나올 길을 잃어버린 자기 의로움의 희생자가 되고 만다. 바리새인이 절망스러운 이유는, 자기 의로움의 망상에 빠지면 그 자리에서 빠져나오지 못하기 때문이다. 자신이 잘났는데, 특히 믿음과 신앙과 교회의 봉사와 전도와 가르침에서 그를 따라올 사람이 없는데, 어떻게 그들이 자신의 자리를 낮출 수 있으며, 겸손의 길에 들어설 수 있는가 말이다. 그는 아마도 자신의 신앙으로 인한 의로움에 흠뻑 젖어 있으면서 칭찬과 박수 소리에 늘 귀를 기울이고, 달콤한 갈채를 기다리면서 박수를 보내지 않는 무리들을 꾸짖는다. 내가 이렇게 잘하고 있는데… 차라리 간음한 여인에게 용서의 기회가 주어질지언정 그들은 아니다. 그래서 저주의 말씀이 주어질 수밖에 없다. "독사의 자식들아" 하고 말이다.

그들은 끊임없이 주변 사람들을 보면서 애를 태운다. 왜 저 모양들이냐고 말이다. 별로 까다롭지 않은 규칙을 지키지 못하는 무리들이 그들의 눈에 볼 때 한심스럽다. 그들은 규칙을 까다롭게 만들어 놓고, 그 규칙을 하나하나 지킬 때마다 황홀감을 느낀다. 시장 바닥으로 나가서 손을 높이 올리고 기도한다. 내가 안식일을 지켰고, 십일조를 했고, 금식을 했고, 기도를 했고, 고아와 과부를 돌보았고 등등의 결코 누구에게도 빠지지 않는 훌륭함의 전범을 보여 준다. 그래서 그들은 그들만의 규칙 지키기에 몰두할 수 있도록 규칙을 더욱더 까다롭게 만든다. 너무도 복잡하여 몇 사람들만이 따라할 수 있는 스텝처럼 그들만의 춤사위가 되고 만다.[205] 그리고 그들은 죽기를 다해서 그들만의 울타리에서 그들이 조작한 규칙 지키기에 몰두하고 혹독한 그물망을 만들어 누구도 그들 무리에 편입되기를 거부한다. 그렇게 많은 규칙들로 까다롭게 만들어진 드높은 자기 이로움을 그토록 만천하에 드러낼 수 있는 좋은 기회가 어디 있는가?[206] 그들은 자기 의로움을 이렇게 드러낼 수 있다면 어떤 고행도 마다하지 않고 필사적이다. 종교의 고행은 그래서 거의 필연적으로 자기 의로움을 만든다.

규칙 지키기는 마음과 영혼에서 우러나오는 것으로서, 하나님 사랑의 결과이며, 하나님과 우리가 나누는 교제의 수단이고, 길이다. 그러나 율법을 지키고 규칙을 지키는 일이 하나님 사랑과 아무 관계없는 독립적인 영역을 확보하고서 하나님 사랑 없이 단지 규칙만을 지킬 때, 그것은 치명적인 상황이 되고 만다.[207] 하나님 사랑으로 시작하여 하나님 사랑의 표현과 수단으로서 하는 십일조와 헌신과 봉사가 이제 자기 자랑의 표시가 되고 만다. 신앙은 하나님을 바라보는 믿음인데, 이게 자기 자랑거리가 되고 만다. 예배와 기도는 하나님 그분 자신을 기뻐하는 시간이며, 나 자신을 잊어버리고, 나를 잃어버리는 순간이 되어야 하는데, 어느덧 내가 예배와 기도의 중심에 서 있다. 규칙과 율법을 지켜야 하지만, 그들은 그들의 자랑거리로서 율법 지키기에 몰두하기 때문에 그 치열함이 말할 수 없고, 차라리 까다로움이 도에 넘치고, 그렇지 못한 사람을 향한 경멸이 차고 넘친다. 이때 그들은 이미 바리새인의 길에 들어선 것이다.

"하나님이여, 저는 다른 사람들과 같이 아니함을 감사하나이다."

바리새적 현실이 병적 현상이라는 것은 그들 스스로는 결코 자신이 바리새인의 무서운 자기 의로움의 함정에 빠지지 않았다고 확신을 하면서, 바리새적 현실은 자신과 아무런 관계가 없다고 확신하기 때문이다. 내 선함을 다른 사람들이 알아주지 않는다는 자기 함정에 빠져 있다. 그리고 자신이 그런 병에 걸리지 않았다고 확신하기 때문에 그는 결코 그의 치명적인 병에서 벗어날 수 없다. 차라리 세리와 창기들이 하나님 나라와 더 가깝다는 말씀은 여기에 해당된다.

"예수께서 그들에게 이르시되 내가 진실로 너희에게 이르노니 세리들과 창녀들이 너희보다 먼저 하나님의 나라에 들어가리라"(마 21:31).

자기 의로움을 가르는 일종의 기준이 있다. 하나님을 기뻐할 줄 아는 가 하는 것이다. 우리도 때로 의로운 자리에 앉을 때가 있다. 특히 그리스도인이 된 후에 우리는 하나님의 의로움을 즐거워하게 된다. 하나님의 율법을 즐거워하고 기뻐한다는 사실은 C. S. 루이스를 당혹케 하는 것이다.[208] 하나님의 율법과 하나님의 명령을 기뻐하고, 율법을 지키는 것이 그의 마음을 기쁘게 한다는 말을 납득하기 어렵다. 도둑질하지 말라, 정직해라, 간음하지 말라는 등의 율법을 지키려고 애를 쓰고 마음으로 동의할 수 있지만, 이것이 어떻게 달콤하고 신나는 일인지 이해하기 힘들다.[209]

그 율법을 순종할 수 있고, 그 말씀을 따를 수는 있지만, 달콤할 수는 없다. 그러나 율법과 규칙 지키기는 노예가 주인의 명령을 지키는 두려움에서 비롯된 것이 아니라, 하나님의 말씀이 담아내는 아름다움과 질서를 우리 삶에 구현시키고자 하는 마음은 이제 하나님의 율법을 기뻐하기에 이르게 된다.[210]

이제 그 말씀은 음악과 같고, 노래와 같다. 그리고 꿀처럼 달다. 하나님을 향해서 우리의 마음을 열수록 하나님의 율법이 담고 있는 이 세계의 놀라움은 우리를 경이로 이끌고 간다. 도덕의 아름다움을 느낄 수 있는 영혼의 고양을 지니게 된다. 하나님을 만나기 전에는 도저히 꿈꿀 수도 없는 이 세계와 도덕에 대한 미적 감각이 생기게 되었다. 하나님을 만난 거듭난 영혼은 하나님 말씀 지키기를 기뻐하고 즐거워한다. 그들은 이렇게 율법의 아름다움을 기뻐할 수 있다. 이제 하나님 신앙과 경험으로 인하여 율법 지키기는 기쁨이 되기에 이른다.

> 율법에 대한 그들의 즐거움은 마치 우리가 단단한 땅을 만났을 때 느끼는 기쁨과 같다. 진흙탕을 만나서 고생을 하다가 단단한 땅에 발을 내딛는 듯한 느낌과 같다.[211]

그러나 우리의 신앙은 좀 더 나아간다. 율법 지키기의 즐거움으로 시작했으나, 어느 순간 우리는 '너무나 고결하신 신자 분들이 저지르는 어리석음'에 빠져서 자신을 '너무 선한' 자라고 생각하기에 이른다.[212] 이는 바로 '잘난 척하는' 인간 현실이다.[213] 이를 피하기 위해서 그런 상황으로 우리를 몰고 가는 자들과 가능한 한 만나지 않는 현명함이 필요하고,[214] 침묵의 도피처를 취할 수도 있고, 때로는 잘난 척하는 자로 보일 수 있다 해도 악이 어느 정도의 선을 넘을 때 강하게 항의를 해야 할 때가 있고, 맞서야 할 때가 있다.[215]

또한 다른 사람들에게 자신을 드러내 보이기 위해서 틈만 나면 간증을 하려 하는 위험도 있다. 자신을 자랑하기 위함이다. 도덕군자연할 수도 있다. 남에게 자신을 드러나 보이게 함이다. 고상한 척한다. 학자연하는 속물근성을 내민다. 그래서 그들은 주어진 상황이 어떠하든지 간에 자기 의로움을 드러내어 외적 상황을 치장하려는 지독한 자기 집착이 있다.

부활절에 달걀을 준다. 어린아이들은 때가 되면 부활절과 달걀 중 하나를 선택해야 한다. 부활의 참됨을 알고 나면 그 달걀은 의미 있는 거룩함의 신성 안에 들어 있다. 부활의 영적인 의미는 달걀의 의미를 풀어주고, 달걀은 이제 신비의 죽음과 부활의 상징으로서 우리 앞에 있다.

그러나 부활이 더 이상 그에게 아무런 의미를 주지 못할 때, 달걀은 그저 입에 들어가는 음식 외에는 아무것도 아니다. 달걀은 무의미해진다. 때로는 해를 끼치기도 한다.[216]

유대교에 이런 상황이 발생했다. 하나님을 기뻐하고 즐거워하는 하나님 경험은 결정적인 영적 현실로 그들 생애에서 궁극적 관심으로 작용한다. 그리고 그들이 드리는 예배와 기도와 성전 의식은 참으로 소중하고 귀한 시간들로 구성된다. 그러나 이제 그들의 예배와 하나님 경험은 일치하지 않는다. 그렇게 되면 그들의 성전 의식과 예배는 타락하고 만다. 하나님 경험 없이도 얼마든지 성전 예배와 성전 의식이 가능하다. 예배와 기도는 고약한 방식으로 바뀐다. 하나님께 양의 피 흘림의 제사를 하나님 경험과 무관하게 드려도 아무렇지 않게 된다. 하나님은 단지 양의 피를 원하시는 분이라고 생각한다. 이는 하나님의 진노를 사지 않으려는 일종의 상거래가 되고 말았다. 제사만 잘 지내면 만사 오케이다. 외적 형식을 취하면 그만이다. 그리고 그들의 자기 의로움 자기 잘남을 더욱더 드러내기 위해서 규칙은 더 까다로워지고 정교한 제사 규칙들이 제정된다. 이제 평민들은 그들과 더욱더 멀어지고, 그들은 선생의 자리에서 폼을 잡으면서 영원히 앉는다.[217]

하나님을 기뻐하고 즐거워함이 사라질 때 유대교는 타락의 길을 걷는다. 하나님의 현존을 향한 갈망과 하나님을 간절히 사모하는 열정이 사라질 때, 그들이 드려야 하는 성전 의식과 예배와 기도는 매우 나쁘게 변질되고 만다. 기도와 예배는 하나님을 기뻐함이 없을 때 자신의 고상함의 외적 형식과 자신의 종교적 우월성을 드러내는 것으로 변질되어 없는 것보다 못한 부패를 가져온다. 기도와 예배와 헌금과 찬양이 부패하게 되면 중립적 위치에 있는 것이 아니라 더욱더 냄새나는 바리새의 위선을 만들어 낸다.

하나님 경험, 하나님에 대한 갈망과 욕구[218], 하나님의 임재보다 더 소원할 것이 없었고, 그들이 구할 수 있는 최상의 선물은 하나님 자신이었다.[219] 그래서 하나님을 맛보는 하나님 경험은 하나님 신앙의 최고 목표이며, 불행하게도 하나님 경험이 제거되면, 유대교는 더할 나위 없이 위선으로 변질된다. 더 높아질 때 더 추락하게 되는 위험이 나타나는 것이다.

10. 바리새인의 자기 의로움

바리새인들의 율법주의를 보면 자기 의로움의 정체를 볼 수 있다. 유대인들은 하나님 신앙으로 말미암은 경건을 그들의 자랑을 드러내는 외적 치장으로 바꾼다. 유대교의 신앙은 하나님을 우선하던 삶의 방식에서, 시간이 흐름에 따라서 하나님 그분 자신이 목적이 되어야 함에도 이제 수단이 되어 버린다. 신앙에서 우리 자신의 자존심과 명성이 우선시된다. 하나님으로 시작했으나, 하나님은 이제 그들의 시야에서 없어지고 단지 신앙의 잔존물로서 남아 있다.

유대인에게서 가장 중요한 민족적인 시스템은 정치도 경제도 아니었다. 그들에게서 중요한 것은 어떻게 하나님 앞에서 거룩하게 살 것인가 하는 문제였다. 이는 여타의 어느 민족에게서도 찾을 수 없는 유대인 고유의 특성이다. 레위기에 나타나는 제사 제도는 '한 인간이 어떻게 하나님 앞에서 거룩한 자가 될 수 있는가' 라는 물음을 보여 준다. 이는 치밀하고 정밀한 죄 씻음의 치열한 제도적 장치다.

그들은 하나님 앞에서 참으로 거룩한 삶을 살고 싶었다. 그리고 하나님은 그들의 삶에서 죄 씻음의 정밀한 제도를 통해서 그들이 하나님 앞에서 거룩한 자가 될 수 있도록 하시고, "내가 거룩하니 너희도 거룩하라" 는 말씀을 그들 공동체 가운데서 이룰 수 있도록 하셨다. 그들의 하나님 경험과 하나님 신앙은 다름 아닌 죄 씻음의 거룩함을 이루는 길이었다.

양을 죽여서 피를 흘리고, 이 피 흘림을 통해서 죄 씻음이 이루어진다는 말로 요약할 수 있는 유대인의 죄 씻음의 제사 제도는 그들의 하나님 경험과 신앙의 요체였다. 어느 나라와 민족이 이토록 정밀한 죄 씻음의 시스템을 지니고 있었는가? 아마도 이토록 집요하게 죄 씻음의 희생 제사 제도를 갖고 있는 민족은 이 지구상에 없을 것이다. 사람의 관심 가운데 신앙과 종교는 일부를 차지하지만, 유대인들에게서 신앙과 신앙의 죄 씻음은 어느 것보다도 더 중요한 것이었다. 지구상의 모든 나라와 민족이 어떻게 먹고살 것인가에 관심을 집중하고 있을 때, 유대인들은 어떻게 죄를 씻을 것인가에 관심을 집중하고 있었다.

그러나 여기에서 신앙의 왜곡이 발생했다. 양의 피를 흘려서 죄를 씻는다는 말은 하나님 신앙을 전제로 하는 것이었고, 하나님 경험이 제거

되면 양의 피를 흘리는 제사 시스템은 부활절에서 달걀 하나 깨 먹는 것과 다르지 않다. 그런데 불행하게도 그런 일이 발생했다. 양의 피만 흘릴 뿐 그들 신앙에서 하나님 경험은 사라졌다. 그들 신앙이 외적 치장으로 바뀌게 된다. 양들만 억울하게 죽어 간다. 성전은 양의 피로 흥건하게 젖어 있지만 신앙은 사라진다. 선지자들의 분노는 여기에 기인한다.

> "너희가 내 앞에 보이러 오니 이것을 누가 너희에게 요구하였느냐 내 마당만 밟을 뿐이니라 헛된 제물을 다시 가져오지 말라 분향은 내가 가증히 여기는 바요 월삭과 안식일과 대회로 모이는 것도 그러하니 성회와 아울러 악을 행하는 것을 내가 견디지 못하겠노라"(사 1:12~13).

그들은 이제 습관적으로 성전에 올라간다. 그들이 드리는 제물은 헛것이 되고 만다. 그들이 절기에 따라서 종교 행사를 하지만 하나님은 그런 모임을 지켜워하신다. 마음과 영혼이 떠난 종교는 가증한 것이다. 그리고 그들은 민족적인 파멸을 당한다. 이웃 나라에 의해서 이스라엘은 철저하게 패망한다. 그들의 멸망은 나라의 약함 때문이 아니라 나라의 악함 때문이었다. 그들은 회개한다. 그러나 또 다시 악순환을 반복한다. 바리새인은 이런 역사적 상황에서 발생한다.

논란의 여지가 있지만, 대체로 바리새인이라는 말은 분리주의자들을 말한다. 거룩하다는 히브리어도 역시 따로 떼어 놓아 분리한다는 뜻이다. 바리새인은 스스로를 하나님 신앙을 위해서 자신을 거룩한 삶으로 그리고 이 세계로부터 분리해 따로 떼어 놓는다는 어원을 지닌다. 그들은 이른바 신앙의 엘리트였다. 신앙의 남은 자들이라고 칭했다. 하나님의 율법을 지키는 데 그들보다 탁월한 무리는 없었다. 그들은 이스라엘 신앙의 자랑일 수 있었다. 다른 많은 사람들이 하나님을 떠날 때 그들은 하나님을 붙들고 있었다. 하나님은 그들 삶의 모든 중심에 자리하고 계셨으며, 그들 역시 하나님 신앙에 있어 누구보다 강렬했다. 그러나 그들 역시 이스라엘의 외적 치장에 빠지고 만다. 신앙을 지키되 겉으로 지키는 것이다. 신앙이 바로 이러한 위험에 빠지게 되면 신앙은 도리어 악함과 자기 의로움이 되고 만다. 신앙의 가면을 쓴 자기 칭송으로 빠지는 것이다.

유대인에게서 그들 신앙은 안식일, 할례와 정결예법을 지키는 등의 율법 지키기로 나타난다. 신앙은 다름 아니라 안식일과 할례와 정결예법을 지키는 것이다. 그런데 중요한 것은 이들 세 가지 사항은 모두 다 마음과 영혼의 문제가 아니라는 것이다. 신앙은 끝내 마음과 달리 겉으로만 자신을 드러내는 일로 전락하고 만다. 안식일을 지키는 데 그들은 최선의 노력을 한다. 왜? 종교적 경건이 외적 치장이 되고 말았기 때문에 그들 종교 엘리트는 안식일 지키기를 통해서 이스라엘의 구성원들에게 모범이 되고, 그 결과로 박수와 갈채를 되돌려 받는 데 있다. 박수와 갈채에 그들의 영혼을 팔아먹는다. 박수 소리에 그들은 정신을 잃어버리고, 황홀경에 빠진다. 신앙이 그들 영혼과 유리되어 겉모습의 시스템으로 나아가게 되어, 겉모습의 치장은 그럴듯해 보이지만, 속으로는 썩었다는 말이다. 회칠한 무덤 같다는 예수의 말씀은 바로 이를 향한 것이다. 그들은 종교의 맛을 이미 터득하고 있는 자들이다. 그들은 종교 행사에서 박수와 갈채의 유혹이 그들을 얼마나 달콤하게 작동하는지를 이미 알고 있다.

C. S. 루이스는 이와 같은 신앙의 변질을 이렇게 설명한다.[220] 성적 쾌락은 그 자체가 달콤함을 준다. 인간 몸에 주어진 하나님의 선물이다. 몸의 욕망과 선을 향한 좋은 뜻은 성적 달콤함과 짜릿함을 더하게 해 준다. 하나님 신앙의 선한 사람들이 누리는 쾌락은 더 깊은 농도를 지닌다. 여기에 하나님 신앙과 경험은 그들을 더욱더 깊은 관계로 이끌어 준다. 또한 이런 쾌락과 기쁨이 하나님을 내 신앙의 중심에서 멀어지게 하지 않는다. 하루를 하나님께 맡기고 최선을 다할 뿐 걱정과 근심에 깊게 사로잡히지 않는다. 신앙의 순수한 경험이다. 이것이 바로 신앙의 처음 발걸음이다.

그러나 처음에 맛보았던 성적 쾌감은 연인 간의 사랑의 부산물이며 사랑의 선물과 사랑의 결과다. 성적 쾌감은 연인 간의 사랑에 뒤따라오는 선물이며, 선물은 사랑에 앞서지 못한다. 아니 선물이 사랑을 앞서게 되면, 이제 그 사랑을 파괴한다. 연인 사이에서 성적 쾌락을 위해서 연인을 사용하려 할 때, 연인은 이제 성적 쾌락을 위한 수단이 되고 만다. 이제 그는 성을 위한 하나의 물건이 되어 그의 쾌락을 위한 도구로 전락하는 첫걸음이 되고 만다.

이것이 바로 바리새인의 현실이었다. 그들은 하나님 신앙과 하나님 사랑에서 나온 쾌락이 우선시되었다. 그들은 선생이 되어서 일반인들의 존경과 명예라는 쾌락을 맛본다. 그리고 이제 하나님은 간 곳 없이 쾌락에 빠져 있다. 그러므로 바리새인의 의로움은 가면의 의로움, 가중의 의로움, 치장의 의로움에 불과하다.

> "내가 너희에게 이르노니 너희 의가 서기관과 바리새인보다 더 낫지 못하면 결코 천국에 들어가지 못하리라"(마 5:20).

바리새인의 의로움은 자기를 위한 자기 영광의 의로움에 불과하다. 하나님 신앙에서 출발했다 해도 이제 그들은 하나님과 전혀 관계없는 자기 영광을 추구하는 자들이고, 하나님께 예배를 드리는 척하지만, 실은 자신에게 예배를 드리는 행위에 불과하다. 그리고 바리새인은 아직 다 사라지지 않았으며, 바리새인의 스토리를 우리의 교회 안에서 여전히 다시 만들어 내고 있다. 우리가 바로 바리새인들이다.

물론 우리 그리스도인에게 선함과 거룩함이 있다. 우리는 수준 차가 있기는 하지만 나름의 변화를 겪는다.[221] 하나님의 선하심과 거룩하심의 한 방울이 우리 안에 넣어져서 우리는 그분의 아들의 모습을 만들어 간다. 우리 안에 만들어진 거룩함과 선함은 그러므로 우리가 만든 것이 아니라 하나님의 작품이다. 하나님이 만드신 것이다. 그런데 이것을 내가 만든 것이라고 우긴다면 곤란하다. 일종의 사기 행위에 불과하다. 자랑할 게 없다. 아니 자랑해서는 안 된다. 내 것이 아닌데 내 것처럼 자랑하면 그게 나의 의로움이 되고 만다. 하나님은 우리의 무릎을 받으신다.

11. 기도에 대한 악마의 전략

　악마는 기도를 주제로 해서 편지를 쓰는 것조차 괴롭다.[222] 기도의 자리에는 언제나 하나님의 임재가 있다. 인간 벌레가 무릎을 꿇을 때 하나님은 그에게 허리를 숙이고 그분에 대한 여러 지식을 알려 주신다. 단지 기도의 순간에 그 사람은 하나님의 임재를 느끼지 못한다. 그러나 불행하게 악마는 하나님의 임재를 느끼지 않으려야 않을 수 없다. 악마의 아픔의 원인을 만드는 그 끔찍하고 소름끼치는 광채와 날카로운 칼로 찌르는 듯한 고통과 불로 지지는 듯한 공포의 불길, 그것이 바로 악마가 경험하는 하나님의 임재다.[223] 우선 악마는 사람들이 기도를 드리지 못하도록 한다. 기도에 대한 생각이 들지 못하게 하기도 하고, 기도의 환경을 방해하기도 해서 아예 처음부터 기도를 드리지 못하도록 한다. 그래도 기도를 굳이 하겠다면 앵무새처럼 중언부언하고 중얼거리는 기도를 하게 한다. 이제 기도는 마술의 주문이 되고 만다.

　기도의 갈망과 욕구는 누구에게나 있지 않다. 기도의 욕구는 참으로 하나님을 향하는, 하나님을 만난 자의 증거라고 할 수 있다. 기도를 쉽게 할 수 없는 이유는 기도의 욕구가 일지 않기 때문이다. 배가 고픈 자는 굶주림을 느끼고, 음식을 향한 사모하는 마음이 있다. 기도는 그렇게 시작된다. 기도는 실은 하나님을 향해서 우리의 관심과 지성과 마음을 드리는 것이다. 이때 악마의 패배는 자명하다.[224] 그러나 악마가 기도를 망가뜨리는 간단한 방법이 있다. 그들의 관심을 하나님에게서 빼앗아서 기도하는 그들 자신에게로 돌리는 것이다. 기도를 하면서도 그들은 끊임없이 그들 자신을 바라본다. 그리고 억지로라도 무언가 느낌을 만들어 내려고 한다. 악마가 기도를 방해할 때, 그의 기도의 집중이 하나님에게서 벗어나서 그 자신의 마음 상태에 주목하게 한다. 그의 마음이 하나님을 향해 있다 해도 여전히 자신의 마음 상태에 주목하게 한다.[225]

스크루테이프는 사람을 다루는 그의 전략으로 신앙을 마음의 심리 작용으로 취급하려 한다. 사람의 '내적 마음의 생활'(inner life), '그 사람의 내부'(inside him), '마음의 상태'(the state of mind), 소위 '영적인 관심들'(spiritual ones), '자기 내면의 검사'(self-examination) 등의 전략 용어들이 바로 그것이다.[226] 신앙을 단지 마음이라는 심리 상태, 정신 작용, 내면 검사 등으로 전락시켜서 실제 생활과 관련 없는 고상한 형이상학적인 토론과 이론으로 바꾸려는 심산일 터. 그래서 기도는 나 홀로 내 정신을 가다듬는 정신 작용으로 전락하고 만다. 기도는 나 자신의 존재를 하나님께 바치는 생생한 영적 현실인데도 불구하고 오로지 자신의 마음 상태를 주목케 만들어 기도를 무력화시킨다. 그래서 기도 역시 폼을 잡고 폼이 나는 일상이 된다.

기도를 할 때 뭔가 자기 자신 안에 애매하게나마 폼이 나는 경건의 분위기를 만들어야 한다고 생각한다. 사실 폼이 나는 것으로 말하자면 기도보다 더 폼이 나는 게 어디 있겠는가? 기도는 그야말로 이 세계 내에서 물질의 관점에서 볼 때 하나도 필요가 없는 독백에 불과하다. 혹시 자신 스스로 정신 세뇌를 위해서 필요하다면 그럴 수 있을지 모르지만, 실용적인 면에서 볼 때 기도는 쓸데없는 일이다. 그래서 기도는 겉으로 볼 때 오히려 폼이 나는 일이다. 다른 사람들이 보기에 말이다. 기도를 하나의 문화와 교양으로 본다면, 먹고사는 일에 직접 관련되지 않았다는 면에서 그럴 수 있다. 기도는 스스로에게도 다른 사람에게도 폼이 나는 일이다. 그래서 기도를 할 때 스스로 감정을 멋지게 잡아 본다. 뭔가 기도 내용에 어울리는 감정이 북돋아 올라야 기도가 제대로 이루어진 것이다. '간청을 하는 분위기'(a sense of supplication)[227]를 만들어 내야 한다.

그러나 우리가 하나님께 드리는 기도는 우리의 의지와 지성의 집중이 있어야 한다. 결국 기도는 하나님 그분에게 우리의 생각과 마음을 드리는 일이다. 그분에게 주의를 기울이는 것이다. 그때 악마는 백 번 다 패배한다.[228] 그래서 기도를 방해하는 가장 좋은 방법은 하나님을 향한 그들의 시선을 자기 자신에게로 돌려 버리는 것이다. 그래서 이제 기도하는 자가 하나님 대신에 자신의 마음을 바라본다. 그래서 스스로 그럴듯한 간청의 감정을 만들어 낸다. 사랑의 감정을 스스로 꾸민다. 용서와 용기의 감정과 분위기를 스스로 만들고 이끌어 낸다. 그래서 감정이 생기면 기도를 성공했다고 본다.[229] 이때 하나님은 사람의 기도에 관여하신다. 기도를 드리는 자에게 그분의 허리를 숙여서 그분 자신이 영적 존재라는 사실을 잊고, 체통도 없이 창피하게도 자신에 대한 지식을 사람들에게 부어 주신다.[230]

그러나 기도하는 자가 때때로 그의 기도를 바치는 대상은 그 자신이 만들어 낸 '그것'에 불과하다.[231] 진짜 기도는 내가 생각하는 하나님이 아니라 하나님이 아시는 하나님 그분에게 우리의 기도를 드릴 때이다. 이때 악마는 코너에 몰리고 만다. 보이지 않는 하나님, 그러나 우리 곁에서 실제로 현존하시는 분, 그분에게 우리의 기도를 드린다.

　기도를 비현실적인 중얼댐으로 전락시키는 전략 가운데 하나는 또한 기도를 소위 '영적'인 것으로만 만드는 것이다. 악마는 기도를 폼 나게 하기 위해서 일상으로부터 분리시켜서 기도는 더 이상 우리의 일상생활과 아무런 관련이 없게 만든다. 무릎이 아픈 그의 어머니를 위해서 기도할 때도 그런 유치한 기도가 아니라 그의 어머니의 영적 상태를 위해서 기도를 하게 한다. 고차원의 영적 기도,[232] 이게 기도를 망가뜨리는 일이다. 기도는 고차원이 아니라 노골적으로 간청(crude prayer)을 드릴 수 있어야 한다.[233]

　경건한 기도를 드린답시고, 하나님을 찬양하고 하나님과 영적인 교제를 나누는 것이 기도라고, 그리고 참된 기도라고 착각을 한다. 하나님이 우리에게 다가오실 때 하나님은 우리의 아버지라는 사실을 놓치고 있다. 기도에는 주님이 가르치신 기도에서 보여 주듯이, 일용할 양식을 구해야 하고, 몸이 아픈 자들을 위해서 기도를 해야 한다.[234] 이런 노골적인 기도야말로 참된 기도에서 제거될 수 없는 요소다. 아들이 아버지에게 드리는 기도에는 일상의 삶의 기도가 반드시 포함되어야 하기 때문이다. 일용할 양식은 우리 몸을 위한 기도이고, 이는 영적 현실에 다름 아니다.

12. 내세의 천국은 신앙의 보상인가?

흔히 예수를 믿는 이유가 천국에 가기 위해서라는 말을 듣는다. 그리스도인에게 틀린 말이 아니라고 생각하는데, C. S. 루이스는 이를 좀 더 깊이 따진다. 그리고 더불어서 신앙이란 무엇인가 하는 물음에 대한 C. S. 루이스의 답변은 우리를 신앙의 본질로 이끈다. 신앙은 마치 보험을 드는 것처럼 이 세상에서 내가 잘만 하면 후에 엄청난 복을 받는 일종의 상거래인가 하는 의문에서 시작한다. '예수 천당' 이라는 구호는 나름의 의미가 있다 해도 늘 그럴 수는 없지 않은가 하는 생각이 든다.

구약에서 우리가 흔히 제기하는 물음 가운데, 죽음 이후의 세계에 대한 내용이 그리 많이 나타나지 않는다는 점이다. 신약의 예수께서 하신 죽음 이후의 말씀은 더 이상 말할 수 없이 명료하다.

> "나는 부활이요 생명이니 나를 믿는 자는 죽어도 살겠고 무릇 살아서 나를 믿는 자는 영원히 죽지 아니하리니 이것을 네가 믿느냐"(요 11:25~26).

이보다 더 분명할 수 없을 정도로 예수께서는 부활과 죽음 이후의 생명에 대해서 가장 분명하게 말씀하신다. 영원에 대한 가르침은 구약에 거의 나타나지 않는다. 유대인에게는 영원과 죽음 이후에 대한 하나님의 말씀이 거의 주어지지 않았다.

> "내가 알기에는 나의 대속자가 살아 계시니 마침내 그가 땅 위

에 서실 것이라 내 가죽이 벗김을 당한 뒤에도 내가 육체 밖에서 하나님을 보리라"(욥 19:25~26)

욥의 이 고백은 죽음 이후에도 계속 이어지는 그의 생명을 어느 정도 암시하고 있다. 죽음 후에 그는 하나님을 직접 그의 눈으로 보기를 갈망한다. 하나님 외에 그를 변호해 줄 분이 없기 때문이다. 그의 친구들의 비난에도 불구하고 그의 시선은 죽음을 넘어서서 바라본다. 죽음 후에라도 하나님을 만나서 하나님에게 그의 처지를 말하면서 항변을 해야 하리라고 죽음 너머에 대한 강한 믿음을 보여 준다.

그러나 그 외에 죽음 이후에 대한 말씀은 많이 없다. 구약에 나타나는 음부(陰府)는 '스올'이다. 스올은 후에 그리스어 '하데스'로 번역되었고, 한글 성경에는 '그림자의 장소'라는 뜻을 가진 '음부'라고 번역되었다. 스올은 죽은 자들이 거하는 그림자 세계 또는 무덤 그 자체를 뜻하다. 그리고 스올은 침묵과 망각의 죽음의 무덤 공간이며, 한 번 그곳에 들어가면 다시 되돌아오지 못하는 음울한 곳이다.[235] 스올은 황폐함과 적막함을 말한다. 황량함과 어둠과 깊은 밑바닥, 어둡고 깊은 곳이다.[236] 그들은 죽음으로 그림자가 드리운 땅으로 옮겨 간다.

그러나 물론 스올이라 해도 하나님의 다스림에서 벗어나지 않는다. 하나님은 스올에 자리를 펴시며, 죽음도 어두움도 하나님을 거역하거나 침범하지 못한다.[237] 그러므로 스올의 세계라 해도 하나님을 벗어난 독립의 영역이 아니다. 그렇다 해도 구약에서 죽음 이후의 부활에 대한 기대는 거의 나타나지 않는다. 하나님은 스올의 세력에서 나를 건져 주

신다. 하나님은 분명히 우리를 다시 살려 주실 주님이시다.[238]

그러나 부활은 우리 주님 예수로부터 받은 신앙이다. 구약에서 부활은 우리에게 구체적으로 주어지지 않는다. 그리고 또한 죽음 이후에 우리가 어떤 존재가 되는가에 대해서 구약은 거의 침묵으로 일관한다. 우리는 부활을 구약이 아니라 예수로부터 배운다. 사람은 본능적으로 죽음을 넘어서기를 원하지만, 하나님은 그들에게 죽음 이후의 내세에 대한 불멸의 보상을 거의 말씀하지 않으신다. 그들은 단지 하나님이 살아 계시기에 그들은 죽음으로 그들의 생애가 끝나지 않으리라는 희미한 소망을 갖는다. 그들은 단지 부활 신앙을 기다리고 있는 듯하다.

C. S. 루이스는 여기서 질문한다. 이스라엘 주변 민족들의 경우에는 죽음 이후의 소망이 과도하리만치 차고 넘치는데, 어떻게 그들만은 이토록 침묵하고 있는가? 고대 이집트의 경우는 차라리 이생은 죽음 이후를 준비하는 보상의 기회였다.[239] 죽음 이후의 삶을 기대하는 데 그들은 참으로 소망을 가졌다. 어쩌면 독배를 마시는 소크라테스의 경우도 죽음 이후, 곧 영혼의 자유를 누리는 세계로 들어간다는 면에서 이와 크게 다르지 않다.

스올은 구약의 신앙에서 중심부를 이루지 못하고, 죽은 자는 죽은 것일 뿐, 그 이상은 아무것도 아니다. 그리고 우리 주님에 의해서 새로운 부활의 말씀이 우리 귀에 들려오기 시작했다. 예수의 부활 말씀에 의해서 스올의 음침함은 극복된다. 그런데 하나님은 하나님 그분 자신에 대해서는 그토록 많은 사실을 말씀해 주셨는데, 하나님은 구약의 백성들에게 죽음 이후의 내세에 대해서 그토록 침묵하셨다는 사실은 무엇을 말하는가?[240] 주변 이웃 민족들과는 달리 죽음 이후에 대해서 거의 침묵으로 일관된 구약 신앙은 그들 자신의 영원한 운명에 대해서 지나친 관심을 갖지 않기를 바라셨다는 것인가? C. S. 루이스는 그렇다고 말한다.[241] 왜냐하면 하나님 없는 내세의 행복과 안위, 천국에 대한 소망이 하나의 보상이 될 때, 하나님 신앙에서 역설적으로 하나님은 사라지고 하나님이 주시는 미래의 보상을 향한 관심과 상거래의 신앙으로 전락하고 만다는 말이다. 911 당시 모슬렘들이 신의 뜻을 행하면 천국에 가서 72명의 처녀들과 함께할 수 있다는 보상과 동일한 차원이다.[242] 그들은 죽음 이후가 전혀 두렵지 않다. 그들의 신, 알라를 만나기 위함이 아니라 72명의 처녀들이 그들을 기다리고 있기 때문이다. 신앙의 보상과 거래에 의한 타락은 신앙을 빌미로 해서 무슨 짓이든 할 수 있다는 사실을 보여 준다.

신앙에서 내세를 준비하고 내세를 믿는다는 것은 물론 중요한 일이지만, 이는 마치 보험을 들어 놓는 것과 같은 것이 되고 만다. 이제 내세를 믿는 신앙은 희망과 불안을 키우는 자기 자신에 대한 염려에 다름 아니다. 그런 내세 신앙에 하나님은 설 자리가 없으시다. 내 운명이 어떻게 될 것인가에 대한 내세에 대한 기대만이 있다. 하나님은 보상을 주시는 선물가게 주인이시고, 이제 하나님은 사라지고 그들의 눈에는 그저 선물만 보인다. 그들의 중심에 하나님은 없다. 선물을 위해서 하나님은 사라진다. 72명의 처녀만 있으면 된다. 이는 노후의 건강을 위해서 저축을 들어 놓는 것이다.[243]

여기서 신앙의 부패가 발생한다. 하나님 신앙은 하나님을 경험하는 것이다. 오직 그분만이 신앙의 목표이며 만족이다. 그분이 주시는 선물이 아니라 그분 자신과 나누는 그분과의 교제, 이것이 바로 하나님 신앙의 진수이며 하나님 신앙의 본질이다. 이를 벗어난 것은 신앙이 아니라 장사이며, 상거래일 뿐이다. 죽음 이후에 대한 기대와 신앙은 그래서 위험이 높다. 하나님 경험의 신앙은 하나님 외에 그 어떤 것들도 관심의 대상이 되지 못한다. 미래의 복과 미래의 불안도 관심이 아니다. 하나님 때문에 그들의 불안과 걱정이 사라진다면 하나님은 진정제, 수면제 외에는 다름 아니다. 내 행복과 불행은 하나님 신앙의 본질이 아니다. 하나님이 우리 신앙의 중심일 뿐이다.

구약의 성도들이 이런 하나님을 경험하고 하나님만을 만족해하고 하나님만이 신앙의 중심에 들어오게 되기까지는 오랜 시일이 걸렸다. 그들의 영적 훈련을 통해서 하나님을 갈망하고 하나님을 사모하는, 하나님을 사슴이 물을 찾아서 헐떡이듯이 찾아가는 하나님 경험의 신앙을 배우게 된다. 하나님 없는 곳이 지옥이고, 하나님이 계시는 곳이 천국이다. 하나님이 없다면 그곳에 72명의 처녀들이 기다리고 있어도 의미가 없다. 하나님이 계시다면 그곳이 어떤 곳이라 해도 하나님 경험의 기쁨을 알기에 얼마든지 있을 수 있다. 하나님과 함께하는 하나님 경험을 구하는 것이 신앙이다. 천국과 지옥 그 자체에 대한 신앙은 하나님이 사라질 때 미신이 되고, 더 나아가서는 쉽게 허물어지고 만다. 또한 지옥불의 설교와 천국의 달콤함에 대한 설교는 일시적일 뿐, 지속적인 신앙을 만들지 못한다. 하나님 신앙만이 천국에 대한 소망을 강하게 해 준다.[244]

또한 내세에 대한 소망은 현세의 번영으로 대치되어 그들의 신앙 중심에 자리를 잡는다. 이 땅에서의 번영과 복은 구약에서 흔히 발견하는 소원이다. 그러나 현세의 번영에 대한 갈구는 다듬어지기 시작한다. 하나님은 그들을 다루신다. 현세의 소망이 결코 그들의 신앙이 될 수 없다. 현세와 내세에서 그들의 유일한 관심은 오직 하나님 그분 자신일 뿐이다. 하나님을 믿음으로 번영과 복이 다가온다면, 이제 하나님은 번영을 위한 디딤돌이며, 하나님은 수단과 방법이다. 이는 하나님을 모독하는 길이다. 사랑을 보험과 상거래로 바꾸는 것이다.

13. 신앙의 핵심
하나님 사랑하기, 하나님으로 만족하기

그렇다면 하나님 신앙은 무엇인가? C. S. 루이스는 하나님께서 감동적으로 이스라엘을 두드리신 이야기를 요약하면서, 여기서 다시 신앙의 본질이 무엇인가 하는 물음을 던지고 신앙의 핵심으로 들어간다. 내세를 향한 신앙은 금생에서 선한 자로 살아갈 수 있도록 하는 동인(動因)이 되기도 한다. 그러나 내세에 행복한 생명을 유지하기 위한 욕망이 내세의 신앙이라면 그것은 보험과 다르지 않다. 현재 보험을 잘 들어 놓는 것이 바로 내세의 소망이다. 이것은 자기의 불행을 미리 대비하는 준비된 계산에 불과할 뿐 여기에 하나님이 설 자리가 박탈당하고 만다. 내세에 대한 신앙, 또는 희망과 불안은 단지 그 자신의 안위를 위한 것에 불과하다. 하나님은 그들의 신앙에서 중심을 잃고 만다. 하나님이 여전히 중요하신 분이라 해도, 그것은 단지 그 외의 것을 얻기 위함이다. 극단적으로 말해서 이런 신앙에는 하나님이 없어도 된다. 불교인들은 죽음 이후의 세계에 대해서 많은 관심을 갖고 있으나, 그들의 신앙에는 실제로 하나님이 없다.[245]

신앙의 핵심이 무엇인가? C. S. 루이스는 하나님만이 우리의 참된 목적이며, 어떤 다른 것도 하나님만이 우리의 만족이시라는 사실을 벗어나서는 신앙이 성립할 수 없다고 본다. 신앙은 하나님이 주시는 그 어떤 것을 받는 거래가 아니라, 하나님 그분 자신을 기뻐하고 만족해할 줄 아는 것, 이것을 최고의 복으로 여길 줄 아는 것, 이것이 신앙이다. 이때 내세의 복락은 하나님 그분 자신으로 만족해할 줄 아는 것에 비해서 아무것도 아니다. 하나님을 맛보고 하나님을 갈망하여 사슴이 시냇물을 찾기에 갈급함 같이 그분을 간절히 사모하고 찾는 하나님, 그분 자신을 사랑하고 그분과 함께 있기를 원하는 하나님 사랑, 이 신앙의 핵심 앞에 천국의 행복은 설 자리가 그리 크지 않다. 천국은 하나님과 연합하여 하나님과 함께 살 수 있기에 천국이며, 지옥은 하나님이 계시지 않기에, 사랑하시는 분이 더 이상 계시지 않기에 지옥일 뿐이다.[246]

그러나 신앙은 내세의 행복이 아니라, 현세와 내세 통틀어서 하나님 그분만으로 기뻐하고 즐거워하고 그분 때문에 그분으로 인하여 영광과 슬픔이 있을 뿐이다. 또한 신앙을 통해서 현세의 번영과 평화의 안위를 얻는 것이 내세의 행운과 더불어 얻을 수 있는 것이라면, 그 신앙은 하나님이 원하시는 신앙과 거리가 멀다. C. S. 루이스의 말은 우리를 충분히 당혹케 한다. 구약성경에서 뚜렷하게 드러나는 현세적인 소망은 구약성경의 전부가 아니다. 이는 구약성경의 특성도 아니고 다른 종교들과의 차이도 아니다. 구약의 현세적 소망은 그럼에도 불구하고 미완의 소망이다. 그리고 미완의 소망은 그리스도에게서 완성된다. 신약의 예수의 말씀이 없다면 구약은 미지의 세계로 끝난다.

구약의 하나님의 백성은 참으로 누구도 경험할 수 없는 참혹한 패배와 학살과 포로 생활의 굴곡을 지나 왔다. 그리고 그들은 이 세상에서의 부유와 풍족함을 간절히 바란다. 그러나 반전이 일어난다. 하나님의 백성들이 받을 수 있는 보상과 상급이 이 세상적인 것이 아니라는 사실을 처절하게 배운다. 그들이 품었던 모든 희망은 사라지고 말았다. 처절하게 깨어지고, 포로가 되어 하나님의 백성의 종말을 전하면서 구약의 마지막은 끝을 고한다. 이게 끝이 아니라는 사실을 말씀한다. 구약은 또 다른 인물과 소망과 세계를 가리키면서 그의 막을 접는다.

> 포도나무와 무화과나무 아래에서 안연히 살면서 평화와 번영을 누리려는 희망은 여지없이 무섭도록 처절하게 부서지고 말았다. 고통스러운 시간을 보내는 동안 이런 믿음은 좌절로 끝나고 말았다. 여기에 실망을 하고 떨어져 나간 사람들도 있다. 그러나 놀라운 사실은 끝내 유대교는 사라지지 않았다는 사실이다. 그들의 신앙은 깨끗해지고, 강해지고, 깊이를 더하였다. 끔찍한 훈련이 거듭되는 동안에 유대교는 그들의 핵심으로 더 깊이 들어가게 되었다.[247]

따라서 하나님께서 그분 자신을 사람들에게 계시하실 때, 오직 그분만이 그들의 참된 목표요, 그들의 필요에 대한 만족임을 보여 주려고 했다. 이 하나님 신앙은 그 어떤 미래의 복이나 멸망에 대해서 아무런 암시도 주어지지 않는다. 우리 신앙으로 인한 복과 행복은 결국 세속적인 복과 행복과 거리가 멀다. 그런 행복과 복은 하나님을 향한 목마름과 갈증을 혼란케 한다. 하나님 그분만을 갈증하고 목말라하는 신앙의 요체, 이것이 핵심이다. 사람의 행복과 불행은 신앙의 핵심이 아니다. 그런 것들을 믿게 되면 얼마 지나지 않아서 하나님 그분 자신에 대한 열망과 '하나님을 맛보아 알지어다' 라는 하나님에 대한 갈증은 식어 버리고 만다.

"사슴이 시냇물을 찾기에 갈급함같이" 그분을 간절히 찾을 줄 알게 되는 하나님 신앙은 오랜 시기의 굴곡을 지난 후에 나타난다(시 42:1). 그들은 이제 하나님을 갈망하며 즐거워하게 되어서, 이제 그분을 '영원토록 즐거워하기를' 바라고, 이제는 하나님 그분 자신을 잃어버리는 것을 두려워하게 되었다.

진정으로 천국과 지옥에 대한 희망과 두려움은 여기서 무의미해진다. 천국에 대한 소망은 하나님과 함께하는 것으로 대치되고, 지옥은 하나님이 없는 곳으로 대치된다. 하나님을 중심에 두는 신앙에 자연스럽게 따라오는 결론이다. 하나님 없이도 독립적으로나 별도로 신앙이 가능하다는 것은 있을 수 없다. 사실 '천국'이 하나님과의 연합을 의미하지 않고 '지옥'이 그분과의 결별을 의미하지 않는 곳에서는, 천국이나 지옥에 대한 믿음은 해로운 미신에 불과하다.[248]

천국은 그 자체로서 우리의 소망이 되지 못한다. 하나님이 계시다면, 하나님이 우리와 함께 계셔서 우리의 기쁨이 되시고 즐거움이 되신다면, 천국은 하나님의 임재 앞에서 중요하지 않다. 하나님만이 우리의 기쁨과 즐거움이 되신다.

14. C. S. 루이스의 시간 명상 I
시간은 하나님의 선물

C. S. 루이스는 시간에 대한 많은 통찰력을 준다. 「순전한 기독교」에서도 시간에 대한 짧은 글에서 하나님은 시간 너머에 계시기 때문에 하나님의 영원한 현재는 시간 안에 있는 우리의 곤란함을 제거하신다는 사실을 보여 준다. 그는 스크루테이프의 입을 빌려서 사람들의 큰 착각, '내 시간은 나의 것' 이라는 말이 얼마나 엉뚱한 말인지를 보여 주고 있다.[249] 저녁에 조금 한가하게 자기만의 시간을 보내려 하는데 엉뚱하게 친구가 오는 바람에 시간을 빼앗긴다. 어떤 무례나 결례가 아니라, 그의 생각은 내 시간을 도둑맞았다고 생각하기 때문에 화가 난다. 사람이 분노하는 것은 재난이나 어려움 그 자체가 아니라 억울하게 자신의 것이 침해당했다고 느낄 때다. 자기 것에 대한 소유 의식이 그를 화나게 한다.[250]

그러나 '내 시간은 나의 것' 이라는 생각은 말도 안 되는 큰 착각이다.[251] 이런 착각은 사람이 교만하기 때문에 갖게 되고, 또한 멍청하기 때문에 이런 착각을 한다.[252] 악마는 이런 기묘한 생각이 그의 머리에서 빠져나오지 못하게 한다. 시간은 '어떤 신비로운 의미에서 내게 주어진 나 개인의 타고난 권리' (in some mysterious sense, his own personal birthright)[253]라는 거짓에 속고 있다. 시간은 누구에게 양보할 수 없는 천부적인 재산이라고 하는 괴이한 착각을 갖고 있다. 너무나 엉터리 같은 생각이기 때문에 한번 의문을 품기 시작하면 그냥 한방에 깨지고 마는 터무니없는 믿음이다. 사람에게서 시간은 결코 그의 것이 될 수 없다. 악마의 시각에서 보건 하나님의 시각에서 보건, 시간이 어떻게 사람의 것이라고 말할 수 있는가? 웃기는 얘기다. 시간은 철저하게 선물로 주어진 것이다.[254]

그렇다면 사람에게 선물 아닌 것이 어디 있는가? 사람은 뭐든지 간에 자기 것이라 하는데, 특히 우스운 것은 '내 몸은 내 것'이라고 하는 착각이다. 착각도 유분수지, 이건 너무하다. 누가 자기 뜻대로 그의 몸에 거하게 되었는가? 육체는 거대하고 위험한 땅이며, 세계를 움직이는 에너지가 고동치는 곳이다.[255] 그가 그 몸에 거하게 된 것은 그의 동의하에 된 것이 아니며, 언젠가는 바로 그분의 기쁨에 따라서 그 몸에서 물러나야 한다. 이는 마치 왕의 아들에게 맡긴 영토가 단지 맡긴 것이지 그 아들의 것이 아니라는 사실을 잊고 자기 것이라고 억지를 부리는 것과 같다.

신앙은 결국 내 것이라는 착각에서 벗어나는 것이다. 내 집과 내 아이와 내 책상과 내 학위와 내 지식이라는 착각에서 벗어나 그러한 것들이 온전히 하나님의 선물들이며, 내가 좋아서 내 뜻과 내 마음대로 사용하는 것이 아니라, 나를 이 세계로 부르시고 내 생명을 주신 하나님의 뜻대로 사용하라고 주신 것이라는 선물의 현실을 배우는 일이다. 신앙이 이와 관계없이 구성된다면 신앙은 지적 작업으로 끝나고 만다. 그러나 하나님이 내 몸과 내 시간과 내 재산의 주인이라는 사실을 참으로 몸으로 행할 때 신앙은 제대로 그 길을 가게 된다.

사람은 흔히 나의 개, 나의 학교, 나의 엄마, 나의 나라, 심지어 나의 하나님이라고 말한다. 그런데 사람들은 '나의 개'라고 할 때 내가 마음 내키는 대로 내 개를 마구 때릴 수 있고, 괴롭힐 수 있다는 생각을 한다. 그리고 '나의 하나님'이라고 할 때 우리는 하나님조차도 내 뜻대로, 마음대로 할 수 있다고 착각하는 데까지 이른다. 나의 하나님이라는 말은 하나님 그분 자신을 우리 신앙의 목적으로 삼는 것이 아니라, 하나님을 수단과 발판으로 삼아서 그를 디딤돌로 해서 뭔가 한번 해 보자는 심산이고, 하나님이라는 최고의 무기를 마치 도깨비방망이처럼 내가 갖고 있다면, 그것보다 더 편리한 무기가 어디에 있겠는가 하는 말이다. 이것이 바로 '나의 하나님'이 뜻하는 바다. 하나님은 언제든지 그렇게 해서 나의 발판과 디딤돌이 되신다. 그래서 기꺼이 내 출세와 권력의 바탕이 되신다. 나의 잘남과 의로움과 내 삶의 모든 걸림돌을 해결하는 알라딘의 램프가 되신다. 하나님과 선물에서 그 순서가 거꾸로 되었다. 악마의 가장 간절한 소원이 바로 이것이다.[256]

시간은 우리를 세속적이게 만드는 도구로 봉사하기도 한다.[257] 시간은 경험을 만들어 내고, 우리는 경험에 의존해서 판단하고, 경험은 "내가 한번 경험해 보았다"는 말로써 막강한 힘을 발휘하여 그를 사로잡고 있다. 내가 경험해 보았다는 말은 누구도 말리지 못할 정도로 자기주장을 강하게 만든다. 그러나 경험은 우리 몸과 육체의 경험이고, 이는 이 세계가 우리의 집이라는 사실을 경험케 하는 경험이다. 우리 앞에 놓여 있는 재난과 고통도 막상 당할 때는 하나님께 호소하고 또한 하나님께 귀를 기울이기도 하지만, 시간이 지나면 시간의 세속성에 의해서 재난과 고통과 아픔도 사라지고, 시간의 흐름과 함께 하나님 경험도 별 볼일 없는 것으로 망각된다. 그래서 경험은 착각과 망상의 어머니다.[258]

우리는 시간이라는 선물로 살아간다. 시간이라는 디딤돌을 벗겨 내면 넘어지고 만다. 사람이 자기 것이라고 말할 수 있는 것은 이 세계 내에서 하나도 없다. 이것은 악마를 웃기는 일이다. 결국 죽음에 이르러서는 하나님 것이냐 아니면 악마의 것이냐가 판명날 것이다. 어떤 경우에도 시간과 몸은 사람의 것이 될 수 없다. 하나님께 속하건 악마에게 속하건 둘 중에 하나일 뿐이다. 심지어 이 세계조차도 악마의 입장에서 볼 때는 악마의 소유다. 하나님이 이 세계를 창조하셨다는 근거에서 그분의 것이라고 하지만, 악마는 현실적으로 이 세계를 정복했다는 주장을 한다.[259]

악마의 주장의 근거는 애초에 이 세계의 시원(始原)이 무엇이든지 간에 현재 악마가 이 세계를 다스리고 있으며, 실질적인 지배하에 있다는 말이다. 하나님은 다시 이 세계를 침공해서 하나님의 영토를 회복하실 것이다. 그리고 우리는 하나님의 영토를 회복하기 위해서 전선에 내보내진 자들이다. 어둠의 권세, 악마는 이 세계를 지배하고 있는 실질적인 어두운 권세이다. 현재 이 세계는 전쟁 중이다. 그러나 이 전쟁은 동등한 두 세계 간의 전쟁이 아니라, 일종의 '내전'(civil war)이다.[260] 이 세계의 반역자들이 역적모의를 하고 이 세계를 일부 점령했다. 적들이 차지한 지역, 이것이 바로 우리가 현재 살고 있는 이 세계의 모습이다. 그러나 얼마 후에 이 세계의 진짜 왕이신 하나님께서 이 땅에 상륙하실 것이다. 우리는 이 싸움의 전선에 놓여 있는 전투원들이고, 교회는 우리 친구들이 거하는 일종의 참호다. 전쟁은 끝내 하나님의 승리로 끝을 맺을 것이다.

15. C. S. 루이스의 시간 명상 II
하나님은 사람의 행동을 미리 아신다?

시간은 절대적이지 않다. 우리의 시간은 다른 사람의 시간과 다르다. 우리의 아침이 그들에게는 저녁이다. 이는 지구의 관점이지만, 이를 조금 확대해 보면 우리의 시간이 얼마나 다르게 파악되어야 하는지 알 수 있다. 아마도 필립 얀시는 C. S. 루이스의 '시간을 넘어서'(Beyond the Time)[261]라는 단상에서 힌트를 얻은 듯하다. 그리고 이를 확대해서 설명한다.

어떤 별의 탄생은 그 별의 폭발과 함께 나타난다. 그 별의 폭발이 우리 눈에 보이기까지는 17만 년이 걸린다. 그 별의 폭발이 만들어 낸 빛은 17만 년이 걸려서 지구의 우리 눈에 보이게 된다. 그때 그 별과 지구만큼 거대한 분이 계셔서 그 두 별 사이를 그의 두 발로 디디고 서 계시다고 사유 실험을 해 보자. 그분은 17만 년 전의 과거와 17만 년 후의 현재를 동시에 보신다. 그 별의 폭발을 보시면서 동시에 지구를 바라보신다. 폭발의 순간에 빛은 지구를 향해서 그분의 다리 사이로 날아가지만 두 개의 다른 시간을 그분은 동시에 보신다.[262]

그렇다면 그 별의 현재와 지구의 현재는 전혀 다르다. 더 나아가서 그런 공간조차 벗어난 분이 계시다면, 하나님이 이를 보신다면, 시간은 전혀 그 울타리를 벗어나서 다른 차원이 되고 만다.

사람은 시간을 그 순서에 의해서만 알 수 있다. 나는 아침에 일어나서 세수를 하고 밥을 먹었다. 이를 순서에 의해서 안다. 그러나 하나님은 아침에 일어남과 세수함과 밥 먹음을 전체로, 통째로, 동시에 아신다. 시간에 갇혀 있는 사람은 이게 불가능하기 때문에 이해가 조금 어렵다.

C. S. 루이스의 실례는 이를 분명히 해 준다.[263] 내가 지금 소설을 쓰고 있다. 주인공 A가 사무실을 나와서 B를 만나서 대화를 나누고 C에게 돈을 주었다. 이는 세 가지 연속된 사건들이다. 사무실에서 나옴, 만나서 대화를 나눔, 돈을 줌이라는 세 가지 사건이 소설에서 그려진다. 소설의 주인공은 이를 시간에 따라서 하나씩 경험한다. 그러나 소설의 작가는 그렇지 않다. 작가는 이 세 가지 사건을 거꾸로 써 내려갈 수도 있고, 동시에 경험할 수도 있다. 소설의 작가와 소설의 주인공의 시간 차원이 다르기 때문이다.

하나님은 소설의 작가이시다. 우리의 행동이 시간 속에서 연속적으로 발생하지만, 그래서 우리는 시간의 울타리 안에서 하나씩 경험해야 하지만, 하나님은 통째로 우리의 행동을 아신다. 전체로 동시에 보신다는 말이다. 지구와 지구로부터 17만 년이 떨어진 별의 시간을 동시에 보시는 하나님처럼 말이다.

시간에 대한 착각은 또 다른 면에서 나타난다. 사람에게서 시간은 궁극적인 현실이다.[264] 사람은 시간을 벗어나지 못한다. 사람만이 아니라 어떤 존재로서 시간을 벗어나 있는 것은 없다. 시간은 마치 존재의 근원처럼 존재의 근저에 놓여 있다. 시간을 피하지 못한다. 특히 시간은 사람에게 과거와 현재와 미래가 마치 물의 흐름처럼 그렇게 흘러간다. 그래서 내가 지금 하는 일은 현재와 미래에 걸쳐서 연속해서 놓여 있다. 모든 일은 시간 안에 있다.

하나님은 사람의 행동을 '미리' 아신다. 하나님은 충분히 우리의 행동을 '미리' 아실 수 있으시다. 하나님이 사람의 행동을 미리 아시면, 우리는 그렇게 행동해야 하며 우리에게는 자유가 없다. 그러나 C. S. 루이스는 그게 시간에 대한 착각이라고 말한다. 하나님은 시간 밖에 계신다. 그래서 하나님은 사람이 보는 것처럼 그의 행동을 '미리' 보시는 게 아니다. 하나님 앞에는 그의 행동이 시간의 흐름에 의해서 나타나는 것이 아니다. 하나님은 단지 시간의 흐름과 관계없이 사람의 행동을 바라보실 뿐이다.[265] 하나님은 시간의 흐름에 의해 하나씩 하나씩 아시는 것이 아니라 통으로 아신다. 하나님은 전체를 한꺼번에 보신다.

하나님께는 '미리'가 없다. 하나님은 시간 안에 계신 분이 아니시다. 하나님께는 시간의 미래가 없다. 하나님은 현재, 과거, 미래 너머에 계시기 때문에 사람의 행동을 시간 속에서 보시는 것이 아니라 시간과 관계없이 그의 행동을 그저 바라보신다. 이때 사람의 자유는 결코 침해당하지 않는다. 하나님은 사람의 행동만을 시간과 관계없이 그냥 보신다.

사람은 몸의 존재이며 시간 안에 살고 있다. 그러나 하나님의 영적 현실 세계는 시간과 관계없는 하나님의 현실이다. 시간의 제약을 받는 몸의 존재인 사람이 하나님의 영적 현실을 그들 몸의 현실로 끌어들인다.[266] 그래서 사람은 하나님의 영원의 현실을 시간 속으로 끌어들여서 시간의 눈으로 영원을 본다. 여기서 착각이 일어난다. 스크루테이프는 이와 비슷한 설명을 한다.

내일 비가 오지 않도록 해 달라고 기도를 드린다. 하나님은 이 기도를 들으시고, 이 기도는 내일의 날씨를 결정하시는 하나의 요소가 된다. 내일 비가 오지 않는 이유는 그의 기도와 또 다른 요소들에 의해서 하나님이 결정하신다. 그런데 하나님은 사람이 드릴 기도의 내용을 '미리' 아신다. 그렇다면 그의 기도는 그의 자유에 의해서 기도하는 게 아니라 '미리' 정해진 대로 기도를 하는 것에 불과하다. 사람에게는 자유가 없다는 결론이 나온다.

여기서 놓치는 사실은 시간의 존재인 사람이 영원의 존재이신 하나님을 그들의 시각에서 바라보기 때문이다. 하나님은 시간 안에 계시지 않다. 하나님은 '갇혀 있지 않은 현재'(unbounded Now)[267]에 계시다. 하나님은 영원의 존재이시다. 사람의 착각은 영적인 세계 전체를 가시적인 세계로 끌어오는 것이다. 그러나 실은 시간이 흘러가는 것이 아니라 공간과 시간의 매 지점에서 창조 세계 전체가 움직인다. 그러나 사람은 어쩔 수 없이 시간과 공간 내에 있다. 그래서 사람은 하나님의 창조 행위 전체를 계속 이어지는 연속적인 사건들로 바라본다.[268]

여기에 인간 자유가 개입한 것은 악마에게 골치 아픈 일이다. 자유는 인간을 향한 하나님의 사랑의 비밀이다.[269] 참으로 하나님은 사람을 사랑하시고, 그의 뜻대로 스스로의 힘으로 홀로 움직일 수 있도록 그의 뜻을 사랑하고 존중해 주시고, 그를 사랑하여 그의 뜻에 의해서 그 자신이 독립적으로 움직일 수 있도록 하셨다. 이는 대단히 큰 위기를 불러올 수 있지만, 하나님은 사랑의 인간 창조를 선택하시고, 그들의 자유를 인정해 주셨다.

사람의 자유는 어떤 경우에도 강제당하지 않는다. 하나님은 '불가항력적'으로 사람을 제어하지 않으신다. 그것은 하나님이 사용하실 수 없는 무기다. 하나님의 가장 미약한 존재감으로도 사람은 여지없이 하나님의 광채에 제압당하고 만다. 그러나 하나님의 계획에 이런 식의 개입은 없다. 왜냐하면 사람이 홀로 설 수 있도록 하는 게 하나님의 참된 계획이기 때문이다.[270] 하나님은 사람의 마음을 강제로 돌리지 못하신다. 단지 사랑에 호소하실 뿐이다. 이렇게 해서 사람은 그의 자유를 침해당하지 않는다.[271]

하나님은 아담이 선악과를 따 먹을 줄 미리 아셨는가? 아니다. 하나님은 그가 선악과를 따 먹는 행동을 보실 뿐이다. '미리' 아신 것은 아니다. 아담의 행동만을 아신다. 미리 아신 것이 아니라, 그냥 아신다. 그러므로 아담의 자유는 침해당하지 않았다. 하나님에게 '미리'는 없다. 하나님은 시간을 암시하는 '미리' 너머에 계시기 때문이다.

하나님은 시간의 흐름과 관계없이, 말하자면, 시간 밖에 또는 시간

위에 계신다. 하나님은 시간의 흐름 가운데 계셔서 오늘과 내일의 흐름을 타고서 흘러가시지 않는다. 하나님은 시간의 흐름과 따로 계신다. 그래서 흐르는 강물을 강둑 위에서 바라보듯이 시간의 흐름을 시간의 강둑 위에서 보신다. 우리는 강물 안에 있기 때문에 강물의 흐름 안에서 강물의 흐름에 따라서 강물 안에서 같이 흘러간다. 그러나 하나님은 시간의 흐름 밖에 계시기 때문에 이미 지나간 시간도 보실 수 있으시고, 지금 흘러가는 시간도 보실 수 있으시고, 앞으로 흘러갈 시간도 보실 수 있으시다. 그래서 하나님은 내일도 오늘처럼 보신다. 말하자면, 그분은 모든 시간을 '지금' 보실 수 있으시다.

우리의 어제와 내일은 하나님의 오늘이다. 하나님은 단지 우리의 과거 행동을 기억하시는 게 아니라, 단지 지금 우리의 행동을 (시간과 관계없이) 보신다. 우리의 과거는 하나님의 현재다. 하나님은 우리가 내일 할 일을 미리 보시지 않으신다. 지금 (시간과 관계없이) 보신다. 우리에게 내일은 아직 오지 않았다. 그러나 하나님은 내일이라는 시간과 관계없이 보신다. 그렇게 하나님은 내일에 계시면서 우리의 행동을 보신다.[272]

제2부

보이지 않는 하나님 찾아가기

- 1장 -
C. S. 루이스의 하나님 찾아가기

1. 보이지 않는 하나님 찾아가기
C. S. 루이스

　C. S. 루이스는 이 세계가 단지 눈에 보이는 자연으로만 구성된 것이 아니라, 우리 눈에 보이지 않는 또 다른 영적인 세계(또는 초자연의 세계, Supernature)[273]가 있다고 하면서, 사람들은 이를 자주 놓친다고 한다. 그런데 C. S. 루이스는 그의 책 「기적」(The Miracle)에서 이런 또 다른 세계를 애써서 논증하려는 그의 입장을 스스로 되물어본다: "왜 내가 이렇게 애써서 영적인 세계를 굳이 설명해야 하는가? 이토록 힘들게 설명해야만 다른 사람들이 알아들을 수 있다면 영적 세계는 사람들이 도달하기에는 애매모호한 것인가?"[274]

　이 물음은 달리 하자면, 우리는 하나님과 하나님의 영적 세계를 왜 그토록 분명하게 감각하지 못하는가 하는 말이다. 하나님의 영적 세계는 그토록 애를 써서 설명해야만 간신히 알아들을 수 있을 정도로 애매하고 모호한 세계인가? 하나님이 분명히 계시다면, 그리고 우리가 그분의 창조물이라면 왜 하나님은 우리에게서 그토록 멀리 떨어져 계셔서, 하나님을 느끼고, 하나님께 말씀을 드리고 하는 일이 이토록 힘겹게 여겨지는가?

하나님이 분명하게 자신을 드러내시면, 하나님이 속한 초자연의 세계, 또는 영적인 세계를 굳이 논증할 필요가 없다. 하나님이 마치 하늘의 태양처럼 그토록 장엄하게 그분의 빛을 발하시면, 우리는 그냥 하나님을 알게 된다. 그런데 사실은 정반대다. 태양은 분명하게 감각하지만, 하나님은 분명하게 감각하지 못한다. 태양과 같은 명백한 존재를 입증하기 위해서 그토록 정밀한 논리적인 추론을 거치지 않는다. 그런 복잡한 논리를 통해서 영적 세계를 입증한다 해도, 이는 참을 수 없는 일이고, 믿을 수 없는 일이다. 태양의 존재는 자명하도록 눈부시다. 하나님의 존재도 그토록 자명하다면 굳이 그렇게 애를 써서 증명할 필요가 없다.

C. S. 루이스는 사람들은 자주 너무나 당연한 것은 너무나 당연하기 때문에 의식하지 못한다고 말한다. 그래서 영적인 세계, 초자연적인 세계 역시 사람들에게 너무나 자명한 것이기 때문에 오히려 감각하지 못한다고 말한다.[275] 책을 읽을 때 우리는 책의 글을 의식한다. 책을 읽을 때 우리는 눈을 사용한다. 그러나 책을 읽을 때 누구도 눈을 의식하지 않는다. 눈은 '이미 거기에' 있다. 그래서 우리는 눈을 잊어버리고 망각한다. 사람들은 창문을 통해서 숲을 볼 때 창문을 의식하지 않는다. 창문에 커튼이 쳐져 있다면, 창문의 커튼을 열고 밖의 숲을 본다. 그때 우리는 창문과 커튼의 존재를 의식하게 된다. 그러나 당연히 열려 있는 창문은 우리가 창문 건너의 숲을 바라보는 동안에, 즉 우리가 '의식하지 못하는 사이에 이미 그곳에 있다'. C. S. 루이스는 하나님에 대해서도 마치 우리가 의식하지 못하는 사이에 이미 그곳에 계신 분이라고 한다.

굳이 태양을 비유로 해서 말을 하자면, 우리는 태양 빛으로 말미암아 이 세계를 바라볼 수 있다. 이 세계의 사물을 볼 수 있는 근거는 그 전제 조건인 태양 빛이다. 태양이 없으면 사물을 볼 수 없다. 하지만 누구도 태양을 의식하지 않고 이 세계를 본다. 마치 태양 빛이 없이도 이 세계를 볼 수 있는 듯이 말이다. 태양을 무시하고, 태양이 없어도 볼 수 있는 것처럼 의식하고 있지만, 태양이 없이는 그들이 눈을 갖고 있어도 무엇을 볼 수 없다. 태양은 너무나 일찍부터 '이미 그곳에 있었기' 때문에, 태양을 의식조차 하지 않고서도 우리 눈으로 뭔가를 볼 수 있다고 믿는다. 말하자면, 태양은 너무나 당연한 전제 조건이기 때문에 태양이 없어질 때야 비로소 태양 때문에 우리가 이 세계를 볼 수 있다는 사실을 알게 되는 것과 같다.[276]

한 북아메리카 인디언이 다른 언어를 배운다. 그래서 다른 사람들과 커뮤니케이션을 할 수 있게 되었다. 그 인디언에게 "당신의 부족 언어의 문법에 대해서 설명해 보라"고 묻는다. 그러자 그 인디언은 잠시 생각을 하더니, 우리 언어에는 문법이 없다고 대답한다. 자기 부족의 언어의 문법은 이미 그의 삶 가운데 너무나 깊이 들어가 있기 때문에 그 자신은 그 문법을 의식하지 못한다. 그는 그 문법을 너무나 잘 알고 그것이 익숙하기 때문에 그 문법이 있다는 사실을 의식하지 못한다.[277]

> 이런 모든 경우에 가장 명백하고 근본적인 사실, 그리고 그 근본적인 사실을 통해서만 다른 모든 사실이 이해될 수 있는 그 근본적인 사실을 우리가 너무나 쉽게, 너무 멀고 난해해서가 아니라 너무 가깝고 명백해서 망각해 버릴 수 있다는 것을 보여 준

다. 이것이 바로 초자연(영적 세계)이 망각되어 온 방식이다.[278]

우리의 생명은 하나님에 의해서 구성되고 유지된다. 하나님은 너무나 일찍 우리의 생명 깊숙한 곳에 이미 계시기 때문에, 마치 태양을 의식하지 않은 채로 우리가 모든 것을 태양 덕분에 볼 수 있는 것처럼, 하나님 없이도 우리의 생명이 잘 유지된다고 믿는 것과 같다. 너무도 가까이 계시기 때문에, 너무도 당연하기 때문에 우리는 하나님을 놓쳐 버리는 게 아니냐 하는 통찰이다.

어떤 노인과 손자의 대화 가운데, 손자는 "하나님을 어디서 볼 수 있습니까?"라고 묻는다. 어떻게 어디서 하나님을 볼 수 있는가 하는 말이다. 그러자 할아버지는 "하나님은 어디서든 볼 수 있단다. 하나님은 어디에나 계시지"라고 대답한다.

C. S. 루이스는 비단 창문을 통해서 숲을 보는 것만이 아니라, 너무나 당연하게 우리에게 주어졌기 때문에 우리가 거의 눈치 채지 못하고 지나치는 것들을 설명한다. 그중에 가장 인상적인 것은, 물고기가 물을 의식한다는 말이다. 이를 예로 들어서 인간 삶의 가장 기본적인 조건인 시간에 대한 사람들의 경이로운 의식을 설명한다. 시간은 너무나 당연한 존재기 때문에 우리는 거의 시간을 의식하지 않는다. 마치 물고기가 물을 의식하지 않듯이 말이다. 물은 물고기에게서 너무나 당연하다. 시간도 역시 사람에게 너무나 당연하다. 하나님은 이미 우리 가운데 너무나 깊이 계시기 때문에 우리는 눈치 채지 못한다. 하나님은 이미 우리 가운데 계시다.

2. 찰스 콜슨, C. S. 루이스의 「순전한 기독교」를 읽다, 그리고 거듭나다

C. S. 루이스의 도덕 법칙을 통한 하나님 논증은 많은 지성인들에게 나름의 설득력을 지닌다. 도덕 법칙을 통한 하나님 논증이 물론 C. S. 루이스의 독창적인 내용은 아니다. 이전의 학자들 역시 도덕 법칙을 통해서 하나님 논증에 힘을 기울였으나, 누구보다 더 쉽게 대중화하였다는 데 그의 기여가 있다. 「순전한 기독교」에 제시된 도덕 법칙에 대한 논증이 지성인들을 하나님 신앙으로 이끌어 낸 사례들이 있다. 널리 알려진 것은 찰스 콜슨의 경우다.

찰스 콜슨은 닉슨 대통령의 최측근 보좌관으로서 닉슨 정권의 핵심이었다. 그는 권력의 화신이었다. 그러나 그는 워터게이트 사건을 전후로 회심을 경험하게 되었고, 그 후 그는 '교도소 선교회'(Prison Fellowship Ministry)를 설립하여 활동하고 있으며, 종교인들에게 수여하는 노벨상이라고 일컫는 템플턴상을 수상하기도 했다. 그는 〈워싱턴포스트〉지와의 인터뷰에서 "거듭나는 체험을 통해서 무엇이 바뀌었습니까?"라는 기자의 질문에 이렇게 대답했다.

> 세상을 바라보는 저의 모든 관점이 바뀌었습니다. 특히 워싱턴이 진정한 권력의 중심지가 아니라는 사실을 알게 되었습니다. 훨씬 더 중요하고 가치 있는 일들이 존재합니다."[279]

찰스 콜슨이 그의 친구 톰 필립스와 만나면서 회심에 이르는 장면에

서 C. S. 루이스의 「순전한 기독교」가 인용된다. 찰스 콜슨의 간증의 일부다.[280]

날카롭게 찌르는 느낌이 등줄기를 훑어 내린다. 지난 몇 개월 동안 그토록 어려운 시기를 거치면서 막다른 코너에 몰리게 되었다는 느낌을 벗어날 수 없다 … 겉으로는 여유가 있는 것처럼 보인다 해도 마음으로는 공허를 느끼는 이 모순을 어떻게 설명할 수 있느냐고 물어보았다.

톰은 웃으면서 말을 이어 간다: "이해하기 힘들겠지만… 물질적인 것들은 인생에서 별의미가 없어요. 물질적인 현실 배후에 있는 참된 것이 무엇인지를 알지 못하면 말이에요. 어느 날 내가 사업상 뉴욕에 있을 때, 매디슨 스퀘어 가든에서 마침 빌리 그레이엄이 전도 집회를 하고 있었어요. 호기심으로 그곳에 갔었나? 아니면 뭔가를 발견하기를 기대하고 그곳에 간 것 같기도 하고요. 그날 빌리 그레이엄이 전하는 전도의 말씀이 내 마음에 들어왔어요. 나는 뭔가를 놓치고 있었어요. 예수 그리스도와 인격적 관계를 맺는 바로 그것, 이전에 내가 그런 것을 요구한 적은 없었지요. 그분에게 관심을 돌릴 여유가 없었지요. 그날 나는 그분과 인격적인 관계를 맺었어요. 그리스도를 초청한 뒤로 그분의 임재와 그분의 평안을 느낄 수 있었어요. 그리스도를 영접하는 것은 단지 그렇게 해 달라고 요청하는 것이에요."

나에게 예수라는 인물은 늘 역사 속의 인물이었고, 그분이 지금도 현재 살아 있다는 사실을 믿지 않으면 그분을 당신의 삶에 초청할 수 없다고 한다. 부활은 현실의 실재이며, 그분의 성령이 오늘날의 현실이라고 말한다. 하나님을 의지하는 것은 심리학적인 낙관주의를 선택하는 듯 보였다. 그런 경쟁의 상황에서 그의 회사를 이끌어가는 것을 보고서 감탄을 금할 수 없었다.

"척, 당신이 직접 정직하게 하나님과 마주 대하기 전에는 내 말을 잘 이해하지 못할 거예요. 이것이 첫 번째 걸음이라고 할 수 있어요." 이렇게 말하면서 톰은 작은 책 한 권을 가져왔다. 그 책이 바로 C. S. 루이스의 「순전한 기독교」였다.

"이 책을 쉬는 동안에 한번 읽어 보세요. 일단 내가 한 장을 읽어 주지요." 나는 의자 뒤로 몸을 눕혔다. 내 마음과 감정은 떨리기 시작했다.

이 세상에 살고 있는 사람이라면 결코 피할 수 없는 악한 일이 하나 있다. 사람들 누구나 다른 사람들이 그렇게 행하는 것을 보면 한탄해 마지않는 악이다. 그런데 그리스도인이 아니라면 누구라도 그들이 그런 악을 저지르고 있다고 상상조차 할 수 없는 악이다. 사람은 때로 자기 성격이 나쁘다거나 여자나 술에 약하다거나 심지어 겁쟁이라고 자인하기도 한다. 그러나 나는 그리스도인을 빼고는 누구라도 자신이 이 악을 자신이 저질렀다고 자백하는 것을 듣지 못했다 … 우리 자신은 우리 자신 안에 이런 악이 있다는 것을 의식하지 못한다. 우리 자신이 이 악을 더 많이 가질수록 우리는 다른 사람에게 있는 이 악을 더 혐오한다.

내가 말하는 악은 교만, 자만이다. 교만은 모든 다른 악으로 이끈다. 이 악은 완전히 하나님과 적대 관계의 마음 상태다.

그는 계속 읽었다. 나는 뭔가 울컥하는 것을 느꼈다. 그리고 곧 이상한 뜨거움이 그날 밤을 따뜻하게 해 주었다. C. S. 루이스의 글은 나를 엄청난 힘으로 두드렸다.

이 세계가 시작된 이후 모든 나라와 모든 가족이 불행에 빠지게 된 이유는 바로 교만 때문이다. 다른 악은 사람들을 뭉치게 한다. 그래서 술 취한 사람들과 부정한 사람들 사이에서도 우정과 농담과 교제가 있다. 그러나 교만은 늘 적대감을 만든다. 교만 그 자체가 적대감이다. 그리고 사람을 적대적으로 대할 뿐 아니라 하나님까지도 적대적으로 대한다.

하나님께는 모든 면에서 우리보다 훨씬 더 뛰어난 측면이 있다는 사실을 안다. 우리는 하나님과 비교해 볼 때 아무것도 아니라는 사실을 알지 못하면 하나님을 알고 있는 것이 아니다. 교만한 자는 하나님을 알 수 없다. 교만한 자는 늘 다른 사람들을 내려다보면서 깔본다. 물론 당신이 그렇게 내려다보고 있는 한 당신은 당신보다 위에 계신 분을 알 수 없다.

나는 갑자기 벌거벗고 있다는 생각이 들고 더러움을 느꼈다. 허세가 그대로 드러나는 듯했다. 나는 감출 것이 없도록 벌거벗었고, 부후막이 사라지고 말았다. C. S. 루이스의 말은 그대로 나를 말하고 있다. 내가 백악관에 있을 때 나에게 일어난 모든 일들을 한마디로 요약해 주는 글을 읽었다.

교만은 영적인 암이다. 교만은 사랑과 만족과 상식의 가능성까지도 모두 다 먹어치운다.

… 나는 나 자신보다 더 무한히 우월한 분에 대해서 일찍이 생각해 본 적이 없었다. 그리고 무한하신 하나님의 힘에 대해서 얼핏 생각이 들었다 해도 그분은 내 생애와 아무 관련이 없었다. 그 짧은 시간에 톰은 그 글을 읽었고, 나는 전에 없이 추악한 나

자신을 보았다.

"이제 어떻게 할 것입니까?" 톰은 재촉했다. 그리스도에 대한 그의 결정을 나도 내리라는 말이다.

"톰, 당신은 나를 흔들어 놓았어요. 인정할게요. 그러나 지금 당장은 그런 헌신을 할 수 없어요. 조금 더 배우고 알아봐야겠어요 … 나는 해병대에서 하나님께로 돌아간다는 사람들을 많이 보았어요. 나도 그런 적이 있어요. 그런데 얼마 후면 다 잊어버리고 다시 같은 생활이 반복되었어요. 곤란한 처지를 피하기 위해서 종교를 갖는 것은 하나님을 이용하는 것밖에 더 되겠어요? 어떻게 내가 헌신을 하죠? 내 세계는 이미 박살나고 말았어요. 그냥 지금 쉽다고 해서 도망쳐서 피난했다가 다시 일상으로 돌아가서 아무런 일도 없었던 것처럼 하면, 그게 뭡니까? 나는 지적인 논증을 먼저 알아봐야겠어요. 내가 그렇게 할 수 있는 한 말이에요."

우리가 문 앞으로 나오는 동안 그는 잠시 서서 나를 위해서 기도를 했고, 차를 타는 동안 나는 소리 내어 울었다. 동시에 약함을 보이는 나 자신이 싫었다. 차를 타고 오는 동안 계속 눈물이 흘러서, 차를 잠시 옆에 대고 쉬었다. 약함을 보이는 나 자신과 사나이다움과 남자다움 등도 이제 다 잊었다.

… 그 눈물은 슬픔과 후회의 눈물이 아니다. 그렇다고 해서 기쁨의 눈물도 물론 아니다. 그것은 안도의 눈물이라고 할까? 그날 밤 나는 내가 무엇을 구하고 무어라고 말했는지 잘 알지 못한다. 그러나 나는 단지 하나님의 도움을 구한 것은 틀림없다 … 이제 내가 홀로 있지 않다는 사실을 알게 되었다.

다음 주에는 아내와 함께 휴가를 갔다. 이제 아내도 워터게이트 사건에서 벗어나서 쉬기를 원했다. 그러나 나는 쉴 수가 없었다. 짐을 풀어서 C. S. 루이스의 책을 꺼냈다. 그 책을 열자, C. S. 루이스는 직관과 감성적인 수준으로 하나님께 나아가는 접근 방법을 말하는 듯했다. 나는 당시 내가 얼마나 잘못되었는지를 몰랐다. 읽어 가는 동안 나는 C. S. 루이스가 얼마나 지적인 훈련을 받았고, 명석하며, 끊임없이 논리적인가를 알게 되었고, 그저 그를 법정에서 만나지 않은 것만도 다행이라고 여길 정도였다. C. S. 루이스가 말하는 바는 한마디로 "예수 그리스도는 하나님이시다"라는 것이다. 그분은 하나님의 일부분도 아니고, 단지 하나님에 의해서 보내심을 받은 바도 아니고, 단지 하나님과 관련을 맺은 분도 아니고, 그분이 바로 하나님이시라는 말이다.

… 얼마 후, 이제 나는 C. S. 루이스의 책을 읽으면서 … '그리스도께서 과연 나의 삶을 바꾸실 수 있는가?' 하는 의문이 들었다. 그리스도를 영접하면 내 직업에서 어떤 일이 일어나는가? 이것이 참으로 사실일까? 내 용기를 의심해 보았나. 폭풍을 피해서 일시적으로 피난하는 것이 아닐까? 그러나 그 시간이 다가오고 있었다. C. S. 루이스가 **(혹은 하나님께서)** 분명하게 말한 그 사실을 피할 수 없었다. 주저 없이 예수 그리스도를 나의 생애의 주님으로 영접할 것인가? 마치 문 안에 서 있는 듯했다. 다르게 돌아갈 수 있는 길은 없다. 바깥에 있거나 아니면 들어가거나 … 이제 시간을 "좀 더 달라" 아니면 "혹시나" 하는 등의 말은 나 자신을 조롱하는 말이다.

금요일 아침, 나는 내가 좋아하는 바닷가에 홀로 앉아 있었다. 그냥 내 입에서 저절로 말이 주르륵 흐르듯이 나온다: "주님,

예수여, 나는 주님을 믿습니다. 나는 예수님을 영접합니다. 이제 내 생애에 들어오시옵소서. 나는 당신께 나 자신을 드립니다."

그날 아침 내 입에서 예수님을 향한 고백이 흘러나왔을 때, 어떤 확신이 내 마음의 깊은 곳에서 자리를 잡고 있었다. 강함과 고요함, 인생에 대한 새롭고 놀라운 확신, 나 자신과 내 주변 세계에 대한 새로운 인식이 다가왔다. 그리고 그 과정에서 오랫동안 나를 눌러 왔던 두려움과 긴장 그리고 증오심이 사라지는 것을 느낄 수 있었다. 나는 이전에 결코 볼 수 없었던 현실을 보게 되었고, 하나님은 지난 몇 달 동안 내가 경험했던 메마른 광야 같은 공허함을 채워 주셨다. 새로운 깨달음의 빛이 나를 채우고 있었다.

회심의 결과, 나는 다시 워터게이트 사건을 새로운 빛으로 볼 수 있게 되었다. 워터게이트의 추문을 말이다. 나는 교만과 권력의 남용을 보았다. C. S. 루이스가 말한 교만은 옳고 그름과 관계없이 힘을 추구했고, 교만은 우리가 빠져 있던 잘못을 보지 못하게 했고, 드디어 교만은 하나님을 적대하기까지 했다. 교만은 사랑과 만족을 먹어치웠고, 끝내 워터게이트의 붕괴를 가져왔다. 하나님으로부터 나를 멀어지게 한 것은 교만이었고, 교만은 모든 사람에게 숨어 있는 현실이었다. 이제 나는 워터게이트 사건을 통해서 이를 명백히 알 수 있었다. 나는 나라를 위해서 옳은 일에 최선을 다했다고 생각했다 … 그러나 지금 그것이 얼마나 잘못된 것인지를 알게 되었다.

예수 그리스도를 향한 나의 헌신은 내 마음과 정신을 바꿨다. 새로운 평안과 자유를 주었고, 새로운 시각과 세계관을 갖게 되었다. 이제 나는 워터게이트 사건을 전혀 다른 각도에서 보게 되었고, 음모와 그 음모를 덮으려는 추악한 시도를 보았다.

3. 프랜시스 콜린스의 회심, 그리고 C. S. 루이스

하나님과 과학자 사이를 프랜시스 콜린스보다 더 잘 아는 사람이 있을까? 그는 1993년부터 미국의 '인간 게놈 연구 센터'(National Genorm Research Institute)의 소장으로 일을 한다. 그는 인간 DNA의 암호를 푸는 최고의 과학자로서 인간 탐구의 영역에서 가장 중요한 인류의 업적에 속하는 일을 해냈다. 그리고 또한 질병의 유전자 정보를 미리 검사하는 혁명적인 방법을 연구한다. 이 최첨단의 과학자는 하나님 신앙에 어떤 장애를 느끼지 않는다고 한다. 그의 책 「하나님의 언어」(The Language of God)는 그리스도교가 과학을 적대시하지 않고, 오히려 과학자들이 그리스도교 신앙을 매우 중요한 선택으로 인정할 수 있다는 사실을 각인시켰다.

프랜시스 콜린스의 신앙과 과학을 살펴보는 아티클 가운데 'C. S. 루이스, 실험실로 가다'(C. S. Lewis Goes to the Laboratory)[281]라는 글이 있다. 이 소논문은 프랜시스 콜린스의 과학과 신앙에 대한 입장을 간략하게 보여 준다. 특히 여기서 C. S. 루이스가 어떻게 콜린스에게 신앙의 영역에서 영향을 끼쳤는가를 살펴볼 수 있다. 또한 프랜시스 콜린스는 미국의 PBS 방송에서 기획한 〈하나님에 대한 물음〉(The Questioning of God)이

라는 프로그램에서 인터뷰를 한다.[282]

과학과 종교는 그 영역이 다르다. 그러나 콜린스는 두 영역을 한 데로 모았다. 과학은 자연 세계를 이해할 수 있게 하지만, 인간 존재의 의미가 무엇이냐 하는 식의 물음에는 답변할 수 없다. 콜린스는 과학과 영적 시각 모두를 하나로 모아서, 보이는 세계와 보이지 않는 세계 양쪽에 대한 이해를 시도하면서 어느 한편도 놓치지 않고 종합한다.

1976년 의사 수업을 받고 있을 때, 그는 죽음을 앞둔 어떤 환자의 흔들리지 않는 믿음을 보고 크게 놀라게 된다. 그는 당시 '어떻게 해 볼 도리가 없는 고집스러운 무신론자'(obnoxious atheist)였다. 그때 그 일로 인해서 그는 어떤 목사를 찾아갔는데, C. S. 루이스의 「순전한 기독교」를 건네주고 읽어 보라 한다. 그는 C. S. 루이스의 빈틈없는 논리에 충격을 받고, 스스로 신앙을 탐구하기로 한다. 그때부터 그의 신앙의 여정이 시작된다.

우선 가장 먼저 콜린스는 C. S. 루이스의 도덕 법칙에 대한 설명에서 그의 철저한 논리적 추론에 충격을 받는다. 그리고 그것이 근거가 되어 신앙의 길로 들어서게 된다. 그에게서 주요한 문제로 등장한 것은 도덕 법칙이 참된 사실이며, 독단이 아니라는 것이다. 경험에 의해서 인간은 옳고 그름의 기준을 의식하고 있다. 그러나 그 경험을 넘어서 경험을 지배하는 도덕 법칙이 있고, 이 도덕은 인간 행위를 지배하고 있다. 어떤 공리주의적인 결론을 넘어서는 절대적인 도덕 법칙이 있다는 말이다. 도덕은 다른 지역과 다른 시간에서 발생한 것이기 때문에 다른 양상을 보일 수 있다는 도덕적 상대주의가 물론 있다. 그러나 이에 대해서, 콜린스는 정의와 책임에 대한 우리의 토론은 각 지역의 다른 문화와 사회 가운데서도 도덕 법칙들이 얼마나 많은 공통점을 지니고 있는지에 대한 사실을 간과한다고 한다. 삶의 모습에서 차이가 있다. 그러나 도덕에서는 피할 수 없는 공통분모가 있다.

C. S. 루이스는 사람은 어떤 상황에서건 도덕 법칙을 피할 수 없다고 한다. 사람은 그들이 하는 일과 말과 생각에서 옳고 그름을 따지게 되어 있다. 다른 의견을 가진다 해도 마찬가지다. 상대방이 잘못했다고 주장하거나 내가 옳다고 주장할 때 그 나름의 기준이 있어야 한다. 옳다, 그르다고 말을 할 때는 기준이 있어야 하는데, 바로 그 기준이 도덕 법칙이다. 이는 인간 행동의 법칙이고, 사람이 이를 어길 때에는 더 이상 할 말을 잃고 잘못을 시인하거나 우기거나 둘 중 하나다. 무엇을 하더라도 하나의 기준이 있다는 사실에는 변함이 없다. 직선이 구부러졌다는 말은 이미 직선의 곧음을 전제로 한다. 직선의 곧음에 대한 지각이 없이는 선이 구부러졌다는 말을 하지 못한다. 악하다는 말도 역시 선하다는 사실을 먼저 전제한다. 어떤 경우에도 하나의 도덕과 기준이 있다는 점에서 도덕 법칙은 여전히 살아 있다.

도덕 법칙은 결코 우리 삶에서 아무렇게나 상대화하거나 없애거나 할 수 있는 것이 아니다. 도덕 법칙은 사람들의 사회생활을 통해서 축적된 관습과 인간 본성이기 때문에 절대적인 것이 아니고, 변화하고, 바뀌고, 사회와 문화에 따라서 다르게 나타난다. 그러나 사회적 관습과 도덕 법칙은 엄연히 구분된다. 전쟁에서 도망하는 자를 어떤 관습에서도 훌

류한 행위라고 말하지 않는다. 어머니를 죽이는 자를 용기 있는 자라고 말할 수 없다. 물에서 건져 주었는데 괴나리봇짐을 내놓으라고 하면, 그건 어떤 사회라 해도 잘못이다. 여기엔 논의의 여지가 없다. 그리고 이는 놀라운 사실이다.

사람들은 적들을 향해서 싸움을 하고 때리고 죽이기도 한다. 사람들은 가족과 같은 민족을 위해서 희생하고, 굶고, 심지어 자신의 생명을 드린다. 그러나 어떤 경우에도 자신만을 생각하고 자신의 욕심을 채우는 자들을 칭찬하고 본받을 인물로 교과서에 게재하지는 않는다. 전쟁터에서 도망치고, 배신하여 동료들을 죽게 하고, 다른 사람이 먹어야 할 식량을 훔쳐 먹는 자들을, 바로 그렇게 때문에 신문에서 그들을 칭송하지는 않는다. 이런 경우가 아닌 적은 없다. 배신을 본받으라 하지 않는다는 의미에서 모든 사람의 의견은 항상 예외 없이 일치한다. 그리고 이는 엄연히 도덕 법칙이 존재한다는 사실을 입증한다.

> 전투 중에 줄행랑치는 행동을 높이 평가하거나, 자기에게 가장 친절했던 사람을 배신해 놓고 으쓱거리는 곳이 있을 수 있는지 생각해 보라 … 이기주의가 높이 평가된 적은 단 한 번도 없다.[283]

C. S. 루이스가 말하는 도덕은 사람들이 믿고 있는 어떤 옳은 것에 대한 일종의 확신이다. 그리고 사람들은 자신이 옳다고 믿는 것을 다른 사람들도 그렇게 행동해 주기를 바란다. 그들의 행동에는 일종의 기준이 있다. 그 기준을 기반으로 행동해야 한다고 생각한다. 사람은 무언가

옳은 것을 행해야 한다는 의무감에 사로잡혀 있다. 그들은 자신의 행동이 무언가 어떤 기준에 상충되지 않았다고 말한다. "나는 그 만년필을 훔치지 않았다. 왜냐하면 그것은 본래 내 것이다. 저 사람이 내 것을 훔쳤는데 내가 다시 찾았을 뿐이다." 이렇게 자신의 행동이 잘못되지 않았다는 사실을 '왜냐하면' 이라고 하면서 무언가 그들의 또 다른 기준을 제시한다. 어떤 경우에도 여전히 기준은 엄연히 살아 있고, 기분은 사라지지 않고 그들의 행동 앞에 서 있다. 나는 근거가 있다. 나는 이유가 있다. 나는 기준을 어기지 않았다. 어떤 상황에서도 나는 옳다, 너는 그르다는 식으로 뭔가 또 다른 표준을 제시할 수밖에 없다.

C. S. 루이스는 「순전한 기독교」의 처음 1~5장에서 사람들이 그들이 옳다고 생각하는 근거로 제시하고, 자신을 포함해서 모든 사람들이 그렇게 행해야 한다고 주장하는 객관적인 규범에 대해서 논의한다. C. S. 루이스는 우리가 우주로부터 하나님을 배우는 것보다는 도덕 법칙으로부터 더 잘 배울 수 있다고 말한다. 사람들은 이 도덕 법칙을 잘 알고 있지만, 동시에 모든 사람들이 그 법칙을 깨뜨린다고 말한다. 이 명백한 행동 법칙은 사람이 만든 것이 아니다. 사람들은 단지 이 법칙을 따르도록 되어 있다. 옳고 그름의 법칙, 도덕, 규범 등으로 말하지만, 그것은 동일 내용이다. 도덕은 사람이 따라야 할 삶의 규범으로 살벌하게 존재하며 결코 피할 수 없다.[284]

콜린스는 자신의 젊은 시절을 '누구도 못 말리는 고집스러운 무신론자' 라고 스스로 말하는데, 아주 어릴 때는 성공회교회의 소년 성가대에서 노래를 불렀다. 음악에 대한 관심 때문에 성가대에 있었으나 신앙이니 하는 것들은 관심을 두지 않았다. 대학에 가서 그는 종교니 신앙이니 하는 것들은 근본적으로 미신이라고 결론을 내리고, 그에 대한 모든 관심을 끊었다. 과학을 통해서 자연 세계를 이해할 수 있으나, 하나님의 계심을 입증할 수 있는 과학적인 증거는 없다. 예일대학에서 양자역학 전공을 마칠 즈음에, 그는 아인슈타인이 하나님에 대해서 갖고 있는 생각과 거의 동일한 생각을 갖게 된다. 그 하나님은 우주에서 멀리 떨어진 곳에서 우리의 삶에 대해서는 아무런 관심을 갖지 않는 분이다. 그리고 하나님이 왜 필요한지에 대해서 아무런 생각을 하지 않았다. 당시 그는 실제로 과학을 통해서 모든 문제를 이해하려는 환원주의의 입장을 견지하고 있었고, 자연과학을 모든 사안에 적용할 수 있다고 믿었다. 그러나 후에 알게 되었지만, 영적 세계는 또 다른 혹은 전혀 다른 영역이었다.

결론 내리기를, 종교와 신앙에 대한 모든 것들은 철지난 비이성적인 시기의 산물이다. 이제 과학은 그런 모든 것들이 어떻게 작용하는지를 밝혀 줄 것이기에 신앙이니 하는 따위는 쓸데없는 것이 되어 사라지고 만다. 이런 감상적인 종교는 우리 주변에서 사라지게 해야 한다. 이게 그의 결론이다. 우리가 해야 할 일은 과학으로 측정 가능한 것들을 제외하고는 어떤 사실에도 매달릴 필요가 없다.

양자역학에 대한 학위를 마치고 나자, 그는 관심을 돌려서 전 생애를 바쳐서 해야 할 일을 찾다가 드디어 의과대학에 가기로 하고 생의학을 연구한다. 의학을 통해서 그는 질병과 죽음을 맞닥뜨리게 되었다. 어떤 환자는 그들의 신앙에 심하게 의존하는데, 그것은 참으로 경이로움을 느끼도록 한다. 치명적인 질병이기 때문에 거의 소생 가능성이 없음에도 불구하고, 하나님을 의뢰하고, 평안과 부활로 크게 위로를 받고 의지하는 환자들을 보았다. 어쨌든 그런 환자들의 모습은 참으로 경이로운 것이었다. 수수께끼와 같은 당혹스러움과 흥미를 끌어내는 현상이다. 그는 즉시 이런 물음에 빠져들어 갔으나, 분명하게 파악되기 전에는 어떤 신앙도 받아들이지 않으리라 결심한다. 과학자는 그에게 주어진 데이터를 탐구하고 연구해야 하기 때문이다. 그는 이제 하나님 신앙에 대한 데이터를 찾기 시작한다.

당시 그는 믿음이니 신앙이니 하는 것은 모두 다 미신이라고 결론을 내리고 있었다. 그때 C. S. 루이스의 책, 「순전한 기독교」를 만난다. C. S. 루이스의 논증의 끝은 하나님은 하나의 가능성일 뿐 아니라 대단히 가능성이 높은 존재라는 결론이었다. 합리적인 이성을 지닌 학자는 사실을 바탕으로 해서 결론을 내린다. 믿음을 선택하는 것은 타당한 선택이며, 이와 반대로 믿지 않는 것도 역시 그의 선택적인 믿음일 뿐이다.

콜린스에게서 그런 논리는 뜻밖이었다. 이성적인 사유를 근거해서 사람이 도달할 수 있는 결론이 바로 신앙이라고 하는 것은 전혀 예상외의 내용이다. C. S. 루이스가 말하는 신앙은 말이 되는 것이며, 납득되는 논리다. 콜린스에게서 신앙은 실로 어린아이 시절에 머릿속에 들어온 어떤 생각이며, 아니면 감정적인 경험, 문화적인 압력이다. 믿음이 이성적이며 합리적이라는 사실과, 그 믿음은 또한 나름의 데이터를 지니고 있을 때 그 믿음을 선택하는 것은 합리적인 과학자로서 대단히 타당한 선택이다. 이런 생각은 힘 있는 설득으로 다가왔고, 그는 C. S. 루이스의 책을 읽으면서 그의 기존의 생각과 사유가 깨어지는 고통스러운 몇 주일을 보내게 되었다.

그는 실제로 이런 결론을 원하지 않았다. 그는 하나님이 존재하지 않는다는 결론을 좋아했고, 그 자신에 대해서 누군가 관심을 갖는다는 것을 싫어했다. 그러나 동시에 그는 이런 결론에서 도망칠 수 없었다. 그는 책을 집중해서 읽으면서 이해하려고 노력했다. 그 책이 말하는 결론을 보았다. 그러나 여전히 그는 믿기를 결단할 수 없었다. 신앙으로의 결단은 매우 중요한 단계다. 논리적이고 이성적인 결론에 대한 순수한 지적인 결단이 먼저 있다. 후에 믿음의 비약 앞에 서게 된다. 그러나 신앙은 지적 논증으로만 결단할 수 있는 것은 아니다. 과학의 측정에 의해서 파악할 수 있는 문제도 아니다. 신앙은 자연과 관계없는 초자연적인 진리의 문제다. 그런 점에서 볼 때, 신앙은 이성과 정신이 아니라 마음과 영혼의 문제다.

그는 수개월을 고민했다. 왔다 갔다 하기를 여러 번 했다. 그러면서 1년 정도가 지난 1978년에 퍼시픽 캐스케이드를 하이킹하던 도중에 목격하게 된 거대하게 얼어붙은 세 줄기의 폭포의 아름다움은 하나님의 창조를 드러내고 그를 압도했다. 그는 이제 그의 탐구의 여정이 끝났다는 사실을 알게 되었다. 다음 날 아침, "나는 이슬에 젖은 풀밭에 무릎을 꿇었다. 태양이 떠오르고 나는 예수 그리스도에게 항복했다"고 회상한다.[285] 아름다운 달밤에 캐스케이드 산을 오르면서…. 주변에는 자연의 아름다움으로 빛나고 있다. 또 다시 결정을 미룰 순 없다. 스스로도 알지 못했던 그의 인생이 그토록 갈망했던 바로 그것이라고 믿었다. 그래서 받아들이기로 했다. 그때 그는 27세였다. 그리고 다시는 되돌아가지 않았다. 그의 인생에서 가장 중요한 순간이었다.

　그는 하나님의 존재에 대한 C. S. 루이스의 논증에 감탄을 금치 못한다. 과학자로서 우주가 어떻게 시작되었는가에 대해서는 아무 지식이 없고, 누구도 알지 못한다. 더 어려운 것은 인간의 삶에 관심을 가지시는 인격적인 하나님 문제다. C. S. 루이스의 논증 가운데 참으로 놀라운 것은, "참으로 땅이 격변을 일으킬 정도로 나를 뒤흔들었던 것, 인생을 바꿀 정도로 감격스러운 것은 다름 아니라 도덕 법칙이 존재하고 있다"는 것이다. 동물의 세계에서 인간이 동물과 다른 독특한 존재라는 사실은 인간이 옳고 그른 것에 대한 감각을 지니고 있다는 것이다. 모든 문화를 벗어나서도 여전히 이는 동일한 현상이다. 도덕 법칙은 어떤 사회에서도 시공간을 벗어나서 엄연한 실체로서 존재하고 있다. 사람이 어떻게 옳고 그름에 대한 감각을 갖게 되었는가? 이는 그냥 쉽사리 지나칠 문제가 아니다. 그리고 C. S. 루이스의 논증은 그를 사로잡는다.

　도덕 법칙은 어디서 온 것일까? 진화의 결과라는 주장을 그는 거부한다. 도덕법은 옳은 일을 하는 데서 자기 파괴적인 결과를 가져오기 때문이다. 강가를 가다가 어떤 사람이 빠져서 허우적거린다. 나는 수영을 할 줄 모른다. 옳은 일은 내가 나서서 그 사람을 구하는 것이라는 사실이다. 나는 이 사실을 안다. 그리고 이 사실을 피할 수 없다. 진화론은 그러나 정반대로 말한다. 너의 DNA를 보존하라. 누군가 다른 사람이 구하겠지, 그는 약자에 불과할 뿐이다. 그대로 그의 생을 마치게 하라. 살아남는 DNA는 너의 것이다. 그러나 내 안에 쓰인 것은 그런 식이 아니다. 그의 생명을 구하는 것이 옳은 일이다. 이는 진화론을 거부하는 도덕법이 내 안에 쓰인 결과다.

〈타임스〉(Times), 2006년 11월 5일자에서 마련한 대담에서 프랜시스 콜린스는 리처드 도킨스에게 인간의 도덕 감각에 대해서 말한다. 도킨스와 콜린스는 여기서 날카롭게 갈라진다.[286] 요약하자면 이렇다.

콜린스: 도덕 감각은 어디서 온 것인가? 우리는 왜 이타적인 태도를 높이 평가하는가? 유전자의 보존을 위해서 그렇게 행동할 수 있는가? 진화론의 자연 선택은 한 개인에게 작동한다. 자신의 유전자가 사라질 위험에 있으면서도 타인을 돕는 비이기적인 행동을 어떻게 설명할 수 있는가? 가족을 도울 수 있다. 그들은 우리와 DNA를 공유하기 때문이다. 또한 후에 도움을 줄 수 있는 사람을 도울 수 있다. 그러나 우리는 가족이 아닌 아무런 관련이 없는 타인을 위해서 자신을 희생하는 이타주의의 행동을 가장 최고로 여긴다. 오스카 쉰들러가 그의 목숨이 위기에 처해 있으면서도 1,000명의 유대인을 구하는 행동은 진화론으로 설명이 안 된다. 자신의 유전자를 보존하는 데는 도움이 안 되고, 이는 진화론의 정반대의 현실이다. 우리는 일상에서도 매일 목격한다. 그래서 도덕 감각은 하나님에게서 온 것이다. 정의, 도덕은 하나님과 일치하는 속성이다.

도킨스: 비유를 들겠다. 성적 욕구는 유전자 번식과 관련 있다. 성적 결합은 유전자 복사와 재생산을 위함이다. 그러나 현대 사회에서 성적 결합은 재생산을 피하는 피임과 관련이 있다. 이타적인 행위는 아마도 성욕과 관련이 있을 것이다. 선사시대에 우리는 유전자를 공유하고 있는 가족의 확대가 주요 관심이었다. 그러나 이제 우리는 도시에 살기 때문에, 단지 도움을 서로 주

고받는 이웃사촌들과 가족에서 벗어난다. 섹스는 단지 아이를 갖기 위함이 아니다. 마찬가지로 선한 행동은 우리의 원시 조상처럼 작은 공동체 가운데서 필요한 것이 아니다. 도덕의 욕구와 선한 행동의 욕구는 이렇게 발전되었다고 할 수 있다.

콜린스: 고귀한 행위에 대한 당신의 주장은 다원적인 행위가 빗나간 것이라는 말인데, 이는 선과 악에 대한 절대적인 감각을 설명하지 못한다. 진화론이 도덕의 일부를 설명할 수는 있지만, 왜 도덕이 그토록 중요한 의미를 지녀야 하는가는 설명하지 못한다. 도덕이 단지 진화론적인 편리함 때문이라면, 선과 악은 그토록 절대로 필요하지 않다. 도덕은 훨씬 더 중요하게 우리 안에 있다. 도덕법은 그래서 우주를 가동시킨 하나님만이 아니라 인간 존재에 관심을 갖는 하나님을 논리적으로 추리하게 한다. 사람은 도덕 감각을 갖고 있는 이 세계의 유일한 피조물이기 때문이다. 진화론적인 과정의 조율(인간이 살 수 있도록 미세하게 조정된 우주 환경의 조율을 말한다. Anthropic principle이라고도 한다-옮긴이), 선과 악에 대한 감각 등은 인간의 정신 밖에서 나온 것이다. 이에 동의하는가?

도킨스: 나에게는 당신의 질문 그 자체가 의미가 없다. 선과 악, 곧 선이라 말하는 어떤 것, 악이라 말하는 어떤 것이 어딘가에 있다는 것을 믿지 않는다. 좋은 일이 발생하기도 하고, 나쁜 일이 발생하기도 한다.

콜린스: 여기에 바로 당신과 나의 근본적인 차이가 있다.

"우리 한 개인에게 관심을 갖고 돌보시는 하나님의 존재 증거를 보려면, 당신 안에 새겨진 옳고 그름에 대한 그 명백한 생각과 개념을 보라." 이게 C. S. 루이스의 주장이다. 우리 안에는 옳고 그름에 대한 도덕 감각이 있다. 이는 인간 삶의 또 다른 영적 현실이 있다는 사실을 강하게 말해 주고 있으며, 우리 마음 안에도 새겨져 있다. 그래서 우리는 하나님의 본성을 알 수 있다. 그분은 선하시고, 거룩하신 분이시다. 그분이 드러내고 있는 것을 우리는 그저 흘낏 볼 수 있을 뿐이다. C. S. 루이스가 말하는 바, 도덕에 대한 이런 주장은 새로운 것이 아니다. 이는 오래전부터 수많은 현인들과 사상가들이 쌓아 온 것이다. 그러나 콜린스는 이런 설명을 이전에 접하지 못했고, C. S. 루이스의 설명만큼 명확한 것은 없었다. 그리고 콜린스는 C. S. 루이스의 도덕에 대한 단순한 설명에서 명쾌한 감동을 받는다.

신앙은 인생을 다르게 만든다. 하나님이 우리와 가까이 계시고 멀리 계시지 않다는 사실은 매우 의미 있는 내용이다. 하나님은 또한 공기와 같이 애매한 분이 아니시다. 하나님은 인격적인 분이시다. 하나님은 우리와 교제 나누기를 원하시는 분이다. 그래서 콜린스는 하나님을 믿기로 결심하게 되었다. 우주를 창조하셨고, 사람 한 명 한 명에 대해서 계획을 세우시는 분이시다. 그래서 그는 나름의 탐구를 통해서 깨닫게 되었다. 이것은 하나의 철학이 아니라, 관계의 현실이다.

신앙의 결정에는 정서적인 면이 함께 들어 있다. 또한 안도감도 있고, 이제 인생 전체에서 신앙은 삶의 중심이 된다. 깊은 불안도 있다. 하나님이 계시다는 사실을 인정하면, 우리가 원하는 대로 행동할 수 없고, 우리 욕망의 일정 부분을 포기해야 한다. 그분의 통제하에 있어야 한다. 이제 우리는 무엇이 거룩하고 무엇이 옳은 것인지에 대해서 알게 되었다.

하나님과 교제를 나누기 원한다면 우리 자신이 얼마나 부족한 자인가를 깊이 깨달아야 한다. 하나님은 거룩하시고, 하나님이 우리 현실을 보여 주는 거울처럼 되신다. 그러면 우리는 얼마나 우리가 도달해야 할 지점에 미치지 못했는가를 알게 된다. 이는 참으로 고통스러운 경험이 아닐 수 없다. 그래서 회심이 황홀경의 경험만은 아니다. C. S. 루이스의 말대로, 우리가 신앙의 길에 들어서는 데에는 낙담과 절망이 따른다.

하나님은 자연 과학의 언어로 설명될 수 있는 분이 아니시다. 하나님은 자연 세계의 밖에 계시다. 시간과 공간의 밖에 계시다. 자연 세계 밖에 계신 하나님이 자연 세계 내에 개입하시기로 한다면, 그래서 기적적인 사건들이 발생한다면, 이는 비논리적이 아니다. 자연 바깥에 계시는 하나님을 인정한다면, 기적은 가능하다. C. S. 루이스는 그래서 「기적」이라는 책을 저술했다.

그렇다고 해서 기적이 마구 일어난다는 말은 아니다. 모세와 엘리야 그리고 예수 그리스도의 생애 동안에 기적이 어느 정도 발생했을 뿐이다. 개인적으로 기적을 목격한 적은 없다. 꽃이 피는 것도 기적이라는 식의 설명은 그리 좋아하지 않는다. 꽃이 피는 것은, 과학이 전체는 아니라 해도 나름대로 설명할 수 있는 영역이다. 꽃이 어떻게 피는가에 대해서는 과학이 설명한다. 그러나 그 씨가 어떻게 존재하게 되었는가 하는 물음에 대해서 이것은 기적이라고 대답할 수밖에 없다. 우주가 지금

이 순간 여기에 존재하게 된 이유는 알 수 없다.

　실제로 과학과 신앙의 문제가 제기하는 어려움이 있다고 하는 말을 콜린스 교수는 거부한다. 어떤 사람은 진화와 창조를 대립적으로 본다. 이는 지난 100년 동안 지금까지 이어 온 비극이다. 진화론을 그들의 신앙으로 선택한 과학자들은, 어떻게 생명이 존재하게 되었는가를 설명하는 데 하나님이 전혀 필요치 않은 자들이다. 한편 신앙을 가졌다고 하는 자들인데, 그들은 창세기의 문자적인 해석을 고집한다. 그들은 지구의 연대에 대해서 매우 명백한 어떤 데이터도 거부할 뿐더러 생물들 사이의 유사성도 전혀 인정하지 않으려 한다. 이는 쓸데없는 짓이다. 하나님은 과학을 통해서 자연 세계를 이해할 수 있도록 하셨다. 그러나 어떤 사람들은 하나님을 믿는다 하면서 과학적인 데이터를 믿지 않는다. 이게 모두 다 불필요하다는 말이다. 신앙이 과학의 자리를 차지하면서 과학을 쫓아낸다. 그리고 과학의 자리에 신앙을 채운 다음에 신앙을 최고의 자리에 놓는다. 신앙을 위해서 이는 옳은 일이 아니다.[287]

　하나님이 당신과 나를 자연적인 동시에 영적인 존재로서 창조하셨다면, 진화의 메커니즘을 사용해서 하나님의 목적을 이루시기로 하셨다면, 자연 세계는 그 안에 있는 진화의 우아함을 드러내고 있다. 하나님은 시간과 공간의 밖에 계신다. 하나님은 시작의 순간에 결과도 아신다. 우연으로 설명할 일이 아니다. 여기에 무슨 과학과 영혼의 사이에 불협화음이 있다고 할 수 있는가? 과학과 영혼은 내 안에 함께 있다. 두 가지는 모두 다 우리 안에 있다.

프랜시스 콜린스는 그의 소논문, '왜 나는 과학자로서 하나님을 믿는가'(Why This Scientist Believes in God)[288]에서 첨단의 과학자가 어떻게 신앙을 갖게 되는가를 명확하게 설명한다. 그는 미국에서 행하는 인간 게놈 프로젝트의 최고 책임자로서 31억의 인간 게놈, 인간 DNA 지도를 그려 내는 작업의 최일선에서 일을 했다. 그는 신앙인으로서 동시에 DNA를 바라본다. 살아 있는 모든 생물의 분자 정보인 DNA는 하나님의 언어다. 아름답고 우아하며 복잡하다. 이는 하나님의 계획의 반영으로서 우리 몸과 자연의 모습을 탐구하는 것이다.

그는 1970년 물리 화학을 전공하는 학생으로서 공부할 때 철저한 무신론자였다. 수학과 물리학, 화학의 바깥에서는 어떤 진리도 설명해 낼 수 없다는 생각을 갖고 있었다. 그러나 의학을 전공하기 시작했을 때, 생명과 죽음의 문제에 직면하게 되었다. 환자 중 한 명으로부터 "의사 선생님, 무엇을 믿습니까?"라는 질문을 받는다. 그리고 그 질문은 충격으로 다가와서 그에 대한 자신의 답변을 찾기 시작한다. 그의 글을 그대로 인용해 본다.

> 나는 과학을 무척 사랑했지만 '인생의 목적은 무엇인가, 왜 내가 여기에 있는가, 수학은 왜 그렇게 작용하는가, 우주에 시작이 있다면 누가 창조했는가, 어떻게 우주는 이 복잡한 생명의 가능성을 수용할 수 있도록 그렇게 정밀하게 조율이 되어 있는가, 왜 사람은 도덕 감각을 갖고 있는가, 죽은 다음에는 무슨 일이 있는가' 하는 등의 물음에는 과학이 도저히 답변을 하지 못한다는 사실을 알게 되었다.

나는 처음에 믿음이라는 것은 단지 감정과 비이성적인 주장으로 이루어진다고 생각했다. 그러나 옥스퍼드의 학자 C. S. 루이스의 저술을 보고 놀라움을 금치 못했다. C. S. 루이스는 이성을 기반으로 해서 하나님 존재의 개연성을 강하게 주장할 수 있다는 것을 보여 주었다. '하나님은 없다'는 것을 나는 알고 있다는 식의 무신론의 입장은 더 이상 유지되기 힘들게 되었다. G. K. 체스터톤은 "무신론은 모든 갖가지 주장들 가운데서 너무나 엄청난 것이다. 이는 우주의 부정을 선언하는 것이기 때문이다"라고 한 적이 있다.

그러나 이성은 홀로 하나님의 존재를 입증하지 못한다. 믿음은 이성과 계시를 더해서 나타난다. 그리고 계시는 인간 정신과 영혼을 동시에 생각하도록 한다. 우리는 음악을 듣는 것이지, 악보의 콩나물대가리를 읽는 게 아니다. 여기서 궁극적으로 믿음의 도약이 요구된다.

나는 27세 때 바로 그 신앙의 도약을 경험했다. 하나님의 성품을 탐구하던 나는 예수 그리스도의 인격을 만나게 되었다. 그의 생애는 역사적 증거를 지니고 있으며, "너희의 이웃을 사랑하라", "나는 하나님의 아들"이라는 등의 매우 놀라운 주장을 했다. 이 예수 그리스도는 우리의 결단을 요구하며, 그분이 우리를 속이는 자인가 아니면 참으로 그러한 분인가를 결정해야 한다. 나는 2년을 버텼다. 그러나 그런 불확실한 상태로 살아가는 것이 가능하지 않다는 사실을 알고 나서 나는 예수를 따르는 그의 제자가 되었다.

어떻게 생명이 작동하는가 하는 문제를 유전자와 분자 생물학 등을 도구로 해서 탐구하는 동시에 창조주 하나님을 예배하노라면 머리가 터지지 않겠는가? 진화론과 하나님 신앙은 양립 가능한가? 과학자는 부활과 같은 기적을 믿을 수 있는가?

실제로, 나는 어떤 모순도 느끼지 않는다. 미국에는 40퍼센트의 현역 과학자들이 있는데, 그들 신앙을 가진 자들도 역시 마찬가지일 것이다. 그렇다. 공통 조상으로부터 위로 올라가는 진화는 분명히 사실이다. 화석으로부터 나온 증거에 대해서 어떤 의심이 있다면, DNA 연구를 해 보면 사람이 다른 생물들과 얼마나 밀접한 관련이 있는지를 보여 주는 강력한 증거들이 있다.

하나님께서 창조에서 진화를 하나님의 계획으로 선택하셨다는 것을 부인할 이유가 없다. 사실이다. 창세기의 어떤 해석에도 일치된다. 다윈 이전에 어거스틴과 같은 학자는 창세기의 기록을 해석하기를 이 놀라운 창조 스토리는 문자 그대로 해석해서는 안 된다는 사실을 이미 언급한 바 있다. 문자적인 해석에 매달려서 과학의 증거가 보여 주는 진화론적인 생명들의 친근성을 부인하는 등의 입장은 현명한 처사도 아니며 믿음에 필요한 설명도 되지 않는다.

나는 과학과 신앙의 진리에는 놀라운 일치와 하모니가 있다는 사실을 알게 되었다. 성경의 하나님은 또한 게놈의 하나님이시다. 하나님은 교회에서도, 실험실에서도 발견된다. 하나님의 장엄함과 놀라운 피조물을 탐구하는 데 과학은 예배의 수단임에 분명하다.

4. 하나님은 어떻게 자연 세계에서 활동하시는가?
양자물리학자 존 폴킹혼의 하나님 논의

'하나님이 계시는가'에 대한 가장 탁월한 논의는 영국의 양자물리학자 존 폴킹혼에 의해서 이루어지고 있다. 그는 성공회 신부로서, 또한 과학과 신학에 대한 연구에서도 매우 중요한 결과를 내놓았다.[289] 폴킹혼 교수는 케임브리지대학교의 물리학자이며 영국왕립학회의 회원이다. 그는 1979년에 케임브리지대학교를 사임하고 성공회 사제의 길을 간다. 후에 그는 케임브리지의 퀸스칼리지 학장으로 임명되어 1996년까지 가르쳤다. 그는 2002년에 과학과 종교 부문에서 템플턴상을 받는다. 그는 양자물리학자로서 우리 시대의 탁월한 경력을 지니고 있다.[290]

과학에서 인간 경험은 물질의 체계, 분자와 원자, 별들과 혹성들 그리고 신경세포 등의 자연 안에 있는 세계를 향하고 있지만, 자연 세계 그 자체는 자연의 의미와 목적을 말해 주지 않는다. 그래서 하나님이 있어야 한다. 장갑은 있는데 손가락이 없다. 영적인 차원이 인간 경험의 차원에 플러스될 때 과학은 이제 그 타당성을 지니게 된다. 그래서 폴킹혼은 "물리적 우주는 스스로 자신을 설명하는 만족스러운 시스템이 아니다", "과학은 그러므로 그 자체로는 우주에 대한 인간 이해의 갈망을 채우지 못한다"고 말한다. 자연에 대한 이와 같은 이해의 갈망은 또 다른 궁극적인 존재를 요구하고, 우주 자체의 현실을 뛰어넘을 때에야 비로소 우주에 대한 만족스러운 이해에 도달하게 된다고 한다.

하나님 신앙은 물질로 구성된 자연 세계의 현실에서 후퇴한 것이 아니라 오히려 자연 탐구를 위한 근거가 된다. 자연 과학에 대한 인간 경험은 그 자체로서 물질 세계를 초월하려 한다.

> 실제로 물리적 세계는, 합리적 질서와 풍요로움의 성격으로 미루어 볼 때, 물리적 세계 그 자체를 초월한다. 그래서 물리적 세계는 그 자체가 스스로 계시는 자존적 존재로부터 지적인 바탕을 받는다. 그때 비로소 합리적 논리가 이루어진다. 반대의 경우로, 물리적 세계가 냉혹한 사실로서 그냥 존재하고 있다는 주장은 설득력을 잃는다. 물질주의의 과학은 과학 그 자체로서 끝이라고 한다. 아름다움은 인간 두뇌가 만들어 낸 직조에 불과하다는 주장은 괴이하고 현실 세계를 불모지로 만드는 사고방식이다.[291]

과학은 대단한 성공을 거두었다. 그러나 과학은 그 자체의 한계를 갖는다. 과학은 과학 자체로서 아무런 의미를 갖지 못한다. 또한 과학은 악한들도 매우 잘 행할 수 있는 비인격적인 지식의 추구다. 과학은 악질들이 그를 이용할 때 거부하지 않는다. 과학적 지식은 인생을 변하게 하지 않는다. 히틀러와 김정일과 카다피도 과학자들을 이용하며, 그들은 거부하지 않는다. 과학이 사람을 잘못 만나면 큰일을 내기도 한다.

과학은 단지 이 세계의 현상과 이 세계의 흐름을 묘사하고, 때로는 어느 정도 예측할 수 있을 뿐이다. 그래서 폴킹혼은 과학을 진지하게 취급하면서도 동시에 과학이 다루지 못하는 신앙의 의미 영역을 진지하게 다룬다. 신앙은 우리가 살고 있는 이 세계에 대해서 더 깊은 물음을 탐구한다. 인간 삶의 의미와 목적과 운명이 어떻게 될 것인가? 이런 문제에 대해서 과학은 단지 좌절만 안겨 줄 뿐이다.

그래서 우리는 과학이 탐구하는 과학적 지식에 머무를 수 없다. 그때 우리는 과학적 지식의 비인격적인 세계를 벗어나서 인격적인 조우의 세계로 이동하게 된다. 바로 신앙의 영역이다. 신앙의 영역에는 과학과 달리 애매함이 있고, 모험이 있다. 신앙과 하나님은 과학적으로 증명되지 않는다. 그러나 모든 과학과 수학 역시 그 출발에서는 믿음을 갖고 있다. 신앙은 신앙을 가진 자들에게는 신앙을 확신케 하는 많은 분량의 증거가 있지만, 그렇지 않은 자들에게는 그 증거가 미미하다. 신앙을 갖지 않는 자들이 보기에 신앙은 거의 미신과 같을 뿐이다.

신앙에 대해서 이 정도의 증명밖에 되지 않는다고 걱정할 필요는 없다. 왜냐하면 실험을 통해서 확실하게 얻을 수 있는 과학 지식도 역시 지극히 작은 부분에 불과하기 때문이다. 이 세계는 과학에 의해서 결코 해명되지 않고, 이해할 수 없는 영역도 너무나 많다. 또한 과학이라고 해서 전제와 믿음이 없이 전개되는 것도 아니다.

우리는 우주의 법칙과 환경을 통해서 더 깊은 의미를 추구하게 된다. 과학이 말해 주는 바를 그대로 바라보기만 할 수 없다. 우리는 이 세계의 법칙과 규칙성, 즉 창백한 자연 법칙 너머에 있는 의미를 추구하지 않을 수 없다. 의미는 인간 삶의 피할 수 없는 일부분이다. 사람은 주어진 세계를 있는 그대로 바라보지 않는다. 그 존재 의미와 방향을 묻는다. 사람에게서 의미와 방향과 목적을 물어보는 것은 인간 존재의 근원적인 본능이며, 이는 피할 수 없다. 의미와 목적 그 자체가 없다면 사람이 이토록 끈질기게 의미에 매달릴 수 있을까? 자연과 우주의 배후에 뭔가 의미가 놓여 있다는 거대한 반증이기도 하다. 사람이 의미를 추구한다는 사실은 미스터리하지만, 누구도 부인할 수 없는 결정적인 인간현상이다.

과학의 설명은 과학 그 자체에서 벗어나서 그 이상으로 우리를 이끌고 간다. 아니, 사람은 자연에 대한 과학의 탐구 결과 그 자체에 만족하지 않는다. 사람은 과학의 결과 속으로 들어가서 그 결과 너머의 의미와 목적을 추구한다. 우리는 우주가 우리 앞에 놓여 있다는 사실을 있는 그대로 보는 것이 아니라, 우주의 의미와 목적을 묻는다. 과학의 탐구와 결과는 그 자체로서 설명이 충분하지 않다. 과학 법칙과 의미는 우리를 과학 너머로 이끌어 간다. 물리학의 법칙이 드러내는 현상들은 그에 그치지 않고 계속해서 과학 그 이상의 질문을 쏟아 놓는다. "어떻게 내가 여기에 있는가?" 이는 과학의 탐구다 그러나 "내가 왜 지금 이 영원의 시간 가운데서, 하필 왜 현재 이 시간에 있는가? 우리에게 두려움을 불러일으키는 거대한 공간 가운데서 나는 왜 여기에 있는가?" 이런 물음은 사람에게서 피할 수 없는 것이며, 과학이 답변할 수 없는 물음이다. 여기서 폴킹혼은 두 가지 사실을 지적한다.

첫째는, 인간 이성이 과학과 수학을 통해서 이 세계를 이해할 수 있다는 사실이다. 이는 참으로 놀라운 사실이다. 인간 이성으로 세계를 투명하게 이해할 수 있다는 사실, 그리고 수학이라는 도구를 통해서 이 물리 세계를 묘사하고 이해한다는 사실은 놀랍다. 이 세계를 해명하는 수학은 경제적이고 우아한 모습을 띠고 있을 뿐 아니라 아름답기까지 하다. 수학의 아름다움은 이미 많은 학자들이 수긍하는 바다. 또한 수학과 과학을 통해서 이론을 세우고 설명하는 방식은 물리적 영역에서 어떤 일이 발생하는가에 대한 예측을 가능케 한다. 수학과 과학을 이렇게 물리 세계의 현상을 발견하는 데 사용하게 되면, 우리는 이제 불가해한, 잘 설명할 수 없는 상황에 이르게 된다. 결국 수학이란 무엇인가 하는 물음이다.

수학은 유한한 인간 정신의 자유로운 탐구다. 수학자는 의자에 앉아서 그들의 두뇌로써 이 세계의 구조와 패턴을 분석하고 생각할 수 있다. 수학은 결국 패턴을 창조하고, 패턴을 분석하는 인간 사유다. 인간의 정신 안에서 단지 사유되는 수학을 도구로 해서 물리적 세계의 아름다운 구조와 패턴을 그릴 수 있다는 사실은 놀라운 일이다. 이성으로 사유하는 정신의 산물인 수학을 도구로 해서 그려 내는 패턴이 우리가 경험하는 실제 세계와 정확하게 일치한다. 이 사실은 놀라운 일이 아닐 수 없다. 집에 있던 구두를 신어 보니 그게 발에 정확하게 맞아 들어간다. 아인슈타인은 이런 말을 한다.[292]

> 이 우주에 대해서 우리가 참으로 이해하기 어려운 일은 이 우주가 이해된다는 사실이다.

어떻게 인간 내부에 있는 인간 이성과 인간 외부에 있는 물리적 세계가 이토록 정확하게 일치하는가? 진화론 입장의 생물학자는 우리 주변의 세계가 인간 사유와 일치하지 않는다면 우리는 결코 이 우주에서 살아남지 못했을 것이라고 말한다. 이는 참으로 맞는 말이다. 수학의 사실은 우리가 경험하는 이 세계의 모습이 인간 경험과 일치한다는 것을 보여 준다.

여기서 우리가 또한 놓칠 수 없는 사실은 양자물리학의 세계는 우리가 일상생활에서 경험하는 것과 전혀 다른 세계라는 사실이다. 이는 우리가 전혀 예측할 수 없는 세계이고, 하이젠베르크의 불확정성의 원리에서 보여 주는 대로, 양자의 위치를 알면 그 양자의 움직임을 알 수 없고, 양자의 움직임을 알면 그 양자의 위치를 알 수 없다. 그러나 이토록 생소하고 예측할 수 없는 양자물리학의 세계도 역시 매우 추상적인 수학에 의해서 설명되고 있다.

인간 정신이 우주의 심오한 구조를 설명할 수 있다는 사실은 놀라운 일이다. 반드시 그러해야 한다는 선험적인 이유는 없다. 인간 정신과 우주의 구조가 일치해서 인간 정신이 우주를 이해할 수 있다는 것을 단지 우연이라고 보기에는 우주의 복잡성은 너무나 복잡하고, 인간 정신이 우연히 우주의 복잡한 구조와 일치해서 이해할 수 있다고 말하는 것은 너무나 비과학적인 논리다.[293] 그래서 폴킹혼이 생각하는 바는 물리적 세계의 이해 가능성, 이성으로 이 세계가 투명하게 이해되는 상황이야말로 진화론적인 생물학자들의 설명을 넘어서는 것이라는 확신이다. 이런 상황에서 우리는 물음을 중단할 수 있다. 어깨를 으쓱이면서 "원래 이 세계는 다 그렇게 되어 있는 것이 아닌가? 그냥 지나가! 원래 그런 것을 뭘 더 이상 캐물어?"라고 할 수 있다. 폴킹혼은 이렇게 말한다.

그러나 과학자의 본능이 나를 가만두지 않는다. 나는 더욱더 철저하게 이런 현상을 캐묻고 싶으며, 이를 중단하는 것은 지적인 게으름이다. 어떻게 해서 인간 이성의 사유가 이 세계의 패턴과 구조를 설명하는 데 그토록 정확하게 일치할 수 있는가 하는 점이다. 나는 그리스도인으로서, 물리적 세계와 인간 정신의 세계 사이에는 이 두 가지 영역의 근거가 되시며 다리를 놓으시는 창조주의 이성이 있기 때문이라고 믿는다.[294]

… 물리적 세계는 하나님의 존재와 하나님의 정신을 완벽하게 드러내어 보여 주지는 않는다. 또한 이런 토론에는 상대방을 한 방에 녹다운시킬 수 있는 증명의 방법은 없다. 그러나 나는 하나님의 뜻에 의해서 이 세계가 유지되고 보존된다는 '통찰력'을 과학과 수학의 결과를 통해서 충분히 얻을 수 있다는 사실에 과학자로서 대단히 만족한다.[295]

둘째는, 우리가 살고 있는 이 세계는 거대한 결실을 이루어 놓은 세계라는 사실이다.[296] 이 세계는 처음에 대단히 간단한 데서 시작되었다. 그러나 현재 이 우주는 150억 년에 걸쳐서 매우 복잡한 구조를 지니게 되었다. 단순성에서 놀라운 복잡성으로 진화되었다는 사실은 참으로 난해한 일이다. 주어진 과학 법칙과 환경 안에서 극도로 정밀하게 조정되어 있는 이 세계는 우리에게 도대체 무엇을 말해 주고 있는가?

이렇게 생각해 보기로 하자. 하나님이 우리에게 우주를 만들어 보라고 하시면서 우주 생성 기계를 주셨다. 그리고 우리가 좋아하는 대로 이 우주를 나름대로 구성해 보라고 하신다. 그래서 우리 앞에 근본적인 자연의 힘을 지닌 날 것의 어떤 한 덩어리가 주어졌다. 이 덩어리에는 일정의 중력이 있고, 중력의 크기를 일정하게 맞추어야 한다.

예를 들면, 얼마나 크게 우주를 만들 것인가? 우리의 우주는 참으로 거대하다. 태양은 이에 비하면 거의 점에 가깝다. 심지어 태양계가 속해 있는 은하계도 역시 우주 안에서는 작은 점에 불과하다. 그래도 우주의 먼지와 같은 지구의 거주자 인간에게 이 우주는 어떤 의미가 있는가 하는 생각을 하지 않을 수 없다. 아담하고 작은 우주를 만들기로 결심할 수도 있다. 은하계 정도의 크기의 우주 말이다. 그래도 어쨌든 이에 알맞은 세팅을 해야 한다. 그러나 여기서 또 하나 중요한 점은 인내가 필요하다는 것이다. 왜냐하면 우주 창조 작업은 일정한 시간이 걸리는 일이기 때문이다.

우리가 우주를 만든다고 할 때 매우 정밀한 부분까지 자세하게, 그리고 조심스럽게 세팅을 하지 않는다면, 이 우주는 그냥 망가지고 말 것이며, 아무 생명도, 아무 열매도 나타나지 않을 것이다. 생명이 살 수 있는 이 세계 조건은, 매우 까다로운 여러 가지 상상하기 어려운 조건들이 조율되어 맞추어져야 한다. 우주는 사람이라는 이 생명이 살 수 있도록 인간 생명에 알맞은 공간이며, 우주는 인간 생명에 맞도록 조율되어 있다. 이 사실을 과학자들은 '인간 원리'(Anthropic Principle)라고 한다.[297]

낚시를 하는데 정확히 23.2576인치의 물고기를 잡을 수 있는 낚싯대를 호수에 드리우자마자 즉시 바로 그 크기의 고기를 낚을 수 있었다. 그것을 단순히 행운과 우연으로 치부하는 일은 너무나 무지한 생각이고 비과학적이다. 이 우주에 인간이 이렇게 살고 있다는 사실은 우주와 지구가 인간이 살기에 너무도 정교하게 만들어져 있기 때문에, 마치 누군가 인간이 오기를 기다려서 미리 준비한 것처럼 보인다. 그렇지 않고서야 어떻게 인간 생명에 이토록 정확하게 지구와 우주가 맞추어져 있느냐 하는 말이다.[298]

우주를 만드는 데 여러 가지 조건들을 일일이 맞추는 작업은 매우 어렵고도 복잡한 과정을 거쳐야 한다. 우리는 이런 사실을 종합해 볼 때, 이와 같은 법칙과 조건을 갖고 있는 우주는 그 우주를 만든 어떤 지성에 의해, 그의 의도된 바에 따라서 생명을 드러내는 과정으로 창조되었다는 사실을 통찰할 수 있다. 이게 과학이다. 이 세계 밖에 하나의 지성이 있다는 설명은 충분히 합리적이고 이성적이다. 그리고 우리는 이성적인 하나님이 이 세계를 유지하고 있다는 믿음을 충분히 과학으로부터 통찰력을 얻을 수 있다. 이 세계 안에서 활동하시는 하나님의 행동은 이 세계 안에 이성적으로 아름다운 법칙의 세계를 만드시고, 유지하신다는 사실에서 드러난다. 그래서 폴킹혼은 이 우주는 무의미한 공간일 뿐이라는 리처드 도킨스를 반박한다.

> 만일 우주가 단지 전자들과 이기적 유전자들에 불과한 것이라면, 버스 충돌과 같은 비극적 사건들을 우리는 단지 무의미한 것으로 간주해야 할 것이며, 마찬가지로 행운이라는 것도 무의미한 사건들에 불과할 것이다. 우주는 선하거나 악한 의도를 갖고 있지 않다. 그것은 어떤 의도도 드러내지 않는다. 물리적 힘들과 유전적 증식이 맹목적으로 이루어지고 있는 우주 속에서, 어떤 이들은 해를 당할 수 있고, 어떤 이들은 행운을 얻을 수 있지만, 우리는 그 속에서 어떤 이유나 어떤 원인을 발견할 수 없

을 것이고, 정의 같은 따위도 찾을 수 없을 것이다.[299]

그래서 폴킹혼은 위와 같은 참으로 허무하기 짝이 없는 생각을 말하는 도킨스의 생각은 과학이 아니라고 단언한다. 과학은 맹목적이고, 어떤 방향과 목적을 가리키지 않는다. 그래서 도킨스의 생각은 과학을 넘어선 그의 형이상학적인 판단에 불과하다.

> (위의) 이 옹색한 견해가 어떤 의미를 지니건 간에, 분명히 이러한 결론이 과학 자체의 결론은 아니다. 리처드 도킨스로 하여금 이러한 의견을 표하도록 한 것은, 결코 그가 갖고 있던 유전학적 지식이 아니다. 오히려 과학 탐구 결과에 대한 자신의 형이상학적 판단에 불과하며, 그는 단지 그것을 우리에게 강요하고 있다.[300]

또한 도킨스가 생물 활동을 단지 이기적 유전자의 생존을 위한 경쟁으로 보는 냉임한 세계의 지표로 보고 있지만, 그리스도인은 오히려 창조주 하나님께서 주신 그들 생물과 사물의 존재 방식과 자유의 허용으로 인함이라고 폴킹혼은 이해한다.

> 사자들이 먹이를 찾는 것은 그들의 본성 때문이다. 세포들이 돌연변이를 일으켜 때로 새로운 생명 형태를 발생시키거나, 혹은 슬프게도 불구를 잉태하거나 또는 암을 유발시키는 것은 세포들의 본성 때문이다. 사람들이 때로 한없는 자비심을 보여 주거나 혹은 흉악한 이기심을 드러내는 것 역시 사람들의 본성 때문이다. 이런 일들이 벌어지는 것은 불필요한 것이 아니며, 더구나 하나님이 한눈을 파셨거나 무관심해서는 더욱 아니다. 그것들

은 피조물이 하나님으로부터 자유를 부여받았기 때문에 치러야 할 필연적인 대가다.

… 진화론적 발전과 종의 멸종이라는 상호 양립되기 어려운 생물학적 모호함 속에서 도킨스는 유전자들을 생존을 위해 경쟁하는 냉엄한 세계를 나타내는 지표로 보았지만, 그리스도인들은 그것을 창조주가 사물들에게 그 스스로의 방식대로 그 자신 안에 내재된 능력을 추구하고 실현하도록 허락한 세계가 직면할 수밖에 없는 불가피하면서도 복잡한 상황으로 이해하고 있다.

… 고통과 고난의 문제를 씨름하고 있는 우리에게 도킨스가 제시한 과학적 우주 이야기, 즉 패배자와 승리자가 무질서하게 뒤얽혀 있는 그 냉혹한 스토리는 우리가 살고 있는 이 세계를 이해하고 의미로 받아들이고자 하는 인간의 갈망을 충족시키기에 턱없이 부족하게 보인다. 의미와 정의에 대한 물음들은 인간 활동에서 결코 제거할 수 없다.[301]

폴킹혼은 말한다. 하나님을 믿는 신앙은 인간 경험을 풍부하게 해 줄 수 있을 뿐 아니라, 지식의 통일성을 향한 우리의 열정에도 부합한다고 말이다. 하나님의 존재를 믿는 유신론은 세계를 이해하는 데 적절하고 풍요로운 근거를 제시해 주며, 현실 세계를 파악해 내는 패러다임으로서도 아주 잘 들어맞는다.[302]

과학은 단지 현재 우리의 경험으로부터 어떤 탐구를 하는 것이다. 그리고 현재 인간 경험은 우리에게 죽음이 다가올 것이고, 우주 역시 동일한 운명에 처해 있다는 사실을 말해 준다. 그렇다면 도대체 이는 무엇을 의미하는가? 우주는 단지 어릿광대의 놀음에 불과한가? 이는 사람들이 제기할 수 있는 가장 중요한 물음이다. 전능한 그리고 사랑이 넘치는 하나님이 계시다는 사실만이 무의미한 이 우주의 허무한 결론을 치유해 줄 수 있다. 우리에게서 열쇠는 단지 진리를 진지하게 탐구하는 것이다. 폭넓은 이해를 위한 폭넓은 물음을 향해서 열린 태도를 가진 채로 말이다.[303]

5. 존 폴킹혼과 리처드 도킨스

리처드 도킨스는 어떤 인터뷰에서 존 폴킹혼(과 아더 피코크)에 대해서 이런 말을 한 적이 있다.[304]

> 물론 그들은 어리석은 사람이 아니다. 그렇다고 해서 내가 그들을 더 존경하는가? 글쎄, 분명 그럴 수도 있다. 왜냐하면 당신은 그들과 지적인 대화를 나눌 수 있기 때문이다. 그들은 결코 무식한 사람들이 아니다. 그러나 나는 무엇 때문에 그들이 그런 일을 하는지 이해할 수 없다. 그들이 말하는 그러한 설명을 추가한다고 해서 인류의 지혜의 창고에 도대체 무엇을 더할 수 있는가, 그리고 그들의 삶에 무엇을 더할 수 있는가를 이해할 수 없다. 우리는 과학을 갖고 있다. 물론 과학은 완전하지 않다. 알지 못하는 것이 많이 있으나, 우리는 여전히 계속 연구를 하고 있다. 이 두 신사들(존 폴킹혼과 아더 피코크-옮긴이)은 과학자들이며, 그들은 과학이 무엇인지 잘 알고 있다. 그들은 과학을 이해하고, 과학을 귀하게 여긴다. 우리는 우주에 대한 완전한 지식을 쌓아 가고 있는 중이다. 우리는 미래의 언젠가 우주에 대

한 완전한 이해와 우주 안에 있는 모든 것들에 대한 온전한 지식을 얻을 수 있게 될 것이다. 나는 그들이 왜 그들의 시간을 그런 짓에 낭비하는지 알 수 없다. 그들이 하고 있는 일(신학-옮긴이)은 인류의 지혜에 아무것도 더해 주지 못하기 때문이다. 나는 언젠가 그런 일이 일어나리라고도 생각하지 않는다.

도킨스의 말은, 폴킹혼과 같은 그리스도인 과학자들의 탁월함을 평가 절하할 수 없다 해도, 그들의 그리스도인 신앙은 인류 역사에 아무 도움도 주지 못한다는 말이다. 과학만이 인간 삶의 복지에 기여할 수 있을 뿐이다. 그들이 신학과 신앙에 관심을 보이는 것은 인간 삶에 아무런 유익을 주지 못하고, 쓸데없는 일에 시간을 낭비하는 일에 불과하다. 결국 과학은 우주의 비밀을 풀게 될 것이고, 인간 역사의 시간은 인간 비밀의 열쇠를 손에 쥐게 될 것이라고 마냥 낙관적인 견해를 말한다. 그러나 이는 분명히 과학에 근거한 과학의 결론이 아니라 그의 무신론적인 믿음에 근거한 아무런 근거 없는 그의 사적인 견해에 불과하다. 그는 또한 신학에 대해서 이런 말을 한다.

진지한 지적 담론이 관련되어 있는 한, 그리고 인간성을 포함해서 이 세계를 이해하는 일에 관련되어 있는 한, 나는 적어도 그의 작업(신학-옮긴이)은 시간 낭비라고 믿는다. 그러나 나는 모든 신학자들이 그렇게 시간 낭비를 한다고 생각지 않는다. 나는 전에는 이 점을 미처 생각지 못했다. 많은 신학자들이 실제로 연구하는 것 가운데는 내가 신학이라고 말할 수 없는 과정이 있다. 성경의 역사 또는 고대 히브리어 텍스트의 문학비평 등은 매혹적인 것이며, 우리가 마땅히 연구해야 한다. 이는 영어의 역사를 연구하는 것과 같은 주제다. 나는 이런 연구는 가치 있는 것들이라고 생각한다. 나는 역사를 사랑하고, 문학과 성경의 역사와 문학성 등을 사랑한다. 그리고 나는 이런 과정은 하나의 학문으로서 타당한 자리를 찾아야 한다고 생각한다.

그는, 굳이 말하자면, 우주의 신비로움을 하나님이라고 말하는 듯하다. 많은 과학자들이 하나님을 언급할 때 이는 성경이 말하는 하나님이 아니라, 스피노자의 하나님, 또는 아인슈타인의 범신론의 하나님이라는 말이다.

나는 많은 사람들이, 특히 과학 분야에서 그렇게 똑똑한 사람들이 왜 하나님을 믿는지, 그 이유를 이해할 수 없다. 나도 그럴 수 있으면 좋겠다. 당신도 그들에게 질문을 해 보라고 권하고 싶다. 그들은 때로 하나님이라는 용어를 일반 사람들이 뜻하는 바와는 전혀 다른 의미로 사용한다. 그들은 물리학자로서, 나도 마찬가지긴 하지만, 우주 기원에 대한 미스터리와 우주의 장엄함 때문에 크나큰 경외감을 마음 깊이 느끼고 있으며, 또한 그들은 물리 법칙의 기원과 물리학의 근본적이고 흔들리지 않는 법칙에 깊은 경외감을 갖고 있다. 그들은 뭔가 이토록 미스터리한 영역이 있고, 이들은 깊은 감동에 젖어들지 않을 수 없으며, 바로 이 신비스러운 뭔가를 그들은 하나님과 같은 것, 하나님에 대한 은유(the metaphor of God)라 칭하는 것이다. 하나님은 일종의 방정식과 같은 균일함이다. 하나님은 근본적인 영속성이다. 그리고 그것으로 나는 만족한다. 내가 말하는 바는 이 우주의 기초에서 우리가 발견하는 신비스러움을 다시 한 번 정의를 내려 본다는 것이다.

그러나 다른 사람들은 이를 오해한다. 그들은 하나님이 죄를 용서하고, 포도주를 예수의 살과 피로 바꾼다는 화체설을 말하고, 우리가 죽은 후에 우리를 다시 살게 한다는 등의 얘기는 전적으로 다른 문제다. 그런 오해는 이제 없애 버려야 할 때다. 사람들은 똑똑한 물리학자들의 말을 들어야 한다. 과학자들은 영속적인 항구성, 진지한 문제들, 물리학의 깊은 원리들을 하나님이라는 은유를 사용해서 설명한다. 그런 의미에서 나는 하나님을 믿는다고 말할 수 있다. 어떻게 이 위대한 물리학자가 하나님을 믿는가? 그때 그 물리학자는 삼위일체, 십자가의 죽음, 그리스도의 성육신 등의 이런 모든 것들에서 벗어나서 물리학의 신을 믿는다는 말이다. 이때 그들의 믿음은 물리학의 근본적인 영속성에 관련된 것들이다. 이것이 바로 물리학자들이 말하는 바다.[305]

… 과학은 나에게 우아한 워드프로세스와 같다. 과학의 데이터, 이들은 죽기도 하고, 살기도 한다. 마치 다원주의가 말하는 과학적인 아이디어와 같다 … 반면 종교적인 아이디어는, 말하자면 당신이 이것을 믿지 않으면 지옥에 간다는 식의 종교는, 내가 보기에 컴퓨터 바이러스와 같은 천박한 작업을 한다. 전체 교회들과 러시아정교회 그리고 가톨릭교회 등은 이런 바이러스를 퍼뜨리는 매우 복잡한 종주국이다. 이는 마치 거대한 코끼리와 같다. 그래서 그들은 지금껏 살아남을 수 있지 않았나 하는 생각이 든다. 나는 이런 비유를 꽤 즐기는 편이다. 그러나 실은 코끼리의 '바이러스'와 같은 조금은 천박한 단어를 사용하는 것이 뭔가 도움을 주리라고 생각지 않으며, 과학의 '바이러스'와 같은 천박한 말을 쓰는 것도 역시 도움이 되리라고 생각지 않는다.[306]

과학자들이 말하는 하나님은 성경이 말하는 하나님이 아니라 물리학의 신이다. 물리학이 말하는 신은 우주 자체를 신이라고 하는 범신론적인 신을 칭하기도 하고, 또는 물리학의 법칙 그 자체를 표현하는 은유 그 자체다. 그 신은 생명과 인격을 지닌 성경의 하나님이 아니다. 우주의 장엄함과 영속성을 그냥 '하나님'이라고 칭하는 은유에 불과하다. 성경의 하나님, 그리스도의 하나님, 아버지 되신 하나님, 성육신하신 하나님은 이제 과학의 발달과 함께 그 자리를 놓치고 말았다. 이제 그런 신들은 사라져야 한다. 과학은 그런 신들의 자리를 빼앗고 말 것이다. 그러나 도킨스는 탁월한 과학자들 가운데 성경의 하나님 신앙을 갖는 것에 대해서는 당혹해 한다. 그는 타당한 설명을 찾을 수 없다. 도킨스의 과학과 폴킹혼의 과학이 같은 과학이라면, 왜 한 명은 무신론의 결론에 이르고 왜 또 다른 한 명은 유신론의 결론에 이르는가? 그들의 신앙과 불신앙은 과학에서 나온 결론이 아니라는 말이다.

하버드대학의 진화생물학자 에드워드 윌슨과 옥스퍼드대학의 리처드 도킨스 등은 인간 행동의 모든 원칙을 '이기적 유전자'라는 한마디로 설명하려 한다. 인간 행동은 다름 아니라 각각 종의 유전자 보존을 위한 목적으로 움직이며, 그렇게 보이지 않는 소위 이타적인 행동도 그것은 결국 자신의 보상을 위한 이기적 행동에 다름 아니라고 말한다. 이타적인 행동도 숨어 있는 이기심에 불과하다는 것이다. 선한 행동도 자신의 이기심을 채우는 일종의 자기기만이다. 실은 자신의 이기적 유전자를 보존하기 위한 이기적인 목적을 가장하여 기만의 전략을 행하고 있다. 그래서 마더 테레사의 선한 행동도 역시 그는 그리스도가 그의 선한 행동을 보상해 주리라고 믿고 그렇게 행동할 뿐이기 때문에 그녀 역

시 이기적이라는 범주에서 벗어나지 않는다.[307]

그러나 진화 생물학의 입장에 있는 에드워드 윌슨의 제자 최재천 교수는, 동물과 동일선상에 있다고 믿는 인간이 전혀 동물적이지 않은 행동을 하는 데 적잖이 당혹해 한다. 예를 들면, 동물도 역시 사람과 마찬가지로 '입양'을 한다. 타조 같은 동물은 적극적으로 입양을 한다. 힘이 센 타조 엄마들은 자기 알을 낳고서 힘이 약한 다른 타조 엄마들에게 자기가 낳은 알 옆에 알을 낳도록 강요해서 결국 '입양'을 한다. 그러면 힘센 타조 엄마는 자기 알은 가운데 놓아두고, 약한 타조 엄마가 낳은 알들은 가장자리에 뺑 둘러 놓는다. 그럴 경우에 외부 침입자가 와서 알을 깨뜨리고 먹을 때 자기 알은 유리한 위치에 있고 다른 알들은 자기 알을 보호하는 위치에 있게 된다. 그래서 힘이 약한 타조 엄마의 알들을 자기 알들과 함께 입양해서 키우면서 실은 자신의 알을 보호하는 방패막이로 사용한다. 이것이 바로 동물의 세계에서 나타나는 입양의 정체다. 결국 타조의 '입양'은 자기 알들을 보호하기 위한 가장(假裝)에 불과하다.

또한 새끼 타조들을 데리고 다니는 엄마 타조들이 서로 만나게 되는 때가 있다. 이때 역시 힘이 센 타조 엄마가 힘이 약한 타조 엄마의 새끼들을 빼앗아서 '입양'을 한다. 그러나 이런 '입양'도 역시 힘이 센 타조의 새끼들을 위한 것에 불과하다. 자기 새끼들은 안쪽에 있게 하고 다른 새끼들은 바깥에 있도록 해서 침입자로부터 자기 새끼들을 보호하는 것이다. 타조들의 '입양'은 결국 자기 새끼들을 위한 동물의 교묘한 자기 보호 장치에 불과하다.[308]

그러나 사람의 입양도 그런 관점에서 설명할 수 있을까? 다른 엄마의 아이들을 데려와서 자기 아이들의 보호 장치를 위한 방패막이로 사용하는가 말이다. 때로 그런 경우가 없지 않다. 그러나 최재천 교수는 그가 미국에서 직접 목격한 경우를 설명하면서 쉽게 납득할 수 없는 당혹스러움을 말한다. 미국 사람들이 한국 아이들을 입양하는 일에 대해서 처음에는 '참, 미친놈들이구나, 미친 일을 하는구나' 하는 생각을 갖는다. 다른 사람의 아이들을 입양하는 일을 납득할 수 없다. 더 나아가서 에이즈까지 걸려 있는 다른 나라의 어린아이들을 입양해서, 또한 그런 입양을 허락하지 않는 정부와 끝까지 싸워 가면서 그런 아이들을 입양하는 사람들을 쉽게 설명하거나 이해할 수 없다. "어떻게 저럴 수가 있을까, 자기 핏줄도 아닌데…."

자기 아이들의 방패막이를 위해서 다른 아이들을 데리고 오는 행동은 진화생물학자의 입장에서 볼 때 이기적 유전자의 작용으로 설명이 간단하다. 생물학적으로 설명할 수 있다. 그러나 다른 사람들의 아이들을 데려다가 자기 자식보다 더 열심히 키우는 사람의 행동은 생물학적으로 볼 때 그 설명이 '무지무지' 어렵다. 사람은 단지 사람 몸을 구성하는 이기적 유전자의 작용에 따라서 움직이지 않는다. 사람은 단지 사람 몸의 화학 반응에 따라서 물리적으로, 물질적으로 움직이는 것이 아니다. 사람은 물질보다 훨씬 더 위에 있고, 단지 물질에 의존되어 있는 존재라는 설명을 하기 전에는 그런 행동은 설명하기가 '무지무지' 어려울 수밖에 없고, 진화생물학적인 입장에서 볼 때 그런 선하고 비이기적인 유전자의 행동은 미친 짓일 수밖에 없다.[309]

리처드 도킨스의 「이기적 유전자」는 인간 행동은 본질적으로 이기적일 수밖에 없고, 자비와 사랑과 비이기적인 행동도 역시 알고 보면 자기 유전자의 이익을 위해서 가장(假裝)하는 것에 불과하다. '이기적 유전자'라는 말은 우리의 사고를 완전히 뒤집어 놓았다. 생명을 생명답게 움직이는 배후의 힘은 이제 저 멀리 있는 별도 아니고 신도 아니다. 이는 이기적인 유전자다. 인간의 운명은 별이 아니라 유전자 안에 담겨 있을 뿐이다. 생명체는 단지 그 유전자의 복제를 위해서 만들어진 생존 기계에 불과하다.[310]

그러므로 도킨스에게 있어서 신앙은 '조직적인 착각'이다. 이기적 유전자의 행위라고 설명할 수 있는 화학 반응 또는 자기 이익을 추구하는 수단으로서의 사랑과 자비를 가장한 비이기적 행위, 그런데 그게 알고 보면 이기적인 행위일 뿐이다. 여기에 도덕이 있을 수 없고, 단지 무도덕적인 자연 선택만이 인간과 생물을 만들어 낼 뿐이다. 또한 이 자연 선택은 지극히 단순하고 기계적인 과정으로 이 엄청난 생명의 다양성을 만들어 낸다. 여기에 누가 승자로 살아남을 것인가 하는 데에는 윤리와 계획이 개입될 여지가 없다.[311] 리처드 도킨스는 어떤 인터뷰에서 다음과 같이 '유전자 기계'라는 말을 설명한다.

> 내가 인간은 '단지' 유전자 기계라고 할 때, '단지'라는 말에 너무 큰 악센트를 두지 말아야 한다. 여기에는 매우 복잡한 상황이 개입되어 있고, 유전자 기계가 되는 것에는 나름의 아름다움도 있다. 다윈에게서 자연 선택은 모든 생물체가 현재의 모습대로 살아가도록 만든 과정이다. 그래서 자연 선택은 유전자 수준에서 생존을 위한 최선의 방법이며, 최선의 과정이다. 그러므

로 살아 있는 유기체와 그 몸은 그 유전자에 의해서 그 유전자를 전파하기 위하여 프로그램 된 기계라고 생각된다. 그런 의미에서 우리도 역시 유전자 기계다. 그러나 이 용어는 뭔가 우리를 천박하게 만들거나 하찮게 여기려는 의도는 전혀 아니다.[312]

… '이기적 유전자'에서 우리가 먼저 이해해야 할 것은 유전자 기계가 된다는 말이다. 유전자에 의해서 우리가 프로그램 되었다는 말을 오히려 먼저 이해해야 한다. 그래야 우리는 여기서 벗어날 수 있는 장치를 갖게 된다. 그래서 우리는 우리의 커다란 두뇌를 사용해서, 그리고 또한 우리의 양심과 지성을 사용해서 우리의 이기적 유전자가 지시하는 명령에서 벗어날 수 있게 되고, 드디어 새로운 종의 삶을 살 수 있게 된다. 더욱더 다윈주의에 철저해질 때, 우리는 더욱더 다윈주의에서 벗어날 수 있게 된다. 왜냐하면 우리의 조상이 선택되었던 다윈의 세계는 매우 불쾌한 세계이기 때문이다. 자연은 실로 이빨과 발톱을 드러내는 현장이다. 우리가 속한 사회를 어떻게 운영할 것인가에 대해서 논의하고 토론하고 결정을 할 때, 우리는 반드시 다윈주의를 토대로 해서 이 두려운 경고를 받아야 한다. 우리가 어떻게 이런 사회를 피해 나갈 것인가를 논의하기 위해서 말이다.

우리 삶을 조절하는 유전자의 프로그램은 완전하게 결정론적이 아니라는 사실을 분명히 해야 한다. 이는 통계적이긴 하지만 결정론적은 아니라고 말해야 한다.[313]

그는 유전자의 이기성에 대해서, '이기적 유전자'라는 말은 단지 유전자가 이기적인 것이라고 말한다. 개인의 유기체가 이기적이라는 말은 아니다. 이기적 유전자가 말하는 뜻은 오히려 유기체 안에서 이타적인 행동이 프로그램화 되었다는 사실을 알려 주는 것이다. 유기체는 또한 다른 유기체들에게 상호 이타적으로 행동할 수 있다. 자신의 이기적 유전자를 널리 전파하기 위해서는 더욱더 이타적이 되어야 한다. 유전자가 지니지 못한 것은 바로 그 유전자는 그 자신을 위해서 희생할 수 없다는 것이다. 이기적 유전자는 자신의 유전자의 유익을 위해서, 또는 타인의 유전자의 유익을 위해서 희생할 수 없다. 단지 유기체는 다른 유기체의 유익을 위해서, 이기적 유전자의 영향을 받으면서도 여전히 자신을 스스로 희생할 수 있다는 말이다.

사람이 이기적인 이유는 유전자의 이기적 속성에 근거해 있다. 이기적인 유전자는 자신의 유전자를 퍼뜨리기 위해서 한없이 이기적이 되어야 하고, 그래야 자연 선택과 자연 도태의 생존의 정글에서 살아남을 수 있다. 그러나 이기적 유전자를 담고 있는 인간 유기체는 마냥 저급한 이기적 유전자의 명령을 따르지 않는다. 생존의 정글에서 오히려 살아남기 위해서 이기적으로 프로그램 된 이기적 유전자를 벗어나서 이타적인 행위와 양심과 도덕으로 솟아올라야 한다. 이때 사람은 이기적 유전자의 동물에서 벗어나서 새로운 종이 된다. 인간 도덕과 윤리도 역시 이기적 유전자를 토대로 해서 발전시켜야 한다는 주장이다. 알고 보면 인간의 고귀한 윤리와 도덕과 희생도 이기적인 행동에 불과하다.

리처드 도킨스는 DNA는 그 성격상 자기 복제와 생존을 위해서 이기적일 수밖에 없다고 한다. 여기에 윤리와 도덕과 인격이 개입되지 않는다. 그러나 폴킹혼은 다르게 설명한다. 생존의 정글에서 살아남기 위해서 생존 경쟁을 하는 자연의 현실은 하나님께서 주시는 자유의 선물, '방임에 가까울 정도의 자유' 때문에 발생하는 대가다. 사자가 먹이를 찾고, 세포들이 돌연변이를 일으키고 암을 만들어 내는 것은 바로 그 세포들의 본성이 그렇기 때문이다. 사람의 자비와 흉악함도 역시 그 본성에 기인한다. 이러한 일들은 나름의 창조의 필요에 의한 것이고, 하나님이 한눈을 파셨기 때문에, 혹은 하나님의 무관심 때문에 발생하는 일은 아니다. 그런 일들은 오히려 하나님께서 주신 자유로 인함이고, 그래서 그 자유 때문에 치러야 하는 필연적인 대가다.[314]

도킨스에 의하면, 유전자는 생존 때문에 발생하는 자연 도태와 자연 선택의 '냉엄한 세계를 나타내는 지표'다. 그러나 폴킹혼에 의하면, 그리스도인들은 달리 생각한다. 창조주는 자연을 향해서 스스로의 방식대로 그 자신 안에서 내재된 능력을 추구하고 실현하도록 허락했다. 그런 상황 아래서 이 세계는 유전자의 이기성과 같은 부조리와 악과 고난이 드러나게 되었고, 이는 우리의 현 세계가 직면하는 불가피하게 복잡한 상황으로 이해해야 한다. 즉 이 세계는 '방임에 가까울 정도의 자유' 때문에 그 세계의 자유로 인해서 나타나는 어쩔 수 없는 상황이다. 거대한 만년설이 무게를 못 이겨 무너지는 것은 그 만년설의 본성 때문이다.[315]

이 세계는 그 세계의 성격상 고난을 안고 있다. 이 세계는 스스로 이루어 가도록 하나님이 허락하셨다. 고난은 세계 안에 이미 내재되어 있다. 그렇다면 이 세계의 자유가 제한되면 고난은 제거될 수 있지 않은가? '차라리 자유를 덜 갖는 한이 있더라도, 고통이 없는 것이 낫지 않을까 하는 생각'[316)]은 어떤 의미에서 자연스럽다. 그러나 이는 우리가 자유를 지닌 자들이 아니라, 자동 로봇을 더 나은 상태라고 보는 것이다. 자유를 지닌 인간 창조는 그 자체로 이미 고난을 필연적으로 갖고 나온다. 고난을 피하기 위한 간단한 방법은 사람을 로봇으로 만들어 자유를 제거시킨 존재로 만드는 것이다. 자유를 지닌 인간과 자유를 지니고 스스로 이루어 가는 세계는 고난이 불가피하다. 그렇다면 자유를 제한하고 차라리 고통이 없는 로봇의 일생을 선택할 것인가? 완전히 자동 프로그램화 된 기계들의 세계보다는 죄를 지을 가능성이 있는 세계를 하나님이 선택하셨다. 자유 없는 로봇이 아니라 자유와 고난을 갖는 인간 창조가 훨씬 더 낫다는 것이 폴킹혼의 믿음이다.

> 스스로 만들어 가도록 허락받은 세계가 우주적 폭군(Cosmic Tyrant), 즉 신의 꼭두각시 인형들의 신세보다 낫다.[317)]

이런 논의는 악과 고난을 설명하는 차원의 논의가 아니라, 도킨스의 「이기적 유전자」에 대한 반론이다. 이 세계의 악과 고통에 대한 설명에서 진화론의 극단적인 입장에 있는 도킨스는 '버스 충돌과 같은 무의미한 비극들을 우리는 무의미한 것으로 간주해야 한다'고 한다. 우주 안에 있는 행운과 불운, 선과 악, 고통과 기쁨 등은 어떤 이유나 원인을 찾을 수 없으며, 여기에는 정의도 없다. 그러나 이 '옹색한 견해'는 과학으로부터 나오는 결론이 아닐 뿐더러 터무니없다고 폴킹혼은 말한다. 그래서 그는 도킨스의 '과학적 우주 이야기, 즉 패배자와 승리자가 무질서하게 뒤얽혀 있는 그 냉혹한 이야기'에 대해서 이렇게 말한다.

(도킨스의 설명은-옮긴이) 우리가 살고 있는 세계를 이해하고 의미 있는 것으로 받아들이고자 하는 인간의 갈망을 충족시키기에는 턱없이 부족하게 보인다. 의미와 정의에 대한 물음들은 인간 활동에서 없어질 수 없는 것이다 … 우리는 생각하는 갈대이며, 또한 우리의 사유(思惟)는 논리적 추론 관계를 통한 비인격적 계산 행위 그 이상을 담고 있다.[318]

생각하는 갈대로서 우리는 마냥 이기적 유전자의 희생물이 아니다. 인간은 의미와 정의에 대한 물음을 결코 놓을 수 없고, 또한 벗어날 수도 없다. 사람은 '이기적인 유전자'의 통제 아래에서 맹목의 이기심으로 끊임없이 행동하지 않는다. 아버지가 아들에게 자신의 두 번째 신장을 기증한다. 이미 그의 첫 번째 신장 이식 수술이 실패로 돌아가고 말았다. 그러나 아버지는 두 번째 신장 이식 수술을 하려고 한다. 이기적 유전자는 이를 설명하지 못한다. 오스카 쉰들러는 유전자의 우수성을 고려해서 1,000명 이상 되는 유대인들을 구하려고 노력했는가? 도킨스의 유전자의 이기성은 여기서 그 설명의 빈약함을 드러내지 않을 수 없다. 그래서 도킨스는 "지구상에서 오직 우리만이 저 이기적인 유전자 복제 장치들의 횡포에 항거할 수 있다"고 말하지만, 폴킹혼은 "우리가 할 수 있을 뿐만 아니라, 이미 자주 그렇게 하고 있다"고 덧붙인다.[319] 폴킹혼은 진화론적인 생물학으로는 인간 삶의 윤리와 도덕의 품성을 설명하지 못한다고 말한다.

도킨스는 다윈의 자연 선택 또는 자연 도태의 이론에 의해서 나타난 생물의 '이기적 유전자'는 결코 이타적일 수 없다고 한다. 이타적으로 보이는 도덕과 윤리와 종교 그리고 희생정신 등은 교묘하게 자신의 이기적 유전자의 목적을 이루는 것이라고 한다. 그래서 인간과 생물은 '이기적 유전자'의 자기 복제 명령에 따라서 자기 몸을 그 유전자에게 맡겨서 운행하도록 하는 것이다. 이기적 유전자에게 도덕과 희생이 있을 수 없다. 이기적 유전자는 끊임없이 자기 복제라는 성취를 위해서 여하한 환경을 뚫고서라도, 무슨 짓을 해서라도 자기 복제와 재생산을 이루고야 만다. 인간과 동물은 그 이기적 유전자의 희생물인가? 그에 대해서 도킨스는 적어도 인간은 동물과 달리 이기적 유전자에 '항거' 할 수 있다고 말하지만, 이는 항거가 제대로 이루어지지 않을 수 있다는 사실을 전제하고 있다. 동물과 인간은 동일선상에 놓여 있기 때문에 그들의 이기적 유전자를 따른다면 우리의 이기심은 바로 정확하게 설명될 수 있다. 왜 그토록 끈질기게 동물과 인간이 자기 유익과 자기 이익을 추구하는가에 대한 충분한 대답은 다윈의 자연 선택에 따른 이기적 유전자라는 말이다. 그러나 폴킹혼은 이를 거부한다. 인간은 이기적 유전자에 항거할 수 있다. 또한 이미 자주 그렇게 하고 있다. 여기에 인간의 존엄성과 동물의 이기성이 그 길을 달리 하는 경계선이 있다. 동물과 달리 인간은 마냥 이기적이지 않고, 이기적이지 않을 수 있고, 이기적이지 않다.

6. 신앙 그리고 이성의 역할
악마, 스크루테이프의 경우

악마는 사람이 생각에 빠지지 못하도록 한다. C. S. 루이스의 「스크루테이프의 편지」에서 고위층 악마인 스크루테이프는 사람이 생각을 한다는 그 사실을 혐오한다. 스크루테이프는 사람이 생각을 잘하게 되면, 그는 하나님께로 빠져들어 간다고 본다. 그만큼 사람의 생각의 능력, 인간 이성은 신앙에 우호적이며, 악마에게는 치명적으로 작용한다. 흔히들 악마가 사람들의 마음속에 나쁜 생각과 거짓말을 집어넣는다고 한다. 그러나 C. S. 루이스는, 사실 악마는 사람의 마음에 이런저런 생각이 들어가지 못하도록, 그런 생각이 사람의 마음에서 멀어지도록 애를 쓰고 있다고 한다.[320] 무슨 말인가?

C. S. 루이스에게서, 사람이 생각하는 것보다 더 하나님께 나아가도록 하는 것은 없다. 인간 문제는 사람이 생각을 하지 않기 때문에 발생한다. 사람이 깊이 생각하면 할수록 하나님을 찾게 되고, 그래서 드디어 그는 하나님께 나아갈 수밖에 없다는 확신을 갖는다. 사람이 하나님을 찾지 않는 이유는 생각을 하지 않기 때문이다.[321] 생각하지 않는 인간보다 더 하나님으로부터 멀어지는 자는 없다. 바쁘게 시간에 쫓겨서 돌아다니다 보면 그는 자신의 삶의 의미와 방향을 생각해 볼 수 있는 여유가 없다. 그는 인간 삶의 가장 중요한 부분을 놓친다. 바쁘게 살아가는 자는 신앙을 가질 수 없다. 시간이 없다는 말을 입에 달고 사는 자는 하나님을 생각지 않는다. 교통사고로 병원 침대에 그의 몸을 누이게 되기까지는 말이다. 바쁜 자는 자신의 삶 그 자체를 생각하지 않기 때문이다. 바쁜 사람은 자신을 돌아볼 시간이 없다. 다른 사람 간섭을 할 수는 있어도 말이다. "사람이 어디서부터 와서 어디로 가는가?"라는 이 물음은 생각할 줄 아는 사람만이 누리는 특권이다. 그리고 이런 물음은 인간만이 물을 수 있는 최고의 복이다. 그의 삶 그 자체를 생각하고 의미를 묻

게 되면 그는 하나님 신앙으로 나아가게 된다.

    스크루테이프는 입증을 하거나 '논증'(argument)을 하는 생각하는 이성 활동에 대해서는 화들짝 놀란다. 사람들의 '생각'의 힘은, 추론을 해서 그 결과를 파악한 다음에 그의 삶을 바꾸는 두려운 결과를 가져온다.[322] 그래서 스크루테이프는 그의 조카 웜우드에게 '논쟁'을 통해서는 그의 환자를 적의 마수에서 빼앗을 수 없다고 말한다. 이게 옛날에는 통했는데 이제는 통하지 않게 되었다. "논쟁하지 말라." 이게 악마의 첫 번째 충고이자 가르침이다. 사람으로 머리를 쓰지 못하게 하라는 것이다.

    농담과 쓸데없이 지껄이는 말들과 소문과 다른 사람을 헐뜯는 가십과 지저분한 뒷담화는 충분히 사람의 생각을 마비시킨다. 그러나 진지한 논쟁과 논증은 싸움을 코너로 몰아가는 악마에게는 매우 불리하다.[323] 이성을 사용하는 생각과 논쟁은 악마에게 매우 위험한 도박이다. 논쟁을 통해서 환자의 이성이 깨어나고, 일단 이성이 깨어나서 활발한 활동을 하기 시작하면 악마들이 어쩌지 못하는 걷잡을 수 없는 사태에 이르게 된다.[324] 그러면 악마의 싸움은 하나님의 적진에 들어가서 싸우게 되는 꼴이 된다. 악마는 사람이 진지하게 그의 머리를 써서 생각하는 것을 혐오하고 싫어한다.

    그래서 악마는 사람들이 이성의 생각보다는 경험 감각에 사로잡혀 있기를 원한다. 사람의 이성으로 생각하여 도달할 수 있는 인간 삶의 가장 중요한 '보편적인 이슈'(universal issue)[325]는 무시해 버리고, 즉각 우리 몸의 경험과 몸의 감각에 다가오는 것들에 관심을 집중한다. 눈에 보이는 것과 귀에 들리는 것만이 그들의 관심사가 되게 하라, 이게 악마의 작업 목표다. 삶의 중요한 관심은 인간은 어디서 와서 어디로 가며, 생명은 어디서 왔는가, 죽음과 죽음 이후는 어떻게 되는가, 인간의 고통과 삶은 어떻게 된 노릇인가 하는 등의 문제들을 말한다. 그러나 몸의 감각과 경험은 이러한 삶의 주요 테제를 가로막는다.

사람들은 스파게티를 먹을까, 짜장면을 먹을까, 아니면 김치찌개를 먹을까 등의 현실적인 문제에 늘 직면해 있다. 차라리 삶의 의미와 목표 그리고 죽음에 대한 담론과 같은 조금 수준 있다 싶은 물음은 개똥철학이 되고 만다. "왜 사람은 먹어야 하는가?", "먹는 게 그렇게 중요하다면 사람과 동물이 다를 게 무엇인가?"와 같은 물음은 우리 시대에 웃기는 농담이다. "당장 먹는 게 급하지." 그래서 악마는 먹는 것에 대한 '생각'만을 늘 부추기고 다른 문제는 거의 생각지 못하게 한다. 이게 바로 악마가 원하는 것이다. 그래서 악마의 충고는 이렇게 일단락을 내린다.

> 너의 작업은 사람의 관심이 온통 경험과 감각에 머물도록 해야 한다. 그래서 경험과 감각에서 나오는 것들만이 '생생한 진짜 삶'(real life)이라고 여기게 하라. 그리고 너의 환자는 그 '생생한 진짜'(real)라는 말의 의미를 아예 생각지 못하게 해야 한다.[326]

사람은 소위 일상적인 생활에 얽매여서 살며, 그 삶의 무게로부터 쉽사리 벗어나지 못한다. 사람들은 그들이 직면하는 매일의 '진짜' 생활에서 그 진짜가 무엇인지를 질문하지 않는다. 그 진짜는 그들의 눈앞에서 펼쳐지는 먹을 것과 마실 것에 국한되어 있고, 그의 몸이 누릴 수 있는 쾌락에 몰두하게 된다. 이게 그들이 누리는 감각 경험의 '진짜' 삶이기 때문이다. 그들은 감각 경험의 울타리에서 거의 벗어나지 못한다. 따라서 그들의 진짜 생활은 먹고 마시는 몸의 활동을 거의 벗어나지 않고, 정신 활동도 몸의 활동의 울타리를 넘지 않는다. 스크루테이프가 잡아서 마셔 버렸던 한 사람의 스토리는 이렇다.[327] 악마의 고백을 한번 들어 보자. 나름 꾸며 보았다.

어떤 한 사람이 있는데, 그는 아주 건강한 정신을 가진 자였다. 나름의 균형도 있고, 제법 독서력도 있어서 무슨 말을 하든지 그럴 듯했다. 도서관에 박혀서 독서에 열중할 때는 지식을 향한 그의 욕구에 사람들은 어떤 칭찬도 마다할 수 없었다. 그리고 그의 지성에 어울릴 정도로 역시 그는 무신론자임을 자처한다.

도서관에서 책 읽기에 열중할 때 악마는 뭔가 소름이 올라오는 불편을 억누를 수 없다. 악마는 사람들이 책을 읽고, 생각하고, 공부를 하는 따위는 결코 좋아하지 않는다. 악마가 좋아하는 것은 그저 먹고 자고 싸고 하면서 벌레와 짐승처럼 살아가는 거다. 벌레가 무슨 생각하는 것 봤나? 벌레면 벌레답게 기어 다니면서 땅에 떨어진 과자 부스러기나 핥으면 됐지, 무슨 그 이상을 바라? 벌레가 생각을 한다? 주제넘은 짓이지.
그런데 이 작자가 도서관에서 책을 읽으면서 뭔가 생각에 몰두하면, 갑자기 그는 벌레의 자리를 벗어나서 위엄 있는 모습의 흐릿한 광채를 스멀스멀 뿜어내는데, 가관이다. 한편 겁이 나기도 한다. 사람이 생각하기 시작하면 그는 사람을 벗어나서 진짜 사람이 되는 것 같다. 파스칼이 말하는 '생각하는 갈대'가 바로 이거지. 사람은 물 한 방울 때문에, 그리고 공기 한 줌 때문에 죽는다. 약한 거라면 두말 할 필요 없이 연약하기 그지없다. 그야말로 손바닥으로 비벼서라도 없앨 수 있는 보잘것없는 벌레다. 그리고 많은 사람들이 이렇게 벌레로 살아가고 있다. 아무 생각 없이 먹고 싸고 하면서 살아가는 자들은, 바로 그 생각이 없기 때문에 사람의 자리에서 내려와서 벌레가 된다. 약하지만 생각하면 갈대와 벌레를 넘어서는 건데, 많은 사람들이 생각을 하지 못하고 그렇게 살지 않는다.

사람은 상상하고 예측하면서 미래를 그려 본다. 엉뚱하기도 하지만 상상력은 사람의 미래를 그리는 비전의 힘에 의해서 된다. 그리고 흔히 이성이라고 부르는 사람의 정신 능력이 있다. 사람이 벌레를 벗어나는 경계선이다. 생각하는 정신, 판단하는 이성으로 사람은 짐승의 자리를 벗어나서 사람됨의 위치로 올라선다. 그래서 악마는 늘 생각하는 자들을 경계한다. 왜냐고? 생각하는 자들은 벌레를 벗어나서 벌레의 허물을 벗어 던지고 사람이 되려 하니까 그렇다. 생각의 능력은 악마들의 걱정거리다.

생각을 자극하는 데 가장 치명적인 도구는 책 읽기다. 뭔가 몰두해서 생각하는 것은 늘 악마를 섬뜩하게 하는 경계 사항이다. 책을 읽는다거나 산책을 하는 등의 벌레와 짐승에 어울리지 않는 따위의 행동거지는 악마를 좌절케 한다. 생각의 끝은 이렇게 맺어진다: '내가 여기에 왜 있는가? 내가 여기에 어떻게 있는가? 내 생명은 죽음을 맞이하여 어떻게 끝을 맺는가? 그러면 그걸로 끝인가? 죽은 다음에는? 이 세계는 어떻게 시작되었는가? 눈에 보이는 것들이 전부인가? 눈에 보이지 않는 것들도 있다.' 사람은 이런 물음을 물을 줄 안다. 그러나 벌레와 짐승은 그게 안 된다. 먹고 자고 싸느라 바쁘기 때문이다.

그런데 벌레가 몸짓을 해 가면서 벌레를 벗어나서 그따위 생각을 하기 시작하면 악마는 당혹감에 어쩔 줄 모른다. 이 물음은 결국 인간의 근원적인 질문들로 이어지고, 그러한 물음은 인간 현실을 벗어나서, 그리고 먹고사는 문제를 벗어나서 인간 존재의 근거를 향한 깊이 있는 또 다른 물음이 되고 만다. 이렇게 사람들의 사고가 궁극적인 데로 이어지게 되면 악마들에게 위협적인 상황이 다가온다. 악마들의 목표는 그저 사람들이 먹고사는 것에 바쁘게 지내도록 하는 것일 뿐이다. "그게 무슨 밥 먹여 주냐?"라는 한마디로 모든 상황을 끝내 버린다. 더 이상 할 말이 없다. 먹는 것보다 더 중요한 게 없다는 이 말은 다른 모든 질문을 쓰레기통으로 처박아 버리게 한다. 몸의 경험과 감각이 만들어 놓는 몸의 현실은 머리의 이성의 물음을 마비시키고, 생각을 그치도록 한다. 그렇게 생각이 꼬리를 물고 일어나서 인간의 근본적인 물음에 이르게 되면 악마가 10년이고 20년이고 쌓아 놓은 일이 한순간에 무너지고 만단 말이다. 그런 물음에 논쟁을 하게 되면 악마의 작업은 도로아미타불이 되고 만다.

내가 그런 실수를 할 멍청이는 아니지 않느냐? 그때 내가 사용한 절묘한 방법이 무엇인지 알게 되면 너도 무릎을 치지 않을 수 없을 것이다. 내가 그에게 던진 물음은 "야, 이 녀석아! 점심 먹을 때가 됐잖아!"라는 한마디였다. 이 말에 그 녀석은 그냥 무너지고 말았다. "일단 밥을 먹어야 머리가 맑아질 것 아니냐?" 이렇게 한마디 속삭여 주자마자, 그 녀석은 이미 저 멀리 걸어가고 있더란 말이지 … 그래서 그 녀석은 도서관을 나와서 길거리를 나서서 식당을 찾고 있는데, 그의 눈앞에 펼쳐지는 현실 세계는 너무도 그에게 생생하여 그가 지금껏 생각했던 그런 것들은 하찮은 것이 되고 만다. 도서관 구석에서 뭔가 읽으면서 생각에 몰두해 있던 것들은 배가 고파서 잠시 떠오른 헷갈리는 것뿐인 것을 … 건너편에 사람들이 들끓는 시장바닥의 이 생생한 살아 있는 현실은 그 녀석으로 하여금 더 이상 괴상한 생각에서 완전히 벗어나서 이제야 건강한 진짜 현실 세계로 돌아온 느낌이 들게 했다.[328]

그가 도서관에서 애써서 생각해 보려 했던 것들은 눈앞에 펼쳐지는 진짜로 생생한 현실 앞에서 중요한 것이 아니다. 현실을 인간 몸으로 체험하는 것은 사람들의 헛된 이론과 망상에서 벗어나도록 해 주는 필수적인 장치다. 이것이 바로 악마가 말하는 인간 현실이고, 이를 넘어서서 더 중요하다고 말할 수 있는 또 다른 현실은 없다. 우리 몸이 느끼고 보고 듣는 우리의 감각 현실은 우리의 현실 전부이며 또 다른 세계는 없다. 우리 눈앞에 놓여 있는 이 생생한 현실을 벗어나서 논쟁을 하고 머리를 짜내는 것들은 아무런 의미가 없는 일이다. 그리고 스크루테이프는 그 녀석의 최후의 상태를 이렇게 말한다.

그 녀석은 우리 지하의 아버지 품 안에서 밖으로 나갈 생각을 전혀 하지 못한 채, 안전하고 편안하게 거하고 있다.[329]

사람들은 몸의 감각이 느끼고, 눈으로 보고 귀로 듣는 이 현실을 그의 현실 전부라고 생각하고 그렇게 살아간다. 먹고 마시고, 벌고 쓰고 하는 인간 현실은 그 이상으로 더 생각하지 못하게 한다. 인간 현실은 그만큼 힘이 세다. 먹고 마시고 하는 인간 현실은 다른 데 관심을 기울이지 못하게 한다. 그러나 '과연 그게 전부일까?'라는 물음은 그의 생각에서 늘 맴돈다. 눈에 보이지 않는, 우리 감각을 넘어선 또 다른 현실은 허구인가? 사람의 몸이 전부인가? 죽음 후에 우리는 또 다른 현실을 맞닥뜨리게 되지는 않는가? 우리 몸이 사라질 때 우리 그 자체는 몸과 함께 영원히 사라지고 마는가? 아니면 또 다른 형태로 살아 있는가? 인간 삶의 시간에서 이 물음들은 한시도 사람의 생각에서 떠난 적이 없다. 이 물음을 묻는 일은 사람의 사람됨에 근거해 있다. 사람됨의 깊이는 바로 그런 물음에 사로잡히게 한다. 그러나 깊이가 없는 자는 당장 먹고, 자고, 싸고, 박수를 받고 힘을 얻는 일에 몰두하여 물음의 깊이를 떠난다. 그들은 너무 현실적이고 현세적이다.

C. S. 루이스에 따르면 눈에 보이는 우리의 친숙한 이 세계는 오히려 희미한 그림자 세계일 뿐이라고 한다. 눈에 보이지 않는 세계, 귀에 들리지 않는 세계, 우리 몸의 감각이 닿지 않는 또 다른 현실은 인간 몸의 현실보다 더 깊숙이 존재한다. 우리 몸을 넘어서는 또 다른 세계를 인식하는 깊이 있는 삶의 물음은 바로 또 다른 세계로 우리를 나아가도록 한다. 그래서 사람은 동물과 경계를 만들어 낸다. 그렇지 않다면 사람은 여전히 동물이다.

자명한 하나님이 계시다는 것을 입증하는 데 C. S. 루이스의 작업은 썩 만족스러운 것 같지 않다. C. S. 루이스의 하나님 입증 방법은 두 가지, 이성과 도덕이다. C. S. 루이스는 신앙에서 이성의 단계는 매우 중요하다고 생각한다. 이는 그의 회심 경험과 무관하지 않다. 그는 어느 누구보다도 사람의 생각하는 능력, 이성의 능력을 중시하였고, 이를 위하여 많은 저술을 했다. C. S. 루이스는 사람의 이성의 능력을 통해서 하나님이 계시다는 확신에 상당히 도달할 수 있다고 믿는다.[330] 송인규 교수는 여기서 우선 C. S. 루이스가 파악하고 있는 믿음을 두 가지 상황으로 나누어 설명한다.

    1) 믿음 A: 일련의 지적인 동의다. 따라서 하나님에 대한 믿음은 자연의 동일성과 다른 사람의 의식에 대한 믿음과 결코 다르지 않다.

    2) 믿음 B: 하나님에 대한 신뢰 또는 확신을 말한다. 그러므로 하나님이 계시다는 동의는 당연히 여기에 포함된다.[331]

믿음 A는 하나님이 계시다는 확신이 철학적인 논쟁을 통해서 생겨날 수 있다. 그런 후에 믿음 B가 따라 나올 수 있지만, 그렇다고 해서 믿음 A 후에 믿음 B가 자동적으로 나오는 것은 아니다. 믿음 A는 이성과 지성의 동의를 말한다. 증거를 살펴서 견주어 보고 그 증거에 의해서 나의 판단이 그 사실에 부합된다고 지적으로 동의하는 차원의 믿음이다. 그러나 믿음 B는 '신앙'의 측면이다. 이는 하나님을 신뢰하고 믿고 따르는 의지적 작용이다. 성경이 말하는 믿음은 바로 신뢰의 신앙이다. 신뢰의 믿음과 신앙은 지적 동의의 믿음 이후에 발생하는 믿음이다. 지적

동의를 이끌어 내지 않으면 신뢰의 믿음, 신앙은 가능하지 않다. 하나님에 대한 신뢰의 믿음으로 나아가기 위해서는 먼저 객관적이고 이성적인 증거들이 비그리스도인들에게 설득력 있게 제시되어야 한다.

그러나 일단 신앙의 신뢰 단계에 들어서게 되면, 신뢰는 그 신뢰를 거부하는 반대 증거들이 나타난다 해도 그 신뢰의 믿음은 부서지지 않는다. 의심이 없을 수 없고, 의심의 상태가 나타난다. 하지만 의심에도 불구하고 참된 신뢰는 결코 흔들리지 않는다.[332] 신앙의 믿음, 신뢰의 믿음은 하나님이 사람들과 맺기 원하시는 관계다. 여기서 신앙은 인격적인 신뢰의 관계, 사랑을 드리고, 사랑을 받고, 흔들리지 않는 충성을 드리는 관계를 지칭한다.

하나님은 사람과 그분 자신의 인격적 관계를 원하신다. 사랑과 충성의 그런 관계를 만드시기 원하신다. 온전한 신뢰는 하나님과 사람 사이의 믿음에서 반드시 있어야 할 필수적인 믿음의 현실이며, 의심이 불쑥불쑥 틈새를 침입해 들어온다 해도, 회의의 여지가 완벽하게 사라지는 것은 아니라 해도, 신앙의 신뢰는 부서지지 않는다. 신뢰하는 분을 사랑하는 것은 어떤 반대 증거가 나타난다 해도 여전히 그 신뢰를 거두지 않는 신뢰를 말한다.[333]

> 논증은 확신을 만들어 내지는 못한다. 그러나 논증의 확신이 결여될 때 신앙이 부서지기도 한다 … 이성의 논증은 믿음을 만들어 내지는 못하지만, 믿음이 자랄 수 있는 분위기를 유지할 수 있도록 해 준다.[334]

- 2장 -
필립 얀시의 하나님 찾아가기

1. 보이지 않는 하나님 찾아가기
필립 얀시

앞에서 밝힌 바와 같이 C. S. 루이스의 하나님 찾기를 굳이 이성과 머리에 의한 신앙 여정이라 한다면, 필립 얀시의 하나님 찾기는 마음과 무릎의 신앙 여정이라 보인다. 논리적 수사가 없을 수 없지만, 필립 얀시에게는 마음의 감성이 하나님 찾기에서 더 많은 역할을 한다. 사실 이 둘의 관계, 머리와 무릎(또는 이성과 마음)은 서로 배타적인 기능은 아닐 터, 그러나 터무니없이 머리와 무릎을 합치자고 해도 곤란하다.

실은 많은 경우 사람들은 마음의 길을 통해서 하나님을 찾아 나서고 드디어 신앙의 여정에 이른다. C. S. 루이스처럼 하나씩 따지면서 무신론에서 유신론, 그리고 예수를 하나님으로 믿는 신앙에 이른 사람은 그리 많지 않다. 차라리 친구들과 함께 교회에 가서 교회 환경에 적응되면서, 자신도 모르게 하나님 신앙에 젖어들고, 그 후에 가서야 하나님이 계시는가, 이 세계의 악함은 왜 있는가 등의 진지한 물음은 나중의 문제로 나타나고, 교회와 신앙은 이런 그의 의문에 답해 준다. 이는 지성의 경우에도 동일하게 해당된다고 본다.[335]

신앙은 많은 경우 마음으로 먼저 믿음의 길에 들어선다. 그런 다음에 머리로 자신의 신앙의 내용을 따져 보는 신앙 여정의 패턴을 지닌다. 필립 얀시는 많은 경우 현재 처한 인간 삶의 조건에서 시작하여 하나님 찾아가기의 여정을 따른다. 신앙의 입장에서 볼 때, 주어진 인간 조건은 불리하기 짝이 없다. 그럼에도 불구하고 하나님을 향한 갈망이라는 인간 현상은 하나님을 함부로 지나칠 수 없도록 하는 결코 놓칠 수 없는 조건으로 작용한다. 인간 현실은 하나님을 요구한다. 그리고 하나님을 수용하는 마음은 이를 받아들인다.

존 폴킹혼은 하나님을 찾아가는 여정에서 이를 '아래로부터 위로 올라가는 접근 방법' (Bottom Up Approach)이라 한다.[336] 존 폴킹혼의 '아래로부터 위로 올라가는 접근 방법'은 매우 생소한 방법이다. 전통적인 신학자들은 인간 이성과 합리성 등을 바탕으로 하는 신 존재 증명과 이론신학의 작업을 한다. 이렇게 신학자들의 학교에서 만들어 놓은 신학 저술들은 그들의 커뮤니케이션에 만족한다. 이런 글들은 교회나 일반인들의 신앙을 위해서는 거의 읽히지 않는다. 과학에 근거한 인간 경험을 출발점으로 삼는 폴킹혼의 하나님 찾기가 있다. 그리고 불확실하고 애매한 신앙 현실 가운데서 믿음을 찾아가는 필립 얀시의 하나님 찾아가기가 있다. 이 둘은 우리의 일상 경험에서 출발하기에 설득력이 있다.

2. 어떻게 하나님의 계심을 확신할 수 있는가?

하나님을 경험하는 데 어려움은 무엇보다도 우리의 감각으로 하나님을 경험할 수 없다는 사실에 있다. 하나님이 계시는가 하는 물음은 많은 경우에 비그리스도인에게는 거의 해당되지 않는다. 오히려 신앙을 갖고 있는 그리스도인들에게 다가오는 고민스러운 물음이다. 신앙을 갖지 않은 자들은 아예 하나님에 대해서 아무런 의문도, 질문도, 해답도 갖지 않는다. 왜냐하면 하나님이라는 존재가 그의 의식의 수면 위로 아예 떠오르지 않기 때문이다. 살아가는 데 너무도 바빠서, 일상의 세속에 몰두해 있어서, 그들은 하나님에 대해서 아무런 물음도 관심도 없다. 하나님이 계시는가 하는 물음은 이상하게도 거의 대부분 그리스도인들에게 해당되고 관심된다.

오래전부터 신앙을 가진 자들이라 해도, 그들은 자주 신앙의 회의에 빠져서 '내가 믿는 하나님과 나는 도대체 어떤 관계를 갖는가?' 하면서 의문을 갖는다. 참으로 내가 하나님이 살아 계시다는 사실을 알고 믿는다면 나는 왜 이 모양일까 하는 의문은 더욱더 우리를 곤경에 처하게 한다. 도대체 나는 어떻게 하나님을 감각할 수 있는가, 이 세계를 살면서 하나님을 온전히 인식하고 그분의 말씀을 듣고, 인격과 인격의 만남으로써 하나님과 친밀감을 느낄 수 있는 그러한 하나님 감각을 어떻게 느낄 수 있는가? 더구나 하나님을 향한 이와 같은 인격적 만남의 갈망은 비그리스도인의 갈망이 아니라 오히려 그리스도인의 갈망이다.

신앙의 길로 들어선 사람들에게 이제 신앙의 길은 동시에 회의와 의심의 길이 된다. 더구나 그들은 이제 와서 의심으로 완전히 돌아서서 신앙을 갖지 않았던 사람처럼 그렇게 하나님과 관계없이 살아갈 수 없다. 한 번 신앙의 길로 들어선 사람은 신앙이 없던 옛날로 되돌아갈 수 없다. 신앙은 이제 어느덧 그의 삶의 일부 또는 중심부가 되었고, 그의 삶의 생생한 현실이 되었다. 이제 그는 신앙의 길로 들어선 사람으로서, 신앙의 길을 벗어나지 못하면서, 그러나 신앙의 길을 회의와 의심과 함께 비틀거리면서 하나님을 향해서 걸어간다. 회의는 결코 신앙에서 배제되지 않는다. 이를 필립 얀시는 '어중간하게 엉성한 상태로 있는 것'(born breech)이라 한다.337 신앙은 의심과 함께 간다. 회의와 의심이 하나도 없이 신앙만이 있지는 않다. 신앙은 본래 그렇기 때문이다.

이때 신앙의 회의는 비신앙으로 되돌아가기 위한 것이 아니라, 신앙의 자리에 남아 있기 위한 몸부림이다. 신앙의 맛을 본 사람은 신앙의 자리를 벗어나기 원치 않는다. 그는 어떻게 해서든 신앙의 자리 안에서 하나님을 감각하면서 신앙의 길을 가기 원한다. 필립 얀시는 바로 그런 이유 때문에 하나님을 찾아가는 자신의 여정을 펼쳐 보이고 싶어 한다. 그래서 그의 출발의 자리는 믿음의 자리가 아니라 회의와 의심의 출발선에서 출발한다. 한 명의 신앙의 순례자로서 믿음의 여정을 함께 나아가면서 신앙 곁에서 우리를 흔드는 회의와 의심의 정체를 분명히 해 보자는 말이다. 신앙이 하나님과 우리가 맺는 관계라면, 그런 하나님과의 신앙의 관계에서 우리는 신앙을 어떻게 만들어 가는가를 살펴보자는 말이다.

구약에 나타나시는 하나님은 적어도 명확한 증거를 요구하는 사람들에게는 확실한 하나님의 존재 증거가 된다. 하나님은 시내 산에서 모세와 만나시고, 구름기둥과 불기둥으로 보호하시며, 이스라엘 백성에게 먹을 것을 공급하시고, 광야 길을 친히 인도하셨다. 당시 그들에게 하나님의 존재 확신에는 의심과 회의가 있을 수 없었다. 홍해 바닷길을 만드시고, 이집트의 군대를 홍해에 몰살시키시는 장면은 그들에게 하나님의 능력과 위엄을 충분히 각인시킨다. 우리는 하나님에 대한 명백한 증거가 있는 당시를 차라리 그리워한다. 하나님의 임재에 대한 불확실함에 몸을 떨며, 제발 하나님의 모습을 보게 해 달라고 애원을 하는 자들에게는 당시가 훨씬 더 좋다. 무슨 말을 해도 하나님의 구름기둥과 불기둥 앞에서 하나님의 계심을 부정할 수 없기 때문이다. 그런데 지금은 하나님이 왜 나타나지 않으시는가?

그러나 이런 시기를 필립 얀시는 미성숙함의 유아기적인 이스라엘의 모습이라고 한다. 하나님은 어린아이와 진짜 사랑을 나누지 못하신다. 어린아이는 부모에게 의존한다. 부모에게 의존하지 않으면 그의 생명은 유지되지 않는다. 부모가 되어 아이를 돌보기 시작하면 온밤을 새워서 토한 것을 치우고, 우유를 타서 주어야 하고, 깊은 잠에서 깨어서 온갖 성가신 일들을 해치워야 한다. 그러나 일정한 시간이 지나면 이런 모든 일들이 끝을 맺는다. 아이는 점점 더 자라서 스스로 자신의 삶을 유지할 수 있기 때문이다.[338]

하나님은 이스라엘과 여전히 유아기의 시간에서 마치 부모가 아기를 돌보는 일에 전념하신 듯하다. 이스라엘은 어린아이의 미성숙 단계를 넘지 못하고 여전히 어린아이로 남아 있다. 부모가 아이를 돌보듯 하나님은 이스라엘을 돌보신다. 성숙한 사랑의 관계는 끝내 구약에서 이루어지지 않는다. 그들은 오랫동안 미숙한 어린아이의 모습을 벗어 던지지 못한다. 하나님은 이제 의존의 단계를 벗어난 수준 있는 연인의 사랑을 나누는 관계를 원하신다.[339] 서로에게 자유로운 연인, 그러나 사랑하기 때문에 자신의 자유를 스스로 제한할 줄 아는 참된 자유의 연인의 사랑을 원하신다.

오늘날 우리는 하나님의 침묵과 보이지 않는 하나님에 대해서 불만을 토한다. 그들의 시선 안에 나타나시는 기적의 하나님을 더욱더 원한다. 내 눈으로 직접 확인하고 싶다. 그러나 하나님은 인간 삶의 일정 안에서 우리 눈에 보이시는 방법으로 직접 간섭하지는 않으시는 듯 보인다. 이제 우리는 하나님이 계시다는 사실을 드러내는 분명한 증거를 거의 잃게 된 것 같다. 불기둥과 구름기둥 사이로 하나님이 직접 우리 시야에 그분의 모습을 더 이상 드러내지 않으신다. 이제 하나님 확신에서 결정적인 증거들이 사라졌다. 분명한 증거가 없어서 하나님을 믿지 못하겠다던 사람들에게는 치명적인 손실이다.

욥은 하나님의 음성을 폭풍 가운데서 사람이 들을 수 있는 소리로 들을 수 있었다. 그분의 한마디 말씀에 욥과 그의 친구들은 쑥 들어가고 말았다. 물론 욥의 질문에 답을 주신 것은 아니다. 그러나 욥 앞에 하나님이 나타나셨다는 사실은 욥과 그의 친구들에게 하나님에 대한 명확한 증거였다. 그러나 사실은 조금 복잡하게 전개된다. 당시 구약에서 하나님을 직접 목격하고 하나님의 계심을 확인하는데도 불구하고, 그들은 여전히 어린아이의 수준에서 벗어나지 못했다. 보이지 않는 하나님을 믿어야 하는 신약에서도 하나님이 보이지 않기 때문에 하나님을 믿지 않는 위기가 나타난다. 이제 우리는 하나님이 보이지 않기 때문에 하나님을 믿지 않고, 하나님을 사랑하지 않을 수도 있다.

구약에서는 하나님이 직접 나타나시기 때문에 사랑의 위기가 나타나고, 신약에서는 하나님이 보이지 않기 때문에 믿음의 위기가 나타난다. 구약에서는 참된 사랑을 잃어버리고, 신약에서는 하나님을 향한 믿음을 잃어버린다. 신약에서는 하나님이 보이지 않기 때문에 우리의 자유와 믿음이 성장할 수 있다. 그러나 구약에서는 하나님이 보이기 때문에 우리의 자유와 성숙은 대단히 제한을 받게 되고, 우리는 하나님과의 관계에서 유치한 수준에 머무른다. 하나님은 직접 그분의 모습을 드러내지 않기로 하시면서 우리의 사랑과 믿음을 원하신다. 하나님은 우리가 하나님을 믿지 않을 수도 있는 위기 상황에서도 하나님을 믿는 참된 믿음과 자유와 사랑의 관계를 원하신다. 하나님은 그런 위기를 감수하시면서 우리의 사랑과 자유 그리고 믿음을 원하신다. 위기는 그만한 가치를 가져온다.[340]

우리는 느낌을 나누고, 의존하고, 인격으로서 서로를 확인하는 바로 그 하나님을 원한다. 마치 거룩한 땅 이스라엘의 사람들처럼, 가시나무 떨기 사이에 계신 하나님을 만나서 말씀을 나누고, 바위 사이로 지나가시는 하나님을 볼 수 있고, 구름기둥과 불기둥으로 하나님의 인도하심을 우리 눈으로 목격하여, 참으로 우리 영혼 깊숙한 곳에서부터 터져 나오는 하나님을 향한 갈망과 목마름이 만족해하는 그런 하나님과의 만남을 원한다. 그러나 이런 하나님을 향한 우리의 열망은 결코 그런 방식으로 채워지지 않는 듯하다. 하나님은 더 이상 구약의 하나님으로서 우리 앞에 그런 방식으로 나타나지 않으시려는 것 같다. "이제 우리는 하나님을 어떻게 만날 수 있는가? 아니면 참으로 하나님은 계시는 것인가? 계시다면 왜 그렇게 꼭꼭 숨어 계시는가? 왜 그분의 얼굴을 우리 앞에 드러내셔서 우리의 갈망을 축여 주시지 않으시는가? 어떻게 우리는 하나님을 만날 수 있는가?" 이런 물음 앞에 선다.

3. 신앙은 머나먼 길

신앙은 확실치 않은 길을 가는 것이다. 불확실을 견디지 못하면 신앙은 우리 곁에 남아 있을 수 없다. 확실치 않은 길을 가면서도 여전히 포기할 수 없는 길이다. 신앙의 여정은 애매하고 견디기 힘든, 때로는 목적지가 불분명한 길이기도 하다. 때문에 차라리 되돌아가고 싶은 생각이 치밀어 오르기도 하고, 좌절이 다가올 때 내가 잘못된 길을 가는 것이 아닐까 하는 생각이 들기도 하는 견디기 힘든 신앙의 불분명함이 있다. 확실함을 추구할진대 신앙은 이와 관련이 없다.

그러나 신앙은 또한 그렇기 때문에 수학 문제를 풀듯이 쉽게 도달할 수 있는 여정이 아니다. 신앙은 오히려 쉽게 파악되지 않고 쉽게 풀어지지 않기 때문에, 그리고 신앙은 그런 조건을 지니고 있기 때문에, 그래서 신앙은 쉽게 따 먹을 수 있는 열매가 아니다. 하나님을 믿는 신앙을 쉽게 해결할 수 있는 쉬운 길로 여긴다면 그것은 차라리 신앙이 아니다. 신앙은 그래서 평생의 시간 가운데서 늘 내 삶의 중심부로 자리를 차지하고 들어오려 한다. 평생 풀어야 할 숙제처럼 내 앞에 늘 도사리고 있다. 그래서 필립 얀시가 인용하는 토마스 머튼의 말은 핵심을 찌른다.

만일 우리가 하나님을 너무나 쉽사리 찾았다면, 그는 아마도 우

리가 참으로 찾았던 하나님이 아닐 것이다.[341]

하나님을 향한 걸음은 예상을 넘어서는 지난한 길이다. 쉽사리 닿을 수 있는 길이 아니라 좁고도 좁은 길로만 닿을 수 있다. 하나님을 향한 인간의 갈증과 목마름은 마치 젖먹이 아이의 엄마를 향한 갈증처럼 결코 사라지지 않는다. '믿음의 의지'(willing to believe)는 사람에게서 본래적인 것처럼 보인다. 어느 경우에도, 어느 공간에도, 어느 시간에도 믿음이 없는 사람은 없다. 그들은 신앙을 지니고 있다. 믿으려는 의지는 무엇보다도 강력하다. 그러나 믿음의 하나님은 쉽사리 그분의 모습을 드러내 주지 않으신다. 이를 어쩐다! 하나님을 향한 도저한 갈망과 목마름, 그리고 숨어 계신 하나님, 어떻게 우리는 하나님을 찾아내어 우리의 목마름을 해소할 수 있는가?

예수께서는 들을 수 있는 귀가 있어야 하고, 볼 수 있는 눈이 있어야 한다고 말씀하신다. 믿음은 이성과 합리와 추론의 산물이 아니다. 설명 불가능한 비약이 있다. 신비가 있다. 명백한 증거에 의해서 신앙이 성립하지 않는다. 기도는 분명히 원인과 결과처럼 기계적인 결과를 낳지 않는다. 기도는 수없이 우리를 좌절케 한다. 벽에 부딪히는 기도를 늘 경험한다. 그런데도 신앙은 믿음을 포기하지 않고 하나님을 향해서 걸어가게 한다.

사람은 하나님을 믿을 수도 있고, 믿지 않을 수도 있다. 믿기에 충분한 증거는 물론 없다. 그러나 믿지 않는 것도 쉬운 일은 아니다. 믿지 않는 데에도 엄청난 믿음이 필요하다. 하나님이 없다는 믿음은 더 큰 믿음을 요구한다. 사람들이 나름의 진지함을 갖고 하나님에 대한 증거를 찾기 시작하면 하나님을 믿는 일도, 믿지 않는 일도 금세 결정할 수 있는 것은 아니다. 실제로 사람들은 하나님이 계시느니 않느니 하는 따위로 시간을 보내기 원치 않는다. 바쁘기 때문이다. 그런 따위의 논쟁이 밥을 먹여 주지 않는다. 쓸데없는 짓이다. 인생의 목적이나 죽음 다음에 무슨 일이 있느냐 등의 소위 개똥철학 나부랭이에 시간을 보내고 싶지 않다. 그렇지 않아도 할 일이 많고 좋은 일도 많은데, 무슨 그런 일 따위로 시끄럽게 시간을 보내고 에너지를 소비하는가!

때로 어쩔 수 없이 바쁘지 않게 되어서야 하나님과 신앙과 죽음과 인생을 생각한다. 바쁘게 쫓기는 삶은 불행 그 자체다. 바쁘게 쫓기는 자에게 믿음의 자리는 없다. 이 세계에서 잘 먹고 잘 사는 것과 힘과 돈을 얼마나 거머쥐느냐 하는 세속의 관심에서 어느 정도 벗어나서 삶의 하얀 빈자리가 생겨날 때 믿음은 그의 자리를 만난다. 자의건 타의건 간에 그들이 바쁨을 멀리할 때, 이제 스스로 즐길 수 있는 궁극적 관심이 다가온다. 바쁨을 벗어난 홀로 있을 수 있는 그 시간을 기뻐할 수 있을 때, 침묵과 고독 속에서 기다릴 수 있을 때, 이제 차라리 패배로 인해서 자리에 누웠을 때, 많은 사람들로부터 벗어나 있을 때, 그때에야 비로소 신앙의 자리가 찾아온다.[342] 신앙은 자신의 삶을 깨끗한 마음으로 스스로 되돌아보는 여유와 여백으로부터 자리한다.

하나님에 대한 생각에 한번 몰두하기 시작하면, 이 문제는 그리 만만하지 않다. 또한 쉽게 사라질 문제가 아니라는 사실을 알게 된다. 우선 하나님이 계시는가 하는 문제만 해도 그렇다. 많은 사람들은 거의 이런 문제를 생각하지 않고서도 얼마든지 잘 먹고 잘 살 수 있기 때문에 관심을 갖지 않는다. 그러나 하나님에 대해서 막상 생각하기 시작하면 우리는 이 문제를 놓을 수 없다. 사실은 이 문제가 우리를 놓지 않는다. 신앙을 갖지 않은 사람들에게 하나님을 믿지 않는 이유를 말해 보라고 한다. 물론 그런 질문 자체가 거부감을 갖게 하기도 하지만, 그들이 하나님을 믿지 않는 이유로서 막상 대답할 수 있는 것은 많지 않다. 고작해야 "하나님이 눈에 보이지 않는다", "우리는 하나님을 느낄 수 없다", "하나님이 어디에 있느냐" 는 등의 질문이다.

C. S. 루이스가 참으로 미스터리하게 여겼던 인간 삶의 근원적인 조건, 그는 이를 뭔가를 향한 열망과 그리움이라고 불렀다. 이는 참으로 이해하기 힘든 인간 현상이다. 어린 시절 자신을 사로잡았던 뭔가를 향한 그리움은 오랫동안 그를 놓지 않았다. 그의 생애 가운데 무엇인지를 알 수 없는 열망, 무엇을 향한 열망인지조차 알 수 없는 열망은 늘 그를 따라다닌다. 얼마의 시간이 지난 후에는 그 열망조차 사라지고 만다. 그의 일상을 넘어 있는 이 열망과 기쁨, 그리고 뭔가를 향한 그리움은 도대체 어디서 온 무엇일까? 그는 이 물음을 놓을 수 없다. 이런 열망과 그리움은 사람이 살면서 자신의 사람됨의 조건에 만족하지 못하고 또 다른 조건을 향해서 위로 올라가려는, 자신의 동물 됨을 벗어나려는 초월의 몸짓이다. 그런데 왜 이런 현상이 나타나며, 이게 도대체 무엇인가? 왜 사람은 자신의 사람됨의 조건에 만족하지 못하는가?[343]

뭔가가 필요하지 않으면서도 단지 만족을 위하여 그것을 소유하려 한다. 욕망과 열망이 생긴다. 그러나 우리가 늘 경험하듯이 그것을 소유했다고 해서 늘 달콤한 것은 아니다. 동시에 씁쓸함도 가져온다. 고작 이런 것인가 하는 일종의 좌절감과 허탈이 밀려온다. 사람은 자신의 삶의 조건에 거의 만족하지 못한다. 만족을 위해서 열심히 뛰어 다니지만 만족은 오래 남아 있지 않고 사그라지고 만다. 손을 내밀어 붙잡으려 할 때 그것은 더 멀리 있는 듯 보인다. 아무리 해도 결코 채워지지 않는 갈망, 이 피할 수 없는 인간 현상, 수수께끼와 같은 삶의 조건, 이것은 영원을 향한 갈망의 신호다.

C. S. 루이스는 갈망은 채워질 수 있다고 믿는다. 목마름은 물을 전제로 하고, 배고픔은 밥이 있다는 사실을 말해 준다. 장갑은 장갑에 끼울 수 있는 손이 있다. 목이 마르다는 말은 물이 있다는 강력한 증거다. 마찬가지로 배가 고프다는 사실은 밥을 전제로 한다. 밥이 있기에 배고프다는 현실이 있다. 장갑을 발견했는데 손이 없다면 어떻게 손 모양의 장갑을 설명할 수 있는가? 오리의 물갈퀴는 물이 있어야 의미가 있다. 마찬가지로 하나님을 향한 갈망이 있다. 그렇다면 하나님은 계신다. 하나님을 향한 갈망은 하나님을 제거하고서는 결코 설명이 안 된다. 하나님을 향한 갈망은 하나님이 있어야 설명이 된다.[344]

우리의 욕망은 거의 채워지지 않는다. 욕망이 인간적 욕구라면 뭔가 채울 수 있는 것이 있다. 그런데 도저히 채울 수 없는 갈망이 남아 있다. 권력과 돈과 명예로도 채워지지 않는 갈망, 어떤 것으로도 풀어지지 않는 욕망, 이는 어거스틴이 말한 바, "하나님이 만드신 공간, 그리고 그 공간은 하나님, 당신으로만 채울 수 있나이다"라고 고백하는 그 하나님, 그분만이 채우실 수 있는 인간의 공허함이 있다. 인간이 감각할 수 있는 이 공허함은 역설적으로 인간만이 느낄 수 있다. 개나 고양이, 토끼와 얼룩말은 초월에 대한 공허와 갈망을 갖지 못한다. 초월에 대한 갈망[345]은 그야말로 사람만이 느낄 수 있는 사람의 가장 고귀한 특성이다. 이 땅 위에서 어떤 것을 소유한다 해도 결코 만족해할 수 없는 조건, 인간 현상, 그래서 인간은 인간됨에 결코 만족하지 못하고 자신의 인간됨을 넘기를 간절히 소원한다. 사람은 밥만 먹고 못 산다!

하나님께서 사람을 만드셨다. 사람을 움직일 수 있는 엔진도 하나님이 만드셨다. 자동차는 휘발유를 넣어야 한다. 다른 것을 넣으면 고장만 날 뿐이다. 사람은 하나님을 넣어야 달릴 수 있는 자동차다. 하나님 스스로 우리 영혼이 사용할 수 있는 휘발유가 되시고, 우리 영혼이 먹어야 할 양식이 되셨다. 하나님이라는 휘발유 외에 다른 것은 없다. 생명의 양식이신 예수 외에 또 다른 영혼의 양식은 없다. 우리가 원하는 방식대로 하나님 없이 행복을 누리게 해 달라고 해도 소용없다. 하나님 외에 또 다른 인간을 채울 수 있는 대상이 없기 때문이다.[346]

하나님은 자신에게 없는 것을 주시는 것이 아니라 하나님이 갖고 계신 것을 주신다. 그는 없는 행복을 주시는 것이 아니라 그분이 갖고 계신 행복을 주신다. 하나님이 될 것이냐, 피조물의 자리에서 하나님의 선함에 반응함으로써 그의 선함을 공유하며 그를 닮은 존재가 될 것이냐, 아니면 비참한 존재가 될 것이냐, 이 세 가지 중 하나를 택해야 한다. 이 세계 내에서 우리에게 주어진 유일한 먹을거리를 먹는 법을 배우지 못한다면, 영원히 굶을 수밖에 없다.[347]

일상의 모든 것들 안에 하나님을 향한 메아리와 하나님을 소망하는 갈망이 깃들이지 않은 것은 없다. 갈망의 기쁨은 우리 가운데 널려 있다. 기쁨 안에서 찾을 수 있는 것들은 하나님의 창조 아닌 것이 없다. 그래서 기쁨을 통해서 하나님을 향한 단서를 본다. 물론 기쁨은 기쁨의 근원이신 하나님을 찾아가는 과정이 내어놓는 향기이며, 우리의 갈망과 순례에서 용기를 잃지 않도록 하는 즐거움이다. 기쁨 그 자체가 우리의 목적은 아니다. 그러나 기쁨은 기쁨의 샘이신 그분에게서 하나님을 향한 순례자에게 계속해서 선물로 주어진다.

기쁨이 왜 필요한가? 땅은 우리에게 실은 매우 부자연스러운 공간이다. 사람은 모든 자연과 달리 죽음에 대해서 강하게 저항한다. 동물과 달리 사람은 자연의 가장 일상적인 죽음을 지연시키고, 부적응하며, 마지못해 받아들일지언정 강한 어조로 거부한다. 시신에 오히려 새 옷을 입힌다. 시신이 썩지 않도록 방부제로 처리한다. 뭔가 죽음을 인정할 수 없다는 식의 울부짖음을 내어 놓는다. 죽음은 이토록 이 땅에서 자연스러운 과정임에도 사람은 죽음을 받아들일 수 없는 낯설고 기이한 사건으로 본다. C. S. 루이스는 죽음에 대한 이런 부자연스러운 반응은, 죽음을 거부하고 죽음을 넘어서 있는 또 다른 세계를 암시하고 있다고 말한다.[348]

인간은 의식적이든 무의식적이든 죽음 후의 세계를 갈망하기도 하고, 꿈꾸기도 하고, 애써 부인하기도 하지만, 어떤 시대, 어떤 사회도 죽음 후의 세계에 대해서 철저하게 무관심한 적은 없다. 아무리 물질문명이 발달한다 해도 죽음 이후의 세계를 사람들이 함부로 관심 없는 듯이 살아갈 수는 없다. 왜일까? 인간은 사실 죽음 이후에도 그의 생명을 어떤 차원이든지 간에 그의 모습으로 살아가도록 되었기 때문에 그러하다. 죽음으로 모든 것이 끝난다고 믿는 믿음은 쉽게 사람들을 설득하지 못한다. 또 다른 세계를 향한 갈망은 결코 무시되지 않는다.

교회에서, 어릴 때부터 눈이 보이지 않게 된 대학생을 만난 적이 있다. 대학에서 법학을 공부하는 학생이었는데, 컴퓨터 사용에 있어서도 다른 학생들과 전혀 다르지 않아 보일 정도로 우수한 학생이었다. 일상적인 대화를 나누는 데 그 청년이 눈이 보이지 않는 사람이라는 사실을 거의 잊어버릴 정도였다. 결례를 무릅쓰고 나는 몇 가지를 물어보았다. "지금 눈을 뜨면 어떻겠냐?"고, 눈이 보이지 않는 청년의 세계가 나는 너무나 궁금했다. 그러자 그 청년은 "나는 차라리 현재 이 상태로 있고 싶다"고 말한다. 내심 놀라면서 "왜 그러냐, 이유가 뭐냐?"고 물었다. 그는 현재 눈이 보이지 않는 상태가 적어도 그에게는 불편함이 없다고 한다. 다시 눈을 뜨게 되면 전혀 새로운 세상에 또 다시 적응해야 하는데, 그게 더 불편할 것 같다고 대답한다. 아마도 눈을 뜬다, 눈이 보인다는 현실을 경험해 보지 않아서 그게 뭔지 잘 알지 못하는 게 아니냐 하는 생각이 들기도 했다. 하지만 어쨌든 그는 눈이 보이지 않는 현재 그의 세계에 적응되어서 거의 불편함을 느끼지 않는 듯했다.

눈이 보이지 않는 시각장애인이 늘 가던 길을 간다. 지팡이를 사용해서 그리 불편하지 않게 걸어간다. 그런데 어느 날 어찌어찌해서 눈을 떴다. 그러자 그가 길을 잃었다. 이 땅 위의 삶도 마찬가지다. 눈에 보이는 빛의 세계가 있음에도 어두움의 세계에 우리는 얼마든지 익숙해질 수 있다. 그리고 빛의 세계는 더 이상 우리의 관심의 대상이 되지 않을 수 있다. 이미 너무나 익숙하게 되어 전혀 불편함 없이 어두움의 세계에 정착해 있기 때문이다. 보이지 않는 새로운 하나님의 세계에 대한 감각과 갈망은 시간이 흘러감에 따라서 무뎌질 수 있고, 끝내 아무 관심을 갖지 않는 무감각의 현실 안으로 들어갈 수 있다. 그러나 동시에 사람은 필연적으로 "내가 왜, 어떻게 여기에 있으며, 무엇 때문에 이렇게 있는가?"라는 물음을 모른 체하면서 살 수 없고, 이 물음은 우리의 시간 내내 쫓아다니며 우리를 괴롭힌다.

4. 동굴의 비유와 쇼생크 감옥

플라톤의 동굴의 비유는 오히려 인간 현실과 하나님의 현실을 잘 그려 주고 있는 듯하다.[349] 동굴에 죄수들이 갇혀 있다. 언제부터인지 모르지만 너무 오래 갇혀 있었기 때문에 그들은 이제 어두움이 너무나 익숙하다. 또한 그들은 포승줄에 묶여 있기 때문에 몸을 마음대로 움직이지 못하고 단지 동굴의 어두운 벽에 비친 그림자를 바라볼 수 있다. 어두컴컴한 동굴은 그들이 살고, 감각하고, 알고 있는 세계 전부다. 그들은 외부 세계를 본 적이 없고, 알지도 못한다. 그런데 사건이 일어난다. 한 명이 그들을 묶어 놓은 줄을 끊어 버리고 동굴 밖으로 탈출한 것이다. 동굴 밖의 세계는 눈이 부시도록 찬란하다. 빛나는 태양과 눈부신 초록의 아름다움, 푸르게 흘러가는 강물과 높이 솟아오른 산들은 전혀 다른 세계이며, 지금껏 꿈에서나 간간히 흘깃 본 적이 있을까 한 세계다. 태양과 강들과 산들의 초록의 아름다움은 그들이 경험해 온 세계와 전혀 다른 세계다. 그리고 동굴 밖의 세계를 보고서 그 사람은 다시 동굴로 돌아가서 동굴 안에 있는 사람들에게 밖의 세계를 말하고 밖으로 나가자고 한다. 그들은 그 말을 믿을 수 없다. 그림자를 통해서 희미하게 이 세계를 파악하던 그들에게 바깥세상은 상상할 수도, 어쩌면 상상해서는 안 되는 세계일 수 있다. 그리고 그 말을 들은 함께 갇혀 있던 동굴의 수인(囚人)들은 밖으로 나갔다가 다시 돌아온 사람을 죽이고 말았다.[350]

아마도 대체로 위와 같은 스토리일 것이다. 플라톤의 경우는 우리 눈에 보이는 감각할 수 있는 현실 세계보다 더 근원적이고 본질적인 이데아의 세계를 그리기 위해서 동굴의 비유를 말하고 있다. 플라톤이 말하는 것은 진짜 세계인 동굴 밖의 세계, 즉 이데아의 세계가 있다는 것이다. 우리 눈에 보이는 현실 세계는 그 본질 세계, 이데아의 세계를 복사한 것에 불과하다. 진짜 세계는 이데아의 세계다. 이쯤 되면 초기 그리스도인들이 플라톤에 매혹되었던 이유를 알 것도 같다. 예수를 믿는 신앙 가운데 결정적인 면 하나는 이 세계가 진짜 세계가 아니라 그림자 세계이며, 우리가 참으로 바라고 원하는 세계는 이 세계를 벗어난 하나님 나라라는 말이다.

또 다른 세계에 대한 확신, 우리가 이 땅 위에 살고 있으나 우리는 이 세계에 적합한 존재가 아니라 또 다른 세계를 위한 존재들이며, 그렇게 되어야 한다는 또 다른 세계를 향한 갈망, 이것이 바로 인간의 모습을 자세히 관찰한 C. S. 루이스의 인간 파악이다.

❖

〈쇼생크 탈출〉은 쇼생크 감옥의 사건 내용이다. 감옥에서 10년을 지낸 것은 최소한이고, 20년, 30년 정도도 보통이다. 거의 평생을 감옥에서 보내는 사람들의 이야기이다. 감옥에서 그들은 끊임없이 감옥 밖을 꿈꾸고 자유를 갈망한다. 얼마 지나면 감옥을 나갈 수 있으리라는 희망은 그들의 답답한 삶의 유일한 통로다.

희망은 위험하다.

그러나 전혀 그렇지 않은 사람들이 있다. 감옥 밖은 차라리 위험한 지역이다. 차라리 감옥 안에 있는 것이 안전하다. 10대에 들어와서 60대가 되어서야 감옥을 나간다. 40년, 50년을 감옥에서 보낸다. 그에게 감옥을 벗어나는 것은 전혀 희망이 아니다. 막상 가석방이 되어서 감옥을 나가야 할 때가 다가오자 그는 발작을 일으킨다. 브룩스는 50년 이상을 감옥에서 보냈다. 감옥은 이제 그의 존재의 바탕이며 근거다. 감옥의 삶에 너무나 깊이 뿌리를 내린 나머지 감옥 밖으로 자신의 뿌리를 이동한다는 것은 위험천만한 일이며, 차라리 절망할 수밖에 없다. 가석방은 오히려 절망이다. 브룩스는 감옥에 충분히 길들여졌다. 감옥은 그의 세계 전부다. 밖에 나간다 해도 어떻게 먹고살지 막막할 뿐이다. 자유는 아무나 누리는 것이 아니다. 자유는 누려 본 사람만이 그 맛을 안다. 인생의 전부이며 그의 삶 전체 세계였던 그의 감옥을 벗어나는 일은 무척 고된 일이며, 감옥에서 그의 시간을 보낸 것만큼 쉽지 않다.

그는 이제 감옥을 벗어나서 세상에 나온다. 어릴 때 보았던 자동차가 엄청나게 많아진 것을 보고 놀란다. 다른 사람들에게는 하나도 이상하지 않은 일상적인 삶의 공간조차도 두려움과 공포로 다가온다. 마트에서 일을 하는데 적응할 수 없다. 감옥에 있을 때처럼 화장실을 갈 때도 허락을 받아야 하고, 그래야 편히 소변을 볼 수 있다. 허락을 받지 않고서는 소변이 안 나온다. 그러던 어느 날, 그는 몰래 그의 지역을 벗어난다. 그리고 어느 호텔에 들어서 천장 벽에다 "Brooks was Here"(브룩스 여기에 있었다)라고 쓰고는 목을 매고 죽는다. 동굴을 벗어나서 그는 도저히 살아갈 수 없었다. 차라리 동굴과 감옥이 더 편하다. 노예로서의 삶이 늘 괴로운 것은 아니다. 차라리 감옥에서 쇠사슬에 묶여 있는 것이 더 편하다.

5. 신앙과 의심

신앙의 인물들이 투명한 신앙을 갖고 있는 사례는 없다. 처음부터 투명하고 맑고 한 점의 흠도 없는 신앙은 아예 없는 것일지 모른다. 하나님을 향한 순도 100퍼센트의 신앙은 이 땅에 발을 딛고 살아가는 동안에는 가능하지 않다. 심지어 성경의 신앙 인물들조차 정도의 차는 있겠지만, 욥과 전도서와 하박국과 복음서의 흔들리는 제자들의 모습 가운데서 100퍼센트 온전한 신앙의 모습을 찾기란 힘들다. 교회 역사에서 신앙의 대가들조차도 회의와 혼란 없는 신앙의 길을 간 사람은 없다. 가장 마음에 드는 말은 어거스틴의 입에서 나온다.

나는 불분명한 것들 가운데서 참으로 확실한 것을 잡기 원했다.

> 수학의 7+3=10과 같은 모든 상황들이 명백해지고 그런 명백한
> 확신을 원한다.[351]

이 얼마나 우리 신앙의 갈망과 흡사한가? 신앙을 갖기 원한다. 신앙의 확실성이 참으로 분명하게 보증되어지기를 동시에 원하고 있다. 신앙을 가진 사람 치고 이런 소원이 없는 자가 어디에 있는가? 신앙을 갖지 않은 자들은 이런 소원조차 없다. 신앙과 전혀 무관한 자들은 신앙에 대한 그 어떠한 생각도 없이 그냥 그의 삶을 흘려보낸다. 의심과 회의는 신앙을 따라다닌다. 의심과 회의가 없다는 말은 신앙이 없다는 말에 다름 아니다. 신앙이 있기에 의심과 회의가 있다. 신앙을 갖고 있는 자들은 회의 때문에 오히려 신앙을 떠날 수 없다. 처음 시작이야 어떻든지 간에 신앙은 어느덧 우리 삶의 중심이 되고 만다. 신앙은 우리의 삶에서 주변 사건으로 그냥 남아 있는 채로 지나치지 않는다. 어느덧 신앙은 우리 삶의 주변부에서 중심부로 들어와서는 삶의 궁극적 관심이 되고 만다. 그래서 신앙은 늘 신앙 그 자신을 항상 최고의 관심으로 이끌어 들인다. 그래서 우리는 이미 궁극적인 관심이 된 신앙이 우리의 의식과 삶에서 더욱더 분명해지기를 간절히 소원하게 된다. 신앙은 그 신앙이 든든한 뿌리를 갖기 원한다. 그러나 신앙의 든든한 뿌리는 어디서 찾을 수 있으며, 어디에 그 근거가 놓여 있는가? 이것이 필립 얀시가 말하는 신앙 여정이다. 신앙에 대한 회의는 그가 인용하는 날카로운 질문으로부터 시작된다.

> 나는 하나님의 선하심을 주저 없이 받아들인다. 그러나 내 물음
> 은 하나님의 선하심이 도대체 무엇이냐는 것이다. 얼마 전에 빌

리 그레이엄의 딸이 치명적인 가정불화 때문에 어려움을 겪는다는 말을 들었다. 빌리 그레이엄과 그의 가족들이 딸이 있는 유럽으로 가서 함께 기도를 드렸다고 한다. 그러나 그의 딸은 끝내 이혼하여 결별하고 말았다. 빌리 그레이엄의 기도가 응답되지 않았다는 말이다. 그렇다면 나의 기도가 과연 응답될 수 있을까? 나는 지난 삶을 돌이켜 보면서 건강, 딸과의 불화 그리고 결혼 생활 등을 떠올렸다. 그리고 하나님께 도움을 간구하면서 울부짖었다. 그러나 하나님께서 나의 기도에 응답하실지는 의문이다. 우리는 이제 무엇을 하나님께 간구하고 기대할 수 있는지 알 수 없다.[352]

도대체 신앙이 무엇이고, 신앙의 대상이신 하나님은 우리에게 어떤 분이시고, 하나님을 믿음으로 살아간다는 말이 우리의 삶에서 어떤 변화를 만들어 낼 수 있는가? 신앙은 허구인가 아니면 튼튼한 기반을 갖고 있는가? 이는 중심을 치고 들어가는 물음이며, 이 물음과 함께 신앙의 여정을 떠나게 된다.

신앙은 마치 시계추와 같다. 신앙은 신앙 없음과 신앙 있음 사이를 끊임없이 왔다 갔다 하면서 이리저리 흔들린다. 신앙은 하나님을 향한 우리의 꾸준한 발걸음이긴 하지만, 그렇게 일직선으로 곧장 걸어가는 걸음은 아닌 듯싶다. 흔들리는 걸음으로 때로는 뒷걸음을 치기도 하고 또는 힘 있게 걸어가기도 하면서, 봉우리와 골짜기를 오르락내리락하는 나선 운동처럼 움직이면서 한 걸음씩 나아간다. 그렇다면 신앙의 길에서 의심과 회의는 필연적으로 뒤따라오는 것일까? 또는 신앙의 길에서 회의와 의심은 어떤 역할을 하는 것일까?

하나님을 신앙하는데 왜 하나님은 어려운 길을 가게 하시는 걸까? 하나님을 믿는데 왜 확실한 증거를 주지 않으시는 것일까? 하나님을 믿는 데 분명한 증거가 있다면, 그것은 하나님도 원하실 터인데, 훨씬 더 많은 사람들이 하나님을 믿고 하나님께 돌아올 것이 아닌가? 하나님을 믿는 데 왜 분명한 증거가 없는가? 유명한 무신론자 버트란트 러셀은 핵심을 찌른다.[353] 러셀에게 어떤 여인이 와서 "당신이 죽은 다음에 당신 생각이 틀려서 진짜로 천국이 있고 지옥이 있어서 하나님 앞에 서게 되면 무어라고 말할 것인가요?"라고 힐난조의 물음을 던진다. 그때 러셀은 "하나님, 왜 하나님께서는 우리들이 하나님을 믿을 수 있는 충분한 증거를 주시지 않았습니까?"라고 되물을 것이라 말한다.[354]

사실 우리에게는 하나님을 믿을 수 있는 증거가 충분치 않다. 하나님은 거의 늘 숨어 계신 듯이 보일 뿐, 분명하게 당신 자신을 드러내지 않으신다. 그렇게 숨어 계시면서 우리더러 찾으라고 하시고, 못 찾으면 그게 우리의 책임인 양 우리에게 떠넘기는 것은 불공평하다. 더 나아가서, 하나님이 이 세계를 창조하시고, 하나님이 계시다면 이 세계가 좀 더 하나님을 닮아야 하고 하나님다워야 할 터인데 그것마저도 그렇지 못하다. 하나님이 전혀 보이지 않는, 하나님 없는 이 세계에서 하나님을 찾아가야 하는 신앙은 불리한 입장에 있으며, 때로는 많은 일에서 우리는 보이지 않는 하나님에게 배신을 당했다는 상처를 입고서 살아간다. 신앙을 갖는다는 것은 이 세계 내에서 결코 쉽지 않으며 유리한 처지에 있지 않고, 상처와 함께 상처를 끌어안고 살아간다.

필립 얀시 역시 신앙의 난처함을 잘 알고 있다. 그가 지금껏 신앙을 포기하지 않은 이유는 신앙을 갖지 않는 것보다는 신앙을 갖는 것이 더 낫기 때문이다. 신앙을 갖지 않는다 해도 또 다른 중뿔나는 선택이 없다. 다른 마땅한 비신앙의 길도 허사로 끝나곤 한다. 차라리 보이지 않는 하나님과 관계를 맺는 일이 비신앙의 길보다는 낫다. 하나님과 그 어떤 관계를 맺지 않는 것보다 말이다. 하나님과 관계를 맺고 살아가는 신앙의 길은 의외로 어렵고 때로는 심각하게 우리를 좌절로 몰아넣는다. 그래서 신앙이 결코 쉬운 길이 아니라는 것을 더욱더 절감한다. 그러나 하나님과 아무 관계도 맺지 않고 사는 길은 더 어렵다. 신앙은 어렵다. 그러나 비신앙은 신앙보다 훨씬 더 어렵다. 하나님을 신앙하는 길은 결코 쉽지 않다. 그러나 무신론을 믿는 것은 훨씬 더 어렵다. 어느 것도 100퍼센트 완전하게 믿을 수 있는 증거는 실상 우리 손에 잡히지 않는다. 그러나 이성과 합리와 논리를 따른다면, 하나님 신앙이 더 합리적이고 이성적이다.

신앙의 어려움은 신앙에 거의 필연적으로 뒤따르는 의심과 회의다. 신앙의 공간에 어느덧 의심이 끼어들어 하나의 뼈대를 이루고 있다. 신앙과 의심은 예외 없이 늘 함께 간다. 신앙이 없으면 의심도 없다. 의심은 신앙의 자매처럼 거의 늘 함께 간다. 의심과 모호함이 없이 진행되는 신앙은 거의 현실적이지 않다. 성경의 신앙 인물들조차도 끊임없이 비틀거리면서 회의와 더불어 신앙의 길을 간다. 문제는 회의와 의심이 그의 신앙을 덮쳐서 신앙의 길에서 벗어나서 신앙과 관계없이 사는 것이다. 그러나 흔들리는 것은 신앙에서 어쩔 수 없는 현실이며, 흔들리면서도 신앙의 길에서 끝내 벗어나지 않는 것이 더 중요하다.

❖

　신앙에서 의심은 피할 수 없는 필연적인 조건이지만, 동시에 의심은 나름의 가치를 지닌다. 욥은 의심의 인물이었고, 예레미야도 역시 하나님을 향한 의심의 항거를 그치지 않았다. 시편의 고백들은 하나님을 향한 찬양 이전에 의심과 회의를 적나라하게 숨김없이 드러내고 있다. 신앙은 의심과 더불어서 성장한다. 의심의 요소는 차라리 긍정적이다. 그는 의심을 하나님과 사람 사이에서 발생하는 어쩔 수 없는 요소로 보고, 오히려 의심이야말로 하나님과 관계를 맺는 사람에게서 가치 있는 여유로움이라고 파악한다. 필립 얀시는 그래서 다음과 같이 인용한다.

> 하나님은 그분의 성격상 스스로 자신을 계시하시는 분이다. 그분은 자신을 반드시 알리신다. 동시에 하나님은 스스로 자신을 감추시는 분이다. "비밀스러운 일은 우리 주님, 하나님께 속하였다"라고 모세는 이스라엘 백성들에게 말한다. 하나님은 우리를 보호하시기 위해서 자신을 숨기셨고, 또 어떤 일들은 분명하게 드러내셨다. 우리는 사실 이 둘 사이에서 산다. 하나님은 우리의 갈망을 채워 주시는 분이시고, 동시에 위대하신 미지의 존재이시다. 그분을 정면으로 목격하고서는 누구도 살아남지 못한다. 하나님의 임재와 부재는 동시에 우리를 살아남게 하고 보호한다.[355]

　태양을 정면으로 바라보려 하다가는 우리 눈은 금방 멀어 버리고 만다. 하나님은 우리 인간이 만만하게 만날 수 있는 분이 아니다. 하나님과의 만남은 아무 때나 거리낌 없이 이루어지는 것이 아니다. 눈이 멀어 버릴 각오를 해야 한다. 의심이 사라질 정도로 하나님이 명백하게 그분의 적나라한 모습을 우리에게 드러내시면, 우리는 그분의 등장을 감당할 수 없다. 구약성경에서 사람들은 하나님을 감히 만났다고 하지 않는다. 하나님의 얼굴을 보고서 살아남을 수 있는 인물은 없기 때문이다. 하나님이 거하시는 산은 누구도 오를 수 없다. 죽기를 각오하고서야 오를 수 있다. 올라가다가 하나님을 만나면 그분의 얼굴을 보는 것만으로도 그는 죽음을 각오해야 한다. 간신히 하나님의 등을 보는 것도 쉽지 않다. '하나님의 등'이라니?

차라리 숨어 계시는 하나님은 우리의 유익을 위함이며, 우리는 그래서 살아남을 수 있다. 우리의 눈은 하나님을 그분의 모습 그대로 보기에는 시력이 너무 약하다. 우리의 귀는 하나님의 음성을 듣기에는 그 청력이 너무 약하다. 지구 돌아가는 소리가 적나라하게 드러나면, 우리 귀는 찢어지고 만다. 미세함과 섬세함으로 자신을 제약하는 지구의 소리 때문에 우리는 어느덧 알지 못하는 사이에 지구 위에서 살아간다. 인간의 존재 자체는 하나님과 맞먹는 식으로 그분의 존재를 평행선상에서 만날 수 없고, 결국 하나님은 우리와 같은 차원의 존재 영역에 계시는 분이 아니라는 사실을 알아야 한다. 그래서 동일한 차원에서 하나님을 만날 수 없을 때, 의심과 회의는 하나님과의 관계에서 필연적으로 따라다닐 수밖에 없다. 하나님만이 하나님을 평행선에서 만날 수 있다. 신앙에서 의심은 마냥 배척되어야 할 요소가 아니다. 오히려 의심을 신앙에서 필연적 조건으로 다루어야 하는 것은 바로 이 이유 때문이다. 그래서 뷰크너는 다음과 같이 말한다.

> 하나님 그분을 사람들의 의심의 공간에 남겨두지 않고 분명히

나타내려 한다면, 우리는 모두 다 부서질 수밖에 없다. 하나님을 향한 의심의 공간이 있기 때문에 우리는 하나님과 사이에서 살아남을 수 있다.[356]

부인할 수 없을 정도로 하나님이 우리 눈앞에 나타나시고, 의심할 수 없을 정도로 하나님이 명백하시다면, 그래서 하나님과 우리 사이가 그토록 투명하다면, 우리는 과연 살아남을 수 있을까? 차라리 회의가 깃들여진 우리의 옅은 믿음으로 하나님을 믿고 알고 살아가는 것이 오히려 복이다. 우리 앞에 투명하게 임재하신 하나님을 우리는 감당하지 못하기 때문이다.

6. 불확실한 애매모호함의 의심과 함께 살아가기

하나님은 아마도 우리를 상제보 하나님 신앙으로 놀아넣을 수는 없으신 듯하다. 또한 그럴 마음도 없으신 것 같다. 확실치 않음이 하나님과 우리의 관계에서 그야말로 근원적인 성격을 지니고 있다면, 명백한 증거를 우리 신앙의 증거로 제시하지 못한다 하여도 신앙은 무너지지 않는다. 파스칼과 존 던(John Done)의 인용은 이러한 신앙의 성격을 잘 보여 주고 있다.

> 부인하기에는 너무나 많은 증거가 있으며, 확신을 가지기에는 너무나 적은 증거만이 있을 뿐이다.[357]

> 교회는 기도하기에 가장 좋은 공간이다. 매우 흐린 불빛만 있으면….[358]

신앙은 우리를 압도하는 태양과 같은 증거가 없어도 걸어갈 수 있다. 그러다 보니 신앙을 가진 자가 조금 비틀거리고 흔들린다 한들 그게 무슨 대수인가? 신앙은 성격상 비틀거린다. 또한 밝은 불빛이 우리 앞을 비춰 주지 않을지라도, 흐린 불빛만 있어도 믿음으로 하나님께 기도를 바칠 수 있다. 차라리 믿음은 태양처럼 환하게 빛을 내는 공간이 아니라 구름에 가려서 희미한 새벽 같은 어두움에서 드러나는 것이 아닌가? 그리고 차라리 믿음은 흐린 불빛이 우리를 인도하기 때문에 필요한 것이 아닌가? 확실한 증거가 있을 때가 아니라 어두울 때 믿음이 있어야 하고, 희미한 증거만으로도 우리는 하나님을 신앙하고 믿기에, 아니 그때 오히려 믿음은 더욱더 빛을 발하게 된다. 이게 하나님을 향한 믿음의 여정이다!

우리 앞에 전혀 예상치 못한 일이 전개될 때 이토록 우리가 장님이구나 하는 생각이 들지 않을 수 없다. 한 치 앞도 예상치 못한다. 발걸음이 그냥 낭떠러지로 내리 치닫는데, 우리는 한 치 앞에서도 어두움 가운데서 헤매는, 앞을 보지 못하는 자들이다. 그러나 믿음은 이를 넘어선다. 믿음이 없으면 당혹감과 함께 좌절의 나락에 넘어져서 끝내 그 어두움을 넘어서지 못한다. 믿음은 이때 우리를 한 번 더 일어서게 만든다. 증거가 부족하기 때문에, 어두움이 앞을 가로막기 때문에, 그래서 오히려 믿음으로 한 걸음을 내디딘다. 믿음이 없으면 아예 한 걸음조차도 옮길 수 없다.

그래서 필립 얀시는 프랑스 수도사의 당나귀 이야기를 한다. 당나귀가 좌우 양쪽에 맛있는 건초 더미 사이에 있다. 당나귀가 건초를 먹기 위해서는 어느 한쪽을 향해서 발을 내디뎌야 한다. 그러나 당나귀는 양쪽을 번갈아 바라보면서 어느 쪽으로 가야 할지를 결정하지 못한다. 그렇게 양쪽을 바라보다가 당나귀는 결국 굶어죽고 말았다.[359]

믿음은 위기를 포함한다. 믿음으로 걸어가다가 실제로 낭떠러지에 떨어질 수도 있다. 믿음으로 걸어가다가 좌절과 절망을 만나기도 한다. 그러나 믿음은 좌절과 절망이 다가온다 해도 또 한 번의 믿음을 하나님께 드리기를 포기하지 않는다. 믿음은 또 다른 믿음을 만들어 내고, 좌절과 실망을 넘어서서 그의 길을 포기하지 않고 걸어간다. 좌절과 실망과 어두움과 그리고 애매함과 모호함이 있기 때문에 오히려 믿음은 넘어져도 다시 일어서서 그의 길을 간다. 바로 믿음의 속성이기 때문이다.

믿음은 어두움 가운데서도 결국 한 걸음을 더 내디디는 힘이다. 믿음은 희미한 불빛만으로도 움직이는 능력이다. 분명한 증거가 없다 해서 움직이지 않는다면 결국 굶어죽고 말 것이다. 믿음은 명백하지 않은 증거들 가운데서도 결국 우리를 걸어가게 하는 힘이다. 우리는 하나님께 바로 이 믿음을 드리면 되는 것이다.

7. 확실한 증거가 있어야 믿을 수 있다

영국 옥스퍼드대학교의 앤소니 플루(Anthony Flew, 81세) 교수는 세계적인 무신론 철학자다. 그는 전설적인 영국 철학자로서 수십 년 동안 무신론을 대변하는 대부 격인 인물이다. 그런 그가 최근에 무신론을 버리고 유신론으로 돌아섰다. 그의 변화는 그의 철학 여정에서도 대단히 중요한 사건이며, 또한 지금껏 그가 펼쳐 온 그의 논증은 엄청난 설득력으로 무신론적인 자연주의를 도전하는 데 힘을 발휘한다. 개리 하버마스(Gary Habermas) 교수는 리버티대학교의 교수로서, 오랫동안 플루 교수와 하나님 존재와 예수의 부활 등에 대한 논쟁을 했다.

앤소니 플루는 2004년 1월에 하버마스에게 그는 무신론을 포기하고 유신론의 입장을 택했다고 알린다. 그는 그리스도인은 아니지만 이제 유신론이 옳다는 확신을 갖게 되었다. 플루의 입장을 한마디로 요약하면, "나는 증거가 보여 주는 데까지 간다"라는 말로 압축할 수 있다.[360] 그가 믿는 하나님은 성경이 말씀하시는 하나님은 아니다. 그러나 여전히 그런 가능성을 열어 두고 있다. 그는 자신이 믿는 하나님은 아리스토텔레스의 하나님, 능력과 지성을 지닌 하나님이라고 말한다. 성경이 말씀하는 인간과 사랑을 나누시는 인격의 하나님은 아니다. 이신론(deism)의 하나님이라 할 수 있다.

자연주의의 설명은 이토록 복잡한 분자덩어리가 어떻게 단순한 하나의 물질에서 진화되었는가를 도저히 설명할 수 없다. 그리고 그가 전 세계에서 무신론의 교과서처럼 사용했던 그의 저서, 「하나님과 철학」(God and Philosophy)의 서문을 다시 쓰면서 이 책은 이제 불필요하게 되었다고 말한다. 빅뱅 우주론, 인간원리(Anthropological Principle) 그리고 지적 설계 논증(Intelligent Design arguments)과 같은 최근의 과학적 발견은 신 존재에 대해서 무엇보다도 더 설득력 있는 증거를 제시한다고 한다.

그러나 그는 C. S. 루이스의 도덕에 의한 하나님 증명이나 여타의 신 존재 증명에 대해서는 우호적이 아니다. 앤소니 플루가 옥스퍼드의 학생이었을 때 그는 C. S. 루이스가 그 모임의 회장으로 있던 소크라테스 클럽의 모임에 거의 빠지지 않고 참석했다. 플루는 C. S. 루이스야말로 최근 수십 년 동안 가장 탁월한 그리스도인 변증가임에 분명하지만, 그의 도덕 논증은 대단히 이성적임에도 불구하고 그를 설득시키지 못한다고 말한다. 그가 강력한 증거로 생각하는 유일한 증거는 지적 설계 논증이다. 이 세계의 생명의 시원이 어떻게 되었는가 하는 문제는 지성과 능력을 지닌 신적 존재를 전제하기 전에는 제대로 설명할 수 없다는 입장이다. 확실한 증거를 요구했던 버트란트 러셀에 대해서도 플루는 그가 만약 현재 우리에게 주어진 과학적 증거, 빅뱅 우주론, 인간 원리 등을 알았다면, 러셀도 역시 이를 신 존재에 대한 강력한 증거로 충분히 받아들였으리라고 말한다.

그러나 믿음과 신앙은 신 존재 논증만으로 충분치 않다. 그리고 논증은 여전히 하나님에 대한 우리의 회의를 말끔히 제거하지 못한다. 의심은 사라지지 않는다. 과학이 하나님 존재에 대한 강력한 증거를 제시해주어도, 그것이 우리의 궁극적 관심과 우리 삶의 중심이 되시는 하나님을 만나게 하지는 못한다. 하나님 신앙과 하나님 경험은 이런 논증과 입증과 그 수준을 달리 한다. 믿음은 이성의 작용만이 아니라 마음으로 하나님 신앙이 열리게 되기 때문이다.

❖

　신앙을 한다든가 또는 믿음을 갖는다는 식의 표현 자체가 암시하듯이 믿음은 어느 정도의 불확실한 측면을 감수하고서 그 내용을 받아들이는 것이다. 5+5=10이라는 식으로 수학과 물리학에서는 확실한 내용을 분명하게 말한다. 그러나 우리 삶과 관련된 지혜와 신앙, 삶의 의미와 삶의 목적에 대해서는 그 증거들이 확실하게 입증되지도 반증되지도 않는다. 애매하게 남아 있다. 오히려 애매한 영역을 받아들일 수 있는가 하는 데서 우리의 지혜가 시작된다.

　부모가 처음에 아이를 키울 때, 엄마는 아이를 키우는 데 많은 지식을 요한다는 것을 알고 책과 강의를 통해서 많은 것을 배운다. 막상 상황이 닥치게 되자, 학교 다닐 때 공부를 전혀 하지 않던 아줌마가 밑줄을 그어 가면서 열심히 공부를 한다. 그래서 아이 키우기에 대한 많은 지식을 배우고 이제 나름의 자신을 갖게 된다. 그러나 아이를 키우는 일이 막상 스포크 박사의 「아이 키우기」 등의 책을 통해서 그런 지식을 갖는다 해서 되는 게 아니다. 아이를 키워 본 다음에 그런 사실을 절실하게 알게 된다. 아이 키우기에 얼마나 많은 애매한 영역이 있으며, 불확실한 내용들과 알지 못하는 영역이 도사리고 있는지를 말이다. 전혀 상상치 못했던, 책에서 배우지 못한 사건들이 아이 키우기에서 발생하고, 그래서 엄마들은 당혹해하고, 좌절한다.

　책에서 말하는 대로 했는데 아이는 책에서 말하는 대로 자라 주지 않는다. 아이 키우기는 책에서 말하는 것보다 훨씬 더 복잡하고, 훨씬 더 많은 변수와 상황에 의해서 예측할 수 없는 방향으로 움직이고, 늘 우리의 생각을 벗어나서 결과를 만들어 낸다. 그래서 드디어 알게 된다. 아이 키우기는 수학이나 과학이 아니며, 한 권의 책으로 커버할 수 없다는 사실 말이다.

아마 이런 책도 있으리라고 생각이 드는데, 「키스 잘하기」라는 책이 있다고 생각해 보자. 키스를 잘하고 싶은 어떤 예쁜 처자가 그 책을 사서 키스를 배운다. 그래서 그녀는 키스를 마스터했을까? 어림없는 소리다. 간단한 것 같은 키스가 얼마나 복잡하고 다양하고 민감한 센스를 요구하는지 몰라서 하는 무식한 소리다. 입술이 닿기 전의 마음 상태 하나만 열거해도 책이 10권 정도 필요할 것이다. 두 입술 사이의 느낌을 드러내기 위해서는 그보다 더 많은 글이 있어야 한다. 그게 어디 그뿐인가? 책으로 배운 키스는 실제의 키스에서 좌절하고 만다. 키스는 과학이 아니기 때문이며, 키스는 책으로 그 실체가 명확하게 드러나지 않기 때문이다. 사람의 아무리 작은 행동이라 해도 수학과 과학의 지평을 넘어선다. 인간의 삶은 수학과 과학처럼 명확하지 않다.

인간의 삶에서 수학과 물리학처럼 분명하게 사실을 파악해 낼 수 있는 영역은 매우 적다. 수학으로 정리될 수 있는 인간 삶이 어디 하나둘 정도에서 그칠 수나 있을까? 물리학으로 인생을 과학처럼 예측할 수 있다면, 어려움에 빠질 사람이 누가 있겠는가? 과학은 친절을 가르치지 못한다. 삶의 방향과 목적, 사람을 대하고 아이를 키우는 등의 우리 삶과 연관된 영역에는 불확실한 영역이 늘 남아 있다. 그래서 아무리 사소한 인간 삶이라 해도 신비라고 했던가! 과학이 해명하기에 인간의 삶은 너무나 복잡하고, 끝까지 스스로를 드러내지 않는 신비를 감추고 있다.

어떤 사람도 수학대로 움직이지 않는다. 일기예보와 같은 과학이 있다 해도, 인간 상황은 우리의 예측대로 되지 않는다. 일기예보도 틀린다. 아무리 정확하게 예측해도 틀린다. 100퍼센트 정확하게 되지 않는다. 아이도 교육학 책이 말하는 대로 자라 주지 않는다. 부부관계도 부부상담학이 말하는 대로 진행되지 않는다. 하나님을 믿는 믿음과 신앙의 영역도 이렇게 애매모호한 부분과 불확실한 부분이 있고, 삶의 지혜는 바로 이 부분과 영역을 인정하고 수용할 때 시작된다. 대부분의 인간 세계는 오히려 애매모호함으로 구성되어 있다 해도 과언이 아니다. 시간을 다 바쳐서 확실한 것들을 찾아도 그렇지 않은 부분이 더 많이 있으며, 신앙과 믿음도 완벽한 확실함을 추구할 때, 그는 반드시 신앙의 자리에서 벗어나게 된다. 신앙은 수학과 과학이 아니다. 확실함과 정확함을 추구하는 수학과 과학은 인간 전체를 바라보기에는 너무나 협소한 도구일 뿐이다. 수학과 과학을 몰라도 사람은 잘 살아갈 수 있지만, 수학과 과학만으로 살아가려 할 때 그는 수학과 과학의 울타리에 갇혀서 무너지고 만다.

사람은 이런 불확실의 세계를 인정하기 싫어하고 제거하기 원한다. 그래서 표적을 보여 달라고 요구하기도 한다(마 12:38). 표적이 있으면 확실하게 믿을 수 있다. 분명한 증거가 있어야 믿음으로 거리낌 없이 들어갈 수 있다. 그러나 사람이 사람을 만나는 데에는, 확실함으로는 결코 100년이 지나도 좋은 우정으로 만날 수 없다. 모험과 믿음이 없이는 인격과 인격의 만남이 가능하지 않다. 하나님을 믿고 하나님을 만나는 데도 역시 믿음이 요구된다. 하나님과의 만남은 불확실함과 애매함을 동반한 믿음으로 출발된다. 모든 것이 대낮처럼 확연하게 드러나서 시작하는 것이 아니라, 애매하고 흐릿한 불빛 가운데서 시작된다. 희미한 불빛과 불확실함에서 비롯되는 의심과 회의를 두려워할 필요가 없다. 일단 하나님을 믿는 믿음의 세계로 들어서면 점차로 하나님을 믿는 믿음이 얼마나 많은 타당성을 지니며 합리적이며 믿을 만한가를 더욱더 확신시켜 준다. 믿음으로 시작하지만 불신과 배신으로 끝나는 경우도 있다. 그러나 하나님을 믿음으로 시작해서 우리는 믿음의 확신을 더하게 된다. 희미한 믿음이지만 일단 믿음으로 자신을 출발하면 그 믿음은 처음의 희미함을 넘어서서 더 밝은 곳으로 간다. 믿음의 출발은 반드시 희미하게 시작할 수밖에 없고, 또한 그래야 한다.

하나님을 믿지 않을 만한 상황도 있다. 동시에 하나님을 믿을 만한 증거와 증언과 상황도 있다. 믿음을 갖기에 충분할 정도의 증거와 상황이 있다. 우리의 믿음을 거부할 만한 결정적인 반증이 없으며, 결정적인 입증의 증거도 찾을 수 없다. 논증과 입증을 통해서는 하나님을 만날 수 없다.[361] 입증의 과학을 통해서 인간 삶의 목적과 의미를 찾을 수 없기 때문이다.

하나님은 과학과 수학의 대상이 아니시다. 하나님은 확실하게 우리 눈과 귀에 잡히지 않으신다. 그리고 하나님은 과학과 수학보다 멀리 계시지만, 전혀 알 수 없을 정도로 멀리 계시는 것은 아니다. 우리 눈과 귀에 잡히지 않기 때문에 하나님이 계시지 않는다고 말하면, 너무나 무식하다. 눈에 보이지 않는 것들이 얼마나 많이 존재하는가? 우리 눈이 본다 해도 잘못되고 헛된 것이 얼마나 많은가? 하나님을 내 눈으로 봐야 믿는다고 하는 말은 무지한 말이다.

하나님은 우리의 생각과 이성으로는 입증도 부정도 할 수 없는 분이시다. 그래서 믿음으로 나아가는 것이다. 확실함은 신앙에 주어지는 조건이 아니다. 신앙은 확실함에 근거하는 것이 아니기 때문이며, 그렇게 될 수도 없다. 그래서 하나님 신앙은 믿음의 도약이 요구된다. 확실함이 없기 때문에 부정하는 것이 아니고, 확실함이 있다 해도 신앙은 그 때문에 입증되지 않는다. 그래서 믿음의 비약이 있어야 한다. 하나님 신앙은 믿음이 있어야 하지만, 하나님에 대한 비신앙, 불신앙도 역시 신앙이다. 불신앙 역시 믿음의 비약이 있어야 한다. 그래서 어떤 믿음이든 간에 그 믿음에는 의심이 개입한다. 단지 얼마나 그 믿음이 참된 믿음인가를 생각해 보고 따져 보는 데 따라서 그 믿음의 튼튼함이 만들어질 것이다.

믿음의 증거를 구하고 확실함을 찾기 위해서 믿음의 길을 출발하지 못한다면, 그는 신앙의 여정을 떠날 수 없다. 우리에게 지도가 전혀 없는 것은 아니다. 그러나 그 지도가 상세하게 모든 길을 다 알려 주지는 않는다. 지도가 모든 정보를 알려 주는 완벽한 증거는 아니라 해도 길을 떠나기에 충분한 정도의 증거는 보여 준다. 완벽한 지도는 불가능하다. 그러므로 믿음은 불완전해도 그런 지도를 갖고 출발하는 여정이다. 그리고 여행을 떠나서는 지도에 대한 내 믿음을 점검할 수 있다. 지도를 펼쳐 보면서 한 군데 한 군데 살펴보고 점검해 가면서 믿음의 여정을 간다.

믿음은 증거보다는 역동성에 의해서 움직인다. 믿음의 여정은 직선이 아니라 꾸불꾸불 가는 길이다. 그리고 사람이 걸어가는 길은 본래 직선이 없다. 신앙도 가다 보면 이리저리 왔다 갔다 하는 역동적 길이다. 가야 할 길에 대한 완벽한 증거를 요구하지만, 우리 손에 쥐어진 지도를 벗어나서 실제로 길을 가면 생각지 못하던 오르막길을 만나게 된다. 가다 보면 자갈밭도 있다. 언덕도 있고, 절벽도 있다. 지도가 보여 주지 않는 신비의 길이다. 그러나 우리는 믿음으로 가야 할 길을 알고 있다. 목표를 알고 있다. 여전히 신앙 여정은 애매한 지도와 함께 믿음으로 가는 길이다. "아! 그래서 지도를 이렇게 그려 놓았구나" 하면서 발견의 기쁨도 누린다.

우리는 신앙의 길을 나서면 모든 것들이 다 보장되기를 바란다. 하늘의 손길이 우리를 배부르게 해 주고, 광야 길거리의 반석에서 생수가 터지고, 내 삶의 좌절과 실망의 굽이굽이에서 불기둥과 구름기둥의 기적의 손길이 그치지 않기를 바란다. 그래야 신앙의 길을 떠날 수 있다고 고집한다. 또한 언덕을 만나면 누가 우리를 어떻게 이끌어 올리실 것이고, 강의 위험과 바다의 격랑에는 하나님의 도움이 어떻게 드러날 것인지를 프로그램화시켜서 그 시나리오를 제시하라고 한다. 그러면 신앙을 갖고 신앙의 길을 가겠다고 한다. 그러나 신앙은 프로그램도 아니고 시나리오도 아니다. 신앙의 길은 그야말로 불확실한 가운데서 누구도 알 수 없는 미지의 세계를 탐험하듯이 모험을 떠나는 신비의 여정이다. 단지 우리는 애매한 지도를 들고 있다. 다이내믹한 신앙의 여정이다. 때로 넘어지기도 한다. 때로 쓰러지기도 한다. 때로 울부짖기도 한다. 폭풍우 가운데서 믿음의 충성을 지키기 위해서 흔들리지 않는 믿음을 달라고 기도하는 골짜기 경험도 있다. 그러나 하나님을 만나는 기쁨과 축복의 시간도 있다. 이 모든 길의 여정에 대해서 우리 손에 들려진 지도는 침묵하고 있을 뿐이다.

신앙은 모든 문제를 명확하게 해결해 주지 않는다. 신앙은 모든 문제에 대한 확실한 대답을 주지 않는다. 신앙은 우리 신앙 여정이 편안함과 안락의 길이라고 약속하지 않는다. 신앙은 명료함을 제시하지 않는다. 신앙은 수학과 물리가 아니다. 신앙은 인격과 인격의 만남이다. 그래서 역동적인, 다이내믹한 관계가 발생한다. 올라감과 떨어짐, 골짜기와 봉우리 그리고 배신과 충성, 좌절과 희망 등이 연이어 나타난다. 신앙에는 많은 부분에서 합리성과 논리와 이성의 영역이 있으나, 신앙은 그것에서 머물지 않고 비약의 결단으로 나아간다. 여기서 신앙은 비로소 그의 길을 가기 시작한다. 비약은 확실치 않음에도 불구하고 믿음으로 건너가는 것을 말한다.

믿음의 비약에 대해서 두 가지를 말하고 싶다.

1. 우리는 스스로가 인간 삶의 근본 문제, 삶의 근원과 죽음 이후의 문제 그리고 삶의 방향과 목적, 의미를 한번 철저하게 스스로 따져 보는 시간을 가져야 한다.

사람은 적어도 세속성을 벗어나려는 열린 정신이 있어야 한다는 말이다. 세속성은 사람의 삶을 단지 먹고사는 것과 출세와 명성에 집중하는 것을 말한다. 또는 아예 그럭저럭 시간을 보내는 '생각 없는 삶'을 말한다. 생각은 사람의 본분이며, 사람은 생각하는 갈대다. 그러나 어떤 사람에게는 생각이 인간 삶의 근본 조건과 삶의 방향에 대해서는 전혀 기능하지 않고, 오로지 돈, 돈, 돈 하면서 그의 인생을 소비한다. 이 땅에 발을 디디고 살아가는 인생에서 땅의 삶, 몸의 삶은 결코 무시할 수 없고, 무시해서도 안 된다. 예수께서도 일용할 양식에 대해서 말씀하신 바, 몸의 삶은 아무리 강조해도 지나치지 않다. 그러나 내가 어떤 존재이며, 어디로 가고 있는가와 같은 물음에 사람들이 전혀 생각을 하지 않는다. 쾌락과 즐거움과 술 취함에 절어 있어서, 그리고 그런 생활에 너무 바쁘기 때문에 인간 삶의 본질과 방향에 대해서 생각의 여유가 없다. 생각은 없고 단지 너무 바쁘다. 쫓겨서 사는 자의 모습이다. 이들에게는 하나님을 향한 공간이 한 뼘도 없다.

그들은 결코 하나님 경험과 하나님 신앙으로 한 치도 나아가지 못한다. 그런 의미에서 볼 때 우리 모두는 칼 마르크스의 유물론자(唯物論者)다. 물질을 중심에 놓고, 물질을 통해서, 물질에 의해서 그들 세계관이 구성되어 있다. 물질 외에는 아무것도 아니고, 물질만이 최고이며, 물질이 세계를 지배한다. 이게 바로 물질을 토대로 해서 살아가는 공산주의의 삶이다. 물질과 세속성에 너무나 얽매여 있다면, 그래서 물질을 중심으로 하는 사고방식에서 벗어나지 못하고 있다면 진정한 하나님 경험의 길은 너무나 멀리 있을 뿐이다.

우리는 많은 시간을 돈, 물질, 쾌락, 소비, 명성 등으로 흘려보낸다. 그래서 인간 삶의 목적, 인간은 어디로 와서 어디로 가는가, 하나님은 계시는가, 죽음 이후의 삶은 어떻게 되는가 하는 등의 생각을 요하는 물음에 대해서 관심을 갖지 않고, 오히려 이런 관심을 사치로, 아니면 쓸데없는 개똥철학으로 본다. 여기에 신앙이 끼어들 여지가 없다. 신앙은 돈과 물질의 관심보다 더 근원적인, 그야말로 궁극적 관심의 영역이다.

바쁨과 쫓김에서 벗어날 수 있어야 신앙으로 첫걸음을 내디딜 수 있다.

　우리가 해야 할 일과 바쁜 일과는 아침부터 눈을 뜨면 마치 그것들이 "짐승처럼 달려든다". 그런 일이 없으면 삶을 유지할 수 없다. 그래서 눈을 뜨면서 일을 생각하게 되고, 하루는 그렇게 시작된다. 이게 우리 생명과 삶의 본능 아닌가? 이를 밀어 놓는, 짐승과 본능을 거부하여 그런 짐승이 몰아붙이는 강렬한 소원과 희망사항을 조용히 밀어 놓아야 한다. 그리고 위에서 들려오는 음성에 귀를 기울일 줄 알아야 한다. 다른 음성을 듣지 못하고 다른 시각을 지니지 못한다면 우리는 거의 짐승의 폭력 앞에 굴하고 만다. 우리 생명의 본능은 더 크고 강하게 밀려오는 하나님의 조용한 생명의 또 다른 포스(force)가 들어오도록 자리를 내주어야 한다.[362]

> 하루에 대한 기대와 안달과 복잡과 난관들은 잠시 그들의 포스를 내려놓고 또 다른 음성에 귀를 기울일 줄 알아야 한다. 그리고 이런 귀 기울임이 지속적으로 우리 삶에 뿌리를 내릴 때, 하나님의 생명의 포스는 우리 삶 가운데 힘 있게 흐르게 된다. 조급해하고 소란스러움에 휘말리고 기대와 좌절을 연속하면서 사는 게 우리 인생이지만, 이런 현실을 그대로 두고 뒤로 물러나 조용히 있을 수 있어야 한다. 여기서 삶의 힘이 나온다.

　2. 우리의 신앙과 믿음에는 어느 정도의 비약이 있다는 사실을 인정해야 한다.

믿음은 결정적인 증거로 인해서 생겨나는 게 아니다. 믿음은 어렴풋한 증거로도 만족할 수 있다. 믿음엔 결정적인 증거가 없다. 그러나 사실은, '비(非)믿음'에도 결정적인 증거가 없다. 뿐더러 비믿음에 그 증거가 더 많은 것도 아니다. 증거를 근거해서 믿을 것이냐 믿지 않을 것이냐를 결정한다면, 오히려 믿을 수 있는 신앙의 증거들이 더 많다. 앤소니 플루(Anthony Flew)의 경우가 그것이다. 그는 평생 철학자로 그의 생애를 지내면서, "그게 어디든지 증거가 인도하는 데까지 간다"("following the evidence wherever it may lead")고 말한다. 그리고 그는 그가 발견한 증거에 입각해서 무신론을 버렸다.[363] 과학적 증거를 기본으로 해서도 하나님 신앙은 출발이 가능하다. 그러나 신앙은 과학의 증거로 충족되지 않는다.

믿음의 문제는 인생의 결정 가운데서 매우 중요한 것이다. 주어진 조건과 증거를 따져 볼 필요가 있고, 후에 믿음의 결정을 내릴 수 있도록 해야 한다. C. S. 루이스로부터 영문학을 배운 셀던 바노켄(Sheldon Vanauken)은 그가 예수 그리스도를 믿을 때의 갈등을 솔직하게 말해 준다. 믿음의 경계선에 서 있는 자들에게 들려 줄 수 있는 말이다.

> 그럴 수도 있다는 가능성과 입증된 사실에는 분명한 차이가 있다. 그런데 그 차이를 어떻게 극복할 수 있을까? 나의 전 생애를 부활하신 그리스도께 고정시키자면 증명이 필요하다. 나는 확실한 것을 원한다. 나는 그가 해변에서 물고기를 구워 먹는 모습을 보기 원한다. 하늘에 가로새겨진 불로 새겨진 글자를 보기 원한다. 하지만 나는 아무것도 볼 수 없다 … 내가 과연 그를 받아들여야 하는지 아니면 거부해야 하는지가 문제였다. 오! 하

나님! 내 안에도 하나의 틈이 있었다. 믿음을 받아들이기 위한 도약(跳躍)은 하나의 끔찍한 도박일지도 모른다. 그러나 거부하는 데에도 마찬가지로 어떤 도약이 필요하지 않은가? 그리스도가 하나님이라는 확실성이 없지 않지만, 그가 하나님이 아니라는 확실성도 없다. 이러한 갈등이 오래 남아 있지는 않았다. 나는 예수님을 거부할 수 없었다. 내 안에 있는 틈을 보고 나서 할 수 있는 일은 단 한 가지였다. 그것은 그 틈에서 멀리 떠나 내 자신을 예수님을 향해 내던지는 것이었다.[364]

믿음의 선택도 역시 믿음이다. 이것이 내가 할 수 있는 전부다 … 내가 의심을 갖지 않으리라고 확신할 수는 없다. 나는 단지 도움을 간구할 수 있을 뿐이다. 의심을 극복해 달라고 말이다. 주님, 나는 믿습니다. 나의 믿음 없음을 도와주시옵소서.[365]

믿음은 모든 것을 따진 다음에 결정할 수 있는 것은 아니다. 사람의 지능은 모든 것을 결코 따질 수 없다. 실제로 문제는 많은 사람들이 신앙을 따져 보는 것조차 하지 않지만, 신앙과 그 근거를 어느 정도 따질 필요는 있다. 다음에 신앙의 도약의 길을 들어서야 한다. 믿음은 흑암 속으로 뛰어내리는, 무조건 뛰어내리는 비약이 아니다. 가능성을 보고서 충분히 그럴 수 있기 때문에 뛰어내린다. 그리고 그는 하나님의 바다로 뛰어드는 것이다. 아직도 여전히 그곳에서 뛰어내리지 못하고, 동굴 안에서 사슬에 매여 있는 사람도 있고, 쇼생크의 감옥에서 자유가 두려워 차마 그곳을 벗어나지 못하는 사람도 있다. 믿음의 비약이 없으면 결코 하나님의 또 다른 세계, 영적인 세계로 들어서지 못한다. 신앙에서 한 번은 비약이 있어야 한다.

8. 블레즈 파스칼의 회심
마음으로 하나님 찾아가기

> 하나님은 사람들의 마음에 빈 공간을 만드셨다. 그리고 이 빈 공간은 어떤 것으로도 채울 수 없고 오직 하나님만으로 채울 수 있다.
>
> - 블레즈 파스칼

우리는 C. S. 루이스에게서, 특히 「순전한 기독교」의 논리와 이성에 근거한 하나님 찾아가기를 본다. C. S. 루이스는, 신앙에서 이성이 호의를 받지 못하는 우리의 상황에서, 이성이 얼마나 신앙에서 고급스러운 역할을 할 수 있는지를 보여 준다. C. S. 루이스가 하나님 논증에서 도덕 법칙을 등장시켜서 논의를 전개시킨 내용은, 위에서 살펴본 바와 같이 찰스 콜슨, 프랜시스 콜린스를 하나님 신앙으로 이끄는 데 결정적인 역할을 했고, 이는 분명 수많은 또 다른 지성인들에게도 영향을 주었다.

그러나 내가 보기에는 C. S. 루이스의 하나님 논증이 크게 설득력을 지녔는가 할 때, 쉽게 긍정하기 어렵다. 도덕 법칙 논증은 여러 학자들에 의해서 잘 정리되어 신 존재 증명에서 유효하게 쓰일 수 있지만, 이론에 그치고 만다. C. S. 루이스는 철학적인 논증 방법을 우리의 일상을 통해서 쉽게 설명한다. 그래도 여타의 신 존재 증명과 마찬가지로 도덕 법칙 논증으로 신앙의 길로 나아가는 데는 여전히 쉽지 않다. 이는 물론 과학자들이 설계 논증으로 하나님 신앙으로 나아가기 어렵다는 말과 맥락을 같이한다. 하나님은 데카르트의 명징(明徵)에 의해서 파악되지 않으신다. 그는 그의 명징성과 정확함을 다음과 같이 말한다. 그러나 사람의 명징함은 그토록 명징한 게 아니라는 사실을 그는 놓친다.

> 조금도 의심할 수 없을 만큼 나의 정신에 명석하고 분명하게 나타나지 않는 것은 결코 나의 판단 속에 포함되지 않을 것이다.

> 나는 조금이라도 의심이라고 상상할 수 있는 것은 모두 거짓으로 보고 거부해야 했다.[366]

신앙은 결국 인간 이성의 명료함과 정확함에 의해서 만들어지는 것이 아니며, 이성은 늘 명확하지 않다. 하나님은 우리 머리에서 명확하게 파악되지 않는다. 과연 사람의 머리로 그분의 모습을 파악해 낼 수 있을까? 하나님은 머리 너머에 계시다. 그래서 그는 하나님이시다. 그러나 굳이 말하자면, 하나님은 우리의 머리가 아니라 우리의 마음으로 만날 수 있다. 신앙에서 머리와 이성도 중요하지만, 신앙을 받아들이는 가슴과 마음의 역할이 더 중요하다. 신앙은 머리와 마음으로 이해되고 받아들여지지만, 그래서 둘 다 필요로 하지만, 마음과 가슴의 역할이 신앙의 출발점으로써 더 중요하다는 게 내 생각이다. 신앙은 따지고 분석하고 파악하고 이해한 다음에 신앙의 길을 가는 것이 아니다. 오히려 신앙은 상처 입은 자들과 세상의 소외로 인해서 외로움에 절어 있는 자들이, 그리고 삶의 풍요로움으로 인해서 오히려 공허함으로 절절히 무너짐에 처해 있는 자들이 주체할 수 없이 흘러내리는 눈물과 가슴으로 하나님을 받아들이는 과정이다.

멀쩡하게 폼 잡고 이 세상에서 잘 먹고 잘 사는 자들은 신앙에 관심도 없고, 신앙을 붙잡지 않는다. 그들은 신앙이 필요치 않다. 그런 의미에서 필립 얀시의 「보이지 않는 하나님을 찾아서」(Reaching for the Invisible God)에서 보여 주는 가슴의 논리는 설득력을 갖고 다가온다. 필립 얀시의 하나님을 향한 갈망과 애매하게 나타나시는 하나님 찾기는 우리의 마음과 가슴을 터치하는 신앙의 바탕을 마련해 주고 있다. C. S. 루이스는 보이지 않는 하나님을 머리와 이성으로 명료하게 보여 주려 한다. 필립 얀시는 애매한 하나님을, 그분의 애매함에도 불구하고, 우리는 하나님을 향한 신앙의 바탕을 지닐 수 있음을 보여 준다. 우리의 이성으로는 명료하지 않은 채로 남아 있는 하나님, 희미한 불빛의 하나님, 그러나 그럴수록 더욱더 내 영혼이 갈망하는 하나님, 실패와 좌절의 밑바닥에서 찾아가는 하나님 신앙이 차라리 C. S. 루이스보다는 필립 얀시의 길에서 설득을 지니고 다가온다.

「순전한 기독교」에서 전개한 C. S. 루이스의 하나님 논증과 필립 얀시의 「보이지 않는 하나님을 찾아서」에서 보여 주는 하나님 찾아가기에는 분명히 차이가 있다. 필립 얀시는 인간 마음에 깊이 숨어 있는 하나님을 향한 갈망과 신앙의 회의 및 멀리 계신 하나님, 하나님의 부재의식과 숨어 계시는 하나님을 향한 희미한 신앙을 통해서 하나님께로 나아가는 여러 영적 현실들을 설득력 있게 말한다. 굳이 표현하자면, C. S. 루이스의 경우에는 어거스틴과 플라톤적인 철학적 논증과 인간 이성의 접근이 나타나고 있으나, 필립 얀시의 하나님 접근 방법은 파스칼의 온 마음으로 하나님을 찾아가는 접근과 흡사하다.[367] 필립 얀시는 그야말로 온몸으로 비틀거리면서 또는 흔들리면서, 넘어지고 좌절하고, 실패와 슬픔과 상처를 안고서도 하나님을 향한 그의 걸음을 결코 놓지 않는 신앙의 여정을 보여 준다.

파스칼은 철학을 증오한다. 철학자의 하나님이 아니라, 아브라함과 이삭과 야곱의 하나님이라는 말은 철학을 통해서 하나님을 찾아가는 방법을 거부하고, 그런 의미에서 "나는 결코 데카르트를 용서할 수 없다"는 말은 참으로 치열하다. 이성으로 파악하는 '기하학의 정신'이 아니라 '섬세한 마음'으로 하나님의 신앙을 받아들이는 파스칼의 하나님 찾아가기에서 필립 얀시의 맥락을 본다. 그래서 필립 얀시와 블레즈 파스칼은 서로 닮음을 드러내고 있으며, 그래서 우리는 얼핏이나마 파스칼을 만나고 지나야 한다.

파스칼은 그의 목숨이 얼마 남지 않았다는 두려움과 끝없이 싸우면서 하나님을 찾는다. 병마와 죽음의 그림자는 그를 가만히 내버려 두지 않았다. 그러나 그는 수도원에서 투병 생활을 하면서, 1654년 11월 23일 밤 10시 반부터 12시 반 사이에 하나님을 경험한다. 그리고 그의 경험을 양피지에 글로 옮겨서 옷 속에 꿰매어 숨긴다. 결코 잊을 수 없는 하나님 경험이기에 그의 옷 속에 양피지로 써서 꿰매어 붙여 놓았다. 그의 죽음 후에 이 글이 발견된다.

불
'아브라함의 하나님, 이삭의 하나님, 야곱의 하나님,'
철학자와 학자의 하나님이 아닙니다.
확신, 확신, 감격, 기쁨, 평화.
예수 그리스도의 하나님.
예수 그리스도의 하나님.

나의 하나님 그리고 너희의 하나님.

'너의 하나님은 나의 하나님이 되리라.'

하나님 외의 이 세상과 온갖 것에 대한 일체의 망각.

하나님은 오로지

복음서에서 가르치신 길에 의해 알 수 있을 뿐입니다.

인간 혼의 위대함이여.

'의로우신 아버지,

세상이 아버지를 알지 못하여도 나는 아버지를 알았습니다.'

기쁨, 기쁨, 기쁨, 기쁨의 눈물.

나는 당신에게서 떠나 있었습니다.

생수의 근원이신 하나님을 버렸습니다.

'나의 하나님, 어찌하여 나를 버리셨나이까?'

이제 나는 영원히 당신을 떠나지 않겠습니다!

영생은 곧 유일하신 참 하나님과

당신이 보내신 자 예수 그리스도를 아는 것입니다.

예수 그리스도.

예수 그리스도.

나는 당신을 저버리고 피하고 부인하고

십자가에 못 박았습니다.

이제 나는 절대로 당신에게서 떠나지 않겠습니다!

당신은 오직 복음서를 통해서만 알 수 있습니다.

일체의 모든 것을 기쁘게 포기합니다.

예수 그리스도와 나의 지도자에게 전적인 순종.

이 땅에서 잠깐의 노력을 통해 얻는 영원한 기쁨.

나는 당신의 말씀을 영원히 잊지 않겠습니다. 아멘.[368]

하나님, 그분의 존재는 어느 누구도 확실하게 말할 수 없다. 그렇다고 해서 하나님을 포기하기에는 대가가 너무 크다. 인간 존재의 궁극적인 문제에 일단 한번 빠져서 생각하기 시작한 사람은 하나님 존재의 문제를 포기하지 못한다. 하나님과 신앙의 문제는 그냥 지나치기에는 너무나 집요하게 그를 사로잡는다. 하나님이 계시는가, 아니면 하나님은 아무것도 아닌가 하는 선택은 그의 인생의 방향을 결정적으로 가늠한다. 하나님을 찾아가기로 결정하고 그의 길을 가는 사람에게는 이미 하나님을 향한 강한 갈망의 흔적이 있다. 하나님 없이 살아가는 절망감, 허무감은 그의 삶의 기반을 무너뜨리기에 충분하다. 이는 절벽의 낭떠러지 속으로, 아니면 암흑의 심연으로 향하는 추락에 다름 아니다.

그러나 하나님이 계시기 때문에 하나님을 믿을 수 있다고 말하기에는 하나님의 존재가 너무나 희미하고 애매하다. 하나님은 우리의 이성으로는 명료하지 않다. 하나님 증거는 뚜렷하지 않다. 단지 있다면 희미한 불빛밖에 없다. 희미한 불빛만으로도 하나님을 찾아가는 방법이 있는가? 이때 파스칼은 머리가 아니라 가슴으로 하나님을 만난다. 이성이 아니라 마음으로 하나님을 만난다. 마음으로 하나님의 선물인 신앙을 받아들인다. 마음은 하나님을 만나는 인간 영혼의 기능이다.

그러나 실제로 파스칼은 이성의 사람이었다. 많은 수학과 과학의 원리들이 그의 머리에서 나왔다. 그러나 그는 하나님 찾기의 끝에서 머리의 이성을 종결짓는다. 이성을 거부하고 마음의 선택으로 하나님께로 나아가는 것도 역시 이성의 선택이다. 이성으로 하나님을 만날 수 없다는 이성의 울타리를 부수는 결단도 역시 이성의 작업임에 분명하다. 이성의 부정은 이성의 최고의 일이고, 이성의 복이다. 이성이야말로 이성을 부정할 수 있다. 이는 이성의 최고의 자리에 올라가서 하는 작업이고, 이성의 거부는 이성 최고의 기능이다. 철학의 알짜 기능은 그래서 철학을 조롱하는 일이라고 파스칼이 말한다. 그래서 그는 여전히 위대한 지성의 사람이고, 동시에 지성을 넘어서는 사람이다.

블레즈 파스칼은 하나님을 만나는 데 있어서 사람의 이성으로 나아가는 방법을 탐탁지 않게 여긴다. 숨어 계신 하나님은 인간 이성으로 찾을 수 없다. 성경의 하나님은 숨어 계신 하나님이시다(사 45:15). 하나님은 자연과 관계없이, 자연에 속하지 않고, 자연을 넘어서서 계신 분이시다. 하나님은 자연을 통해서 명확히 자신을 드러내시지 않는다. 자연 속에 하나님이 계시지 않기 때문이다. 자연을 아무리 연구해도 하나님을 발견하지 못한다. 자연을 통해서는 신적 존재를 희미하게 파악할 수 있을 뿐이다. 자연은 이미 신앙을 가진 자들에게 하나님의 영광에 대해서 말한다. 신앙이 없는 자들에게 자연은 단지 신적 감흥, 신적인 영감을 불러일으킬 뿐, 하나님의 흔적을 맛볼 수 있을 뿐, 하나님을 명료하게 찾을 수는 없다. 하나님 인식은 인간 이성에 있지 않다. 그래서 그는 성경은 자연과 이성을 통한 신 존재 증명과 아무 관계가 없다고 말한다. "하나님을 증명하기 위해서 자연을 인용하지 않는다는 사실은 놀라운 일"[369]이라고 한다. 성경에서는 과학과 자연을 동원해서 하나님을 입증하려 하지 않았다는 사실을 주목해야 한다.

파스칼은 하나님을 그의 감각으로 안다. 파스칼이 하나님을 찾아가는 길은 머리가 아니라 가슴이다. 그는 이성의 추리가 아니라 마음으로 하나님을 찾고 수용하게 된다. 이는 C. S. 루이스의 방법이 아니라 필립 얀시의 방법이다. C. S. 루이스는 이성의 추론에 의해서 하나님을 찾아갈 수 있다고 확신하는 듯하다. 그리고 그의 방법은 많은 지성인들을 하나님께로 돌이키는 데 결정적인 역할을 했다. 그러나 머리로 하나님께 나아가는 방법은 한계를 지니고 있다. 필립 얀시의 마음의 방법은 오히려 하나님을 갈망하고, 하나님을 찾아가고, 하나님의 신앙의 선물을 받아들이도록 하는 데 많은 기여를 한다. 필립 얀시의 방법에서 우리는 파스칼의 하나님 찾아가기의 방법을 본다. 머리가 아니라 마음으로 하나님을 찾아간다.

> 우리는 이성이 아니라 마음에 의해서 진리를 안다. 그리고 제1원리(the first principles)는 마음으로 인식한다. 그러므로 마음에 참여하지 않는 이성의 추리 작용은 이러한 제1원리를 반박할 수 없다. 이성만을 중시하는 회의론자들은 헛수고를 한다 … 공간, 시간, 운동, 수(數)가 존재한다는 제1원리에 대한 마음의 인식은 이성의 추리가 우리에게 가르치는 그 어느 인식보다도 분명하다. 그리고 이성은 마음의 영감을 신뢰해야 하고, 마음의 영감이 주는 내용이 모든 논증의 토대가 되어야 한다(우리는 공간의 3차원과 수의 무한성에 대한 직관에 의한 지식을 갖고 있다 … 제1원리들은 직관에 의해서 파악되고, 명제들은 이성의 추론에 의해서 파악된다).[370]

사람은 진리를 이성만이 아니라 마음의 감각으로, 그냥 직관으로 안다. 이성은 따지지만, 마음의 감각은 직관으로 섬세하게 그냥 자명한 것으로 안다. 그래서 마음이 관여하지 않은 이성의 논리는 빈약한 추리에 불과하다. 공간, 시간, 운동, 수와 같은 근본적인 제1원리는 마음의 직관에 의해서 그냥 파악된다. 또한 이성의 논리는 마음의 직관에 의해서 보완되어야 한다. 마음의 직관은 그냥 알게 되는, 이성의 앎보다 훨씬 더 근원적이다. 시간, 공간, 수 등에 대한 인식은 이성의 추리가 보여 주는 이성의 판단보다 마음에 의해서 더 분명하게 파악된다. 이성은 마음의 감각이 가져다주는 영감 어린 보완에 의해서 제대로 그의 판단을 갖게 되며, 이성의 논증은 그래서 더 근원적인 마음의 앎에 의존해야 한다. 이성의 논증으로 입증할 수 없는 근본적인 제1원리들은 마음의 섬세함과 직관에 의해서 파악되고, 수학과 과학의 명제들은 이성에 의해서 정리되고 파악된다. 마음의 섬세한 앎이 없으면, 이성의 논리와 추리는 엉망이 되고 만다. 마음과 동떨어진 이성의 추리만으로는 근본 원리를 파악할 수 없다. 마음의 직관적인 파악 능력이 없이는 이성 홀로 추리해서 결론에 이르지 못한다. 마음의 도움이 있어야 이성이 파악할 수 있다.

그러므로 마음과 이성은 서로 다른 앎의 기능을 가진다. 이성은 추리를 통해서 안다. 그러나 마음은 직접적이고 직관적이며 섬세하게 앎에 이른다. 또한 이성은 유한을 알지만, 마음의 감각은 따지지 않고 그냥 무한의 지식에 신비롭게 이른다. 이성은 수학, 물리, 논리를 담당한다. 마음은 근본 원리, 수, 공간, 시간, 운동의 원리를 직관적으로 파악한다. 마음은 감성과 본능과 직관을 포함한다. 그래서 마음의 논리는 오히려 '높은 우위의 합리성'[371]이다. 이성보다 마음이 더 수준 있는 앎의 기능을 한다. 이성은 신비 앞에서 무력하지만, 마음은 신비를 체득하고 어느덧 꿰뚫어 본다.

사람의 정신은 '기하학적인 정신'과 '섬세의 정신'[372]으로 구분된다. 이성이 담당하는 기하학적인 정신은 논리에 의해서 증명하고, 추리하고, 결론에 이른다. 그러나 마음이 담당하는 섬세의 정신은 직관과 감각에 의해서 원리와 질서를 한 번에 파악하고 인식한다. 이성의 정신, 기하학적인 정신, 수학의 정신[373]은 따지고, 분석하고, 분해하고, 비판하고, 종합하여 어떤 판단에 이른다. 그러나 마음의 정신, 섬세의 정신은 따지지 않고 마음의 직관으로 느끼고 신비롭게 알아 버린다.[374] 그래서 마음은 초월적인 초자연적 영역을 수용하고 받아들이며 믿는다. 그리고 하나님의 은총은 마음의 섬세한 감각과 관련된다. 이성의 증명은 자연의 영역에서 의미가 있다. 그러나 그런 증명은 아무리 명확해도 자연의 영역에서 의미를 지닐 뿐이다. 이성의 신 존재 증명 등의 무익성은 바로 이런 이유에서다.[375] 그러므로 하나님의 선물에 대한 감각은 머리가 아니라 가슴이며, 이성이 아니라 마음이다.

마음은 이성이 알지 못하고 파악하지 못하는 영혼과 신비의 많은 일들을 안다. 수학에 신비는 없고, 신앙은 수학이 아니다. 그러므로 하나님과 관계를 맺는 인간의 기능은 이성과 머리가 아니라 마음과 가슴이다. 그래서 마음은 인간의 내면과 영적인 근거이며, 그의 삶의 방향과 목적을 알아차리는 심원한 키(key)로 작용한다. 마음은 인간의 중심이다.

또한 마음은 지향적이고, 무엇을 향하고 있으며, 성향, 욕망, 사랑은 이와 관련된다. 이를 '마음의 기울임'이라고 한다.[376] 아마 후에 후설이 말하는 지향성(intentionality)과 관련이 있는 듯하다.[377] 하나님은 사람의 마음을 기울게 하신다. 그래서 사람의 마음을 향해서 하나님의 기울기 작업이 시작되고, 그의 마음이 하나님을 향해서 열리고 관심을 가질 때 그는 하나님을 믿기 시작한다. 그러므로 하나님을 찾아가는 길은 그의 마음의 기울어짐, 또는 마음의 열림, 열린 마음에 의해서 이루어진다. 사람의 열린 마음은 하나님의 은총을 보게 하고, 하나님의 선물을 받아들인다. 마음의 기울기에 의해서 마음이 하나님을 향하고 하나님 신앙을 지닐 때, 이성조차도 변화되어 은총 속에서 하나님께 순종하게 된다. 그러므로 이성은 하나님을 판단하지만, 감성의 마음은 하나님의 선물을 알아보고 받아들인다. 신앙은 증명과 다르다. 증명은 인간의 것이지만 신앙은 하나님의 선물이다. 그리고 인간의 마음은 하나님의 선물을 수용한다.

> 신앙은 논증과는 다르다. 논증은 사람의 것이고, 신앙은 하나님의 선물이다 … 이 신앙은 마음속에 자리 잡고 있으며, 우리로 하여금 "나는 안다"가 아니라, "나는 믿는다"라고 말하게 한다.[378]

> 하나님을 경험하고 느끼는 것은 이성이 아니라 마음이다. 이것이 바로 신앙이다. 이성으로가 아니라 마음으로 느껴지는 하나님. 신앙은 하나님의 선물이다. 이성의 선물이라고 말해서는 안 된다.[379]

이성의 마지막 과정은 이성을 넘어서 있는 것이 무한히 많다는 사실을 인정하는 것이다. 이것을 아는 데까지 보지 못하면, 그 이성은 여전히 빈약한 데 머물러 있다. 그래서 자연의 사물이 이성을 벗어나 있다면, 초자연적인 사물에 대해서는 이성이 무어라 말할 수 있는가?[380]

여기서 이성의 최고의 기능을 본다. 사람의 이성은 이성의 한계를 자각하는 데서 최고의 기능을 한다. 이성의 판단 중지는 이성이 할 수 있는 최고 능력이다. 이성의 중지를 말하는 순간이다. 이때 이성은 최고점에 도달한다. 이성은 그의 겸손으로 인해서 참된 가치를 발한다. "나는 데카르트를 결코 용서할 수 없다"는 파스칼의 말은 데카르트가 이성을 수단으로 해서 얼마든지 하나님 찾아가기에 이를 수 있다는 이성의 교만을 말하기 때문이다. 이는 오히려 이성의 무지다. 하나님은 기하학의 대상이 아니다. 하나님은 기하학의 주인이시고, 기하학의 창조주이시다. 하나님은 기하학 위에 계시다. 그래서 기하학은 하나님으로 인도하지 못한다. 사람은 기하학을 하지만, 하나님은 기하학을 만드신다. 그래서 사람의 기하학 정신은 하나님 찾아가기에서 실패한다.

> 나는 데카르트를 용서할 수 없다. 그는 자신의 철학 안에서 하나님을 없이 하려 했다. 그러나 그는 세계를 움직이게 하기 위해서는 하나님의 손가락을 필요로 했다. 그러고 난 후 그는 하나님을 필요로 하지 않는다.[381]

철학과 이성을 동원한 하나님 증명은 사람들의 일상과 거의 관계없이 전개된다. 그래서 그런 증명은 철학이니 뭐니 하면서 너무 뒤얽혀 있기 때문에 일상인에게 거의 공감을 주지 못한다. 일부 사람들에게 도움이 될 수 있다 하더라도 몇 명의 사람들이 아닌가 한다. 파스칼에게는 사람의 머리로 파악하는 하나님에 대한 어떤 증명도 가능하지 않다. 하나님은 수학과 기하학의 테두리에 갇혀 있지 않기 때문이다. 하나님은 삼각자로 재서 삼각형을 파악하듯이 정리되지 않는다. 그분은 창조주이시기 때문이다. 신앙의 미스터리는 하나님의 은총의 선물을 마음의 영혼으로 감각하여 열린 정신으로 받아들이는 마음의 섬세함에 의해서 이루어진다.

사람의 마음은 분석하고 파악해서 이해하는 것이 아니라, 선물을 선물로 알아보는 섬세함으로 하나님의 신앙의 선물을 받아들이는 수용의 힘의 샘이다. 오히려 철학과 이성의 최고 기능은 철학과 이성을 조롱하는 것이다. 이때 이성은 이성을 넘어선다. 그때 하나님의 선물을 받아들이는 마음의 기울기가 발생한다.

- 3장 -
신앙 없는 세계에서 신앙으로 살아가기

1. 이 세계와의 불화

이 세상은 내 집 아니네

C. S. 루이스에게서 '기쁨'은 그의 평생의 중심 스토리다. 기쁨은 이 세계 안에서 또 다른 세계를 향해서 얼핏 보이는 어떤 흔적을 향한 갈망의 기쁨이다. 기쁨은 쾌락과 달리 일시적이지 않다. 근원을 관통하는 기쁨은 인간 영혼의 갈증을 채운다. 사람은 늘 그 기쁨을 갈구하지만 채워지지 않는다. 사람은 끊임없이 욕망하지만 이는 채워지지 않는다. 갈망의 기쁨은 사람을 늘 사로잡고 있지 않지만, 그를 결코 놓치지 않고 늘 뒤따라 다닌다. 물론 세속의 물에 깊이 빠진 자들에게 기쁨을 향한 갈망은 거의 드러나지 않는다. 그러나 그 갈망은 거의 채워지지 않는다. 갈망을 더욱더 갈망하게 만드는 갈망, 그게 C. S. 루이스의 기쁨이다. 그리고 이 기쁨을 한번 맛보면 세상의 쾌락과 바꾸지 않는다. 그러나 기쁨은 이 세계 내에서 채워지지 않는다. C. S. 루이스에게 기쁨은 이 세계 바깥에 있는 창조주를 가리키는 작은 표지판이다.[382]

C. S. 루이스의 책 중 가장 사랑스럽게 여겨지는 책은 「시편 사색」이다. 그 책은 시편의 흐름을 전체로 개관한 책인데, C. S. 루이스의 문학 평론 수준이 얼마나 재미있고 날카로운가를 보여 준다. 시편이 그야말로 한 편의 시로 문학 전공 옥스퍼드/케임브리지 교수의 손에서 어떻게

읽혀지는가를 보여 준다. 그리고 더 나아가서 성경, 특히 구약성경이 어떻게 해석될 수 있는가도 설득력을 보여 준다. 그러나 이 책에서 다루는 자기 의로움(self-righteousness)에 대한 날카로운 분석이 두드러진다고 여겼고, 이 문제가 신앙의 핵심임을 다시 각인시켜 주는 대목에서 오래 머물렀던 기억이 새롭다. 「시편 사색」의 말미는 수수께끼 같은 말로 다음과 같이 끝을 맺는다.

사람은 시간과 불화하여 시간에 대해서 놀람을 금치 못한다.

"아니 벌써 그렇게 컸다니, 놀라운 걸?" "너무나 빨리 세월이 지나가고 말았어." "시간은 쏜살같이 지나가는데…." 이런 말들은 사람들이 시간을 생전 처음 만난 것처럼 보이게 한다. 시간에 대한 사람들의 언급은 이상하게 들린다. 우리가 시간 안에 사는 것은 일상적인 일이고, 누구에게나 보편적인 일이다. 그런데 시간의 흐름에 대해서 생소한 것처럼 기이하게 말하고, 이상하다고 하고, 처음 경험하는 것처럼 말한다. 마치 물고기가 물에 살면서도 물이 축축하다고 말하는 듯하다: "물이 이상한데…." 물은 물고기에게서 너무나 자연스럽다. 물은 이미 그의 존재론적인 환경이며, 떼려야 뗄 수 없는 삶의 조건이다. 그런데 시간이 이토록 생소하다고 하는 말은, 처음부터 물고기의 운명은 바다가 아니라, 마치 땅 위에 살았어야 하는 것처럼 들린다.[383] 사람은 본래 시간 안에 살아야 할 운명이 아니었다는 말이리라.

차라리 사람은 시간이 아니라 영원에 알맞은 존재다. 영원에 기대어 살아야 하는 영원의 존재이지, 시간은 사람의 존재 조건이 아니라는 말이다. 시간의 어두움 가운데서 마치 동굴의 수인(囚人)처럼 그렇게 시간이 우리에게 익숙하게 되었다 뿐이지, 시간은 우리가 마냥 뿌리를 내릴 수 있는 삶의 토양이 아니라는 말이다. 우리는 시간 안에 아무리 오래 있어도 시간이 친숙하지 않고, 시간은 인간 존재의 주변 환경과 본향이 아니다. 우리는 아무리 오랫동안 이 땅에 있어도 이 땅은 여전히 낯설다. 그래서 우리는 고개를 들어서 하늘을 바라보는 하늘의 존재, 영원의 존재다. 영원을 찾아 헤매며, 하늘을 향해 굶주림을 해갈하려 하는 존재, 이게 바로 이 땅 위에 살면서도 이 땅을 벗어나서 하늘을 향하고자 열망하는 이중의 모순을 만들어 내는 인간 존재다. 그래서 차라리 영원은 운명처럼 우리에게 다가와서 결코 우리 곁을 떠나지 않는다. 어거스틴의 말은 참으로 맞는 말이다.

> 주여, 당신은 우리를 지으실 때 당신을 위하여 지으셨기 때문에 우리의 영혼이 당신의 품으로 돌아가서 안식하기까지는 결코 쉼이 없나이다.[384]

그리고 이렇게 말한다: "물 없이 살 수 없을까?" 물은 물고기의 삶의 근본 전제다. 물은 물고기의 바탕이고, 전부이고, 그의 세계 전체다. 물고기가 물을 거부하고 또 다른 삶을 향한 갈망을 말한다? 이와 같이 사람들은 삶의 근본 조건인 시간에 대해서 "왜 이렇게 시간이 빨리 흐르는 거야?"라고 말하며 시간에 대해서 의문을 갖고, 시간을 생전 처음 보는 것처럼 거리를 두고 대하며, 시간을 '타자'(他者) 취급한다. 사람은 물고기가 물 없이 살 수 있는 영원을 꿈꾸듯이 시간을 벗어나서 영원을 향한 굶주림에 나도 모르게 어느덧 그렇게 허덕이면서 살아간다.

사람이 시간이 빨리 흐른다고 느끼는 것은 물고기가 물이 축축하다고 느끼는 것과 같다. 시간과 물은 사람과 물고기에게 '경험의 근본적인'(universal form of our experience)[385] 전제 조건으로, 너무나 당연하다. 그래서 시간과 물은 사람과 물고기에게 거의 의식되기 힘들다. 시간은 그냥 우리 안에 존재하기 때문에 시간은 우리 의식의 대상이 되지 않는다. "어린아이들이 어떻게 저렇게 빨리 크는가? 어떻게 우리는 이렇게 빨리 늙었는가?" 하면서, 사람들은 때로 시간의 빠르기에 대해서 경의를 표한다.

그러나 시간은 우리가 태어나기도 전에 이미 주어진 삶의 조건으로, 마치 물고기와 물의 관계와 같다. 사람이 시간을 처음 대하는 생소한 타자(他者)로 여길 때, 자신을 시간 밖의 존재로 인식하고, 또한 그는 시간 밖으로 나가려는 간절한 욕망을 보여 준다. 물고기가 물을 더 이상 친숙한 것으로 여기지 않고 물 밖으로 나가려 하듯이 말이다. 사람은 시간을 그의 자연스러운 삶의 환경으로 여기지 않고, 시간이 아닌 또 다른 세계, 영원의 세계[386]로 건너뛰고자 하는 갈망을 볼 수 있다. 이게 C. S. 루이스의 통찰이다.

이 세계 내에 주어진 당연하고도 자연스러운 삶의 시간 조건을 거부한다면, 가장 근원적인 삶의 조건인 시간을 처음 보는 것처럼 생소하게 대한다면, 이는 바로 이 세계 내에 없는 또 다른 세계를 열망하고 있다는 모종의 증거다. 그래서 우리 인간 존재는 시간과 공간 내에 적합한 자들이 아니라, 시간과 공간을 건너뛰어야 할 존재로서 지음 받았다는 사실을 말해 주고 있다.[387] 사람은 본래 시간이 아니라 영원을 위한 존재

이기 때문에 그렇다는 게 C. S. 루이스의 생각이다.

사람은 이 세계 내에 자연스럽게 안착해 있는 존재가 아니라, 여전히 이 세계와 불화를 하고 있다. 이 세계는 인간 존재의 고향이 아니다. C. S. 루이스의 표현을 빌린다면 사람은 '시간과 불화의 관계'(We are so little reconciled to time that we are even astonished at it)[388]에 있다. 우리는 시간과 결코 화해한 적이 없다. 시간을 향해서 놀라움을 드러낸다 할지라도 말이다. 시간 안에서 만족하는 존재가 아니라, 시간을 벗어나서 무한과 영원을 꿈꾸며, 또 다른 고향을 바라본다. "이렇게 빠르게 시간이 흐르다니!"라고 하면서 시간을 처음 보듯이 낯선 것으로 대하면서 놀란다. 시간 안에 살면서도 시간은 우리에게 당연한 것이 아니고, 시간은 우리의 고향이 아니다. 또한 시간은 우리의 영원한 거주지가 아니다. 어쨌든 사람은 시간을 건너가서 또 다른 시간 너머의 영원을 바라보고 있다.

2. 사람을 하나님의 아들로 만드시는 전략
좋은 전염과 가면 쓰기

그리스도인이 된다는 것은 무엇일까? 또는 그리스도를 본받는다는 것은 무엇일까? C. S. 루이스에게서 신앙의 핵심은 그리스도를 닮아 가는 것이다. 그리스도를 닮는다면 어떻게 그게 가능할까? 이는 이순신을 닮듯이, 역사적 인물을 바라보고, 흠모하고, 그를 닮아 가는 것과 다른 것인가?

어떤 사람은 하나님을 배우고, 알고, 그분을 아버지라고 부르는 등의 하나님 경험을 하는 데 반해서 어떤 사람은 전혀 그렇지 않다. 무슨 이유가 있는가? 태양이 빛을 비추지만 깨끗한 거울에 비취는 빛과 더러운 거울에 비취는 빛의 질과 양은 다르다. 하나님은 누구나 알 수 있고, 동시에 누구도 모른다. 그 사람의 상태가 중요하다. 마음과 성격이 구부러져 있는 자에게는 하나님도 그분 자신을 알려 주시기 어렵다. 마음속이 더럽다면, 더러운 현미경으로 사물을 관찰하는 것과 같이 하나님의 모습이 우리에게 제대로 보일 리 없다.[389] 하나님을 향한 깨끗한 마음과 영혼, 열린 정신과 참된 것을 갈구하는 정신, 세속의 현실을 벗어나는 정신에 의해서 하나님을 찾아간다.

C. S. 루이스가 무신론자에서 유신론자로, 그리고 후에는 그리스도인으로 바뀌어 갈 때, 그는 그리스도인이 된다는 것이 무엇인지를 누구보다도 더 꼼꼼하게 따졌다. 그리고 그리스도인이 되는 것을 한마디로 그리스도의 생명을 부여받고, 그의 생명에 의해서 살아가는 것이라 말한다. 이는 플라톤이나 공자와 마르크스의 글을 읽고서 그의 삶을 내 삶에서 반복하는 것과 다르다. 지금도 살아 계신 그리스도께서 지금 바로 여기, 우리에게 오셔서 우리에게 그분의 생명을 주시고, 그분과 비슷한 자로 바뀌어 가게 하신다는 말이다. 죽은 자를 본받는 것이 아니다. 그래서 드디어 우리는 그리스도와 닮은 작은 그리스도로서 하나님의 아들의 생명으로 살아가게 된다.[390]

하나님 신앙은 생명의 이전(移轉)이다. 하나님의 생명이 우리에게 부여되고 이전되어 하나님의 생명이 우리에게 심기어진다. 하나님을 아버지라고 부르는 이유는 하나님의 생명을 부여받았기 때문이고, 이를 가리켜서 거듭난 생명, 바이오스의 생명이라고 한다.[391] 하나님의 생명이 그리스도인에게 나누어지고, 그래서 우리는 하나님의 생명에 참여하고, 하나님의 아들이라 칭하게 된다.[392] 아버지의 생명이 아들에게 이전되듯이 말이다. 그러나 이게 처음에는 어색하다. 어떻게 우리가 감히 하나님을 아버지라고 부를 수 있는가 하는 생각이 들기도 하고, 내가 하는 짓을 보면 도저히 하나님의 아들이라는 말이 말도 안 된다. 그러나 여기에 바로 하나님의 전략이 있다. 우리를 진짜 하나님의 아들로 바꾸시는 하나님의 전략은, C. S. 루이스에 따르면, 무척 재미있다.

1) 좋은 전염과 자아 깨뜨리기 그리고 고통

예수를 믿는 것은 예수를 가까이하는 것이다. 따뜻해지려면 불을 가까이해야 하고, 물에 몸을 적시려면 물속에 들어가야 한다. 예수를 가까이하는 것은 예수 안으로 들어가는 것이다. 기쁨과 평안과 영원한 생명에 가까이할 때, 그리고 그 안으로 들어갈 때, 마치 분수에 온몸이 젖듯이 하나님 현실을 우리의 현실로 갖게 되어 우리는 하나님의 아들, 하나님은 우리의 아버지가 되신다. 그래서 하나님과 가까이, 함께 있는 사람에게 영원한 생명이 주어지고, 하나님과 멀리 있는 사람은 그 열기에서 멀어져 결국 시들어 죽을 수밖에 없다.[393]

하나님께서는 그리스도를 우리에게 주셔서 그분의 생명을 이 세계에 퍼뜨리고, 이 생명을 전염시키기 위해서 우리를 그리스도의 생명으로 작은 그리스도가 되도록 하는 것, 이것이 바로 우리가 그리스도인이 되는 유일한 목적이다.[394] C. S. 루이스에게서 신앙은 '좋은 전염'(Good

Infection)³⁹⁵⁾이다. 하나님의 아들 그리스도는 좋은 전염의 최초의 원인자이시다. 그분은 마치 생명의 바이러스를 지니고 있는 듯 최초 생명을 지니고 있는 분이다. 그를 가까이하고, 그와 함께 있고, 그 안에 있을 때 우리는 그의 생명을 나누어 갖고, 그의 생명 현상을 우리에게서 구현시키고, 끝내 우리는 그를 닮아 간다.

바울은 우리의 운명이 우리의 노력과 능력에 의해서 결정되는 게 아니라 우리가 어디에 속해 있는가에 의해서 결정된다고 한다. 마치 군대에서 줄서는 것과 같다. 내가 아담의 줄에 서느냐 아니면 그리스도의 줄에 서느냐 하는 줄서기야말로 인간 운명을 결정하는 결정적인 현실이다. 실은 이게 우리가 늘 목격하는 세계의 현실이다. 능력과 노력의 문제가 아니다. 줄서기가 어떻게 제대로 되었는가다. 내가 아무리 잘해도 내가 줄 서 있는 대장이 패배하면 그의 패배는 내 패배가 된다. 그러나 내가 엉성해도 그가 승리하면 그의 승리는 곧 내 승리가 된다. 이는 매우 귀중한 삶의 중대한 법칙이며 지혜다. 내 능력과 공로가 아니라 내가 줄 서 있는 분의 승리에 의해서 나의 승리가 이루어진다. 이순신의 끄트머리에 있는 졸병도 도요토미 히데요시 뒤에 있는 장수를 이겼다. 이게 바울이 아담과 그리스도의 현실(롬 5장)을 통해서 우리에게 줄을 잘 서라고 말씀하는 바다. 물론 그리스도에게 가까이 서 있고, 종국에는 그리스도 안으로 들어가 있어야 한다는 말씀이다.

내 삶의 컵에 담긴 물에 한 방울의 붉은 생명의 피가 떨어졌다. 그러자 내 인생의 컵에 담긴 물은 맛과 색깔이 모두 붉은 색으로 바뀌었다.³⁹⁶⁾ 단, 문제는 시간이 좀 걸릴 뿐이다.

> 그리스도께서 우리 모든 사람들에게 주신 결과는 무엇인가? 그
> 것은 우리가 하나님의 아들이 되는 것이다. 창조된 부모의 생명
> 에서 벗어나서 하나님의 생명으로 다시 거듭난 생명을 받는 것
> 이다. 시간에 속한 생명이 이제 영원에 속한 생명으로 바뀌는
> 일이다.[397]

내 능력이 아니라 내가 가까이하는 대장, 그분의 능력에 의해서 내 운명이 좌우된다. 내 공로가 아니라 내가 속해 있는 대장, 그분의 기쁨과 평안에 의해서 내 기쁨과 평안이 결정된다. 우리의 세계도 역시 내가 가까이하는 분의 기쁨에 의해서 내 기쁨이 결정된다. 그분이 이기면 나도 이기고, 그분이 기쁘면 내가 기쁘다. 이게 우리 세계가 돌아가는 세상의 중요한 법칙이고, 이게 바로 우리가 하나님의 아들 그리스도의 생명을 부여받고 그리스도를 닮아 가는 방법이다. 나는 내가 가까이하는 분, 내가 속해 있는 분에 의해서, 그래서 그분의 운명에 따라서 내 운명이 결정된다.

그러나 이는 근묵자흑(近墨者黑)은 아니다. C. S. 루이스의 좋은 전염은 생명 현상이라는 점에서 그리스도의 바이러스가 우리에게 전염되어 침투하는 것이다. 새까만 먹을 가까이하면 까맣게 된다, 또는 까마귀 있는 곳에 백로야 가지 말라는 식은 아니다. 전염은 그야말로 생명의 전이 현상이다. 하나의 생명이 다른 생명에게 전이되어, 이제 그의 생명이 전이된 자에게서 그와 똑같은 생명이 나타나게 된다. 죄가 아담에 의해서 이 세계 내에 전염되어, 아담의 줄에 서 있는 자들은 아담과 동일한 삶의 줄에 서서 아담의 운명과 동일시된다. 그러나 그리스도는 새로운 줄

을 세우셨다. 그래서 그분의 뒤에 줄을 서는 자들은 그들의 능력과 지식에 관계없이 오로지 그리스도의 생명의 은혜로 그의 모든 생명이 그들의 것이 된다.

그러나 그리스도의 생명이 우리의 생명으로 이전되어서 기쁨과 평안이 넘치는 것만은 아니다. 실제로 그분의 생명은 우리의 생명 안에서 너무나 낯설다. 마치 이사하고 나서 얼마 동안 그 집이 내 집이 아닌 듯, 어색하고 생소하다. 때로는 나도 모르게 옛 집으로 가기도 한다. 새 집은 내 집이긴 하지만 여전히 내 집이 아니다. 그분의 생명이 내 안에서 자리를 잡기까지는 갈등의 시간이 걸린다. 내 집의 주인이 바뀌었다. 내 몸의 주인은 나였다. 그러나 어느 날 나는 하나님으로부터 새로운 생명을 받는다. 새 생명이 이제 내 몸 안에서 나의 주인 노릇을 하신다. 그래서 옛날 주인인 나 자신과 새 주인이신 그리스도의 생명이 다툰다. 왜냐하면 이 두 생명은 전혀 삶의 질을 달리 하기 때문이다. 둘 중 하나는 자리를 비켜 주어야 한다. 하나의 몸에 두 주인이 그 몸을 주인이라고 주장할 수는 없다. 그래서 부모로부터 물려받은 생명이 하나님으로부터 받은 그리스도의 생명과 다투어, 이제 그리스도의 생명이 나를 지배하기에 이른다. 이제 자기중심성과 자기 의지는 죽음의 길로 가고 있다(all its self-centredness and self-will are going to be killed).[398]

하나님이 보시기에 사람은 끔찍한 피조물이며, 그들이 참으로 하나님 앞에 서게 되면 이는 더욱더 분명하게 드러난다. 성자라고 칭하는 자들이 자신을 매우 악한 죄인이라고 칭하는 이유가 여기에 있다. 그들은 이미 하나님 앞에 서 있는 경험을 했다. 그래서 사람이 하나님을 제대로 알기 시작하면, 자신의 자아를 하나님 쪽으로 향할 것이냐, 자기 자신 쪽으로 향할 것이냐 하는 치명적인 선택의 기로에 선다.[399] 그러나 사람이 그의 방향과 목적을 자기 자신에게로 향하는 것은 그의 본성이다. 신앙과 하나님조차도 이제 그의 삶의 수단과 방법이 되고, 자존심과 명성이 그의 방향이 되고 만다. 이는 끈질긴 인간 삶의 방향과 목적이고, 치유 불가능한 세력과 힘이다.

사람은 영혼의 존재고, 이에 반해서 인간의 몸은 영혼이 자신의 집으로 삼아서 지내는 거주지다. 사람은 몸과 영혼의 공생 관계를 만들어 내는 일종의 복합적인 존재다. 자연의 패턴을 벗어나 있는 초자연적인 영혼이 자연에 순응하는 유기체인 몸을 점유해서 몸 안에 살고 있는, 이것이 바로 인간 모습이다. 그러나 영혼과 몸의 공생은 사이좋은 이웃처럼 잘 지내지지 않는다. 오히려 서로 적대적인 관계를 유지한다. C. S. 루이스는 이를 가리켜서 병적인 관계, 비정상적인 관계, 또는 전쟁을 하는 관계 등으로 말한다.[400]

온전한 관계를 비유로 들자면, 왕이 그의 뜻대로 그의 나라를 다스리듯이 영혼이 그의 몸을 다스린다. 말을 타고 있는 기수가 온전히 그의 말을 통제하고 다스린다. 더 좋은 실례는 켄타우로스의 모습이다. 켄타우로스는 몸은 말이며 머리 부분은 사람의 모습을 지니고 있다. 사람과 말이 혼합되어 있다. 그러나 이 두 가지 영역은 하나처럼 움직인다. '말'은 '사람'에게 복종한다. 그래서 그는 사람으로서 말을 지배하고, 온전히 자기 자신이 되어서 행동하고 사고한다. 영혼이 그의 몸을 온전

히 지배하듯이 말이다.[401]

그러나 인간의 몸과 영혼은 그렇지 못하다. 몸은 몸대로 그의 주권을 행사하고, 영혼은 영혼대로 그의 방향을 주장한다. 그래서 갈등이 생기고, 몸과 영혼의 불화가 나타난다. 비정상적인 혼돈은 바로 몸과 영혼의 불화 때문이다. 많은 경우에 몸이 이기고 영혼은 패배 당한다. 고차원의 영혼은 몸의 계속되는 공격에 맞서서 방어하지만 역부족인 경우가 많다. 그렇게 되면 더 이상의 게임은 사라지고 몸이 영혼의 우위를 점하여, 몸의 뜻대로 영혼이 그의 뒤를 따라간다.

그래서 사람의 영혼은 주인의 자리에서 내려와서 이제는 그의 몸에 기숙하는 '손님' 신세가 되고 말았다. 그들의 영혼은 이제 하나님께 등을 돌리고 자신을 하나님 자리에 놓고 스스로 그의 우상이 되었다. 자신이 주인공 되어 자신을 중심하는 삶은 자만과 야망 그리고 자신의 의를 드러내는 명예욕과 욕망과 시기심으로 자신을 채색하며, 이는 인간 존재의 전체 모습이다. 어느 누구도 이런 자만의 바이러스를 받지 않은 자는 없다. 자기중심의 자기 자만은 모든 세대에 유전되었고, 이제 모든 사람은 체질이 바뀌어 하나님께로 돌아가는 일이 매우 어렵게 되었으며, 이제 고통이 뒤따른다. 사람의 고통의 5분의 4는 여기서 비롯된다.[402]

영혼과 몸의 싸움, 옛사람과 새사람의 싸움, 조에와 바이오스의 갈등, 내 자아와 하나님, 내 생명과 하나님의 생명, 거듭난 생명과 부모로부터 받은 생명 사이의 이 싸움과 갈등은 고통을 만들어 낸다. 왜냐하면 너무나 오랜 시간을 나 자신이 내 것이라고 주장했기 때문에 나의 자아의 의지와 고집을 하나님께 드리기에는 너무나 어려운 고통이 뒤따른다.[403] 사람의 영혼은 잘나갈 때는 안락한 환경에서 그의 고집을 포기하지 않는다. 그래야 할 이유가 없다. 그의 잘못과 죄악이 전혀 그의 시선 앞에 들어오지 않는다. 그러나 고통과 아픔은 그의 가면을 벗겨 낸다. 그가 드러내는 생살은 아픔과 고통을 가져오고, 이를 통해서 그는 그 자신의 모습을 본다. 그래서 우리는 C. S. 루이스의 유명한 어구에 도달하게 된다.

> 고통이 다가올 때 우리는 그 고통에서 우리의 시선을 떼지 못한다. 하나님은 쾌락 가운데서 우리에게 속삭이시고, 양심을 통해서 속삭이시고, 고통을 통해서 소리를 치신다. 고통은, 귀가 먹어 잘 듣지 못하는 이 세계를 향해 큰소리로 부르짖는 하나님의 메가폰이다.[404]

악한 자는 그의 몸이 고통에 처하기까지는 자신의 악을 인정하지도 않고 그 악을 보지 못한다. 고통이 다가오기 전에는 그의 삶이 자신의 것이라는 환상에서 벗어나지 못한다. 하나님의 메가폰인 고통은 우리를 무너뜨리고, 쓰러뜨리고, 우리 자신의 정체를 드러낸다. 고통이 늘 그의 일을 잘해내는 것은 아니다. 회개를 이끌어 내려는 고통은 끝까지 하나님을 향한 거부와 반항을 만들어 내기도 한다. 그러나 고통은 악한 자들에게 회개의 기회를 준다.[405] 잘나가고 있다는 환상을 깨뜨리고, 나는 나의 것이고, 내 몸과 내 재산과 내 시간이 내 것이라는 허구도 고통에 의해서 여지없이 산산조각 난다.

하나님은 우리의 본질을 아신다. 내 삶이 만족스러울 때 그것을 우리가 누릴 수 있는 행복이라 믿지만, 하나님은 그분 안에서만 참된 행복이 있다는 것을 아신다. 그래서 하나님은 우리의 시선을 우리에게서 돌려서 하나님을 바라보도록 고통의 메가폰으로 소리치신다. 성공과 행복은 하나님을 배우고 알기 전에는 의미가 없다. 그런 껍데기들은 결국 사라질 수밖에 없으며, 껍데기에 매달리는 결국은 비참해질 수밖에 없다는 사실을 아시기에, 우리 삶이 자아내는 달콤함을 부숴야 하나님께로 올 수 있기 때문에, 고통이 그의 귀청에 대고 소리친다.

사람의 참된 행복이 무엇인가? 소박하지만 아이들과 함께 아내와 더불어 하루를 살아가는 평범한 행복이 있다 해도, C. S. 루이스는 그런 현실이 행복이나 복이 아니라고 한다. 사람이 누리는 행복과 기쁨은 시간의 흐름에 휘말려 사라지고 만다. 영원의 관점에서 볼 때 크건 작건 그들이 누리는 행복은 한 줌의 모래가 손가락 사이로 빠져 흘러내리는 것에 불과하다. 사람의 운명은 그렇게 단순하거나 소박하지 않다. 하나님과 더불어 영원의 관점과 영원을 누릴 수 있는 생명을 누릴 수 없다면 인생이 뭐가 된들 별게 아니라는 말이다.

우리가 그토록 피하고 싶어 하는 고통의 정체는 무엇인가? 고통은 사람들이 싫어하지만, 고통과 더불어서 사람은 이제 자신의 결핍과 부족을 알게 된다. 이때 고통은 복으로 작용한다. 하나님은 사람의 고통을 안타까워하시지만, 동시에 사람이 그들의 비참한 운명을 깨닫지 못하는 것을 더 안타까워하신다.[406] 고통이 그런 그들의 결핍을 아는 데로 인도한다면 고통은 나름의 일을 한 것이다. 가족과 아이들과 주변의 친구들과 누리는 소박한 행복 때문에 사람들이 하나님 없이 살아가는 치명적인 결핍을 깨닫지 못한다면, 고통은 우리 삶 가운데로 침입해 들어와서 망치로 내리치듯이 우리를 부순다. 이제 그들이 누리는 그 평범하고 소박한 기쁨과 번영은 언젠가는 무너진다. 삶이 달콤한 것만은 아니다. 삶이 파산 당했을 때, 이는 배가 파산 당하여 배 안에서 하나님께 항복하는 격이다. 그러나 하나님은 그렇게 자신들에게 기대할 것이 없다는 사실을 절감하고 하나님께 나아오는 자들을 기꺼이 받아 주신다.[407]

스스로 만족해하는 자들은 깨어져야 한다. 그들은 허위와 환상에 그들 삶을 마련해 놓고 있기 때문이다. 인생에서 별로 큰 죄를 저지르지 않고 평범하게 불편함 없이 지내는 인생, 그래서 자신의 삶에 나름의 만족을 갖는 자들도 불행의 고통이 임해야 한다. 자족의 환상이 깨져야 하기 때문이다. 차라리 이들의 삶이 더 위험하다. 방탕한 자들과 창녀들은 자신의 삶을 결코 자족해하지 않는다. 그래서 예수께서는 그들의 방탕을 차라리 바리새인의 자만과 자족보다 덜 위험한 것으로 다루신다. 교만과 탐욕과 자기 의로움(義)은 그들이 하나님께 나아가는 것을 불가능하게 만든다.[408]

이제 그렇게 해서 만들어진 우리의 세계는 자만과 자족과 행복과 욕망으로 가득하다. 이 세계 전체를 우리는 물려받았다. 고통은 이 세계 전체를 부수기 위한 작업이다. 우리는 욕망과 탐욕과 자만으로 걸어온 길을 거꾸로 되밟아 가야 한다. 이제 그렇게 누리던 작은 행복들이 부서지는 장난감처럼 산산조각 나고 만다. 고통은 우리의 진짜 행복이 이 세계가 아니라 또 다른 세계를 구하는 데 있고, 우리가 귀하게 여길 보물은 또 다른 차원에 있다는 사실을 가르쳐 준다. 그러나 우리는 웬만해서는 이런 하나님 현실 안으로 들어가지 않는다. 고통의 위험이 사라지려는 찰나 또 다시 그 작은 행복의 장난감을 쫓아가고, 하루 이틀만 지나면 우리는 다시 목욕을 끝낸 강아지가 진흙탕으로 달려가듯이 그 장난감으로 달려간다. 시련이 있어야 하는 이유가 여기에 있다. 고통과 시련 때문에 간신히 하나님께 우리 자신을 의지하고 지탱한다.[409)]

그래서 C. S. 루이스에게서 불행과 시련과 고통은 사람을 다루시는 하나님의 고통의 메가폰으로, 결코 피할 수 없는 도구다. 그렇다면 세계에 내재되어 있는 고통과 시련은 참으로 우리가 하나님을 향해서 걸어가도록 만드는 '영혼을 다듬어 가는 골짜기'(a vale of soul making)[410)]이며, 이 세계의 고통은 제대로 그 작업을 해내고 있다고 볼 수 있다. 이 세계의 고통은 분명히 하나님이 방향을 잡으신 바대로 그의 역할을 하고 있다. 그래서 고통은 참으로 피할 수 없는 인간 현실이고, 우리에게서 시련은 결코 지나칠 수 없는 상황이며, 우리를 하나님께로 드높이는 디딤돌이 되고 있다. 고통은 우리를 제대로 만들어 가고 있다.

사람을 한계로 몰아넣는 전쟁은 사람을 나 혼자 살겠다고 전선을 도망쳐서 몰래 피신하게 한다. 전쟁은 사람들을 배신과 거짓으로 몰아넣는다. 굶주린 배를 한 줌의 빵으로 채우기 위해서 다른 사람이 먹어야 할 빵을 빼앗거나 훔친다. 이게 부인할 수 없는 전장의 현실이다. 그러나 전장의 현실이 사람을 반드시 그렇게 비겁한 동물로 전락시키지는 않는다. 때로 우리는 가슴 울리는 액션을 본다. 포탄이 머리 위를 스쳐서 언제 목숨을 잃을지 모르는 절박한 전쟁의 공간에서도, 부상당해 움직일 수 없는 전우의 목숨을 살리기 위해서 혼신의 힘을 다해 그를 끌고 서 업고 가서 끝내 살려놓는 사람들의 스토리는 무수하다. 자신의 목숨이 언제 사라질지 모르는 절절한 상황에서도 내 옆의 전우를 먼저 병원으로 보내서 그를 먼저 살리려는 휴먼 스토리가 넘친다. 전쟁이라 해서 미움과 거짓과 배신만이 판친다고 생각하면 그건 인간을 잘못 보고 있는 것이다.

절체절명의 상황에 다가오는 고통의 순간에도 전쟁의 두려움보다 더 크고 아름다운 영혼이 드러나기도 한다. 고통을 통해서 사람은 그의 진면목을 보여 주기도 한다. 끝 간 데 없이 이어지는 고통의 매순간에도, 그리고 최후의 병고를 지나면서도 용기와 온유함을 드러낸다. 고통과 고난이 그를 만들어 내었다. 그렇지 않았다면 결코 얻을 수 없는 높은 고귀함을 그에게서 찾을 수 있다.[411] 고통은 성실하게 그의 일을 하여 끝내 하나의 벌레를 한 명의 사람, 하나님의 자녀로 만들어 가는 데 일조를 한다.

아픔이 없이는 고쳐지지 않는다. 사람은 망가져 있고, 수리를 해서 바르게 정상으로 되돌려 놓아야 한다. 그런데 우리는 팔다리 정도 조금 망가지고 부서진 것이 아니라 전체가 엉망으로 완전히 비틀어졌다. 신학자들이 전적 부패라고 하는 내용이다.[412] 사람은 한두 군데 고쳐서는 되지 않는다. 그리고 하나님이 우리에게 원하시는 것은 우리 그 자체다. 우리 자신 전부가 망가졌기 때문이다. 우리의 자아는 너무나 견고해서 어느 정도 뜯어 고쳐서는 이를 변화라고 할 수 없다. 차를 조금 고치러 갔더니, 조금만 손을 보라고 했더니, 정비공은 처음부터 마지막까지 완전히 뜯어서 분해를 해서 고쳐 버린다. 한 군데도 남김없이 손보지 않은 데가 없다. 이게 하나님이 우리를 다루시는 방법이다. C. S. 루이스는 이렇게 말한다.

> 예수께서는 이렇게 말씀하신다: "나에게 너의 전부를 달라. 나는 너의 시간과 너의 돈과 일터를 원하지 않는다. 나는 단지 너를 원할 뿐이다. 나는 너의 몸의 자아를 뜯어 고치러 온 것이 아니다. 나는 너의 자아를 죽이러 온 것이다. 이것저것 조금씩 뜯어 고쳐서 우선 지나가고 하는 식은 안 된다. 나뭇가지 이곳저곳을 쳐내는 식도 안 된다. 나는 너라는 나무 그 자체를 뽑아 버리고 싶다. 치아 이곳저곳을 때우고 씌우는 게 아니다. 아예 뽑아 버리고 싶다. 너의 본래 받은 자아 전부를 나에게 달라. 욕망과 야망과 갈망 모두를 달라. 전부 달라. 그러면 내가 새로운 자아를 너에게 줄 것이다. 나의 자아를 줄 것이다. 그러면 나의 뜻이 곧 너의 뜻이 된다."[413]

> "내가 너를 돕는 일은 너의 일부가 아니라 너의 전부를 완전히 게 만드는 일이다. 나는 그 이하에 만족하지 않는다. 너는 어느 정도가 되면 만족하려 들 게다. 그러나 나는 그 이하에 결코 만족하지 않는다."[414]

C. S. 루이스가 보여 주는 사람의 변화에 대한 또 다른 은유는 예수를 믿음으로 하나님의 생명이 그 사람 안으로 들어가서 새로운 사람이 되어 거듭나는 그리스도인의 현실을 말에게 날개를 달아 주는 일로 말한다. 땅 위를 걸어 다니는 말이 날개를 달아서 하늘을 날게 된다는 비유는 유례없는 상황이다. 완벽한 변화, 전대미문의 변화, 자연 가운데서

찾을 수 없는 변화를 가리킨다. 그에 상응하는 변화를 굳이 찾아본다면, 벌레가 외부로부터 레이저 광선과 같은 뭔가에 노출되었을 때 일으키는 예측할 수 없는 변화다. 이런 변화는 우리가 상상할 수 있는 범위를 넘어선다.[415]

이런 거듭남의 변화는 생명의 사건이고, 자연에 속한 피조물이 하나님의 생명을 부여받은 하나님의 아들로 바뀌는 전이(轉移)다. 이런 변화는 자연 안에서 찾아볼 수 있는 진화로는 설명이 안 된다. 자연 세계 안에서 발생하는 사건이 아니다. 이 변화는 자연 외부로부터 침입해 들어온 사건이다.[416] 자연에 속해 있는 피조물이 하나님의 생명을 받아서 아들과 자녀가 되는 것은 누구의 힘에 억눌려서 강제로 되는 일이 아니다. 이는 사람들이 그들의 의지대로 스스로 선택하여 자발적으로 되는 일이다. 사람은 자신이 스스로 그 선택의 출발점을 만들어야 한다. 내가 하나님께로 나아갈 것이라고 그렇게 선택하는 출발점이 있다.

그러나 좀 더 자세히 살펴보면, 하나님을 향한 우리의 선택은 전적으로 우리가 먼저 시작한 내용은 아니다. 신앙은 거래가 아닌 선물이다. 그래서 신앙은 선물을 받는 자가 선물을 주는 자에게 손을 내미는 것이다. 신앙은 내가 만들고 내가 이루고 내가 선택했다는 말이 아니다. 하나님의 생명은 선물이며, 우리는 그 선물을 감사함으로 받아들이는 선택을 한다. 선물을 받아들이는 것도 역시 대단히 중요한 의미 있는 자발적인 선택이다. 선물은 거절될 수도 있기 때문이다.[417]

예수께서는 이른바 우리가 속해서 서 있는 줄의 대장이 되신 것이다.

그리고 우리는 예수 줄에 서 있기 때문에 예수의 승리를 내 것으로 한다. 그분의 생명은 이제 내 생명으로 이전(移轉)된다. 하나님은 하나님 당신의 생명, 독생자 예수의 생명을 유전이 아니라 '좋은 전염'(good infection)[418]을 통해서 우리의 생명 가운데로 밀어 넣으셨다. 예수와 접촉함으로 우리는 예수의 생명을 접붙임 받는다. 그래서 우리의 생명은 예수의 생명을 닮아 가고 진짜 하나님의 아들이 되어 간다. 예수의 생명이 우리의 생명 가운데로 들어와서 우리의 생명을 밀어내고 그분의 생명이 나를 지배한다. 그래서 예수를 믿을 때 거듭난 새로운 또 다른 예수의 생명이 침입해 들어와서 나를 장악하기 원한다. 갈등이 발생한다. 그리고 갈등하는 인간은 아름답다. 내 고집과 내 생각과 내 경험을 내려놓고 예수의 생명이 만들어 내는 새로운 인격, 예수의 모습을 말한다.

나의 정체성, 나의 나 됨은 나의 자아다. 나는 나다. 여기서 나 자신의 나 됨을 내려놓는다는 말은 나의 나 됨을 포기하고 새로운 예수의 생명으로 대치해 나간다는 말이다. 이는 대단히 시간이 걸리는 작업이고, 평생에 걸쳐서 해야 할 일이다. 그렇게 대체되어진 인격, 나의 나 됨을 규정하는 나의 자아를 잊고 나서, 그리스도의 인격은 나를 밀어내고 나를 차지한다. 삶을 살다 보면 내 삶의 원리, 원칙, 감각 등이 쌓이게 된다. 그래서 나는 내가 된다. 그러나 이런 나를 내가 포기한다면, 나의 진짜 나 됨을 찾고, 얻을 것이다. 생명을 잃어야 생명을 얻는다는 말씀이 바로 이것이다. 내가 십자가에 못 박힌다는 말씀도 바로 이것이다. 내 야망과 갈망과 소원과 원칙과 삶의 방향과 감각을 매일 죽음에 던져야 한다. 그래야 새로운 예수의 생명이 나를 영생으로 몰고 간다.

나에게 남겨진 것이 하나도 없다. 죽음에 넘겨진 것들은 어떤 것들이라 해도 다시 살아날 수 없다. 우리 자신의 것들을 우리가 끝내 포기하지 않고 내 것, 내 것, 내 것이라고 하면서 내 것을 주장하면, 우리에게 남는 것은 증오와 외로움과 절망, 분노와 파멸과 폐허뿐이다. 단지 그리스도를 찾고 구하면, 당신은 그분을 찾게 되고, 당신이 한때 포기하고 버린 것들을 그분과 함께 찾을 수 있다.[419]

우리가 거듭나서 하나님의 자녀가 되었다는 말은 우리가 하나님의 운명이 되었다는 말이다. 하나님은 우리를 포기하지 못하신다. 동시에 하나님 역시 우리의 운명이 되었다는 말이기도 하다. 우리 삶의 운명 안으로 하나님을 끌어들여서 하나님의 진짜 아들의 모습으로 바꾸어 달라고 하나님을 청빙하였다. 그러나 일단 한번 그분을 우리 자신을 고치는 일에 끌어들인 이상, 완전하게 치료될 때까지 그는 결코 쉬지 않으신다. 팔다리 하나 뚝딱 고치는 일이 아니라, 우리 전체를 처음부터 완벽하게 고치는 일이고, 포기함 없이 시간이 걸리는 일이고, 아픔과 고통이 반드시 뒤따른다. 그러나 어떤 대가를 치르더라도 그분은 결코 쉬지 않으시고, 우리도 역시 쉬지 못하게 된다. C. S. 루이스는 조지 맥도날드의 스토리를 인용한다.

> 당신을 살아 있는 집이라고 상상해 보라. 하나님이 오셔서 그 집을 다시 지으려 하신다. 하수구도 고치고, 수도도 고치고, 지붕이 새는 것도 고치고, 문짝도 고치고, 그렇게 하시다가 집 전체를 이제 모두 다 뜯어 버리신다. 때려 부수기 시작하신다. 고통과 상처와 아픔이 진동하고 악 소리가 저절로 내질러진다. 이해를 못한다. 그러나 그의 솜씨는 보통을 넘는다. 벽과 지붕과

> 바닥을 만드시는 것을 보니 다시 오두막집을 짓는 것이 아니다.
> 거대한 궁전을 지으신다. 그 집은 하나님이 사실 집이다.[420]

그 궁전은 바로 나 자신이다. 그리고 그 아름답고 고귀하게 만들어진 궁전은 하나님이 거하면서 사시는 공간이기도 하다. 이제 문자 그대로 우리는 하나님이 거하시는 몸이 되었다. 이게 우리 주님이 우리를 향해 갖고 계신 목표다.

자아 깨뜨리기의 스토리 하나

C. S. 루이스는 그의 하나님 경험을 「나니아 연대기」에서 구체적인 그림으로 그려 낸다. 나니아 스토리를 흔히들 어린이를 위한 동화라고 하는데, 틀린 말은 아니지만, 반드시 그렇지만은 않다. 내가 처음에 나니아 스토리를 읽었을 때, 그것은 우리가 걸어가는 누구도 알려 주지 않았던 신앙 여정의 그림이었다. 당시 아내와 함께 한 권씩 읽었는데, 매일 나니아를 읽고서 그 내용을 주고받으면서, 나니아 스토리를 읽는 시간만큼은 적어도 판타지 안에서 살고 있는 환상적인 느낌과 감동을 얻었다.

유스터스 스토리를 읽으면서는 그 스토리가 너무도 나 자신의 상태를 있는 그대로 그리고 있기에 눈물이 저절로 흘러내리기도 했다. 동화책을 읽으면서 눈물을 흘리다니…. 그러나 유스터스의 이야기는 바로 내 이야기였다. 지금부터 20년도 넘은 오래된 일이지만 지금도 기억이 생생하다.

유스터스 클라런스 스크럽이라는 소년이 있는데, 그는 충분히 그럴 만한 아이였다. 몇 명의 소년들이 함께 모험을 하게 되었는데, 유스터스는 다른 아이들에게 계속해서 폐를 끼치는 행동을 한다. 불평과 투덜거리는 것은 약과다. 다른 아이들을 욕하고 끊임없이 다툰다. 모든 행동이 자기중심적이다. 그런 식으로 다른 아이들과 함께 모험을 하며 살아간다는 것은 매우 힘든 일이다.

함께 배를 타고 가다가 어떤 섬에 내리게 되었을 때, 유스터스는 혼자 팀에서 벗어나서 돌아다니다가 동굴을 발견한다. 동굴은 용이 살고 있는 곳으로, 지금은 비어 있지만 그 안에는 보물이 가득했다. 유스터스는 신이 나서 보물을 있는 대로 힘껏 가지고 가려 한다. 팔에 걸치고, 주머니에 넣고, 손에 쥐고, 욕심껏 보물을 있는 대로 걸치고서 동굴 밖으로 나가려 하는데 비가 온다. 비가 그치기를 기다리다가 동굴 문 앞에서 그냥 잠이 들고 만다. 한숨을 자고 일어나서 그 소년이 알게 된 자기 현실은 놀랄 정도로 가혹한 것이었다. 유스터스는 용으로 변해 있었다.

용의 모습은 소년의 내면의 모습이 밖으로 표현된 상징이다. 내면은 내면 아래에 가라앉아 있지만, 내면은 그대로 있지 않고 언젠가는 수면 밖으로 드러나도록 되어 있다. 영혼의 아름다움은 몸과 태도와 자세에도 그 아름다움이 나타난다. 썩은 내면도 역시 몸의 태도로 드디어 나타난다. 자기 독단과 고집스러움이 겉으로 드러나 똑같이 용의 모습으로 바뀌게 되었다. 소년의 마음은 이미 용이었다. 이제야 그게 현실로 나타났을 뿐이다. 입 밖으로 말을 하려 해도 말이 나오지 않는다. 이제 평생 용으로 살아야 하는가 생각하니 하늘이 무너지는 것 같다. 그는 자기만을 생각하는 이기적인 태도를 다시 생각하면서 후회한다.

호숫가에 비친 용이 된 자신의 모습은 참으로 추악하다. 그러나 그게 바로 그의 진짜 모습이다. 마음속에 용의 탐욕스러움을 지니고 있다가, 드디어 기회가 되자 진짜 자신의 모습인 용의 외양이 겉으로 드러난다. 어느 때나 사람은 용이 된다. 왜냐하면 그는 이미 용이기 때문이다. 잠시 자신의 모습을 감춘다 해도 분위기와 환경에 의해서 언제든지 용이 되고 만다. 용은 자신의 용의 모양을 감출 수 없다.

한편 유스터스에게 드는 엉뚱한 생각이 있다. '내가 용이라고? 그렇다면 다른 녀석들이 까불 때 내가 발톱으로 확 긁어 버리면 꽤나 아프겠군' 하면서 차라리 편안한 마음으로 스스로 위로를 한다. 누가 나에게 감히 덤빌 수 있으랴 하는 생각이다. 그러나 곧 그런 생각은 사라지고, 그렇게 그들을 괴롭히기보다는 그들의 친구가 되어 그들과 잘 지내고 싶은 생각이 들었다. 너무나 외로웠기 때문이다.

배가 고팠다. 용이 된 유스터스는 호숫가에 죽어 있는 다른 용을 먹어 치운다. 마음과 생각은 유스터스지만, 탐욕과 식욕은 용이었다. 용과 유스터스는 구분이 되지 않는다. 그 둘은 하나다. 아슬란이 나타나서 그 용의 모습을 벗겨 주고 제거해 주기까지 그는 용으로 남아 있다. 용에게 희망이 있을까?

유스터스는 이제 그가 어떻게 변화되었는지를 말한다.

사자 아슬란이 나타났다. 아슬란은 예수 그리스도를 상징한다. 그때 유스터스는 두려움을 느낀다. 그러나 그것은 무서움에 의한 공포가 아니라, 하나님의 임재에 의한 거룩한 두려움, 일종의 경외감을 느끼게 된다. 아마도 이사야가 하나님의 성전에서 느꼈던 그런 경외감이 아닐까? 무섭다는 느낌이 아니라 두렵다는 느낌 말이다. 아슬란은 용이 된 유스터스를 우물로 데리고 간다. 그곳에서 아슬란은 그에게 덮여 있는 용의 껍질, 용의 비늘을 벗겨 내야 한다. 유스터스가 자신의 손으로 조금 세게 벗기자 피부까지도 함께 벗겨진다. 또 다시 껍질을 벗긴다. 유스터스는 '도대체 몇 번이나 이렇게 벗겨야 하는 거야' 생각하면서 세 번째로 껍질을 벗겨 낸다. 그러고 나서 마지막에는 아슬란이 그의 발톱으로, 사자의 발톱으로 그의 가슴까지 파고들면서 그의 껍질을 벗기는데, 그때에는 심장이 찢어지는 것 같다. 그렇게 고통을 느끼기는 태어나서 처음이다. 그러나 아픔은 동시에 기쁨을 주기도 한다. 상처의 딱지를 떼어 낼 때의 시원함을 느낀다. 차라리 아슬란이 그의 비늘을 벗겨 내는 것이 견디기 낫다. 자아는 그렇게 깨어져야 하는 용의 껍질, 용의 비늘이다. 그리고 깨어지는 아픔이 함께 간다.

그렇게 사자 아슬란에 의해서 껍질이 벗겨지고 자아가 깨어지는 아픔과 기쁨을 경험한 후에 그는 다른 소년이 되었다. 아니 정확히 말하면 다른 소년이 되는 중이다. 물론 가끔 예전의 유스터스로 되돌아가기도 하지만, 또한 여전히 다른 아이들을 괴롭히기도 하지만, 그는 이미 좋아지는 방향으로 나아가고 있었다. 그래서 그런 것들은 사소한 것들이 되었고, 크게 신경 쓸 일이 아니다. 중요한 것은 그의 삶의 방향이 이제 자신만을 아는 자기중심에서 벗어나서 하나님과 주변 인물을 향하고 있기 때문이다.

　우리도 유스터스와 다르지 않다. 죄와 실패에서 말이다. 처음에 우리는 자신이 어떤 자인지 잘 알지 못한다. 용이 진짜 나인지, 아니면 내가 나인지 헷갈린다. 용이기도 하고 나이기도 한 나, 나도 나를 잘 알 수 없다. 그런데 우리는 내가 용이라는 사실을 알게 된다. 그리고 용으로부터 벗어나기를 원한다. 일단 우리가 어떤 자들인가를 참으로 깨닫게 되면 좀 더 나은 사람이 되어야 한다는 생각을 하지 않을 수 없다. 그래서 우리는 우리 자신을 뭔가 바꾸어 보려고 나름의 애를 써 본다. 그러나 그런 노력이 늘 허사로 돌아가고 만다는 사실 또한 배우게 된다. 우리를 덮고 있는 절망의 비늘이 조금 벗겨지나 싶더니만 다시 어느새 자라고 만다. 우리는 이제 노력하여 애를 쓰다가 다시 실패로 돌아가는 악순환에 빠져 있다는 사실을 안다. 이제 우리는 우리 아닌 또 다른 어떤 분이 우리를 위하여 이 일을 대신해 주어야 한다는 사실을 알게 된다. 하나님은 우리의 상태가 어떠한지를 알게 하신 후에 우리의 죄를 용서해 주시고 천천히 그 죄가 남긴 흔적들을 벗겨 내신다.

　처음에 믿음을 가진 자들은 우리가 그리스도로 인하여 새사람이 되면 즉각 이 모든 일이 단 한 번에 일어난다고 생각한다. 그러나 실은 그렇게 되지 않는다. 신앙생활을 하다 보면 그렇지 않다는 사실을 알게 된다. 우리의 죄악이 남긴 비늘은 우리가 생각하는 것보다 훨씬 더 깊숙이 뿌리를 내리고 있다.

　하나님은 우리보다 오히려 더 인내하시는 분이시다. 예수를 믿음으로 구원을 받을 때 우리는 새 생명을 받고 하나님과 바른 관계에 들어선다. 그러나 영적인 현실과 우리 자신의 현실은 곧잘 매치가 되지 않는다. 우리는 때로 다시 새사람의 틀에서 벗어나서 옛날의 습관과 패턴으로 되돌아가기도 한다. 이때 하나님은 우리를 둘러싸고 있는 비늘과 껍질을 벗겨 내는 쓰라린, 그러나 시원한 치유를 시작하신다.

❖

필립 얀시는 재미있는 이야기를 들려준다.

어떤 목사와 사모가 세 살배기 아들을 보모에게 맡기고 외출을 했다. 그 아이를 돌보는 보모가 아이에게 물어보았다: "엄마가 가장 좋아하는 게 뭐지?" 아이는 보모에게 "엄마는 나를 씻기는 것을 제일 좋아해요"라고 말한다. 이를 전해들은 그 목사는 다음 주일에 이렇게 설교한다: "사실, 아내가 아들을 씻기는 것을 그렇게 좋아하는 것은 아닙니다. 아이를 씻기는 것은 아이를 안기 위한 핑계일 뿐이에요. 때를 벗기는 건 그저 엄마와 아이가 가까워지는 과정일 뿐이지요. 그리고 그건 하나님과 우리의 관계에서도 마찬가지입니다."

2) 가면 쓰기: 하나님의 변화 전략

믿음의 놀라운 힘은 C. S. 루이스에게서도 탁월하게 설명된다. 그의 책, 「순전한 기독교」의 '그런 척해 보자' (Let's Pretend)라는 장에서 믿음에 의한 하나님의 교육 방법을 너무도 재미있게 설명한다. 실제로 그렇지 않지만 내가 원하는 바가 진정 그렇다면, 그런 척을 하면서 그렇게 실제로 해 보라. 그러면 실제로 내가 그렇게 원하는 바대로 바뀌어진다.

내가 현재 그런 사람이 아니라 해도 내가 장래 어떤 사람이 되고 싶다면, 또한 그렇게 믿는다면, 그래서 그런 척을 하면서 그렇게 행동하면, 우리는 어느덧 우리가 그런 척하는 그런 존재가 된다.[421] 이게 바로 하나님의 생명이 우리를 바꾸는 방법이며 과정이다.

사람은 그런 척하면서 배우고, 익히고, 그들 공동체의 일원으로 바뀌어 간다. 아직 그런 실력과 위치에 있지 않다 해도, 그런 척하고 그런 위치를 가장(假裝)하여 그런 위치에 올라간다. 조금만 살펴보면 이는 너무나 당연하다. 친구들이 한 데 어울리기 시작하면 그들은 서로 닮아 간다. 오래전에 영락교회 심야기도회에 참석한 적이 있었는데, 말씀을 전하는 목사들의 모습에서 한경직 목사님의 흔적과 모습과 목소리를 들을 수 있었다. 좋아하고 존경하고 신뢰를 하다 보면 그 사람을 닮아 간다. 처음에는 물론 그런 위치에 있지 않았고, 실력도 없었다. 그러나 그분을 생각하고, 때로 흉내를 내기도 하고 마음에 담아 둘 때 그분이 나에게서 나타나기 시작한다. C. S. 루이스는 이를 '좋은 전염' 또는 '그런 척하기'라고 설명한다. 일종의 흉내라는 가면을 쓰면서 그를 닮아 간다는 말이다.

그러나 정반대의 경우도 있다. 좋지 않은 친구들 사이에 내가 끼어 있다. 뭔가 호감이 가고 매력이 있다. 그래서 나도 모르게 그의 음성과 태도를 닮아 간다. 다른 사람들 보기에는 그 그룹에 속해 있는 나 자신이 너무나 잘 어울린다. 하나도 차이가 없을 정도로 그들과 함께 혼연일체가 된다. 그러나 그들과 어울리지 않고 따로 있을 때, 내가 얼마나 그들과 어울리지 않는지를 느낀다. 따로 있을 때 절감한다. 그러다 또 그들과 어울리면 그들과 또 잘 어울린다. 그러면서 우리는 잘 모르는 사이에 그들을 가장하고 닮아 간다. 비슷하게 웃고, 말투와 행동도 흡사하다. 시간이 가면 이미 그들 편이 되어 무척이나 닮은 사람이 된다. 그런 척하다 보면 그게 내 마음에 들지 않는 것이라 해도 우리는 이미 그들과 닮아 있다. 이는 인간 삶의 상식에 대한 기초다.[422]

가면 쓰기의 스토리 하나
내 식으로 C. S. 루이스의 어떤 동화를 풀어 보면 다음과 같은 스토리가 된다.

어떤 추남이 있다. 그런데 미남이 되고 싶다. 그래서 미남이 되고 싶은 열망이 너무나 간절한 나머지 백화점에 가서 그중 제일 맘에 드는 미남 가면을 하나 사서 매일 그 가면을 쓰고 산다. 그런데 어디 그게 쉬운 일인가? 맨얼굴에 가면을 쓰고 살아가니 불편한 게 한두 가지가 아니다. 아침에 일어나서 이를 닦아야 하는데 가면 사이로 칫솔을 넣어서 이를 닦고 물로 양치질을 하는 게 여간 불편한 게 아니다. 물론 지난밤에 잠을 잘 때만큼은 가면을 벗어 던지고 편하게 자고 싶었지만, 미남 열망이 너무 강했기 때문에 그래도 참으면서 이제는 잘 때도 가면을 벗지 않는다. 물론 생활할 때 너무나 불편하게 되면 잠시 가면을 벗을 때가 있지만, 거의 24시간을 벗지 않고 지낸다.

어느 날 도저히 견디기 힘든 날이 왔다. 다 포기하고 가면을 벗어 던지고 차라리 추남으로 사는 게 낫겠다, 벗어 버리자 그렇게 결심을 했건만 지금까지 지내온 시간과 날이 아까웠다. 그렇게 해서 3개월이 지나고 6개월이 지난다. 그러나 여전히 미남 가면은 불편하고 그에게 잘 맞지 않는다. 그런데 이상한 일은 미남 가면이 처음보다 많이 편해지고 익숙해졌다. 그래도 벗어 던지고 싶은 마음이 하루에도 여러 번 솟구친다.

어느덧 시간이 흘러 1년이 지나고 3년, 5년이 되었다. 이제는 처음보다 훨씬 더 나아진 것은 물론이고, 그 미남 가면이 상당히 그의 얼굴에 익숙해졌다. 가끔은 가면이 어색하기도 하지만 익숙한 것도 만만치 않아서 그런대로 시간이 지나간다. 불편하지만 견딜 만하고, 벗어 던지고 싶지만 투덜대면서도 가면을 끝내 벗지는 않았다. 잘 맞지도 않는 가면을 얼굴에 쓰고 다니면서 어디 투덜대지 않을 수가 있겠는가? 드디어 10년이 지나고 15년이 지나서 이제 20년이 되었다. 어느 날 그는 거울 앞에 선다. 그리고 그는 드디어 가면을 벗어 던진다. 그런데 거울 앞에 나타난 그의 모습은 옛 얼굴이 아니라 가면에 의해서 만들어진 새로운 미남 얼굴이었다.[423]

그런 척을 해 보자고 하지만, 그게 쉬운 일은 물론 아니다. 그러나 끊임없이 가면을 쓰고 자신의 미래를 미남으로 믿고 살면서 포기하지 않고 업그레이드하게 되면, 그는 옛 모습을 내려놓고 새로운 모습의 새 얼굴을 갖게 된다는 말이다.

인격을 뜻하는 Person이라는 말은 가면을 뜻하는 라틴어 PERSONA에서 나왔다.[424] 인격은 가면과 밀접한 관계를 갖는다. 인격은 어쩌면 가면을 쓰는 데서부터 나온다는 뜻이리라. 사람은 누구나 가면을 쓰고 산다. 아침에 일어날 때면 잠잘 때 옆에 벗어 두었던 가면을 다시 집어서 얼굴을 가리고 밖으로 나간다. 아니면 그의 본래 모습을 보여야 하는데, 추하기 그지없는 노릇이다. 사람은 누구나 본래의 맨얼굴을 보이려 하지 않는다. 그래서 누구든지 그들 나름의 가면을 쓰고서 어느 정도 가장(假裝)하면서, 그런 척하면서 살아간다.

그렇지 않다고 생각해 보라. 화가 난다고 해서 화를 내고, 분노가 치민다고 해서 꽃병을 그대로 집어 던지고, 새치기를 했다고 해서 앞사람을 걷어차고, 배가 고프다고 해서 다른 사람의 음식을 마구 집어 먹을 수는 없는 노릇이다. 화가 나도 그렇지 않은 척을 하여 가장하고 가면을 쓴다. 분노가 치밀어도 얼굴에 웃음을 띠고 미소를 짓는다. 배가 고프다고 해도 그렇지 않은 척을 한다. 그런데 놀라운 사실은, 그런 가장과 가면으로 이어지는 일련의 사건들이 우리를 그렇게 진짜 화를 내지 않고 미소를 짓는 인물로, 자신을 절제하는 사람으로 만들어 간다는 사실이다. 그래서 PERSONA(가면)는 PERSON(인격)을 만들어 낸다.

어떤 사람이 매우 정직하다고 평가를 받는다. 그 사람은 절대로 돈을 부정하게 마구 꺼내서 쓸 사람이 아니다. 한마디로 돈에 대해서는 깨끗한 사람이다. 그러자 옆에서 이 말을 듣던 사람이 이렇게 말한다: "실은 그게 아니고, 그 사람 주변에서 그를 감시하는 사람들이 얼마나 깐깐한지, 돈을 조금이라도 자기 맘대로 썼다가 걸리면 큰일 나기 때문이야. 그래서 그는 어쩔 수 없이 돈에 대해서 정직하게 할 수밖에 없는 거야." 그 사람이 주변 사람들의 감시 때문에 정직한 것이지, 그 사람이 본래 정직하기 때문이 아니라는 식으로 그 사람의 정직을 폄하한다. 그러나 그 사람이 깐깐한 주변 사람들의 삶의 환경 때문에 그렇게라도 정직할 수밖에 없다면, 그런 환경 때문에 그의 삶은 정직해지는 것이다. 정직해야 한다면 정직해질 수밖에 없고, 그게 그렇게 된다면, 비록 강제라 해도, 그의 정직은 그의 인격으로 형성된다. 결국 그는 끝내 정직한 자가 된다.

C. S. 루이스는 놀라운 필치로 이런 사실을 날카롭게 밝혀낸다. 하나님을 아버지라고 부르는 일은 신앙에서 가장 먼저 배우는 일이다. 그런데 우리가 하나님을 아버지라고 부르는 일은 매우 엉뚱하고 터무니없는 짓이다. 어떻게 하나님이 아버지가 되시는가? 어떻게 우리가 하나님의 아들딸이 되는가? 말도 안 된다. 이때 우리가 진짜 하나님의 아들인 양 믿음으로 그런 척을 한다는 뜻이다. 그런데 놀라운 일은, 처음에 그런 척하는 믿음의 시작은 어색하고, 어렵고, 쑥스럽지만, 마치 교복을 입고, 군복을 입고, 제복을 입는 것처럼 처음에는 어울리지 않지만, 그렇게 그런 척을 하다 보면 어느덧 하나님은 이미 우리의 아버지가 되어 계신다.

이때 그런 척을 한다는 말의 의미가 무엇인가? C. S. 루이스에게서 그런 척을 한다, 그렇게 가장한다는 말은 내가 하나님의 아들이 아님에도 불구하고 하나님의 아들이라고 믿는 믿음을 말한다. 신앙은 이렇게 우리를 출발시키고 만들어 간다. 예수로 인해서 우리는 하나님의 아들이 되었다고 말씀한다. 그러나 내 모습을 보니 내가 하나님의 아들이라는 말씀이 전혀 실감나지 않는다. 내 꼬락서니를 보니, 사실 하나님의 아들이 아닌데 하는 생각을 저버릴 수 없다. 그것도 분명히 나의 현실 가운데 일부다. 그러나 나는 예수를 믿음으로, 그리고 그 믿음으로 내가 하나님의 아들이라는 사실을 받아들임으로 내가 하나님의 아들이라는 또 다른 현실을 창조해 낸다. 마치 자유롭지 못한 나라에서 자유를 만끽하는 것처럼 가장하여 믿음으로 자유를 누리면, 이제 우리는 진짜로 자유로운 나 자신과 나의 주변 세계를 그렇게 창조해 나가는 믿음의 원동력과 같다.[425]

아들도 아닌데 아들이라고 주장하고 그렇게 우기는 일은 매우 뻔뻔스러운 일이다. 파렴치한 일이다. 믿음과 은혜는 모두 다 뻔뻔스러움과 파렴치의 작용이다. 죄인을 죄인이 아니라 선언하시고, 거룩하지 못한 자를 거룩하다 말씀하신다. 이게 바로 믿음과 은혜다. 믿음은 터무니없는 은혜를 수용하는 길이다. 그래서 믿음과 은혜는 말도 안 되는 일이다. 하나님을 아버지라고 칭하는 이 말씀은 주님이 가르치신 기도다. 이제 하나님을 아버지라고 부르라는 뻔뻔함의 길로 들어선다.[426] 은혜는 뻔뻔스러움의 메커니즘이다. 하나님이 진짜로 아버지라는 뻔뻔스러운 믿음으로 시작한다. 그러나 시간이 가면 갈수록 하나님이 진짜 우리의 아버지가 되신다. 뻔뻔스러움이 없었다면 하나님은 우리의 아버지가 되실 수 없었을 것이다.

C. S. 루이스는 여기서 하나님의 믿음과 우리의 믿음이 순차로 발생한다고 한다. 하나님께서도 우리를 향해서 "저 녀석은 사실 나의 진짜 아들이 아닌데, 이제부터는 저 녀석을 내 아들로 여기면서 아들이라고 믿고 아들로 대우할 것이다"라고 하신다. 피조물을 보시면서 아들로 대하시고, 아들로 믿자고 하신다. 이건 하나님의 믿음이다. 그런 척을 하

는 것은 일종의 믿음이다. 하나님은 믿을 수 있는 미쁘신 분이시다. 믿을 만하시다. 그러나 믿을 만하실 뿐 아니라, 우리를 향한 믿음을 가진 분이시기도 하다. 이때 믿음은 그런 척하기와 공통분모가 있다. 하나님도 그런 척을 하신다.

우리는 벌레를 닮아 있는 자이고, 탐욕과 불평의 존재이며 또한 반역자다. 그러나 벌레가 그의 믿음으로 점핑을 해서 하나님의 자녀의 자리에 오를 때, 짐승의 자리를 넘어서서 하나님의 자녀와 비슷해진다. 이때 하나님의 믿음이 등장한다. 저런 벌레를 자녀라고 인정하고 그런 척을 해 보신다. 실제로 하나님의 아들이라고 부르기에는 전혀 못 미친다. 그래도 아들로 대우하시고, 그렇게 말해 주시며, 그렇게 대해 주신다. 엄마는 갓난아이가 알아듣지 못하는 말을 한다. 마치 아이가 엄마의 말을 다 알아듣는 것처럼 말이다. 그렇게 해서 아이는 알아듣는 척하면서 진짜로 알아듣게 된다. 이처럼 우리를 진짜 하나님의 아들 예수 그리스도처럼 대해 주시어 우리는 예수를 닮아 간다. 이게 하나님의 자녀들을 의롭게 하시는 하나님의 전략이다. 벌레가 믿음을 가질 때 그를 벌레라 부르지 않고 아들이라 불러서 진짜 아들로 만들어 간다.

'하나님은 그렇지 않은데도 불구하고 믿음으로' (a divine make-believe) 전혀 그렇지 않은 자들을 아들이라고 대우하신다. 이게 이상할 게 하나도 없다. 수준 높은 자, 곧 스승은 이 같은 방법으로 수준 낮은 자들을 높은 데로 이끌어 준다. 스승은 못 알아듣는다 해도 제자들에게 모든 것들을 가르친다. 그러다 보면 알게 된다. 아기는 엄마의 말을 알아듣지 못하지만, 엄마는 그의 말을 포기하지 않는다. 아기가 말을 다 알아듣는 듯이 그렇게 말을 건넨다. 그러다 보면 오래지 않아 아기는 엄마의 말을 알아듣게 된다. 우리는 집안에서 개를 키우면서 마치 아이를 대하듯이 꾸지람도 하고 칭찬도 하고 사랑을 한다. 그러다 보면 오래지 않아, 나는 어느덧 강아지를 아이 대하듯이 하고 있다. 강아지는 강아지를 넘어서서 아이, 우리 집의 아이가 되어 있다. 다른 사람들이 보기에 강아지를 키우는 듯 보이지만, 나는 아이를 사랑하며 키우고 있다. 그 '아이'를 개 취급하면 화가 난다. 개가 유산을 물려받기도 하는 이유는 그 때문이다.[427]

우리를 향하신 하나님의 믿음이다. C. S. 루이스는 이를 '하나님의 그런 척하기'(a divine make-believe)라고 부른다. 사람을 향하신 일종의 하나님의 믿음이다. 하나님께서 우리를 먼저 아들로 대우하시면서 그런 척하시고, 우리 또한 하나님의 믿음을 우리의 믿음으로 받아들여서 우리도 하나님의 아들이라고 믿고 그런 척하면, 이제 우리는 실제로 그런 아들로 변모해 간다. 실제로는 아들이 아닌데도 아들처럼 대접을 하고, 아들처럼 사랑하고, 아들이라고 믿고, 아들이라고 부르고, 의롭다고 칭하는 이런 일종의 믿음의 점핑(jumping), 믿음의 도약(leap of faith)이 실제로 아들로 변모시킨다. 하나님의 믿음은 그 사람을 있는 그대로 보지 않으신다. 시몬에게서 베드로를 보시고, 야곱에게서 이스라엘을 보시고, 아브람에게서 아브라함을 보신다. 이게 믿음의 실체다. 믿음으로 미리 앞서 보신다.

사랑은 사랑을 받을 만하기 때문에 받는 것은 아니다. 부모의 시선으로 볼 때 사형에 처할 악한 죄를 지은 자라 해도, 그는 누구보다도 사랑의 대상이며, 충분히 사랑을 받을 만하다. 사랑을 받을 만하기 때문에 사랑을 받는 것이 아니라 사랑받을 만한 자격이 없는데도 사랑을 받는다. 이게 그리스도인 삶의 스토리다.

필립 얀시는 "가치가 있기 때문에 사랑을 받기도 하지만, 오히려 사랑을 받기 때문에 가치가 있게 된다"고 말한다. 그리고 스토리 하나, 어린 소녀 로즈마리는 다 떨어져서 볼품없는 인형과 하루 종일 논다. 실밥이 터지고, 찢겨지고, 더럽다. 그러나 딸은 손때가 묻어서 그런지 그 인형에 붙어서 산다. 가족 가운데 아무도 그 인형의 가치를 인정해 주지 않는다. 가족이 이제 미국으로 이민을 간다. 짐을 줄여야 하기 때문에 중요한 것을 추린다. 딸은 딱 하나, 그 누더기 인형을 선택한다. 그런데 꼭 안고 가던 그 인형을 공항에서 잃어버린다. 딸아이는 정신이 나간다. 그 인형이 없이는 한 발자국도 움직이지 못한다. 인형을 잃어버린 혼란 때문에 딸은 공항에 주저앉았다. 가족은 딸을 공항에 두고 가느냐 아니면 그 인형을 찾아서 함께 가느냐를 결정해야 한다. 끝내 비행기를 놓친다. 이제 공항 전체를 다 뒤져서라도 그 누더기 인형을 찾아야 한다. 그리고 그 누더기 인형 100개 정도를 살 수 있을 정도의 노력을 해서 끝내 찾아낸다. 그리고 누더기 인형과 함께 딸의 평안한 얼굴도 다시 찾는다. 누더기 걸레 조각에 불과한 인형은 그 자체로는 아무 가치가 없지만, 누군가에게는 미쳐 버릴 정도의 가치가 있다. 하나님은 가치 없는 자를 사랑하셔서 가치 있게 만드신다. 어거스틴은 "하나님께서는 사랑스럽지 않은 자를 사랑하시어 사랑스러운 자로 만드신다"고 했다.[428]

여기에 또한 우리의 믿음이 있다. 먼저 하나님께서 우리를 아들로 대우하시는 믿음이 있다. 하나님의 믿음이 가장 앞서 있다. 그러고 나서 우리는 하나님의 믿음을 우리의 믿음으로 받아들인다. 먼저는 하나님의 믿음이며, 다음에 우리의 믿음이다. 하나님께서 먼저 우리를 아들이라고 믿어 주시면, 아들로 인정해 주신다는 사실을 이제 우리가 믿고, 인정하고, 받아들이는 것이다. 이때 우리의 믿음은 하나님이 우리를 아들이라고 믿어 주시는 그 믿음을 믿는 믿음이다. 하나님이 우리를 용납하심을 이제 내가 용납한다. 하나님이 수용하신 것을 내가 수용한다. 하나님이 나를 인정하신다는 사실을 이제 내가 인정하는 믿음이다. 하나님께서 나를 아들이라고 믿어 주신다 해도 내가 그것을 거부하면 하나님의 믿음은, 굳이 말하자면, 무용지물이 되고 만다.

하나님께서는 시궁창에서 더럽고 냄새나는 거지를 왕자로 보시고 왕자로 삼으시기로 결심하시면서 왕궁으로 데려오셨다. 그는 거지일 뿐 왕자가 아니다. 그러나 왕의 눈은 거지를 왕자로 보신다. 그는 여전히 거지 왕자다. 거지로 사는 게 편할까, 아니면 왕자로 사는 게 편할까? 노예로 사는 게 편할까, 아니면 자유인으로 사는 게 편할까? 링컨의 노예 해방 이후에 노예들이 자유를 얻었으나 자유인으로 사는 게 너무 어려워서 많이 죽고 말았다. 자유인으로 산다는 것은 노예로 사는 것과 차원이 다르다. 차라리 시궁창에서 거지로 사는 게 더 편할 수 있다. 왕자가 되었다고 해서 얼떨결에 왕궁에 들어와 보니, 말처럼 왕자로 사는 게 쉽지 않다. 청계천 다리 밑, 시궁창, 나의 고향에서는 늦게 자도, 세수를 안 해도, 옷을 입지 않아도, 냄새가 나도 아무도 말을 하지 않는다. 그러나 이제 왕자로 살아야 한다. 사실 내면으로는 아직까지 완전히 거지다. 단지 왕자의 옷을 입었을 뿐이다. 거지 마인드에 왕자 옷차림이다. 어울리지 않는 이 겉과 안을 어떻게 일치시키느냐가 문제다.

그런데 어쨌든 왕자의 옷만 입어도 이제 폼이 나고 왕자 냄새가 난다. 그러나 여전히 시궁창의 냄새가 그립고, 당시 함께 놀던 순이와 철수가 보고 싶다. 이제 아침에 일찍 일어나라고 시종이 침대에 와서 깨운다. 세수를 하는데도 잔소리를 한다. 이렇게 씻어야 한다, 저렇게 씻어야 한다는 등 너무나 말이 많다. 옷을 이렇게 입어야 한다, 저렇게 입어야 한다는 등의 규칙은 거지를 미치게 만든다. 차라리 다 때려치우고 시궁창의 개천으로 돌아가고 말아? 개천이 그립고 간절하다. 이게 바로 그리스도로 옷을 입는 것이고, 왕자의 가면을 쓰는 일이고, 높이 올라가는 과정이다.

강화도에서 똥지게를 지면서 농사를 짓던 19세 이원범은 하루아침에 조선 제25대 왕이 된다. 논에서 똥지게를 지다가 궁전의 용상에 올랐다. 아무것도 모르는 농사꾼이 왕이 되었으니 철종이 받은 스트레스는 가히 말로 할 수 없다. 그리고 33세에 죽고 만다. 왕으로 산다는 것은 쉽지 않은 일이다. 아무도 그를 돕지 않았다. 그냥 내버려 두면 그렇게 죽고 만다. 차라리 농사꾼으로 남아 있으면 강화도에서 순이와 철수하고 잘 먹고 잘 살았을 텐데, 그만 사람 하나 잡고 만 셈이다.

우리의 운명은 다르다. 시궁창에서 왕자가 되었으나, C. S. 루이스의 표현에 의하면 벌레에서 하나님의 아들이 되었으나, 우리에게는 왕자로 살아가도록 돕는 분이 계시다는 사실이다. 우리는 끝내 거지의 운명을 내던지고, 왕자의 운명으로 우리 자신을 만들어 가게 될 것이다. 하나님을 힘입어 이제 우리는 왕자가 된다.

❖

사랑하지 않는 사람을 대하는 방법은 사랑하는 척해 보는 것이다. 마음에 없어도 그런 척을 해 본다. 이런 가장(假裝)은 우리를 실제로 사랑이 넘치는 사람으로 만들어 가는 중요한 과정이 된다. 친절하고 싶지 않을 때, 친절이 마음에서 우러나오지 않을 때에도 억지로라도 가장해서 친절을 행동하면 친절이 우리 몸에 배게 된다. 이게 바로 믿음의 역할이다. 인격은 그 인격이 나의 것인 양 행동해야 바로 나의 인격이 된다. 아이들은 군대놀이, 병원놀이를 하면서 어른 행세를 하고, 그렇게 해서 진짜 어른이 되어 간다. 그렇게 해서 어른의 세계를 이해하고, 어른의 마음과 근육이 생기고, 그래서 어른 흉내는 어른으로 만들어 낸다.[429]

가장은 우리만의 일이 아니다. 하나님도 역시 가장하신다. 거룩한 점이라고는 하나도 없는 자들을 불러서 이 사람들을 벌레가 아니라 하나님 당신의 아들과 딸들이라고 생각하신다. 그렇게 여기신다. 이게 바로 칭의(Justification)다. 그리스도의 생명이 이전되어 있으나, 아직 그리스도의 흔적은 많이 나타나지 않는다. 하지만 이제 시작이다. "그리스도의 냄새가 조금이라도 나고 있으니 아들이라고 여겨 주자"고 말씀하신다. 그러나 사실은 그렇지 않고, 사실은 아직 멀었다.[430] 이런 하나님의 가장과 우리의 가장이 만나서 우리는 가장의 현실로 점차 올라간다.

처음엔 어린 강아지가 너무 철이 없다. 아무데나 실례를 하고 도저히 함께 살아가기가 힘들 정도다. 그러나 강아지에게 말을 한다. 명령도 하고 말을 걸기도 하고 때로는 설득을 하기도 한다. 그렇게 하지 말라고 말이다. 이는 다름 아니라, 강아지와 함께 살아가기 위함이다. 물론 강아지가 주인의 말을 그대로 다 알아듣지는 못한다. 그러나 그렇게 말을 하고 사람처럼 가장하여 대하여, 그 강아지가 주인의 말을 알아듣는 척 하면서 말을 하다 보면, 어느새 그 강아지는 사람의 수준으로 와서 사람과 어느 정도의 커뮤니케이션이 가능하다. 거의 사람에 가까워진다.[431] 거지가 왕자가 된다. 추남이 미남이 된다.

　C. S. 루이스가 말하는 그런 척해 본다는 말에는 그리스도로 옷을 입는다는 말씀도 포함된다(갈 4:19). 가면을 쓴다는 말과 흡사하지만, 구체화해 볼 필요가 있다. 옷을 입는다는 것은 많은 경우에 어떤 하나의 집단에 속한다는 의미가 있다. 옷은 그의 지위를 나타내는 상징이기도 하다. 그냥 몸만 가리는 기능에 그치지 않고, 자신의 신분을 나타낸다. 왕은 자신의 신분을 나타내기 위해서 일반인보다 훨씬 더 많은 옷을 입어야 한다. 이때 이미 옷은 기능이 아니라 예법과 신분의 차원을 나타내는 일종의 문화가 된다. 예비군복을 입은 자들은 단지 그 옷만 입었을 뿐인데, 그 옷에 걸맞은 자로 스스로 변신을 해서, 길거리에 사람들이 있건 없건 아무데서나 휘갈긴다. 신사복을 입고서는 도저히 상상할 수 없는 짓을 예비군복을 입고 해 댄다. 옷이 그 사람을 바꾸었다. 점잖은 사람들이 예비군복을 입고서는 길거리를 가다가 아무데나 실례를 하고 질서를 어기는 등 엉망이 된다. 옷은 그래서 그 사람을 만들기도 한다. 신부복과 군복과 경찰복, 학생의 교복과 은행의 근무복 등은 바로 그런 기능을 갖는다. 교복을 입은 학생들과 교복을 입지 않은 학생들의 행동에

는 커다란 차이가 있다. 사람은 그만큼 내가 무슨 옷을 입었는가에 따라서 달라진다.

그리스도로 옷을 입는다는 말과 가면을 쓴다는 말이 한 사람의 변화 전략에 기능한다는 것은 그래서 매우 중요한 교육학적인 원리다. 하나님은 그리스도라는 옷을 입히심으로 우리를 진짜 그리스도로 바꾸시는 변화의 전략을 구사하신다.

사도 세자의 병은 일종의 정신질환이었다고 알려진다. 의대증(衣帶症)이라는 정신분열의 일종이었는데, 그게 사실이라면 그는 더 이상 세자 노릇을 할 수 없다.[432] 의대중은 옷을 마구 벗어 던지는 정신질환이다. 평민이 아니라 왕이 될 세자가 옷을 제대로 갖추기 힘들다면 그는 더 이상 왕 노릇을 할 수 없다. 옷을 입는다는 말은 그래서 그의 삶에서 결정적이다. 옷은 왕자의 기초 예법이다. 처음에 우리가 그리스도로 옷을 입고 다니는 것은 불편하다. 처음 그리스도인이 되었을 때에는 더욱더 불편함이 심하다. 그렇게 그리스도로 옷을 입고 다니는 불편함을 견디면서 시간이 지나면 점점 더 폼이 갖추어지고 자세가 나온다. 그래서 후에 가서는 그리스도로 옷을 입고 다니는 것이 훨씬 더 편하게 된다. 처음에 입기 불편하던 양복이 시간이 갈수록 편해지는 것과 같다.

하나님의 아들이라는 사실을 내가 수용하고 믿게 되면, 처음에는 새 옷을 입은 것처럼 불편하지만, 새 옷에 걸맞게 조금씩 다르게 행동을 하고 자신을 바꾸어 가면서, 그리고 점차로 아들로서 행동을 하면 우리는 진짜로 아들이 되어 간다. 하나님의 아들 예수는 예수의 생명을 우리에게 이전해서 전염을 시키고 진짜 우리를 그분의 아들과 비슷한 형상으로 창조해 간다. 흉내와 모방이 우리를 진짜로 만든다.

사도 바울의 칭의 역시 같은 차원이다. 칭의라는 말은 우리가 이제 의롭다는 말이 아니다. 의롭다고 그렇게 판단해서, 의롭다고 칭하고 의롭다고 간주한다는 말이다. 우리는 여전히 아직도 의롭지 않다. 단지 의롭다고 '칭함'을 얻었을 뿐이다. 하나님께서 예수로 인하여 우리가 예수를 믿을 때 우리는 이제 의롭다 함을 얻는다. 이 말은 우리가 실제로 의롭지 못하다는 사실을 전제로 한다. 우리는 실상 의로운 자가 아니다. 그런데 하나님은 예수를 믿는 믿음을 통해서 우리를 의롭다고 칭하신다. 단지 의롭다고 부른다는 말이다. 이 말은 성경학자들에 의하면 사법적(司法的)인 의로움이다. 실제로 그렇지 않은데 법적으로 의롭다고 판결되었다는 것이다.⁴³³⁾ 분명한 범죄에도 불구하고 무죄 방면을 받는다. 이것이 사도 바울의 칭의다. 이런 터무니없음과 뻔뻔스러움이 우리에게 발생한 것이다. 예수를 믿음으로 인해서 우리는 죄 있음의 존재에서 벗어나서 죄 없음의 존재가 되었다. 그러나 이게 바로 우리의 운명의 시작이다. 의롭게 된다는 말은 우리가 실제로 의롭지 않다는 사실에 다시 한 번 더 직면케 한다.

미국의 하버드대학이나 예일대학은 아버지가 돈이 많아서 많은 돈을 기부하게 되면 그의 자녀들은 그 대학에 입학할 수 있다. 자기 실력이 아니라 아버지 실력으로 그 대학에 입학한다. 아들 부시는 예일대학에 들어갈 실력이 전혀 없다. 그러나 아버지 부시가 실력이 좋다. 재력도 있고, 정치적 힘도 있다. 그래서 아버지 부시의 실력으로 아들 부시는 예일대학에 입학했다. 일종의 기부입학 제도인 셈이다. 많은 돈을 기부하면 아들에게 예일대학의 입학을 허락하는 셈이다. 그래서 예일대학의 동문들은 부시가 예일대학을 졸업했다는 사실을 조롱하기도 하고, 쪽팔려한다고 한다. 그럴 만한 실력이 없는 자가 그렇게 좋은 대학을 들어갔다는 사실은 미국에서도 여전히 웃긴다는 말이다.

그런데 재미있는 사실은 실력이 없는 아들 부시가 예일대학을 입학하고 나서는 어떻게 해서든지 예일대학을 졸업했다는 것이다. 입학 자격이 없는 자가 아버지 백으로 입학을 했다. 그리고 졸업을 했다. 여기에 묘한 구석이 있다. 아들은 실력이 없다. 그런데 아버지 실력으로 그 좋은 대학에 입학시켜 놓았더니 끝내 졸업을 한다. 입학이 아니라 실은 구겨서 억지로 집어넣은 것이리라. 실력이 있으면 시험을 쳐서 정식으로 떳떳하게 정문으로 들어갈 텐데, 그러지는 못하고 뒷문으로 들어가는 좀 창피한 입학을 한다. 그런데 중요한 것은 그렇게 해서라도 기어이 졸업을 한다는 사실이다. 입학이야 어떻게 했는지 모르지만 졸업을 했다. 미국 대학의 특성 중 하나는 입학은 조금 까다롭게 하지만, 입학만 하면 끝내 그 학생을 버리지 않고 졸업을 시켜 준다는 것이다. 아버지 백으로라도 입학을 해라, 그러면 도와주어서라도 졸업을 시키겠다는 것이다.

자격과 실력이 없어서 입학 당시에는 예일대학 학생이라는 말이 어울리지 않는다. 아버지 실력으로 간신히 예일대학 배지를 달게 되었다. 그러나 그는 이제부터 예일대학의 배지에 어울리게 행동하고 공부를 하지 않으면 안 된다. 예일대학 학생이라는 칭함을 받는다는 사실은 예일대학의 학생으로 그 학생의 신분에 걸맞게 그렇게 살아야 한다는 뜻을 갖는다. 입학은 그렇게 조금 부끄럽게 했다 해도 졸업은 안 된다. 공부를 해야 한다. 이름을 먼저 주고 나서 그 이름에 걸맞게 공부를 하도록 하는 게 하나님의 전략이다. 의롭다고 먼저 칭하신다. 이때 그는 전혀 의롭지 않다. 그러나 구겨서라도 의롭다고 칭하신다. 그래 놓고 이제 의롭다는 칭함에 어울리는 자의 모습을 갖추라는 말이다. 뒷문으로 들어와도 그는 예일대학의 학생 신분에는 틀림없고, 이는 의심의 여지가 없다. 그러나 그것은 신분상 그렇다는 말이다. 실력은 예일대학에 한참 미치지 못한다. 이게 예수를 믿는 자를 의롭다 칭하는 칭의의 딜레마이기도 하다.

필립 얀시는 존 메릭의 '엘리펀트 맨'의 스토리를 들려준다. 존 메릭(1863~1890)은 다발성신경섬유종증으로 기이한 모습의 기형이다. 얼굴 피부가 늘어져서 코끼리의 코처럼 보인다. 이마가 툭 튀어나오고, 등은 심하게 구부러져 있는 꼽추다. 그리고 늘어진 피부는 좁쌀처럼 튀어나온 섬유종투성이다. 누구도 만질 수 없을 정도로 오톨도톨하다. 늘어진 코, 긴 오른팔, 비틀어져 질질 흘리는 침이 고여 있는 입과 비틀어진 다리와 팔을 갖고 있는, 어느 것 하나 제대로 된 게 없는 완벽한 기형이다. 그러니 말인들 제대로 하겠는가. 뿐만 아니라 악취가 나서 사람들이 도저히 가까이할 수 없다.

그가 벌 수 있는 돈은 오직 동네 서커스에서 하는 기이한 동물 구경의 대상이 되는 것이다. 어머니는 어릴 때 이미 그를 버리고 떠났다. 그리고 외과의사 프레데릭 트리브스를 만난다. 의사 트리브스가 그를 돌보면서 자세히 살펴보니, 놀라운 것은 말을 제대로 할 줄 모르리라고 생각했던 메릭이 사실은 글을 읽고 쓸 줄 안다는 것이다. 성경과 기도문과 셰익스피어도 알고 있다. 필립 얀시는 트리브스의 충격적인 기록을 인용한다.

> 그가 당한 아픔은 그를 고귀하게 만들었다. 그는 부드러움과 정감 어린 마음과 사랑스러움을 보여 주었다 … 누구에게도 불만을 드러내지 않고, 불평을 한마디도 하지 않는다. 나는 그가 불평하는 말을 듣지 못했다. 자신의 신세를 한탄하는 말을 한 번도 듣지 못했다. 그리고 자신을 냉혹하게 다루는 자들에 대해서 분노를 드러내지 않았다. 그의 삶의 여정은 비아 돌로로사(via dolorosa, 예수께서 골고다의 십자가에 이르는 데까지 십자가를 지고 가신 길-옮긴이)다. 그의 길은 벅찬 오르막길이었다. 그러나 이제 밤의 어둠이 더 이상 깊을 수 없을 정도에 이르렀을 때, 그리고 그의 길이 절벽으로 치달을 때, 이제 그는 오히려 따뜻한 여관에 머무를 수 있었다. 밝은 불빛과 따뜻한 환영을 받으면서.[434]

필립 얀시는 존 메릭의 경우를 통해서 약육강식의 진화론의 세계 안에서 불량품처럼 태어난 앨리펀트 맨의 존재 가치가 무엇인가를 되묻고 있다. 철저하게 능욕을 당하면서 살아온 존 메릭이 높은 인격의 성품을 지니고 있다는 사실은 참으로 미스터리한 사실이다. 아픔과 상처가 이제 한 영혼을 고귀하게 만들었다.

그는 이제 사랑받을 만하기 때문이 아니라, 사랑을 받기 때문에 가치 있는 자가 되는 경험을 한다. 누더기 인형도 사랑받으면 빛나는 고귀한 인형이다. 야수가 사랑을 받고 왕자가 된다. 우리는 어느 곳에서건 이런 이야기를 수없이 듣는다. 어느 날 외과 의사 트리브스는 존 메릭에게 젊고 아름다운 여인을 설득해서 인사를 나누도록 한다. 존 메릭이 그의 어머니의 초상화를 지니고 있는 것을 보고서 어떤 한 여인에게 부탁하여 존 메릭과 인사를 하도록 한다.

> 메릭의 방으로 들어가서 미소를 띠면서 "굿모닝" 하고 인사를 한다. 그리고 손을 잡아 준다. 한마디로 이제 그를 사람으로 대우해 주는 것이다.[435]

트리브스는 놀라운 결과를 얻었다고 말한다. 이때 존 메릭은 놀라운 경험을 한다.

> 메릭에 대한 이런 노력은 내가 예상했던 결과를 뛰어넘는 것이었다. 메릭은 그녀의 손을 놓으면서 무릎을 꿇고 머리를 숙이고 그칠 줄 모르는 흐느낌을 토해 내는 듯했다 … 이때 그는 처음으로 여자로부터 그렇게 웃음 띤 미소를 받아 보았으며, 그의 인생에서 처음으로 여자가 그의 손을 잡아 주었다고 말한다. 그때로부터 존 메릭의 변화가 시작되었다. 그때부터 그는 조금씩 바뀌어 갔다. 사냥감 같은 야수에서 한 사람으로….[436]

그리고 존 메릭은 자연과 더불어 행복하게 살았다. 27세 때 기도(氣道)가 막혀서 죽을 때까지, 건물 모형을 만들기도 하고, 글도 읽고 예배를 드리면서 평안하게 살았다. 그는 분명 사랑받을 수 있는 사람은 아니었다. 그러나 사랑은 당연한 논리가 아니다. 사랑은 그렇지 않은 자를 사랑한다. 악마는 사랑을 이해하지 못한다. 그래서 진화론자 리처드 도킨스는 사랑을 이기심의 의도적인 변형이라고 한다. 존 메릭은 사랑은 결코 설 자리가 없는 비 사랑의 이기적인 진화론의 역사 가운데 있는 찌꺼기와 같은 자다. 마땅히 사라져야 할 기괴한 변종이며, 야수이고 괴물이다. 그러나 사랑은 사랑받을 만한 자를 사랑하는 것에 그치지 않는다. 야수를 사랑할 때 야수는 야수에서 벗어나서 사랑받을 만한 왕자로 바뀐다. 그리고 존 메릭은 철저하게 바뀐다. 한 여인이 진정 그 괴물 같은 자를 사랑으로 대우했을 때, 그는 야수를 벗어 던지고 사람으로 바뀌게 된다.

하나님은 바로 이 일을 우리에게 하신다. 하나님은 우리에게 악수를 청하신다. 하나님의 팔, 예수를 우리에게 보내시어 우리가 예수를 붙잡을 때 우리는 야수의 모습에서 사람의 모습으로 바뀌게 된다.

3. 믿음을 포기하도록 만드는 환경

사실 믿음의 길로 들어서는 많은 사람들이 그들의 믿음을 포기하고 '비 믿음'의 길로 빠져나가는 경우는 많다. 그리고 그들이 믿음을 버리는 이유는 타당성을 지니기도 한다. 이렇게 믿음은 불의 용광로를 지나게 되고, 이를 통해서 그의 믿음은 더욱더 단단해지는가 하면 아예 믿음을 떠나는 경우도 생긴다. 믿음은 믿음을 견고하게 만드는 환경을 만나기도 하고, 그와 정반대의 경우도 있다. 믿음의 간증은 얼마 후에 허위라는 것이 밝혀지기도 하고, 교회의 리더들이 그들이 가르치는 바와 전혀 달리 행동하기도 하고, 기적적인 치유가 발생했다고 하지만 끝내 목숨을 잃고 만다.

이런 상황은 믿음에 악영향을 끼친다. 기도를 드리지만 기도 응답은 성경에서처럼, 그리고 신앙의 위인들의 사례와 달리 쉽게 다가오지 않는다. 하나님은 우리의 기도에 침묵으로 일관하시는 듯하다. 고통에 직면한 하나님의 자녀들이 하나님께 매달리며 기도를 드리지만, 기도는 응답되지 않는다. 우리의 믿음 환경은 믿음에 늘 우호적이 아닐 뿐더러, 믿음을 파괴시키는 경우도 많다. 믿음의 우월성이라고는 도대체 드러나지 않는 경우에도 우리의 믿음을 계속 유지시킬 수 있는 이유가 있는가? 믿음을 가진다 해도 믿음은 우리 삶에서 그리 큰 가치를 지니지 못하고, 유용하지도 않은 듯하다. 믿음이 있다 해도 없는 자와 그리 다를 바 없는 교회 현실에서 좌절하기도 한다. 내가 믿음을 가졌기 때문에 믿음을 갖지 않는 자와 차별되는 그런 사건들이 왜 분명하게 나타나지 않는가 말이다.

필립 얀시는 그리스도교의 신앙에 대한 글을 수없이 써 왔지만 그의 믿음은 결코 수월해지지 않는다고 고백한다. 기껏해야 들을 수 있는 말은 믿음을 스스로 반복하면 믿음이 어느 정도 견고해질 수 있다는 것이다. 이런 말에 때때로 귀를 기울여 보지만, 마치 반복적인 세뇌 작용에 의해서 인간 두뇌가 세뇌되는 것을 과연 믿음이라 할 수 있는가 하는 회의를 그칠 수 없다. 여전히 믿음은 그 믿음의 확신을 빼내어 버리는 마이너스 환경에 둘러싸여 있고, 믿음의 불확실한 상황은 크게 개선되지 않는다. 믿음의 위인들은 믿음을 당연하게 받아들일 수 있는 믿음의 플러스 환경에 의해서 그들의 믿음을 돈독케 해 온 것은 아니다. 그들은 참으로 간절한 기도에도 불구하고 하나님의 냉담한 침묵에 당혹감을 감추지 않으면서, 그럼에도 불구하고 하나님을 향한 그들의 믿음을 결코 철회하지 않았다.

하나님은 우리를 좌절시키기 위해서 여러 사건들을 그렇게 배열해 놓으시는 것 같다. 병원에 가는 도중에 차의 타이어가 펑크가 난다든가, 밤중에 싱크대의 물이 넘쳐흐르고, 절망의 상황에서 친구의 후원과 지지가 절실하게 필요할 때 그들은 오히려 배신을 때리고 상처를 입힌다. 왜 하나님은 우리의 삶에서 그런 사건들을 그렇게 삶의 훼방꾼으로 배열하여 우리를 괴롭히시는가? 이 믿음을 방해하는 것들 속에서, 이런 환경 가운데서 내가 어떻게 믿음을 유지할 수 있는가?[437]

하나님이 믿음 지닌 자의 아버지 되시고 우리를 사랑하시며 우리에게 관심을 갖고 계신다는 말이 공허하게 들린다. 하나님은 나를 불공평하게 대우하신다. 어떻게 이런 사건들의 연속 속에서 하나님을 믿을 수 있는가 하는 의심과 회의와 불평이 쏟아진다.

몇 명의 목사와 사모들이 영어 교육에 소외된 가난한 청소년들에게 영어 교육을 시킬 수 있는 대안학교를 마련하기 위해서 필리핀을 방문했다가 교통사고로 세상을 떠났다. 어떤 고등학생 한 명은 "담배와 술, 욕정에 찌들어 살던 악취 나는 몸을 먼저 안아 주신 목사님에게 사랑하는 법, 섬기는 법, 인내하며 양보하는 법을 배웠습니다"라고 말하며 목사님을 향한 안타까움에 몸부림을 친다. 그 학생은 "가난했던 우리에게 배부름을, 눈물로 찌든 나의 얼굴에 웃음을 찾아 주셨고, 세상 사람들에게 인정받지 못했던 우리를 인정해 주시고, 절망적이었던 삶과 마음에 '너는 이 세상에 소금이라, 빛이라' 말씀해 주셨습니다"라고 고백한다. 그러면서 "그분은 목사님을 뛰어넘어 또 한 분의 아버지"라고 고백했다. 이렇게 가슴 아픈 사건이 2008년 8월에만 일어난 것은 아니다. 그 목사님은 그렇게 불의의 사고로 이 세상을 떠나 버리고 말았다. 왜 신앙을 버리고 싶지 않았겠는가?

몇 년 전에는 아프가니스탄으로 봉사하러 갔던 한 교회의 교인들이 피살당하고 피랍되어 숨길 수 없는 아픔을 남겼다. 그리고 하나님의 종이라 하는 목사 한 분이 잔인하게 죽임을 당했다. 온 나라가 떠들썩할 정도로 교회가 욕을 먹고 손가락질을 당하는 사건이 되고 말았다. 신앙이 없는 자들은 한 교회가 제대로 준비도 하지 않고 마구잡이로 그렇게 선교사랍시고 위험한 지역에 보내어 그렇게 죽음에 처하도록 했다 하며 연일 비난을 퍼부었다. 교회가 한국 사회에서 이렇게 난처하게 된 적이 있을까 싶을 정도로 어려움을 당했다. 하나님의 선한 목적을 갖고서 참으로 마음이 선한 성도들이 복음을 전할 심정으로 아프가니스탄으로 떠났다. 그런데 그렇게 인질로 잡히고, 죽임을 당하고, 비난을 받았다. 이게 도대체 어떻게 된 일인가? 이런 아픔과 고통이 어떻게 일어났는가? 그렇다면 이런 고통의 순간에 하나님은 무슨 일을 하셨는가? 하나님은 무슨 역할을 하셨는가? 무엇 때문에 이런 고통의 비극이 발생한 것일까? 하나님은 이런 일을 위에서 물끄러미 구경만 하고 계셨을까?

아니면 하나님이 개입하신 걸까? 하나님은 무슨 메시지를 주시기 위해서 이런 일을 계획하신 걸까?

그러나 우리는 이런 물음 앞에서 명쾌한 해답을 얻은 적이 없다. 해답이라고 제시하기는 하지만 불충분하다. 믿음이 시련대 위에서 흔들리며 하나님에 대한 신뢰에 위기를 불러올 뿐이다. 우리는 하나님의 지성에 한참 못 미치는 인간이기 때문에 하나님의 출입금지를 헐어내고 그분의 모략과 전략 안으로 들어가지 못한다. 여전히 일정 정도의 무지에 만족해야 하는 듯하다.

4. 참새의 죽음과 하나님이 함께하심

필립 얀시는 자크 엘륄을 인용하여, 하나님께서 우리의 아픔을 위로하시는 하나님일 뿐 아니라, 그 하나님께서 아픔의 자리에 우리와 이미 함께 계시다는 사실을 말한다. 자크 엘륄의 참새 한 마리의 죽음에 대한 탁월한 해석은 전혀 다른 각도에서 이런 아픔과 고통의 문제를 바라보게 한다. 하나님은 구경꾼으로서 우리의 고통과 아픔을 감상하시는 게 아니다. 어떤 메시지를 주시기 위해서 그런 일을 그렇게 배열하신 것도 아니다. 하나님은 재앙과 고난과 아픔과 상처에 함께하시는 분이시다. 사건을 배열하고 사건을 일으키는 분이 아니라, 오히려 그 사건 가운데서 우리와 함께하시면서, 우리의 상처를 위로하는 차원을 넘어서서, 우리와 함께 상처를 받으시는 분으로 나타나신다.[438]

참새 한 마리가 돈 몇 푼에 팔린다 하더라도, 우리 아버지 되신 하나님께서 허락지 않으시면 그 어떤 참새 한 마리도 땅에 떨어지지 않는다. 너희로 말할 것 같으면 하나님이 너희의 머리카락을 하나씩 모두 다 세신 바 되었다. 그렇다면 두려워하지 말라. 너희는 그 많은 참새들보다 훨씬 더 귀하기 때문이다.

참새의 죽음은 하나님의 개입과 관련 있다. 하나님의 허락이 없다면 참새의 죽음은 일어나지 못한다. 하나님은 참새의 죽음을 바라보신다. 참새의 죽음에 무한한 관심을 쏟으신다. 그러나 아무리 그렇다 해도 땅에 떨어지는 참새의 비극은 중단되지 않는다. 아무리 지극한 하나님의 관심에도 불구하고 참새의 비극은 그치지 않는다.

그러나 자크 엘륄의 통찰력은 이 사건을 다르게 본다. "너희 아버지께서 허락지 아니하시면"(apart from the will of your Father)이라는 부분을 "너희 아버지로부터 떨어져서는"(apart from your Father)이라고 해석해야 한다고 말한다. 전자의 해석에 의하면, 참새의 죽음은 하나님의 허락하심과 함께 일어난다. 그렇다면 참새의 죽음은 하나님의 뜻 안에서 일어나는 하나님의 사건이다. 참새의 죽음이라 해도 하나님의 뜻과 함께 일어나는 일이기 때문에 견딜 수 있다. 그러나 후자의 해석에 의하면, "하나님 아버지가 없이는"(아버지로부터 떨어져서는) 참새의 죽음이 일어나지 않는다, 즉 하나님은 참새의 죽음에 함께 계시다는 말이다. 하나님이 함께하지 않으시는 참새의 죽음은 일어나지도 않고, 하나님이 함께하지 않는 참새의 죽음은 없다는 것이다.[439]

하나님은 참새의 비극을 허락하시는 것이 아니라, 참새의 비극의 현장에서 그 죽음의 비극을 당한 자들과 함께 계신다. 하나님은 그의 자녀들의 죽음을 허락하신다. 그래서 우리의 죽음은 하나님의 뜻과 함께 일어난다는 말이 아니다. 하나님은 그의 자녀들의 죽음과 함께 계신다. 죽음의 순간 하나님이 그 죽음을 허락하시고 구경하시는 것이 아니라, 그 죽음과 함께 계신다. 하나님 없이는 어떤 죽음도 일어나지 않는다. 자녀들의 죽음은 하나님 없이 그들만의 죽음으로 일어나지 않는다. 죽음의 현장에 하나님이 함께하신다.

5. 유대인 엘리 위젤과 신학자 위르겐 몰트만
십자가에 달리신 하나님

위르겐 몰트만은 그의 책, 「십자가에 달리신 하나님」에서 엘리 위젤의 경험을 말한다. 노벨 평화상을 받은 엘리 위젤의 경험을 실어 놓은 자서전 「흑야」(黑夜)에서 엘리 위젤은 참혹했던 유대인의 경험을 말한다. 몰트만은 위의 경험을 십자가 신학의 단초로 설명하면서 하나님은 인간 고통의 한가운데 함께 계시다는 하나님 경험의 현실을 말한다.[440]

> 어느 날 열차가 정차했을 때, 어떤 독일인 노동자가 자기 가방에서 빵 한 조각을 꺼내어 화물칸 안으로 던져 넣었다. 그러자 화물칸 안에 있는 사람들이 빵 조각으로 우르르 몰려들어 일대 쟁탈전이 벌어졌다. 굶주린 사람 10여 명이 빵 부스러기를 주워 먹으려고 목숨을 걸고 싸웠다 … 빵 한 조각이 우리 화물칸 안으로 떨어졌다. 나는 움직이지 않기로 했다. 어차피 나는 야만인

10여 명과 싸울 힘이 없었다. 내게서 멀지 않은 곳에 네 발로 기어 몸을 움직이는 한 노인이 있었다. 그는 싸움판을 애써 피해 다녔다. 노인은 한 손을 가슴에 대고 있었는데, 처음에 나는 가슴을 주먹으로 얻어맞아 그러는 줄 알았다. 나중에야 나는 노인이 셔츠 속에 빵 한 조각을 갖고 있다는 걸 눈치 챘다. 노인은 놀랄 만한 속도로 빵을 꺼내 입 안에 집어넣었다. 노인의 두 눈이 번쩍 빛났고, 생기 없는 얼굴에는 찌푸림 같은 미소가 비쳤다. 그러다가 미소가 즉시 사라졌다. 노인 가까이에서 사람의 그림자가 어렴풋이 나타났기 때문이었다. 그 그림자는 노인 위를 덮쳤다. 노인은 바닥에 넘어져 주먹질에 까무러치며 비명을 질렀다.

"마이어, 마이어, 이 자식아! 날 모르겠냐? 네 애비다… 아프다 아파… 넌 지금 네 애비를 죽이고 있어! 여기 빵이 조금 있다… 네게도 줄… 네게도 줄…."

노인은 폭삭 허물어졌다. 그래도 노인은 조그만 빵 조각을 주먹 안에 꼭 쥐고 있었고, 그것을 입으로 가져가려고 안간힘을 썼다. 그것을 본 아들이 달려들어 빵을 낚아채고 말았다. 노인은 가래 끓는 소리를 내며 낮은 소리로 무언가 중얼거리다가 모든 이의 무관심 속에서 숨을 거두었다. 그의 아들이 아버지의 몸을 뒤져서 빵을 찾아내 집어 삼키기 시작했다. 그러나 그도 멀리 갈 수 없었다. 두 사람이 그를 날쌔게 덮쳤고, 다른 사람들도 거기에 가담했다. 사람들이 물러갔을 때, 내 옆에는 두 구의 시체가, 아버지와 아들이 나란히 누워 있었다.

왜 내가 하나님의 이름을 찬미해야 하는가? 영원한 우주의 주인이요, 전능하시고 두려운 하나님은 침묵을 지키고 계시다. 그런데 무엇 때문에 내가 하나님께 감사를 드려야 하는가?

그 연기를… 고요하고 푸른 하늘 아래 뭉클 솟아오르는 연기로 변해 버린 어린 아기들의 그 작은 얼굴들을 나는 결코 잊을 수 없다. 나의 신앙을 영원히 소멸시켜 버린 그 불길들을….

아우슈비츠와 비르켄아우의 화장장과 화장로에서 매일같이 수천, 수만 명의 유대인들이 죽어 가는 것을 유대인들은 직접 목격했다. 그들 중에서 건장한 유대인들은 화부로 뽑혀서 살아 있는 연약한 유대인을 제 손으로 화덕에 집어넣어야만 했다. 아들이 아버지를 화덕에 던져야만 하기도 했다. 그렇게 죽이고 죽어 가는 장면이 이제는 예사로워 감정마저 마비된 줄 알았던 어느 날, 부나 수용소 안에서는 두 남자와 한 어린아이의 교수형 집행이 있었다.

제물 세 사람은 의자 위로 올라갔다. 세 사람의 목은 똑같은 순간에 올가미에 끼워졌다. "자유 만세!" 어른 두 사람이 소리를 질렀다. 그러나 아이는 말이 없었다.

"하나님은 어디 있는가? 그분은 어디에 계신가?" 내 뒤에서 누군가가 물음을 던진다. 수용소 소장의 신호가 있자, 세 개의 의자를 밀어서 넘어뜨렸다. 수용소 전역에 정적이 쫙 끼쳤다. 지평선 위로 해가 넘어가고 있었다. "탈모!" 수용소 소장이 고함쳤다. 쉰 목소리였다. 우리는 울고 있었다. "착모!" 그리고 분열행군이 시작되었다. 두 어른은 이미 살아 있지 않았다. 그들의 늘어진 혀는 부어 오른 채 푸른 색깔로 변해 있었다. 그러나 세 번째 줄은 아직 움직이고 있었다. 몸이 너무 가벼웠기 때문에 아이가 아직 살아서 꿈틀대고 있었던 것이다 … 아이는 반시간 이상이나 거기에 그대로 두어져, 생과 사의 갈림길에서 버둥 거렸고, 우리의 눈앞에서 단말마의 고통을 서서히 당하면서 죽어 갔다. 우리는 소년의 얼굴을 똑바로 쳐다봐야 했다. 내가 그 앞을 통과했을 때, 소년은 아직 살아 있었다. 그의 혀는 여전히 붉었고, 두 눈도 아직 흐려지지 않았었다. 내 뒤에 있는 사람이 또 물음을 던지는 소리가 들렸다: "하나님은 지금 어디에 있는가?" 그때, 나는 나의 내부에서 그에게 대답하는 어떤 음성을 들었다: '그분이 어디 계시냐고? 그분은 여기 계셔. 여기 저 교수대에 매달려 계셔.'

아우슈비츠 사건은 "우리가 이렇게 고통을 당하는데, 하나님은 어디 계시는가?"라는 질문을 준다. 1933년 1월 30일부터 1945년 5월 8일까지, 독일, 폴란드, 러시아, 오스트리아, 체코슬로바키아, 헝가리, 프랑스, 벨기에, 룩셈부르크, 이탈리아, 네덜란드, 노르웨이, 루마니아, 유고슬라비아, 그리스 등 나치 유럽 15개국에서 어린이 150만 명이 포함된 600만 유대인이 나치의 희생 제물로 무참하게 학살되었다.

한 어린아이가 목에 올가미를 씌운 채 죽음으로 치닫고 있을 때, 무고한 어린아이의 죽음 시에 하나님은 무엇을 하고 계시는가? 엘리 위젤은 유대인으로서 그 순간에 하나님에 대한 모든 희망을 버린다. 누구라도 그렇게 할 수 있다. 그 어린아이가 교수대에서 몸부림을 치면서 죽을 때 하나님도 함께 죽고 말았다. 그러나 몰트만은 오히려 하나님께서 그 어린아이와 함께 죽었다는 말을 하나님의 죽음의 신학으로 역전시킨다. 하나님은 그 어린아이의 죽음과 함께 죽으신다. 그 고통의 현실은 바로 하나님의 고통의 현실이다. 하나님은 십자가에서 그분의 아들의 죽음과 함께 못 박혀 죽으신다. 하나님은 고통의 구경꾼이 아니라, 하나님은 그 고통에 함께하신다. 고통의 위로자가 아니라, 고통의 피해자이시다. 고통과 아무 관계없는 하나님은 하나님이 아니라 악마에 불과하다. 무관심의 하나님, 절대적 하나님, 흔들리지 않는 하나님은 모두 다 성경이 말씀하는 하나님이 아니시다. 하나님은 고통의 한가운데서 우리의 고통과 함께 죽으시는 하나님이시다.[441]

니콜라스 월터스토프와 그의 아들의 죽음

니콜라스 월터스토프는 예일대 철학교수다. 그는 어느 날 25세의 찬란한 청춘인 아들을 잃는다. 스위스의 어느 산을 오르던 아들은 사고로 목숨을 잃고 만다. 절망 중에 빠져 있었는데, 사람들이 찾아와서 말한다: "여보시오. 슬퍼하지 마십시오. 그 아들은 나중에 천국 가면 만나게 될 것입니다. 믿음 안에서 모든 고통을 극복하십시오." 그러한 위로에 대해 그는 이렇게 대답한다: "제발 그런 말 좀 하지 마십시오. 나의 가장 큰 슬픔은 내 사랑하는 아들이 지금 내 앞에, 내 삶의 현장에 없다는 것입니다."

나는 이 일을 설명할 길이 없다. 이 깊고도 괴롭고도 신비한 일을 그냥 견뎌 내는 것 외에는 달리 도리가 없다. 나는 전능하신 아버지, 천지를 만드시고 예수 그리스도를 부활시키신 하나님을 믿는다. 또한 내 아들이 청춘에 꺾이고 말았다는 것도 믿는다. 그러나 이 두 가지를 조화시킬 수가 없다.

그는 "내 삶은 아들 에릭이 죽기 전과 죽은 다음으로 나누어진다"고

한다. "당신이 내가 어떤 사람인지를 알려 한다면 내가 아들을 잃은 사람이라는 사실을 염두에 두어야 한다"고 한다. 그는 슬픔을 자신의 것으로 만들기 위해 애를 쓰고 있었다. 그는 자신의 슬픔을 소유하고 자신의 것으로 만들어 슬픔이 그의 삶과 정체성의 일부가 되게 하려 한다. 그래서 아들을 잃은 슬픔은 그의 삶에 깊이 드리워져 있으며, 그의 모습에서 사라지지 않는다. 아들을 잃은 슬픔과 일체가 된 그를 알지 못하면 그를 알지 못하는 것이다. 그는 이제 아들을 잃음으로 인해서 하나님을 새롭게 발견한다. 모든 것을 주재하시는 주권의 하나님? 은혜의 하나님? 그 어느 것도 아니다.

월터스토프의 고통의 1년은 온통 하나님에 대한 반항적인 물음과 고통의 의미에 대한 부정적인 대답으로 가득 차 있다. 그런 과정에서 끝내 찾아낸 사실은 사랑은 고통과 함께 가는 것이라는 사실이다. 사랑이 없었다면 고통도 없다. 아들을 향한 극진한 사랑이 그의 고통의 원인이며, 이제 아들을 잃은 슬픔과 고통은 그의 삶의 일부다.

> 누군가 내게 "당신은 누구입니까? 자신에 대해 말해 보시오"라고 묻는다면, 나는 간단히 대답할 것이다: "나는 아들을 잃은 아버지입니다." 나의 상실은 내 정체성을 결정한다. 내 전부는 아닐지 모르나 내 정체성의 커다란 부분을 결정한다. 나의 상실은 나의 이야기이기 때문이다. 나는 그저 슬픔을 간직하는 단계를 넘어 슬픔을 구속(救贖)하려고 애쓴다. 그 슬픔은 내 것이 아니라고 부인할 수 없는 만큼, 그 슬픔을 버리려고 애쓰지도 않는다. 나는 에릭을 기억하리라. 그를 향한 애가(哀歌)는 내 삶의 일부다.[442]

월터스토프에게 나타나신 하나님은 눈물을 흘리시는, 울고 계시는 하나님이시다. 나의 고통으로 인해서 괴로워하시는, 고통을 느끼시는 하나님이시다. 왜냐하면 그의 고통은 하나님의 사랑 때문이다. 그러나 사랑은 고통을 가져온다. 하나님이 이 세상을 사랑하신다면 하나님은 고통의 하나님이시다. 하나님의 사랑은 고통이 뒤따르는 고통의 사랑이라는 사실을 배운다.[443]

필립 얀시의 스코틀랜드의 한 목사 이야기는 믿음과 고통 사이를 말해 준다. 그는 갑자기 아내를 잃고 만다. 그의 설교는 지금까지와 달리 아내의 죽음에 대한 개인적인 내용이 된다. 아내를 잃은 그는 이 세계의 흐름과 인간의 삶에 대해서 어떠한 것도 이해할 수 없다고 솔직히 고백한다. 아내를 잃고서야 이 세계가 얼마나 혼란스러운 혼돈으로 가득 차 있는가를 알게 된다. 그전까지만 해도 그의 세계는 정돈되어 있는 세계로서 나름의 질서와 흐름을 유지한다. 그러나 충격은 그의 세계를 부숴버린다. 그의 믿음이 흔들리지 않겠는가? 믿음은 어떤 충격에도 강하게 유지되란 법은 없다. 그러나 믿음은 그의 삶 그 자체를 위해서라도 포기되어서는 안 된다. 그의 세계를 부서뜨리는 아내의 죽음으로 사랑하는 사람을 잃었다. 그런데 그 위에다가 그의 믿음까지 잃어야 하다니… 그건 더구나 있을 수 없는 일이다.

무엇을 위해서 믿음을 버리는가? 태양이 빛나고 있을 때 사람은 믿음을 가질 수도 있고, 버릴 수도 있다. 그러나 어두움의 슬픔 가운데 있는 사람에게는 믿음이 반드시 있어야 한다. 믿음조차 없다면 참으로 우

리에게 남는 것은 아무것도 없게 되고 만다.[444]

6. 믿음은 뒤바꾸어진 편집증

편집증은 일단 한 번 사로잡힌 생각에서 벗어나지 못하게 한다. 일단 저 사람이 나를 해할 것이라는 생각이 들고 그런 생각이 믿음이 되고 그 사람을 사로잡기 시작하면, 그는 이제 편집증에서 벗어나지 못한다. 어떤 일이 일어나도 나를 해치는, 내가 해를 당하는, 내가 어려움을 당하고 내가 손해를 보는 상상을 하고 두려움에 빠진다. 아내가 시장에 가도 편집증 환자는 아내가 자신 몰래 연인을 만나러 간다고 상상을 하고, 아내가 어떤 낯선 남자와 거리에서 말을 나누어도, '이제 아예 대놓고 만나는군' 하면서 분노에 치를 떤다. 어떤 경우도 모두 다 자신을 해치고 자신을 망가뜨리는 인물과 사건으로 보려 한다. 왜냐하면 그렇게 시각이 고정되어 있기 때문이다. 필립 얀시는 바로 우리의 믿음이 이렇게 거꾸로 된 편집증이라고 한다.

믿음은 두려움과 피해망상의 관점에서 바라보는 편집증의 시각을 뒤바꾸는 것이다. 믿음은 편집증과 정확히 반대로 움직인다. 믿음은 두려움이 아니라 신뢰의 시각을 갖는다. 어두움과 두려움의 환경에도 불구하고 믿음은 그의 환경이 그를 해치는 것이 아니라, 그 환경을 통해서 오히려 더욱더 큰 복이 주어지리라고 믿는다. 믿음을 혼란으로 불어넣는 환경이 주어진다. 그러나 편집증의 반대는 그 혼란이야말로 하나님께서 허락하신 최고의 복의 통로라고 믿는다. 지금 그에게 다가온 고통은 조금 지나면 사라지게 될 것이고, 하나님의 사랑이 더욱더 구체적으로 나타나리라고 믿는다.[445] 그는 장 삐에르 드 코사드를 또 인용한다.

> "믿음은 이 땅을 참으로 찬란하게 빛나는 보석으로 만든다. 매 순간이 하나님의 계시이다." 주어진 시간 안에서 어떤 사건이 발생하여 어떻게 돌아가든 간에 역사의 모든 사건들은 결국 궁극적으로 하나님의 뜻을 이루는 데 섬긴다. 코사드는 수녀들에게 충고한다: "사랑하십시오. 그리고 현재의 순간을 최고의 시간으로 받아들이십시오. 하나님께서 참으로 선하신 분이시라는 사실을 온전히 신뢰하면서 … 하나의 예외도 없이 모든 사건들은 우리를 거룩하게 만드시는 도구이며 수단입니다."[446]

내 마음에서 즉각 반발심이 튀어나온다. 아마 처음 이 글을 읽었던 수녀들도 그런 반발이 솟아올랐을 것이다. 광기와 피가 흘러넘치는 나라에서 하나님께서 참으로 선하신 분이라는 사실을 신뢰하라고? 믿음은 이 땅을 찬란한 보석처럼 빛나게 한다? 신앙이 점점 더 사라지는 이 세계 내에서? 고난과 폭력과 핍박 등이 횡행하는 가운데 이런 사건들이 하나님께서 우리를 거룩하게 하시는 도구이며 수단이라고? 말도 안 된다.[447]

그래서 믿음은 뒤집어진 편집증이라는 말이다. 두려움 가운데서 신뢰를 발견하고, 폭력과 증오 가운데서도 하나님을 향한 신뢰를 놓지 않는다. 편집증은 모든 사건들을 두려움으로 본다. 그러나 믿음은 하나님을 두려움 가운데서도 믿음과 신뢰로 본다. 가장 참혹한 순간을 최고의 순간으로 보는 믿음! 여기에 대적이 있을 수 없다. 어떤 순간도 그 앞에서 거룩하게 되지 않는 순간이 없고, 평안과 축복의 시간이 아닌 시간들이 하나도 없다. 믿음은 이 어두운 세상을 차라리 빛을 찬란하게 발하는 보석으로 만든다. 믿음은 그러나 단지 어떤 하나의 시각이 아니다. 믿음은 실제로도 자신과 이 세계를 바꾸어 놓기도 한다. 믿음으로 말이다.

필립 얀시는 동유럽의 뒤바꾸어진 현실이 몇 명의 믿음에 의해서 그렇게 되었다는 사실을 말해 준다. 동유럽의 공산 치하는 공포와 두려움의 세계였다. 서로가 서로의 감시자가 되어 버린 억압과 공포의 환경에서 그들은 주눅이 들 수밖에 없고, 비밀리에 간신히 만나서 말을 나누는 정도였다. 공개적으로 아무 일도, 아무 말도 할 수 없는 상황이다. 비밀리에 일을 해야 하기 때문에 언제나 그들은 쉬쉬하면서 두려움에 빠져 들어 간다. 그러나 이런 상황은 오히려 공산주의자들이 원하는 결과였다. 당시 지식인들을 공포와 두려움에 빠져들게 해서 꼼짝달싹 못하게 만들어 버리는 것.

그들이 이런 공포와 환경을 벗어날 수 있는 방법은 없다. 여기서 믿음의 역전이 일어난다. 그들이 자유를 믿는다면 진짜로 자유롭게 행동한다. 이게 진짜 자유에 대한 믿음이다. 믿음은 믿음대로 행하는 것이다. 그리고 그 믿음이 그의 삶 주변과 그가 속한 세계를 바꾸어 놓는다. 이때 믿음은 더 이상 추상적인 의식 작용이나 마음의 상황이 아닌 인간 행동의 영역과 세계 변화의 단초를 만들어 낸다.

폴란드의 지식인들은 그들의 자유를 믿었고, 그들이 자유롭다는 믿음에 따라서 자유롭게 행동한다. 그들이 자유롭지 못하다면 자유롭게 집회를 갖지도 못하고 출판도 마음대로 할 수 없다. 그러나 그들이 자유를 믿는다면 그 믿음대로 자유롭게 집회도 갖고, 자유롭게 글도 쓰고, 신문도 발행한다. 그들이 공포와 불안 가운데 있을 때에는 이름을 드러내지 않고 숨어서 글을 쓰고 숨어서 집회를 가졌지만, 두려움을 벗어 던지고 믿음의 행동으로 나아갈 때 그들은 이제 이름과 주소를 명기하고 공공연히 자유롭게 신문을 배포한다. 언론의 자유를 믿는다면 믿는 그대로 행동한다. 자유롭게 쓰고, 자유롭게 말해 버리는 것이다. 개방적인 사회를 믿는다면 개방 사회인 것처럼 그렇게 믿고 그렇게 행동한다. 체코의 작가 바츨라프 하벨은 더 이상 검열을 의식하지 않는다. 검열이 없다고 믿는다. 그는 이제 자신이 원하는 바대로, 어떤 결과가 나오든 간에 그가 자유롭다고 믿는 대로 글을 쓴다.[448]

그러자 물론 정부도 가만있지 않았다. 단속을 하고, 검열을 강화시키고, 그들을 감옥에 가둔다. 그러나 감옥도 그들의 자유를 본질적으로 억누르지 못했다. 그들이 믿는 대로 자유를 믿고 자유롭게 행동할 때 폭압과 억제와 압력의 사회에 천천히 자유의 공간이 만들어지고, 자유 지대가 확대되어 간다. 그들은 비자유의 세계에서 자유롭게 행동함으로 비자유의 세계를 점차로 무너뜨리고, 자유로운 세계를 창조해 나가게 된다. 믿음은 새로운 나를 만들어 내고, 믿음은 새로운 세계를 창조해 낸다.[449]

우리의 환경은 때로 두려움을 만들어 내고, 우리 역시 두려움의 희생자가 되어 두려움에 사로잡혀서 꼼짝달싹 못하는 자가 되고 만다. 그러나 내가 아니라고 외치면서 나를 믿음으로 몰아넣을 때 우리는 그 두려움과 밧줄에서 벗어나게 된다.

노예 해방이 선언된 다음에도 노예로 사는 자들이 많이 있다. 그는 이제 노예가 아니다. 그러나 오랜 시간 동안 노예로 살다 보면 노예로서의 노예 됨에 굳게 갇혀 있을 수밖에 없다. 노예 해방이라는 실질적이고 법적인 조처가 일어난 다음에도 그의 노예 됨에서 쉽사리 벗어날 수 없다. 시간의 습관과 시간이 만들어 놓은 불행한 패턴은 쉽사리 그를 놓아주지 않고, 쉽사리 그를 떠나지 않는다.

어떤 선배로부터 오랜 시간 동안 호되게 당하고 있는 후배가 있다. 기숙사에서 늘 그 선배의 명령과 지시를 들으면서 학교생활을 한다. 한두 번 지시를 거부해 보았으나 얻어터질 뿐이다. 항거를 해도 안 된다. 그래서 그의 학교생활은 종으로 사는 것이었다. 그러나 졸업의 때가 왔다. 이제 그는 졸업과 더불어 그 선배의 억압에서 벗어나게 된다. 졸업은 이제 그들로 하여금 선배와 후배의 고리를 풀어 주는 법적 장치가 된다. 그래서 졸업과 함께 그를 억압하던 선배로부터 자유를 얻었다. 그러나! 졸업을 하고 한참이 지난 어느 날 후배는 거리에서 선배를 만난다. 선배 앞에서 자기도 모르게 차렷 자세가 나온다. 여전히 후배는 그 선배 앞에서 똑바로 서서 지시를 받듯이 말을 듣는다. 그 선배 앞에만 서면 작아지는 것은 어쩔 수 없다. 믿음이 없기 때문이다. 자신이 더 이상 후배가 아니며 노예가 아니라는 사실을 믿음으로 그 믿음대로 행동하면 된다. 그러나 행동이 되지 않는다. 그래서 여전히 노예 아닌 노예로서 살아가야 한다. 노예가 아니면서 노예로 살아가지 않도록 하는 데에는 내가 노예가 아니라는 믿음과 그 믿음대로 나 자신과 내 삶의 공간을 그렇게 만들어 행동하는 데 있다.

두려움을 벗어난 힘은 상상을 초월한다. 우리 삶에서 활기를 빼앗아 가는 것은 공포이며 두려움이다. 그러나 두려움을 벗어난 힘은 놀랍다. 독재자들은 소리를 치면서 우리를 공포로 몰아넣고, 우리는 공포에 질려서 꼼짝도 못한다. 그러나 두려움을 벗어나서 이제 그들을 발가락의 때에 기생하는 세균 정도라고 생각한다. 소리를 지르면 벌레가 소리를 친다고 믿는다. 우리는 고차원의 세계에서 그것을 내려다보면서 웃음을 짓고 있다.

> 두려움을 벗어난 힘은 놀랍다. 명령을 내리는 자들을 생각해 본다. 그들이야말로 독재자의 독재하에 있는 자들이고, 독재의 희생자들이다. 그들이 나에게 소리를 지르면서 뭐라고 해 댄다. 그때 나는 그들이 내 발가락을 간질이는 벌레들이라고 생각했다. 무슨 명령을 내리면서 나를 파괴시키려는 자들을 벌레로 믿었다. 나는 그들과는 차원이 다른 곳에서, 그들보다 훨씬 더 위에서 그들을 내려다보고 있었다. 이제 그들은 어떤 것으로도 나를 위협할 수 없고 나를 어떻게 해 볼 수 없었다. 나는 더 이상 아무것도 두려워하지 않았기 때문이다. 이제 나는 엄청난 자유를 누리게 되었다. 나는 그들을 두려워하지 않는 사람이 되었다. 그들은 더 이상 나를 힘으로 어떻게 할 수 없었다. [450]

두려움을 벗어나서 믿음을 갖고 행동할 때 그 힘은 참으로 놀랍게 발휘된다. 그들은 나를 그들 뜻대로 좌우하지 못한다. 나는 훨씬 더 수준 있는 높이와 넓이에서 그들을 내려다보고 있다. 그들이 나를 향해서 만들어 내는 공포와 두려움은 위협이라고 해도 나를 꺾을 수 없다. 나는 그들을 더 이상 두려워하지 않기 때문이다. 그들은 나를 더 이상 어쩔 수 없는 힘이 없는 자들이다. 믿음은 엄청난 힘 그 자체다. 믿음으로 행동할 때 그들의 믿음은 마음의 작용이 아니라 이 세계를 바꾸어 놓는 위대한 힘으로 바뀐다. 우리는 참으로 자유로운 것처럼 행동을 할 것이다.[451] 그래서 믿음은 믿음으로 자유로운 공간을 만들어 낸다. 믿음은 힘이다.

- 4장 -

보이는 세계와 보이지 않는 세계:
욥 그리고 C. S. 루이스와 필립 얀시

1. 욥기, 고난 아닌 믿음의 문제

욥기는 고난의 문제를 가장 폭넓게 다루는 성경이다. 선하신 하나님이 어떻게 고난을 허락하시는가? 그리고 바로 고난의 문제는 인간 문제 중 '유일한 문제'이며, 사람이 다룰 수 있는 가장 가치 있는 질문이다. 욥의 절망은 사이즈에서도 타의 추종을 불허할 정도다. 7,000마리의 양, 3,000마리의 낙타, 5,000마리의 소, 500마리의 나귀, 수많은 하인들과 더 나아가서 일곱 명의 아들과 세 명의 딸이 죽고 말았다. 욥 그 자신은 온몸이 엉망진창이 되고 마는 재앙을 만나며, 그의 친구들조차 이제 더 이상 친구로 남아 있지 않다.

그러나 필립 얀시는 욥의 내용을 전혀 다른 각도에서 본다. 욥의 많은 내용은 물론 고통과 고난으로 가득 차 있다. 그러나 고난이 욥의 주요 주제는 아니다. 욥기의 고통과 고난은 믿음이라는 핵심 주제를 전하기 위한 하나의 방편으로 주변의 주제일 뿐이다.

욥은 미스터리 연극이다.[452] 연극이 시작되기 전 관객들은 연극의 서론 편을 먼저 볼 수 있는 특권을 가진다. 그 서론(1~2장)에서 욥이 왜 그런 고난의 소용돌이를 지나가야 하는지를 보여 준다. 서론이 보여 주는 욥의 고난은 천상의 내기에서 비롯된다. 욥이 무슨 잘못을 했기 때문에 그런 고통을 당하는 게 아니다. 아무것도 잘못한 게 없다. 하나님은 욥을 일컬어 "온전하고 정직하여 하나님을 경외하며 악에서 떠난 자"라고 말씀하신다. 욥이 당하는 처절한 아픔은 그의 죄악과 잘못 때문에 나타난 것이 아니다. 하나님과 사탄의 내기로 인하여 욥은 그만 고난의 울타리 안에 갇히고 만다.

어찌 보면 어이없는 일이 욥에게 닥친 꼴이다. 천상에서 하나님은 사탄의 고소를 받는다. 욥이 하나님을 경외하여 하나님을 믿는 믿음을 지니고 있는 이유는 다름 아니라, "그와 그의 집과 그의 모든 소유물을 울타리로 두르심" 때문이라는 것이다. 하나님이 그의 재산과 그 자신을 향한 울타리를 제거하시면 욥은 본색을 드러낼 것이라는 것이다. 하나님이 울타리를 쳐 주셨기 때문에 하나님을 그 대가로 경외한 것일 뿐, 욥의 하나님 경외는 별것 아니라는 말이다. 다른 말로 하면, 욥은 하나님과 장사를 하고 있다는 것이다. 크게 주시니 크게 섬긴다, 안 주면 국물도 없다는 것이다. 그의 경외와 신앙은 이익을 남기기 위한 거래이며 장사라는 것이다. 그에게 손해를 끼치면 그도 하나님을 떠날 것이고, 이게 사람이라는 동물들이 늘 하는 짓이며, 욥도 그럴 것이라는 것이다.

그래서 하나님과 사탄의 내기가 시작된다. 사탄이 욥을 장사꾼이라고 비난하는 그 비난이 진짜 그런지 내기를 걸고, 하나님은 그 내기를 수락하신다. 그리고 바로 그에게 엄청난 재난이 닥친다.

물론 욥기는 인생 문제 전부를 상세하게 다루지 않는다. 사람에게 다가오는 고난과 고통은 그들의 잘못에서 비롯되는가? 아니면 뭔가 하늘에서부터 꼬이기 시작한 모종의 음모가 도사리고 있는가? 인간의 고통은 하나님을 향한 비난의 조건인가? 사람이 의롭다고 한다면 그의 의로움은 어느 정도인가? 과연 고통을 지나면서도 하나님을 향한 믿음이 유지될 수 있는가?

그러나 이 모든 문제는 '유일한 문제', 인간 고난의 문제가 아니라 '믿음의 문제'로 바꾸어진다.[453] 고난은 이미 주어진 삶의 조건처럼 피할 수 없다. 아무리 경건한 욥이라 하더라도 말이다. 하물며 나 같이 하나님 경외에서 멀어져 있는 자와 같은 경우에는 말해 무엇 하랴? 그러나 이 모든 문제는 결국 믿음의 문제다. 상처와 아픔과 고통에서도 우리는 믿음을 지키는가 말이다.

욥의 문제는 욥이 억울하게 재앙을 만났다는 데 있다. 하나님과 사탄의 내기로 인해서, 그 결과 욥은 약탈자의 습격과 태풍과 몸의 상처로 인해서 고통에 처하게 된다. 하나님은 사탄이 틀렸다는 사실을 입증하기 위해 욥을 들어서 고난의 환경으로 몰아넣으신다. 이게 말이 되느냐는 것이다. 도대체 무엇 때문에 그렇게 극심하게 욥을 아프게 해야 하는가 하는 물음이다.

필립 얀시는 욥기를 전체로 읽어 내는 통찰력을 보여 주고 있다.[454] 욥의 고난은 욥의 고통만이 아니다. 하나님이 사탄을 이기시는 것은 욥의 믿음에 달려 있다. 욥은 하나님을 이기게 할 수 있으시고, 지도록 할 수도 있으시다. 이 땅 위의 한 사람의 믿음이 천상 세계의 승리와 패배의 조건이 된다. 욥이 믿음을 놓치면 하나님이 패배하시고, 욥이 믿음을 놓치지 않으면 하나님이 승리하신다. 하나님은 욥이 믿음을 지키는가 지키지 못하는가에 집중하신다. 한 사람의 믿음이 천상 세계의 거대한 내기를 결정한다. 하나님을 패배시킬 것인가 아니면 하나님에게 승리를 안겨다 줄 것인가라는 문제다.

엘리후는 욥의 범죄와 욥의 의로움이 하나님께 무슨 상관이며, 이를 통해서 하나님께 무엇을 드릴 수 있겠는가 하면서 욥의 믿음이 하나님께 대수롭지 않은 것이라고 말한다. 그러나 엘리후의 말은 거짓이다. 욥이 믿음을 지킬 때, 이는 하늘의 거대한 시합에 승리를 가져다주는 위대한 승리의 결정적인 조건이다. 한 사람의 믿음이 보이지 않는 세계에서 일어나는 위대한 사건의 열쇠를 쥐고 있다. 보이지 않는 세계의 일말의 운명은 보이는 세계의 욥의 결정과 믿음에 의해서 결정된다. 욥의 결정은 얼마나 거대한가!⁴⁵⁵⁾ 마치 달을 밟은 암스트롱이 그가 달 위에서 걷는 한 걸음이 인류의 한 걸음과 같다고 한 말과 맥을 같이한다. 욥의 한 걸음은 보이지 않는 세계에서 일어나는 하나님의 한 걸음과 같다.

사탄의 논리는 인간의 한계가 무엇인지를 보여 준다. 그의 주장은 사람은 동물이라는 말이다. 잘 먹여 주면 시시덕대고 웃고 재롱을 부린다. 그러나 굶기면 대들고 삐치고 주인을 떠나고 불평으로 그의 입술을 채운다. 이게 사람의 본성이다. 사람은 이를 벗어나지 못한다. 사람이 하나님을 믿는다는 것은 배가 부르기 때문이다. 사람의 동물 DNA는 아픔을 주면 즉시 얼굴을 찌푸리면서 하나님을 향해서 주먹을 치켜든다. 믿음이라고, 웃기지 말라는 얘기다. 굶겨라, 빼앗으라, 때려라, 고통을 주라, 그리하면 배신을 때릴 터이니…. 이게 사람을 향한 사탄의 관점이다. 그리고 그게 인간 현실이기도 하다.

하나님과 사탄의 내기는 이렇게 시작된다. 사탄은 사람이라는 벌레는 하나님을 경외하는 까닭이 있고, 그 이유는 욥에게 복을 주어 그 땅에 그의 소유물이 넘치게 하였기 때문이라는 것이다. 믿음은 다 거래이며 장사였다는 말이다.

> "하루는 하나님의 아들들이 와서 여호와 앞에 섰고 사탄도 그들 가운데에 온지라 여호와께서 사탄에게 이르시되 네가 어디서 왔느냐 사탄이 여호와께 대답하여 이르되 땅을 두루 돌아 여기저기 다녀왔나이다 여호와께서 사탄에게 이르시되 네가 내 종 욥을 주의하여 보았느냐 그와 같이 온전하고 정직하여 하나님을 경외하며 악에서 떠난 자는 세상에 없느니라 사탄이 여호와께 대답하여 이르되 욥이 어찌 까닭 없이 하나님을 경외하리이까 주께서 그와 그의 집과 그의 모든 소유물을 울타리로 두르심 때문이 아니니이까 주께서 그의 손으로 하는 바를 복되게 하사 그의 소유물이 땅에 넘치게 하셨음이니이다 이제 주의 손을 펴서 그의 모든 소유물을 치소서 그리하시면 틀림없이 주를 향하여 욕하지 않겠나이까 여호와께서 사탄에게 이르시되 내가 그의 소유물을 다 네 손에 맡기노라 다만 그의 몸에는 네 손을 대지 말지니라 사탄이 곧 여호와 앞에서 물러가니라"

우선 몇 가지 살펴볼 내용이 있다. 첫째로 사탄의 악의적인 행동은 하나님의 허락 하에 발생한다는 점이다. 하나님의 아들들과 사탄이 하나님 앞에 같이 서 있다. 하나님께서 궁정 회의를 소집하신 모습이다. 그리고 하나님의 아들들과 사탄에게 하나님께서 그의 관심사를 말씀하시고 그들의 대답을 듣는 회의 시간이다. 하나님의 궁정 회의를 그리는 문학적 수사임에 틀림없지만, 사탄이 하나님 앞에서 하나님의 통치하에 있는 자로 그려지고 있다. 물론 하나님께 사람에 대한 악의적인 평가를 내리고 마치 하나님을 그의 내기에 끌어들이는 모습이지만, 사탄의 행동은 하나님의 허락하심에 의해서 된다. 하나님의 허락이 없으면 사탄은 사람을 괴롭게 하지 못한다.

욥의 고난은 사탄의 부추김과 악의에 의해서 발생되었지만, 하나님의 최종적인 재가가 있었다. 하나님의 재가는 욥이 당하는 고통이 욥의 사건만이 아니라 하나님이 개입하시는 하나님의 사건이라는 것을 보여 준다. 욥의 고통은 하나님의 현실이다. 하나님께서 사탄을 다스리시며, 사탄의 재난은 하나님의 허용에 의해서 일어나는 일이며, 따라서 우리에게 일어나는 모든 사건은 하나도 예외 없이 모두 다 하나님의 사건이다. 사탄은 하나님을 벗어나서 그의 음모를 꾸미지 못한다. 하나님이 그의 음모를 통제하신다. 고통과 고난이 악마의 장난에 의해서 다가온다 해도 하나님의 통치하에 있다는 사실을 염두에 두어야 한다.

또한 재앙의 범위와 내용도 역시 하나님의 허용에 의해서 정해진다. 소유물을 사탄에게 맡기지만, 그의 몸에는 손대지 말라고 재난의 범위를 정해 주시고, 사탄은 하나님의 말씀에 복종하지 않을 수 없다. 처음에 물론 그의 몸에 손대지 말라는 하나님의 말씀은 내기의 강도가 세지면서 사탄에게 욥의 몸에 손대는 것을 허락하시지만, 생명은 허락지 않으신다. 욥의 고난은 하나님의 정하시는 바에 의해서 이루어진다. 하나님의 허용 없이는 한순간도, 손가락 하나도 다치지 않는다.

둘째로, 욥의 운명은 그의 성실과 신앙과 노력에 의해서 결정되지 않고, 하늘의 궁정 회의에서 결정된다는 점이다. 많은 사람들은 인간 삶의 모습이 그의 성실과 지식과 지혜에 의해서 갖추어진다고 생각한다. 어느 정도 그럴 수는 있다. 지식이 많아서 좋은 데 취직을 해서 좋은 아내를 만나고 돈도 많이 버는 등의 행복이 주어진다. 어느 정도는 그렇다. 그러나 우리의 운명은 실제로 하늘 궁정에서 좌우된다. 우리의 성실과 노력이 한순간에 물거품이 되고 만다. 우리의 의지와 뜻이 개입할 틈이 없다. 그대로 무너지고 만다. 심지어 신앙도 아무 관계가 없다. 욥의 신앙은 하나님이 인정하실 수 있는 수준이었으나, 욥에게 닥쳐오는 재난에는 그의 신앙도 힘을 쓰지 못한다. 인간에게 다가오는 재앙과 고난은 일정한 법칙이 없는 듯 보인다.

신앙이 재앙을 막지 못하고, 불신앙이 오히려 번영을 가져온다. 악한 자가 오래 건강하게 살고, 선한 자가 일찍 생명을 버린다. 정직한 자가 가난하게 살고, 불의한 자가 부를 모은다. 이 세계는 일정한 법칙에 의해서 그들 삶의 모습을 결정하지 않는다. 누구도 예측하지 못하게 그들의 운명과 삶이 바뀌기도 하고, 뒤엉키기도 한다. 참으로 부조리한 삶이 아닐 수 없다. 시편과 잠언은 이 인간 현실을 꿰뚫고 있다.

여기서 우리는 하나의 암시를 얻는다. 우리의 운명이 그토록 부조리하게 보이는 이유는 이 세계의 삶이 이 세계의 삶에서 그치는 것이 아니라, 보이지 않는 세계의 개입에 의해서 이루어지기 때문이라는 사실이다. 그래서 필립 얀시는 보이는 세계와 보이지 않는 세계에 대해서 말한다. 하나님 신앙은 결국 우리 눈에 보이지 않는 세계를 믿는 믿음이다.

사람들은 그들의 삶이 펼쳐지는 삶의 현장이 삶의 전부인 양 그렇게 믿고 산다. 아침에 일어나서 샤워를 하고, 출근을 하고, 일을 하고, 퇴근을 하고, 가족들과 친구들을 만나며 하루를 보낸다. 여기에 보이지 않는 세계가 개입할 여지가 없다. 보이는 세계가 전부다.

그러나 실상 보이는 우리의 세계는, 많은 부분, 혹은 때로는 보이지 않는 세계인 하나님의 하늘 궁정에서 결정된다. 이때 우리는 하늘의 궁정 회의의 결정에 따르지 않을 수 없다. 우리의 뜻이 개입될 여지가 없다. 그래서 부조리하게 보인다. 그런데 문제는 이런 부조리를 어떻게 견딜 것인가 하는 것이다. 부조리는 신앙에도 불구하고 우리의 현실이다.

셋째로, 사탄은 하나님을 경외하는 욥의 신앙을 왜곡하여 평가절하하고 있다는 점이다. "욥이 하나님을 경외하는 이유는 하나님이 엄청난 복을 주셨기 때문이다. 그렇지 않다면 욥은 하나님께 등 돌리고 하나님을 떠날 위인이다. 하나님의 면전에서 하나님을 욕할 자다. 사람은 그에게 주어진 환경의 울타리 안에서 놀고 있는 존재다. 사람은 결국 하나님과 거래를 하고 장사를 하여, 이익이 있으면 하나님을 경외하고, 이익이 없으면 하나님을 떠난다." 이게 사람의 본성이고, 욥의 경우도 예외가 아니라는 것이다.

사람은 결국 환경의 산물이다. 좋은 환경이라면 좋은 사람이 되고, 나쁜 환경이라면 나쁜 사람이 된다. 상황과 환경에 의해서 사람은 그의 모습이 결정된다. 하나님과 사람은 참된 사랑의 관계가 불가능하다. 왜냐하면 하나님은 많이 가지신 부자와 같고 욥은 아무것도 갖지 못한 가난한 자와 같기 때문이다. 이때 욥과 하나님의 관계는 철저하게 재물의 소유에 의해서 결정된다. 많이 가진 자가 적게 가진 자에게 일정 부분을 나누어 줌으로써 그들의 관계가 성립된다. 하나님은 그런 능력이 있으시다. 그러므로 욥에게 부를 주실 수 있으시다. 그래서 그들의 관계가 유지되는 것이다. 참된 사랑은 부와 가난과 아무 관계가 없다. 그 사람, 그분 자신이 좋으면 만사 끝이다. 더 이상을 바라지 않는다. 부와 가난은 참된 사랑의 공간에 끼어들 여지가 없다. 그래서 재산이 많은 남자와 가난한 여자의 행복한 결합이 가능한 것 아니겠는가? 물론 그렇지 않은 경우도 많이 있음은 물론이다.

하나님은 참된 사랑의 관계를 원하신다. 어떤 것을 주셨기 때문에 사랑을 받는다는 것은 사랑의 모독이고, 불쾌한 껍데기 사랑이다. 무늬만 사랑이 되고 만다. 사탄의 내기에 하나님이 끌려가신 이유가 바로 여기에 있다. 사탄은 하나님을 향한 욥의 사랑과 경외를 모독하고 있다. 재물을 주셨기 때문에 사랑한다는 말이다. 재물을 빼앗으면 사랑은 철회된다는 게 사탄의 논리다. 그때 하나님은 말씀하신다: "진정 그렇다면 욥의 진정이 드러나도록 해 보자. 그의 재산을 몰수하고, 그의 몸을 쳐라. 그래서 욥의 외적 환경이 저주를 받으면 하나님을 저주하는가 보자." 악마는 사람을 사람으로 보지 않고 철저하게 자연과 환경에 귀속되어 환경에 의해서 행동하는 동물과 벌레의 수준으로 본다. 악마에게 사람은 벌레에 다름 아니다.

그러나 하나님은 사람을 자유와 사랑의 존재로 보신다. 인간 인격의 가장 두드러진 특성은 다름 아니라 자유에 있다. 자유는 환경을 벗어나서 행동하는 인간됨을 여실히 보여 준다. 자유는 환경이 그러할지라도 환경에 의해서 부서지지 않는, 동물을 넘어서는 인간됨의 모습을 말한다. 배가 고프다 해도 마구 먹지 않는다. 그러나 동물은 그러하다. 동물은 배가 고프면 어떤 경우라도 먹고 본다. 그러나 사람은 때로 배가 고파도 빵을 훔치지 않는다. 이게 인간이 동물을 넘어서는 자유다. 또한 사람은 사랑을 할 줄 안다. 사랑은 사랑 그것만이 사랑의 이유다. 반찬을 잘하고, 요리를 잘하고, 재산이 많고, 미모가 있다. 그래서 사랑의 시작이 만들어질 수 있으나, 사랑의 이유는 다른 것이 아니라, 사랑하기 때문에 사랑하는 것만이 사랑의 이유다. 모든 좋은 상황이 다 제거된 후에도 사랑이 여전히 사랑으로 남아 있기를 진정 원하시는 하나님은 사랑하시기 때문에 사탄의 내기 안으로 기꺼이 들어가신다. 그리고 욥의 믿음을 보신다. 욥의 패배가 하나님의 패배가 되는 엄청난 패배의 모험으로 말이다. 이제 하나님은 욥과 자신을 하나의 고리로 엮어 버리신다.

욥의 믿음이 중요한 이유는 욥의 패배는 하나님의 패배이기 때문이다. 보이는 세계의 패배가 보이지 않는 세계의 패배로 이어진다. 그러나 욥의 믿음의 승리는 그리 쉽게 될 것 같지 않다. 하나님을 향한 욥의 실망은 나름의 까닭이 있다. 어제만 해도 동방 최고의 갑부가 쫄딱 망해서 길거리에 나앉았다. 푸르렀던 자녀들도 아무 이유 없이 고통을 당하면서 죽었다. 참극(慘劇)이 신앙의 자리를 차지하고 나선다. 신앙은 비극에 한참을 떠밀려 떠내려가고 있다. 왜 나인가? 내가 뭘 잘못했는가? 그렇다 해도 옆집의 철수와 순이는 나보다 더 악질로 사는데, 왜 내가 이런 재앙의 주인공이어야 하는가 말이다. 왜 하나님은 나에게 등을 돌리시면서 외면하시는가? 그렇다고 하자. 그렇다면 하나님께 항의를 하고 간청을 하면 들어주시기는 해야 할 것 아닌가?

가족의 죽음, 재산의 상실, 몸의 건강의 몰수 등은 특히 신앙인에게는 더욱더 견디기 힘들다. 하나님 신앙을 견지해 온 사람에게는 더 크게 다가온다. 하나님이 왜 나한테 이러시는가 하고 하나님을 향해서 항의를 하게 된다. 그래서 나에게 부딪힌 재난을 피하게 해 달라고 기도드린다. 우리의 관심은 내가 처한 상황이 바뀌기를 바랄 뿐이다. 돈이 더 많이 있었다면, 백이 있었다면 그런 어려움에 빠지지 않았을 것이라고 내 삶의 조건에 대해서 불평을 한다. 필립 얀시는 C. S. 루이스를 인용한다.

> 고대의 현명한 자들에게서 인간 삶의 핵심은 그의 영혼이 냉담하게 놓여 있는 주변 현실에 어떻게 적응해 나가는가 하는 문제였다. 그리고 그 해결책은 지혜, 자기 훈련, 미덕이었다. 그러나 현대인에게서 인간 삶의 핵심은 우리의 현실을 사람들이 어떻게 원하는 대로 바꾸어 낼 수 있는가이며, 문명의 기술로 그 해결책을 찾는 것이다.[456]

그들의 문제는 그의 삶의 물질적 환경과 조건이 아니다. 그들의 문제는 영혼의 문제였다. 그들은 어떻게 그들을 둘러싸고 있는 삶의 환경을 바꿀 것인가? 이런 것이 문제가 될 수 없다. 그의 환경에서 그의 삶과 영혼이 어떻게 적응해 나가는가 하는 내적 문제였다. 물질과 환경을 풍요하게 바꾸어서 삶의 안락을 누리는 것이 아니라, 그의 주어진 삶의 환경 가운데 영혼을 고귀하게 만들어 가는 것이다.

욥의 문제는 단지 그의 외적 상황이 바뀌는 것이 아니라, 욥의 믿음이 유지될 것인가 하는 욥의 영혼의 문제가 되었다. '우리의 영혼은 하나님을 신뢰하고 있는가?', '하나님을 신뢰하는 것은 나의 외적 환경과 관계없는가?' 하는 것이다. 도대체 하나님은 무슨 생각을 하시는 건가, 실망을 감출 수 없다. 욥은 성경의 인물들 가운데 그의 실망을 하나님께 가장 적나라하게 퍼부은 사람이다. 그의 고통을 시리도록 아프게 하나님께 쏟아 놓는다. 그러면서도 욥은 끝내 하나님을 떠나지 않는다. 도저히 납득이 되지 않는 부조리의 현실을 믿음으로 견딘다. 아니 사실은 개긴다(?)고 하는 게 더 맞는 말이리라. 하나님이 내미시는 현실이라면 내가 받아들일 수 있다는 하나님을 향한 믿음, 하나님을 향한 신뢰, 그리고 이는 보이지 않는 세계에서 발생한 하나님과 사탄의 시합에 결정적인 승리를 가져오게 한다. 하나님의 승리는 욥의 믿음에 의해서 이루어진다. 욥의 믿음은 바로 하나님의 승리에 참여한 것이다. 보이지 않는 세계의 시합은 보이는 세계에서 우리의 믿음의 승리에 의해서 승리로 결론난다. 하나님은 자신을 욥의 믿음과 한 데 엮어 놓으셨다. 어떤 의미에서 하나님은 자신의 운명을 욥의 믿음에 놓으셨다. 욥이 무너지면 이는 곧 하나님의 패배가 된다. 그래서 욥의 믿음은 보이지 않는 세계에서 하나님의 최고의 기쁨이 되며, 크게 울리는 기쁨의 탄성이 된다.

2. 욥의 투쟁
악한 자와 선한 자의 인과응보

사람들은 본능적으로 선한 자들의 상(償)과 악한 자들의 벌(罰)을 기대한다. 때로 자신과 관계되었기 때문에 변명을 하면서 빠져나가려는 자들이 있다 해도, 인과응보는 사람들의 당연한 기대다. 결국 정의가 끝내 이기고, 악한 자들이 망하는 세계를 그린다. 일시적으로 정의가 패배를 당한다 해도, 불의는 끝내 무릎을 꿇고 만다는 끈질긴 기대감을 놓지 않는다.

C. S. 루이스는 이 세계의 고통 가운데 많은 경우 악한 자들이 자신의 행위로 인해서 고통스러운 상황을 겪게 된다고 말한다. 눈에는 눈, 이에는 이의 복수의 열망은 이 세계 고통의 일부 원인이다. 그래서 사람들은 고통과 슬픔을 하나님의 보복이라고 칭하기도 한다. 천벌(天罰)을 받았다는 말이 그것이다. 이는 하나님께서 복수의 감정을 갖고 계신 것이 아니라, 인과응보를 설명하는 일종의 표현이다. C. S. 루이스는 악인이 당하는 고통은 자신이 그러한 고통을 당하기 전에는 자신의 악함을 전혀 알지 못하기 때문에, 그의 환상을 깨기 위해서는 고통이 필요하다고 한다.[457]

그러나 실제로는 악인이 반드시 그에 상당하는 고통을 당하지 않는다. 고통의 그물을 벗어나는 악인의 수는 헤아릴 수 없다. 악한 자가 고통을 당해야 한다는 인과응보라는 이런 집요한 기대와 달리 이 세계는 참으로 부조리하다. 어떤 법칙도 세계에 들어맞지 않을 만큼 자기 마음대로 굴러가는 듯하다. 이 세계를 겉으로 바라보는 자들은 선한 사람이 복을 받고, 악한 자들이 벌을 받는다고 믿고 싶어 한다. 그러나 좀 더 이 세계의 깊이를 보는 자들은 그렇게 말을 하기에는 너무나 이 세계가 제멋대로다.

욥의 친구들은 피상적으로 이 세계를 보는 자들이고, 이 세계의 깊이에서 드러내는 마성(魔性)의 부조리를 파악하지 못한다. "어떻게 사람이 저토록 아무런 이유 없이 고통을 당하는가?" 이 말은 욥을 향한 친구들의 고소다. "너의 고통에 어떻게 아무런 이유가 없을 수 있는가? 너의 고난에는 반드시 무슨 이유가 있다. 그러니 이제 너의 은밀한 죄를 자복하고 하나님께 용서를 빌라. 이것이 네가 고통에서 벗어나는 길이다." 이것이 바로 욥을 향한 친구들의 충고다. 그러나 그들은 이 세계의 부조리를 보지 못한다. 이 세계는 단순히 원인과 결과에 의해서 인과응보로 구성되지 않는다. 친구들은 너무나 순진하여 욥의 재앙을 인과응보의 구조로 이해하려 한다.

욥은 이 세계가 부조리하고 인과응보에 의해서 굴러가지 않는다는 것을 경험을 통해서 안다. 그는 잘못이 없다. 설사 잘못이 있다 해도 이 정도의 고통을 당할 것은 전혀 아니다. 욥은 혼돈에 빠질 수밖에 없다. 아무 죄 없이 이런 고통을 당하는 것은 무슨 연유인가? 그에게 닥친 엄청난 고통은 혼돈이며, 이 혼돈을 도저히 설명할 길이 없다. 아무 잘못을 저지르지 않았음에도 엄청난 고통을 당하는 자들이 있는가 하면, 너무나 큰 잘못을 저지르고도 뻔뻔하게 아무 일도 없었던 것처럼 장수와 건강의 복을 누리는 자들이 있다. 여기서 이제 혼돈과 위기가 싹트기 시작한다. 믿음의 위기는 하나님의 터무니없음에 의해서 발생한다. 이렇게 공평하지 못한 하나님을 어떻게 믿을 수 있는가? 이토록 이치에 맞지 않는 세계를 다스리시는 하나님을 어떻게 신뢰하고 믿을 수 있는가?

욥은 자신의 잘못을 안다. 자신의 죄를 안다. 그래서 그는 아침마다 하나님께 제사를 드리면서 그의 죄를 깨끗이 하려 했다. 하나님을 만난 자들의 자기의식은 1차로 자신의 죄가 하나님의 거룩함 앞에서 엄청난 파괴력을 가진다는 사실을 알고 있다. 죄의식은 하나님 앞에서 거룩함의 길을 가는 자들에게 매우 심각하게 다가와서, 죄의식이 그들을 다각도로 사로잡는 경험을 한다. 그래서 누구든지 하나님을 만난 자들은 무죄하다는 말을 할 수 없다. 하나님을 향한 욥의 불평은 자신이 무죄라는 말이 아니라, 자신이 징계를 받아야 한다면 지금의 징벌은 너무나 가혹하다는 말이며, 너무나 불공평하다는 말이다. 잘못을 매일 저지르는 자와 어쩌다 한 번 잘못을 저지르는 자는 차이를 두어야 한다. 그런데 한 번 잘못을 저지른 자와 매일 그런 자가 동일하게 10년 징역을 받았다면 이게 공평하지 못하다는 말이다. 이를 양형(量刑)이라고 하던가?

그러나 불공평은 인간 세계의 분명한 현실이다. 그야말로 이 세상에 태어나자마자 죽어 가는 어린아이들과 북한에서 굶주림을 밥 먹듯이 하는 아이들과 호화스럽게 그들의 식탁을 장식하는 자들이 함께 있다. 이런 상황이 있을 수도 있다고 하자. 그렇다면 공의의 하나님이 계시다고 말해서는 안 된다. 불공평과 공의가 어떻게 공존할 수 있느냐, 하나님의 세계에 이토록 불공평함이 어떻게 우리 눈앞에서 뻔뻔스럽게 작동되고 있느냐는 말이다.

인간 삶의 불공평함은 이 세계에 편만하다. 그리고 그 때문에 사람들은 하나님을 떠난다. 하나님을 향한 불공평의 비난은 하나님을 믿는 데 치명적인 아픔으로 등장한다. 하나님을 믿을 수 없다는 말은 하나님이 공평하지 못하다는 사실에 기인한다. 하나님을 그토록 신실하게 믿었던 자들이 사자 밥이 되고, 정부 권력에 의해서 살해되고, 나치스에 의해서 수많은 사람들과 어린아이들까지도 목숨을 잃는다. 그리고 온갖 힘을 다해서 하나님께 부르짖었지만 하나님은 이에 대해서 적절한 대답을 주지 않으신다. 엘리 위젤은 어린아이가 교수대 위에서 목매달려 죽는 고통의 현장에서 하나님은 죽었다고 단정 내리고 더 이상 하나님께 희망을 갖지 않는다.

이 와중에 주변 신앙의 이웃들은 위로의 말이랍시고 그들의 말을 던진다: "하나님은 이번 사건을 통해서 무슨 메시지를 주시려 합니다. 하나님의 메시지를 들어야 할 때입니다. 지금껏 당신이 하나님으로부터 받은 복과 은혜를 생각해 보십시오. 이 정도는 조금만 지나면 지나갈 수 있습니다. 건강을 잃지 않았다면 다시 회복할 수 있는 기회를 기다리십시오. 하나님께서 다시 한 번 기회를 주실 것입니다. 훈련의 시기를 통해서 당신은 다시 한 번 더 거듭나게 될 것입니다."[458] 이런 고통의 상황에서 고통과 관계없는 자들의 위로라니…,

그러나 위로의 말들은 오히려 하나님이 불공평하시다는 사실을 더 분명하게 드러낸다. 욥은 결코 위로의 말을 듣지 못한다. 불공평이 끝장나지 않는 한 그는 결코 위로를 만나지 못하기 때문이다. 예수의 짧은 생애를, 그것도 극히 일부분을 기록한 복음서는 신비를 저절로 드러낸다. 복음서는 예수를 한 인간으로 보지 않고 하나님으로 선언하며 종결짓는다. 그러나 놀라운 사실은 바로 그 예수-하나님께서 불의와 불공평에 의해서 정조준 되어 쓰러지신다는 사실을 말씀한다.[459] 십자가 사건이 바로 이 세계의 불공평이 가장 두드러지게 나타나는 현장이다. 복음서는 하나님이 이 땅 위에서 사람처럼 사시는 모습을 보여 준다. 복음서는 또한 사람이 이 땅 위에서 하나님처럼 사시는 모습을 보여 준다. 그러나 이 땅 위에서 사시는 하나님조차도 불공평의 채찍을 그의 온몸으로 고스란히 받아들인다. 때로 하나님조차 이 땅에서 사람으로 사시면서 불공평을 제거하지 못하신다.

 십자가 사건 앞에 서 본 사람들은 그분이 당한 불공평과 더불어 그들이 당하는 불공평에 침묵할 수밖에 없다. 누구도 하나님처럼 사신 예수, 사람처럼 사신 하나님이 당하신 그분의 불공평을 넘지 못한다. 누구도 십자가의 저주보다 깊이 내려가지 못한다. 누구라도 십자가의 모욕과 무시와 멸시의 자리에 같이 서지 못한다. 하나님도 이 세계가 뿜어내는 불공평을 어쩌지 못하시고 죽음의 폭풍에 스러지신다. 이 세상의 불공평은 확실하게 그의 삶 전체를 휘감는다. 하나님은 불공평에 의하여 쓰러지셨다.[460]

 예수의 치유에서도 공평함이 드러나지 않는다. 하필 예수께서 가시던 길가에 있던 바디매오라 하는 맹인이 치유를 받았으나, 예수께서 발걸음을 하지 않던 길가의 맹인들도 많이 있었다. 그들은 여전히 예수의 치유를 받지 못했다. 예수께서 가시던 길가에서 어떤 혈루병에 걸린 여인은 예수의 옷자락을 붙잡고 그의 병을 치유 받는다. 그러나 그분 곁에 결코 있을 수 없었던 질병의 여인들도 부지기수였다. 예수께서도 역시 불공평은 차라리 그대로 두시고자 했던 것 같다.

 얼마 전 미국 대사로 갈 기회를 놓친 어떤 신문사 회장은 그는 태어날 때부터 다른 사람들과 다르게 특별한 대우를 받았다고 한다. 부와 지위는 후천적이지 않다. 태어날 때부터 많은 경우 유전되어 흐른다. 단 한 번도 가난을 경험하지 못하고 평생 그의 시간을 산다. 가난을 공감하기 위해서 흉내라도 한번 내 보고 싶을 정도인데, 그게 도저히 안 된다. 얼마나 많은 사람들이 그의 출생 환경 때문에 그의 재능에도 불구하고 삶의 날개가 꺾여야 했으며, 얼마나 많은 사람들이 그의 출생 환경 때문에 그의 재능에도 불구하고 그에 어울리지 않는 호사를 누리는가?

이런 공평치 못한 일은 우리 인생이며, 우리 세계의 문제이며, 하나님도 역시 이 불공평함을 묵묵히 당하셨다. 불공평은 하나님이 이 세계를 다스리는 하나님의 섭리이며, 하나님의 통치 전략이다. 전략은 늘 그러하듯이 모든 사람들이 알 수 있도록 전개되지 않는다. 그때 가서야 "아! 그래서 그때 그랬구나!" 한다. 불공평이라는 하나님의 전략을 따라가다 보면 "아하! 그렇게 깊으신 뜻이 있었구나!" 하고 하나님의 전략을 탄복할 때가 다가올 것이다. 그때까지 불공평은 이 세계에 편만하여 이 세계를 지배할 것이다. 그러나 완전하게 정의가 지배하는 날이 다가올 것이고, 우리는 그때를 여전히 기다리고 있다.

우리는 시선을 길게 볼 능력이 없다. 그래서 우리의 현실을 짧게 주목하고서 좌절하고 한숨을 쉰다. 그러나 하나님의 시선은 길다. 그분은 길게 보시고, 우리에게 인내를 배우라고 하신다. 그래서 신앙은 실망한다 해도 절망으로 끝맺지 않는다. 필립 얀시는 예수 그리스도의 십자가는 악을 상대로 승리를 거두었으나, 불공평을 이기지는 못했다고 말한다.[461] 그리고 그의 어조는 격앙된다.

어떤 이유에서든지, 하나님은 이 상처받은 세계를 아주 오랜 시간 동안 타락한 상태에서 그대로 견디게 하신다. 상처와 부서진 세계, 이 세계 내에서 살고 있는 우리들. 하나님은 우리의 편안함보다는 우리의 인간성에 더 많은 관심을 두신다. 그리고 이 세계 내에서 우리를 불안하게 했던 바로 그런 현실을 도구로 사용해서 우리의 인격을 형성해 내신다. 지금도 이 세계의 스토리는 쓰이고 있다. 우리는 단지 그 스토리의 끝을 흘낏 볼 수 있을 뿐이다. 우리는 이 스토리를 써 내려가시는 저자를 마지막까지 신뢰하든지, 아니면 그를 떠나든지 둘 중 하나다. 이 선택을 피하지 못한다.

나는 영적 생활에서 늘 새로운 현실을 향해서 열린 태도를 지니려고 애를 썼다. 나의 기대감이 이루어지지 못했으나, 오히려 나는 그 실패를 통해서 새로움과 성숙으로 이끌어 가시는 하나님을 신뢰하고 하나님을 비난하지 않는다. 이 세계가 어떻게 돌아가야 하는지를 하나님 아버지는 잘 아신다. "아버지는 최선이 무엇인지 아신다." 구약성경을 보면 하나님이 그분의 모습을 드러내신다. 나는 하나님께서 바로 그렇게 우리 앞에 나타나셔서 행동해 주시기를 원했다. 그렇게 기대했지만 그런 결과는 끝내 오지 않았다. 그리고 하나님께서 그분의 아들을 보내셨다. 죄가 없으시고, 강제로 행하지 않으시는 분, 온전한 은혜와 치유를 행하시는 분. 그러나 우리는 그분을 죽였다. 하나님은 친히 그분이 좋아하지 않으시는 방법을 허용하셨고, 드디어 그 십자가를 이용해서 그분의 위대한 목표를 이루신다.[462]

3. 욥, 인간의 무지, 그리고 하나님의 침묵

하나님은 어째서 아무 설명도 하지 않으시고, 아무 반응이 없으신가? 욥은 처절하게 기왓장으로 자기 몸을 긁어 대면서 부르짖는다: "하나님, 왜 이렇게 불공평하십니까? 저의 입장에서 한 번 더 생각해 보셨습니까?" 그러자 하나님이 욥 앞에 그분의 모습을 드러내셨다: "아니다! 네가 나의 입장이 되어 보아라. 태양이 어떻게 떠오르는지, 번개가 어디에서 치는지, 어떻게 하마와 악어가 탄생하는지, 네가 이런 일을 알 수 있느냐? 모르면 입 다물고 나의 말을 듣기나 해라."[463]

하나님은 욥에게 어떤 설명도 하지 않으신다. 설명을 해도 마치 아인슈타인이 바보에게 상대성원리를 설명하는 것과 같기 때문이다. 욥은 단지 이제 하나님이 누구신지를 경험한다. 그리고 그게 끝이다. 단지 하나님을 경험할 수 있다면, 우리의 의문은 사라지고 만다. 우리는 왜 욥에게 고통이 나오는가에 대한 끊임없는 물음에 시달린다. 그러나 침으로 하나님을 감각하고 하나님을 볼 수 있다면 우리는 이제 더 이상 그 질문에 시달리지 않는다. 그분의 임재는 우리의 입을 다물게 만든다.[464]

어린 시절 아버지를 이해할 수 없을 때가 있다: "왜 나를 도와주지 않으시지? 조금만 도와주시면, 그리고 도와줄 힘도 있으신데, 왜 그토록 매정하게 나의 간절한 소원을 차 버리시지?" 원망도 하고 불평도 한다. 불평과 원망을 굳이 부정적으로만 볼 필요는 없다. 아버지가 아니라면 누구에게 불평을 하겠는가? 아버지이기 때문에 불평을 늘어놓는다.

아버지가 아니고 그냥 '아저씨'라면 우리는 그대로 참고 만다. 아저씨한데 부탁을 했다가 거절당하면 속으로 끙끙 앓고 있을 수밖에 없다. 그러나 하나님은 우리의 아버지시다. 그래서 간구도 하고 소원도 아뢴다. 그러나 때로 그게 아니라고 거절을 당하기도 한다. 그때 우리는 불만이다. 소원을 들어주지 않으신 아버지를 불평한다.

어느 날 나이가 조금 더 들어서 아버지가 누군지 알게 된다. 아버지의 마음을 알고, 아버지의 하시는 일을 알고, 아버지가 말씀하시는 삶의 방향과 목적을 알고 나서, 그때서야 알게 된다. 내 간구와 소원을 왜 거절하셨는지를 말이다. 아버지가 누구신지 아는 순간, 나는 나의 간구를 알게 된다. 아버지를 보는 순간, 아마도 지금까지 아버지의 진면목을 본 적이 없을 수도 있지만, 우리는 우리 자신을 알고, 내가 무엇을 구했는지를 알고, 나의 구하는 것이 무엇인지 알고, 그래서 입을 다물게 된다. 그리고 하나님을 믿고 신뢰하게 된다. 아버지를 경험하는 순간 말이다.

이 순간은 하나님의 개입을 그토록 원하던 사람이 넘지 못하는 경계선이다. 하나님의 간섭을 그토록 원하면서 간절히 기도하고 간구하던 사람이 끝내 하나님의 개입과 하나님의 간섭을 보지 못한다. 그러나 욥은 적어도 폭풍 가운데 나타나신 하나님을 목격하고, 하나님을 경험하고, 하나님의 말씀을 들을 수 있었다. 하나님의 말씀 한마디만 들을 수 있다면, 폭풍 가운데서도 좋고, 세미한 음성으로도 좋고, 그분의 말씀을 들을 수 있다면, 나는 하나님을 신뢰하고 믿음을 놓지 않고 살아갈 수 있다고 생각한다.

내 귀로 하나님의 음성을 듣는다. 내 눈으로 하나님을 본다. 그렇게 하나님을 내 경험과 내 현실로 만날 수 있다면, 나는 하나님을 믿을 수 있다. 그러나 하나님은 내 경험과 내 시야에서 멀리 계시고, 나는 하나님의 침묵을 견딜 수 없다: "무어라 한마디라도 해 주옵소서." 우리는 어째서 하나님의 말씀을 듣지 못하고, 하나님을 우리의 눈으로 보지 못하는가? 왜 하나님은 우리의 경험과 우리의 현실에서 그리 멀리 계시며, 우리는 욥처럼 하나님의 말씀을 듣고, 하나님의 음성을 우리의 귀로 듣고, 그렇게 생생하게 하나님을 경험하지 못하는가? 도대체 무슨 문제일까?

필립 얀시의 해결책은 무엇일까? 신앙에서 애매한 길을 피할 수는 없다. 신앙에는 애매함이 있다. 신앙은 수학도 과학도 아니기 때문이다. 신앙이 믿음인 이유는 그렇기 때문이다. 단지 우리는 이런 질문을 정면으로 대하는 것만으로도 가치가 있다고 본다. 필립 얀시의 통찰력이 여기에 있다. 해결할 수 없는 물음이 있다는 것을 부정하지 않는다. 그러나 그런 물음을 한번 정면으로 부딪쳐 보자는 것이다. 한 번 더 생각해 보고 다시 그 질문의 의미를 따져 보자는 말이다. 되면 되는 데까지 말이다. 누구도 완벽한 답변을 주지 못한다. 그의 길을 한번 따라가 보는 것만으로도 우리의 신앙을 되새겨 보고 깊이를 더할 수 있으리라고 생각한다.

필립 얀시는, 위의 물음을 C. S. 루이스를 따라서, 결국 두 세계의 문제라고 생각한다.[465] 우리 눈앞에는 눈에 보이는 빌딩과 나무와 차와 사람들이 있다. 그러나 신앙은 또 다른 분기점을 가진다. 빌딩과 나무와 차와 사람들을 통해서 또 다른 세계를 바라보는, 또 다른 세계가 있다. 이는 또 다른 세계를 향한 시선과 믿음이다. 신앙은 또 다른 하나님의 영적 세계를 우리의 현실로 믿는 믿음을 말한다. 하나님의 영적 세계는 우리의 현실이다. C. S. 루이스에 의하면 우리가 살고 있는 이 세계가 오히려 '그림자 세계'(Shadowland)이며, 또 다른, 그림자 너머의 실체야말로 우리의 진짜 현실 세계라고 한다.[466] 우리가 보는 것은 희미한 세계다. 그러나 영적 감각에 의해서 더욱더 분명한 세계를 볼 수 있다. 영적인 세계가 참으로 우리의 진짜 현실인가? 그리고 우리는 그 영적 세계를 감각할 수 있는가 말이다.

4. 또 다른 세계의 소문: 욥의 문제 해결의 바탕
하나님의 침묵과 보이지 않는 세계

필립 얀시는 신앙과 불신앙을 가르는 기준을 이 물음으로 말한다: "우리 눈에 보이는 이 세계가 전부인가?"[467] 보이지 않는 세계에 대한 확신은 신앙의 경계 안에 있는 자의 것이다. 보이지 않는 세계는 신앙의 핵심이다. 그래서 그는 또 다른 세계에 대한 소문을 듣는다. 이 세계가 전부가 아니다. 우리 눈에 보이는 이 세계 너머에는 또 다른 세계가 있다. 우리 눈으로 감각할 수 없는 이 세계야말로 진짜 세계이며, 우리가 살고 있는 우리 눈에 보이는 이 세계야말로 오히려 희미한 그림자의 세계다. 그러나 어떤 사람의 눈에는 보이고, 어떤 사람의 눈에는 보이지 않는다. 보기는 보아도 보지 못하고, 듣기는 들어도 듣지 못하는 현상은 인간 몸의 구조 가운데 미스터리한 영역이다.

사람들은 결국 보고 싶은 것만 본다. 그리고 또한 듣고 싶은 것만 듣는다. 사람은 여간해서는 전체를 보거나 듣지 못하고, 단지 자신과 관련이 있는 것만 보고 듣는 경우가 거의 대부분이다. 사람을 만나고 나서 그 사람이 안경을 썼는지 쓰지 않았는지를 기억하려면 잘 기억이 나지 않는다. 그 이유는 그 사람을 만날 때 그런 것들이 관심의 대상이 아니기 때문이다. 사람은 자기가 관심 있는 내용만 읽고, 듣고, 본다.[468]

> 고양이 푸쉬가 런던에 가게 되었다. 친구들이 푸쉬에게 묻는다.
> "런던에는 뭐 하러 갔다 오니?"
> "영국 여왕을 만나러 갔다 오는 길이야."
> 고양이는 자랑스럽게 말한다.
> "푸쉬야, 그러면 런던에 가서 무엇을 보았니?"
> "응, 여왕의 의자 밑에 있는 생쥐를 보았지."

고양이 눈에는 여왕의 거대하고 아름다운 궁전에 가서도 다른 것은 보이지 않고, 여왕의 의자 밑을 기어 다니는 생쥐만 보인다. 생각과 관심에 의해서 자신이 보고 싶은 것만 본다. 고양이 눈에는 그저 잡아먹고 싶은 생쥐 외에는 아무것도 보이지 않는다. 여왕을 보러 가서 생쥐를 보고 온다. 사람의 눈으로 본다는 말은 이 정도를 말한다.

또 다른 세계가 눈에 들어오지 않는 이유가 바로 이런 이유 때문이다. 먹고살기 바쁜데 그런 한가한 하늘나라, 하나님, 영생 등, 이런 것들은 하등 관심의 대상이 되지 않는다. 아름다운 여왕의 궁정에서도 그저 내 입으로 들어가는 생쥐만 눈에 보일 뿐이다. 돼지에게 진주를 던져 준다 한들 그게 무슨 소용이 있는가? 돼지 눈에 무슨 진주가 보이기나 하는가? 감각 없는 자들의 시선에는 아무것도 보이지 않는다. 그러나 영적 감각이 회복된 자들은 하나님 나라를 맛보고 경험하여 안다.

5. 두 세계의 문제
자리 바꾸기(Transposition)

두 세계의 문제에 대해서 필립 얀시는 C. S. 루이스를 많은 부분 인용한다. C. S. 루이스의 모든 작품들은 거의 다 이 두 세계의 문제를 다루고 있다. 그리고 C. S. 루이스의 짧은 글 '자리 바꾸기'를 인용한다.[469] 먼저, '자리 바꾸기'라는 C. S. 루이스의 아이디어는 필립 얀시가 보이는 세계와 보이지 않는 세계의 관계를 설명하는 데 도움을 준다. 이 말은 '창고에서의 묵상'(Meditation in the Toolshed)[470]이라는 글에서 시작된다.

욥은 마지막에 이르러 하나님을 만난다. 그리고 폭풍우 속에서 하나님의 음성을 듣는다. 그리고 하나님의 나타나심 그 자체는 욥을 압도한다. 하나님은 욥에게 욥의 고통에 대한 설명과 변명을 하지 않으신다. 단지 하나님은 그분 자신을 드러내실 뿐이다. 자연 세계는 하나님의 창조물이다. 하나님이 만드신 그분의 창조물을 보라. 이게 끝이다. 그리고 욥은 더 이상 할 말이 없다. 하나님이 그의 앞에 나타나신 것만으로 그는 하나님 앞에서 이제 침묵으로 들어간다. 그러나 우리가 부러운 것은 욥이 하나님의 음성을 직접 듣고 하나님을 목격했다는 사실이다. 하나님을 만나서 그분의 음성을 진짜로 듣고 싶다. 그러면 하나님을 믿을 수 있다. 나는 증거를 원한다. 나는 내 삶에 직접 개입하신 분명한 하나님의 음성을 듣고, 하나님의 모습을 보고 싶다. 그러면 하나님을 믿을 수 있다. 어떻게 보이지 않는, 나의 세계와 관련이 없는 하나님을 믿으라 하는가?[471]

필립 얀시는 이제 보이지 않는 하나님에 대한 가장 까다로운 물음에 답변한다. "왜 하나님은 그분의 흔적을 조금도 우리에게 보이지 않으시는가? 욥에게도 말씀하시고, 모세에게도 나타나시고, 엘리야를 하늘로 끌어올리신, 우리 눈에 보이시는 분명한 하나님, 누구도 반박할 수 없는 하나님, 그분의 음성을 내 귀로 듣고, 그분의 모습을 내 눈으로 볼 수 있는 우리 세계 안에 계신 하나님, 그렇지 않다면 나는 어떻게 하나님을 믿을 수 있는가" 하는 물음이다. 두 가지 답변이 가능하다.

1) 하나님은 강제로 신앙을 강요하지 않으신다 - 하나님이여 진실로 주는 스스로 숨어 계시는 하나님이시니이다

사람들은 위기에 빠질 때 하나님의 극적인 개입을 원한다. 하나님의 음성, 불빛과 의심을 깨뜨리는 하나님의 권능이 그의 삶에 깊숙이 개입되기를 원한다. 심각한 질병에 걸렸을 때 치유의 간절한 소망을 하나님께 드릴 수 있다. 아니면 사소한 것이라도, 차가 펑크 났을 때, 갑자기 아이를 잃어버렸을 때, 어쩔 줄 모르는 상황에 빠질 때 권능의 하나님이 잠시만 도와주시면 될 일인데, 무슨 도와주시지 않을 이유가 별로 없다.

오래전에 친구가 협심증으로 목숨을 잃었다. 우리나라에서 사업을 하는 사장들의 일상은 복잡하기 그지없다. 그런데 그 사장이 갑자기 이 땅에서 사라지게 되면 남아 있는 회사와 그 주변 사람들의 매우 복잡한 현실을 마주 대하게 된다. 그 친구가 죽은 다음에 그의 회사 일이 너무나 꼬여 있기에 그가 아니면 누구도 제대로 풀 수 없었다. 장례식장은 꼬여 있는 일들을 논의하는 장소가 되어 시끌벅적하다. 잠시만이라도 기적이 있었으면 좋겠다는 생각이 뇌리에 스치고 지나간다. '1시간만 그 친구가 다시 살아나서 이렇게 복잡한 것만이라도 잠시 해결하고 다시 가면 좋겠다' 라는 생각이 간절했다. 너무나 복잡하기 때문에 여기저기서 싸움과 다툼이 그치지 않는다. 잠시만 다시 살아나서 꼬인 일들만 해결하고 다시 가면 된다? 물론 그런 일은 일어나지 않았다. 어려움을 해결하기 위해서 그 친구에게만 잠시 시간을 줘서 해결사 노릇을 좀 해 달라는 말이다.

우리가 하나님을 생각하노라면 가장 먼저 떠오르는 이미지는 전지전능의 하나님, 무엇이든지 하실 수 있는, 마음만 먹으면 안 되는 일이 없으신 하나님, 마법과 마술 지팡이의 주인이신 하나님을 그린다. "하나님이 우리 아버지시라면, 그분의 권능과 마술 지팡이를 잠시라도 빌려 주시면 안 됩니까?" 하는 식으로 하나님의 개입을 요청한다. 하나님의 하나님 되심을 입증하는 가장 분명한 조건은 그렇게 하나님의 전지전능하신 권능을 보여 주는 일이다. 왜 그게 안 되는가? 그렇게 하지 않아야 할 이유가 없으시다. 하나님이 그분의 권능을 드러내시면, 우리가 얼마나 하나님을 잘 따르고 순종하며, 얼마나 더 많은 사람들이 하나님을 믿기 위해서 손을 번쩍 들고 나아오겠는가 말이다. 누이 좋고 매부 좋은 일일 터인데…. 그런데 하나님은 그렇게 하지 않으신다. 하나님의 손가락으로 잠시 베풀어 주시는 기적은 그분의 말씀을 따르는 자들로 이 땅을 가득 채울 수 있도록 순식간에 만들어 버릴 수 있는데….

> 하나님은 결코 기적을 갖고 사람을 노예로 삼지 않으신다. 하나님은 오히려 기적에 의해서 만들어지는 믿음이 아니라 자유롭게 주어지는 믿음을 찾으신다. [472]

신앙은 성격상 강제로 이루어지는 게 아니다. 탕자의 비유에서 둘째 아들은 아버지를 떠나지만, 아버지는 그 아들이 집을 나갈 때 무력하리만큼 아들을 붙잡지 않는다. 아들이 아버지를 떠나겠다고 하자 그냥 그 아들의 떠남을 물끄러미 쳐다보는 것 외에 달리 할 일이 없다. 그렇게 떠나는 아들을 붙잡고 다리를 부러뜨려 놓든지 아니면 회초리를 쳐서라도 붙잡아 둘 법한데도 그러지 않는다. 그냥 사지(死地)로 내보내어 불신앙의 세계로 아들을 떠나보낸다. 아버지와 아들 사이의 미스터리가 아닐 수 없다.

그러나 이 비유가 신앙의 영역을 그리고 있다면 참으로 맞는 말이 아닐 수 없다. 신앙은 강제로 붙잡아 둔다고 될 일이 아니기 때문이다. 신앙은 그야말로 자발적이어야 한다. 신앙은 그의 마음에 어긋나서는 결코 한 걸음도 내디딜 수 없다. 신앙은 마음에서부터 출발되어야 한다. 하나님 그분조차도 신앙에서는 사람을 강제로 어떻게 할 수 없다고 말해도 무방하리라. 하나님의 임재하심과 하나님의 기적은 조그마한 흔적이라도 그것이 크게 작용해서 사람을 꼼짝하지 못하게 만들기에 충분하다.

하나님이 조금이라도 그분의 모습을 드러내는 그분의 임재는 그 자체로 사람들에게 엄청난 강제력을 드러낸다. 하나님은 그의 자녀들을 하나님께로 강제로 이끌지 않으신다. 그분은 단지 호소하신다. 하나님에게는 사람의 의지를 강제로 꺾는 불가항력적인 강제력과 논의의 여지가 없을 정도로 일방적인 강제적 무기는 없다.[473] 신앙은 사랑과 자유의 문제이기 때문이다. 사랑은 강간이 아니며, 신앙은 힘으로 억누르는 것이 아니다. 강간을 한다 해도 그 연인의 마음을 얻지 못하고, 억누르고 두들겨 팬다고 해도 사람을 신앙으로 돌이키게 하지 못한다. 신앙은 마음을 얻어 낸다.

기적도 마찬가지다. 하나님의 기적이 믿음을 만들어 낸다 해도, 그 믿음은 또 다른 기적을 요하고, 기적과 믿음은 연속으로 순환작용을 하고, 그래서 드디어 기적이 사라질 때 믿음도 흔들린다. 기적에 의한 믿음은 기적이 사라질 때 그 믿음도 동시에 사라진다. 기적은 사람의 마음을 제압하고, 믿음을 얻어 낸다 해도 기적은 마치 도깨비 방망이와 같다. 사람들은 얼마나 도깨비 방망이 하나를 갖기 원하는가? 그것 하나만 있으면 만사 오케이다. 신앙의 이름으로 알라딘의 램프를 얻을 수 있다면, 신앙은 마법을 간절히 소망하는 수단이 되고 만다. 신앙을 신드바드의 양탄자로 오인하고 착각하여 신앙의 양탄자를 타고 그가 원하는 곳으로 어디든지 날아가려 한다. 신앙은 그들을 어디에고 보내는 마법의 양탄자가 되고 만다.

사탄은 예수께 나아와서 성전에서 뛰어내리는 기적을 행하여 많은 사람들의 경탄과 경배를 받아서 당신의 사명을 이루도록 하라고 유혹한다. 그러나 예수는 경이로운 기적의 손쉬운 길과 사탄의 제안을 거부하신다. 필립 얀시는 이를 '하나님의 수줍음'(Divine Shyness)이라고 한다.[474] 하나님은 앞에 나서지 않으시고 뒤로 물러나신다. 하나님께서 그분의 얼굴을 숨기신다. 하나님이 눈물을 흘리신다. 하나님이 호소하신다. 그야말로 사람들을 향해서 그의 두 손을 비시면서 호소하시는 하나님이시다. 하나님은 마치 연인에게 구애하시는 듯하다. 왜인가? 하나님은 그의 능력과 힘으로 얻을 수 없는 것, 사람들의 사랑과 마음을 얻기 원하시기 때문이다. 겉으로만 사장에게 90도로 깍듯이 인사하는 사원의 마음이 아니라, 진정으로 사랑하여 그의 시간과 아끼는 것들을 얼마든지 줄 수 있는 연인의 마음을 원하시기 때문이다. 하나님은 봉급을 주시는 사장이나 보스가 아니시다. 조폭들의 보스는 강제로 무엇이든 한다. 그러나 하나님은 힘으로 하지 않으신다. 하나님은 연인으로, 사랑하는 아들의 아버지로 우리 앞에 서기 원하신다. 조지 맥도널드는 이를 이렇게 말하다.

> 하나님은 그분의 권능으로 악의 세력을 단번에 쳐부수지 않으신다. 사람들에게 공의를 강요하고 악한 자들을 파괴시키지 않으신다. 이 땅 위에 평화를 세우시기 위해서 완벽한 왕의 힘을 과시하지 않으신다. 예루살렘의 자녀들을 그들이 원하건 원치 않건 간에 강제로 불러 모으지 않으신다. 또한 두려움에서 그들을 마구 구해 주시는 것도 아니시다. 차라리 아픈의 심정을 갖고 악한 자들이 그들의 시간 동안에 마음대로 하도록 내버려 두신다. 그분은 참으로 필요한 도움을 주시되, 느리게 움직이지만, 격려와 용기를 주심으로 사람을 도우신다. 사람들을 선하게 만

드시며, 사탄을 몰아내시는 것도 천천히 하신다. 사탄을 그분의 일방적인 힘으로 통제하지 않으신다 … 의로움을 사랑하는 것은 의로움이 천천히 자라도록 하는 것이지, 의로움을 빙자해서 복수를 하는 것이 아니다. 주님은 이 땅 위에 사는 동안 선을 위한다는 명목 하에 단번에 뭔가를 이루려는 충동을 스스로 제어하셨다. 물론 그분도 노인들과 무죄한 자들과 의로운 자들이 악한 자들에 의해서 핍박받는 모습을 보셨다. 그러나 그분은 그런 악한 자들을 한 번에 해치우거나 없애 버리지 않으시고 여전히 자신을 억제하신다.[475]

하나님은 급하지 않으시고 오히려 주저하시는 듯하다. 하나님이 천둥처럼 나타나실 때, 불쾌한 환경을 뜯어 고치기 위해서 인간사 안으로 들어오신다면, 사람은 하나의 남김도 없이 그냥 무너지고 만다. 여기에 하나님의 주저하심의 이유가 있다. 이 땅에서 우리는 무수한 고통과 악행을 본다. 하나님은 그분 자신을 엄청난 힘으로 스스로 억제하시고 자제하신다. 그러나 구약에서 보면, 하나님은 악이 성행하여 그 악이 정점에 이르면 그때 가서야 개입하신다. 직접 개입하기도 하시고, 자연현상과 함께 자신을 드러내기도 하셨으나, 많은 경우에는 선지자를 통해서 말씀하심으로 나타나신다. 하나님은 여전히 우리에게 신비로움으로, 숨어 계심으로 남아 있을 수밖에 없으시다. 먹구름 저 너머로 흘낏 비추는 햇살처럼 때로 우리를 비추기도 하시지만, 많은 경우 우리는 믿음으로 신비로움의 하나님을 만난다. 사람은 회의와 의심과 더불어 믿음과 신뢰를 갖고 하나님을 만나고, 하나님은 신비로움과 자제와 주저하심으로 우리를 만나신다.

그래서 필립 얀시는 존 업다이크를 인용하면서, 노아의 홍수와 이집트 탈출의 열 가지 재앙, 앗수르와 바벨론의 침략 등을 통해 인간 세상을 향한 하나님의 개입을 보면서, 하나님이 한 발 물러나 계시다는 사실과 '하나님의 수줍음'을 오히려 감사한다고 말한다.

> 침묵의 느낌이 차라리 만족스럽다. 크게 목소리를 높이시는 하나님, 스스로를 누구도 볼 수 있게 분명하게 드러내신 하나님—이는 마치 황소같이 날뛰는 폭도이며, 불안을 도모하는 독재자이며, 모든 것을 부수는 폭력이다. 그러나 참된 하나님은 비틀거리고 두려움에 떠는 우리에게 무한한 힘과 용기를 주시는 분이시지, 그렇게 폭력으로 스스로를 드러내시는 분이 아니다.[476]

하나님께서 그분 자신을 사람들에게 알리기를 원하셨다면, 충분히 그렇게 하셨을 것이다. 그러나 하나님이 원하시는 것은 다른 데 있다. 그것은 사람들의 마음과 영혼을 얻는 것이다. 황소처럼 폭력으로 사랑을 얻을 수는 없다. 총으로 폭도처럼 쳐들어가서 연인의 영혼을 얻을 수는 없는 노릇이다. 연인 관계를 원하시는 하나님은 이제 구약과 달리 '수줍음'으로 다가오시며, 우리는 연인으로서 그분을 믿음으로 만나게 된다.

사람이 하나님과 맺는 관계는 믿음이 우선된다. 믿음은 오직 의심이 허용되는 환경, 하나님께서 숨어 계시는 환경에서만 그 진가를 발휘한다. 예수께서는 하나님의 수줍음과 하나님의 침묵에 대해서 의문을 제기하는 데 이렇게 답하신다: "하나님이 밤낮 부르짖는 그의 선택한 자들을 위하여 공의를 행하시지 않겠느냐? 하나님이 스스로 자신을 언제까지 숨기시겠느냐? 나는 말한다. 그들은 공의를 곧 얻을 것이다." 그리고 예수께서는 냉정하게 덧붙이신다: "그러나 인자가 올 때 이 땅에서 믿음을 볼 수 있느냐?"

하나님이 단지 이 땅 위에서 사람들에게 자신을 알리기 원하셨다면 그렇게 숨지 않으실 것이다. 그러나 하나님께서 직접 그분의 모습을 사람들에게 드러내신다면, 그들은 눈으로 하나님을 직접 볼 수 있게 되어, 믿음은 사라지고, 그들의 자유는 있을 자리가 없게 된다. 하나님이 원하시는 것은 하나님과 관계를 맺는 인격적이고 개인적인 앎이지, 그냥 하나님을 아는 지식이 아니다.[477]

그분 자신을 스스로 분명하게 드러내지 않으시는 하나님, 그래서 그분을 찾아가는 여정은 믿음의 여정이며, 그 믿음은 확실함으로 인한 당당함의 길이 아니다. 오히려 누구나 알 수 있는 분명한 증거가 없다 해도, 몇 가지 단서들만으로 걸어가는 애매한 여정이며, 의심과 혼란이 파고 들어오는 믿음의 여정이다. 보이지 않는 하나님을 찾아가는 길은 그래서 안개 속을 헤매는 불안과 의심의 여정이기도 하다. 그러나 이게 바로 하나님을 향한 믿음의 요체다. 연인 하나님은 그분 자신을 수줍게 은밀히 드러내신다. 그리고 하나님의 연인, 신앙은 그분의 수줍음을 믿음으로 반응하여, 그분을 기다리고 신뢰하고 따라간다. 여기에 강제가 끼어들 여지가 없다. 조폭 간의 게임이 아니라 연인 사이의 사랑이기 때문에 그렇다.

차라리 하나님은 자신의 능력을 스스로 통제하시므로 참으로 하나님이시다. 힘이 충분히 있음에도 불구하고 힘으로 얻을 수 있는 것은 별로 없다. 특히 영혼을 얻는 일과 마음을 사로잡는 일에서 힘은 무용지물이다. 강제로 힘을 사용해서 사람을 돌이킨다 해도 그는 자신의 영혼과 마음을 바치지 않는다. 힘과 강제 때문에 어쩔 수 없이 그렇게 했을 뿐이다. 힘과 능력은 그런 의미에서 영혼을 얻는 일에는 차라리 무력하다. 조폭은 연인 됨이 무엇인지 모른다.

기적을 행하는 일은 하나님의 강제와 힘에 속한다. 사람들은 기적에 현혹되어 기적을 행하는 자에게 자신의 영혼을 팔 듯 보인다. 알라딘의 램프와 신드바드의 양탄자를 얻을 수 있다면 무슨 짓이든 못하겠는가? 사람을 이렇게 만들어 버리면, 무슨 짓을 해서라도 기적의 마술 지팡이를 얻으려 할 것이고, 이때 사람은 초라해지고 만다. 영혼을 팔아서라도 마법을 얻으려 할 것이다. 이제 기적의 마술과 마법은 사람들의 시선을 끌고, 마음을 빼앗고, 추종자들을 만들고, 패거리를 만들지만, 결국 사람의 영혼을 드리고, 그래서 나의 자아를 바꾸어 가고, 내 삶을 새롭게 만들어 가는 거룩한 일에는 아무런 열매를 맺지 못한다. 이는 폭력의 미신에 다름 아니며, 비행기를 몰고 가서 스스로 순교의 죽음을 죽은 후에 72명의 처녀를 기대하는 것과 다르지 않다.[478)]

기적이 믿음을 만들지 못한다는 지적은 날카롭다. 변화 산의 기적도 제자들의 삶을 바꾸지 못했다. 예수의 얼굴이 해처럼 빛났고, 이스라엘의 위대한 모세와 엘리야가 구름 가운데 나타났다. 이 놀라운 기적 한가운데 있었던 예수의 제자, 베드로, 요한, 야고보는 이제 그 기적 때문에 모든 의심과 회의에서 벗어나서 주님을 향한 믿음에서 강건함으로 나아가게 되었는가? 아니다. 정반대다. 얼마 후에 예수의 십자가 운명이 그분에게 다가올 때 그들은 모두 다 주님을 버리고 도망치고 말았다.[479]

❖

제자들은 도망치고, 십자가로 향하시는 예수의 무능하심은 예수의 무리들을 오합지졸로 만들고 말았다. 예수께서는 제자들을 일당백으로 만들어서 검의 달인이 되게 하시든지, 아니면 로마의 군대를 확실하게 제압할 수 있는 군대로 재조직했어야 했다. 그리고 그들은 이제 예수를 앞장세우고, 탁월한 최고의 지휘자가 되어 이스라엘을 최고의 군대로 재조직하고, 로마의 군대를 내어 쫓아야 했다. 그렇다면 이스라엘을 회복시키시는 메시아로서 백성들의 마음을 빼앗을 수 있다. 그분은 그토록 기대하던 메시아로서 이스라엘을 구원하시는 자가 된다. 그러나 예수께서는 이 모든 이스라엘 사람들의 기대를 저버리고 십자가의 길을 가신다. 그리고 힘없이 무능한 메시아로서 죽으시고 만다.

키에르케고르의 이야기 하나, 어떤 왕자가 시골에 잠행을 갔다가 마을에서 아름다운 처녀를 발견한다. 궁전으로 돌아와서 왕에게 그가 사랑에 빠졌다고 말한다. 어떻게 그녀의 사랑을 얻을 수 있는가? 군대를 보내서 그 처녀를 납치해 오면 어떻겠느냐고 한다. 그러면 군대의 위력과 궁정의 웅장함에 의해서 그 처녀는 왕자의 구애를 받아들일 것이다. 다른 생각도 있다. 왕의 명령으로 그냥 그 처녀를 궁전으로 데리고 오면 된다. 궁전에 와서 그 처녀에게 왕자의 정체를 알리고, 그녀를 왕자비로 삼으면 된다고 한다. 그러나 왕자는 사랑은 그렇게 해서 얻어지는 것이 아니라는 사실을 안다: "사랑은 힘으로, 권력으로, 돈으로 얻을 수 있는 것이 아닙니다. 저는 왕자의 자리에서 내려와서 이제 시골의 한 청년이 될 것입니다. 힘도 없고, 권력도, 돈도 없는 무능한 시골 청년이 될 것입니다. 그리고 그 시골 처녀의 동네로 이사 가서 그녀와 동등한 입장에서 사랑을 보여 줄 것입니다. 나는 한 시골 청년으로서 그녀의 마음을 얻어서 사랑을 하고 구애를 해서 혼인을 하고 다시 궁전으로 되돌아올 것입니다."

왕자는 그 처녀가 살고 있는 동네에 시골 청년으로서 이사를 가서 그 처녀를 만나고, 인사를 하고, 사귀고, 사랑을 표시하고, 그녀의 마음을 감동시키고, 구애를 하고, 끝내 결혼 약속을 받아 낸다. 진정한 사랑을 만들어 낸 것이다. 이 왕자의 자리에서 내려온 왕자의 무능은 그 시골 처녀의 사랑을 진정 얻어 내는 최고의 전략이다. 이 방법 외에는 참된 사랑을 얻어 낼 수 있는 방안이 없다. 이것은 영혼을 얻어 내는 유일한 방법이다. 사람은 강제로 변화되지 않는다. 사람의 변화는 내면의 마음의 변화다.

2) 보이는 세계 안에서 보이지 않는 세계를 본다 - 상위의 시각과 하위의 시각[480]

필립 얀시는 C. S. 루이스의 설명을 통해서 보이지 않는 세계는 보이는 세계를 통해서 찾아내어 볼 수 있다고 한다. 기도는 보이는 세계의 시선에서 볼 때 벽을 향해서 홀로 중얼거리는 독백에 불과하다. 그러나 보이지 않는 영적 세계의 시선에서 볼 때는 하나님을 향한 고백과 찬양이다. 이 두 가지 설명에는 엄청난 차이가 있다. 기도 응답은 보이는 세계 안에서는 우연에 다름 아니다. 그러나 보이지 않는 세계에서는 하나님의 개입과 선물이다. 자연 세계 안에서 영적 현실을 본다. 자연 세계 안에서는 하나님을 볼 수 없다. 그러나 신앙은 자연 세계 안에서 하나님을 명확하게 본다. 자연 세계 안에서 기도는 하나의 소리일 뿐이다. 그 기도의 음성에서 우리는 하나님의 영적 현실을 본다.

C. S. 루이스는 빛이 들어오는 어떤 작은 지하 창고에서 겪은 경험을 말한다. 그는 어두운 지하 창고에서 창문으로 들어오는 한 줄기의 빛을 바라본다. 컴컴한 창고에서 창문 틈으로 들어오는 한 줄기의 빛을 보게 된다. 그리고 한 줄기의 빛 안에 있는 먼지를 본다. 그러나 자리를 옮겨서 그 한 줄기의 빛 가운데로 들어가서, 빛 속에서 창고의 바깥을 틈새로 바라보게 되면, 그는 전혀 다른 장면을 보게 된다. 이제 그는 갑자기 그 한 줄기의 빛은 볼 수 없고, 빛이 들어오는 창문의 틈새를 통해서 밖에 있는 푸른 나뭇잎이 나무에서 흔들리는 장면과 멀리 있는 태양을 볼 수 있다.

어두운 골방에서 창으로 들어오는 빛은 한 줄기의 빛으로 나타난다. 우리는 창문을 통해서 그렇게 뻗어 나가는 한 줄기의 빛을 옆에서 바라본다. 그러나 우리가 '자리를 바꾸어' 그 빛 가운데로 들어가면 그 빛과 더불어 창문 밖을 볼 수도 있다.

빛을 옆에서 바라보는 것(looking at)과 빛과 더불어(looking along) 창밖을 바라보는 것은 다르다. 빛을 옆에서 바라보는 것과 빛 안에서 빛과 더불어 보는 것은 전혀 다른 광경을 보게 한다. 우리가 서 있는 자리에서 한 발자국을 옮겨서, 자리를 바꾸어 그 빛 안으로 들어가면 전혀 다른 광경을 볼 수 있다.[481] 빛을 옆에서 객관적으로 바라보는 일은 현대 과학의 입장이다. 빛을 분석하고 빛의 현상을 파악하고 빛을 과학적으로 설명해 낸다. 그래서 빛의 정체를 밝혀낸다. 하지만 이때 우리는 빛의 도움을 받아서, 빛과 더불어 바깥세상의 아름다움을 볼 수 없다. 빛 그 자체를 빛의 옆에서 볼 수 있을 뿐이다. 이렇게 과학은 빛의 정체를 파악하는 데 도움을 주었지만, 빛과 더불어 아름다움을 볼 수 있는 시야는 놓치고 말았다.

C. S. 루이스는 이런 상황을 과학의 환원주의(reductionism)의 오류라고 한다.[482] 과학의 환원주의에 따르면, 남녀 사이의 사랑, 종교적인 믿음과 도덕적인 고상한 행동 등은 모두 다 인간 몸의 화학반응에 다름 아니다. 남녀 사이의 사랑은 알고 보면 몸의 생리적 반응이 만들어 낸 호르몬의 화학작용의 결과이며, 눈앞에 보이는 푸르른 풍경도 눈의 시신경이 만들어 내는 복잡한 메커니즘의 화학작용이다. 이런 입장에서 볼 때 붉게 피어오르는 저녁놀은 빛과 에너지의 파동이며, 우리의 생각은 뇌 속에 있는 뇌신경의 작용에 불과하다.[483]

한때 천둥번개를 신의 소리라고 생각했지만, 과학에 의해서 이런 것들은 단지 물리적 현상이라는 사실을 밝혀냈다. 일식과 월식의 자연 현상도 이제 더 이상의 신비가 아니다. 밝혀지지 않았던 많은 신비한 자연 현상들도 아무것도 아니다. 심지어 영적 현상이라고 생각했던 방언도 과학에 의하면 일종의 히스테리 현상에 지나지 않으며, 다른 종교에서도 그런 혀의 특이한 움직임을 관찰할 수 있는 자연 현상의 일종으로 설명이 가능하다. 성령의 활동이라고 굳이 설명하지 않아도 과학은 그 신비를 벗겨서 충분히 설명할 수 있다.

❖

방언을 성령의 영적 현상으로 보는 입장을 상위(上位)의 시각이라 하고, 히스테리 현상으로 보는 과학의 입장을 하위(下位)의 시각이라 한다면, 우리는 하나의 현상을 두고서 두 가지 시각을 가진다. 그리고 과학의 시대에 이르러, 이제 방언을 히스테리로 보는 하위의 시각이 우리의 시각이 된다. 방언을 영적인 신비로운 현상으로 보는 시각은 과학의 해명에 의해서 모두 다 해체되고 말았다. 방언에 덧씌워진 신비는 단지 히스테리에 불과하다. 그래서 영적인 시각이라고 보는 상위의 시각은 하위의 과학적인 시각에 의해서 아무것도 아닌 것으로 해체되었다. 그러나 과학의 시각이 모든 시각은 아니다. 과학은 어떤 사건을 보는 하나의 시각에 불과하다. 또 다른, 결코 피할 수 없는 시각이 있다. 과학의 환원주의는 과학의 시각으로 모든 것을 바라보려 한다.

베토벤의 교향곡 9번을 하위의 관점에서 보면, 즉 어둠 속에서 빛을 옆에서 관찰하듯이 보면, 그것은 악보 위에 쓰인 음악적 코드에 불과하고, 많은 악기들의 소리 울림들이 한 데 어울려서 귀를 자극하는 고막의 진동과 소리 울림이 뇌에 전달되고, 뇌는 그 소리를 비로소 인식하는 음파, 소리에 불과하다. 과학의 환원주의는 9번 교향곡을 단순히 소리의 울림과 뇌의 반응으로 축소 또는 환원시킨다. 9번 교향곡의 아름다움과 의미의 차원은 과학에 의해서 제거되고 만다.

다시 한 번 어두운 창고의 창 틈 사이로 들어오는 빛을 바라보는 자리에 서 보자. 어둠 속에서 옆에서 빛을 바라보는 것과 빛 한가운데서 빛과 함께 바깥을 바라보는 두 가지 상황이 있다. 바깥을 향해서 빛 가운데서 볼 때 우리는 창 틈 저 너머로 새로운 광경을 본다. 9번 교향곡을 바라보는 두 가지 방법이 있다. 하나는 악보에 쓰인 소리 부호와 코드를 바라보는 입장이며, 그것은 의미 없는 부호와 코드가 만들어 내는 음파의 진동과 뇌의 반응일 뿐이다. 그것은 과학이며, 소리에 대한 뇌의 반응이며, 떨림이다. 그것은 어둠 속에서 빛을 바라보는 일이며, 하위의 시각이다.[484]

그러나 베토벤의 머릿속에서 처음 나타났던 9번 교향곡은 하위의 시각으로만 볼 수 없다. 바이올린과 첼로의 떨림에 의하여 부호가 소리로 우리의 귓전을 때리고 뇌의 반응을 만들어 낼 때, 단지 그것을 뇌의 화학반응으로만 치부할 수 없는 고차원의 의미와 음악의 감격의 세계가 있고, 심지어 눈물과 한숨과 쓰러짐과 환희의 세계로 우리를 인도한다. 그것은 화학적 신호를 뛰어넘는, 소리가 만들어 내는 부호 이상의 감동의 세계가 있다. 방언이 단지 히스테리라는 하위 시각으로는 결코 파악될 수 없는 영적 세계를 갖고 있는 듯이 말이다.

과학은 의미의 세계로 올라오지 못한다. 오히려 음악의 진정한 가치는 하위의 시각이 아니라 음과 부호와 코드와 뇌의 반응이라는 물리, 화학반응을 넘어서는 정신과 영의 세계로 파악되어야 한다. 음악이 만들어 내는 아름다움과 그 의미는 한 단계 높이 올라서는 '자리 바꾸기'를 하지 않으면 결코 파악될 수 없는 고차원의 '또 다른 세계'의 현실이다. 동일한 현실에서 우리는 전혀 다른 또 다른 세계를 본다. 그래서 '또 다른 세계'는 우리의 '또 다른 현실'이 되고, '또 다른 세계'는 우리 앞에 여전히 현존한다.[485]

주의 만찬에서 교인들에게 나누어 주는 떡과 포도주는 하위 시각에서 볼 때 매우 하찮은 것들에 불과하다. 그 떡과 포도주를 분해해서 검사해도 여전히 화학식으로 환원될 수 있는 물질에 지나지 않는다. 떡은 그냥 떡이며, 포도주는 일상의 포도주에 다름없다. 이것이 바로 빛을 옆에서 바라보는 과학의 시각이다.[486] 환원해서 바라보려 한다. 떡과 포도주는 단지 물질에 불과할 뿐, 그 이상은 아니다.

그러나 상위의 시각, 영적인 세계의 시각이 있다. 떡과 포도주를 단지 물질로 보는 것이 아니라, 하나님의 아들, 예수의 몸과 피로 바라보는 상위의 시각이 있다. 그것은 물질이지만 단지 물질에 그치지 않는다. 물질이 거룩의 세계에 참여해서 자리를 바꾸어 이제 하나님의 세계로 자리매김을 한다. 포도주를 마심으로 예수의 피를 마시면서 그분의 거룩하신 보혈을 맛보고, 떡을 떼어 먹음으로 우리는 예수의 몸이신 예수를 매일 먹고 살아야 하는 존재임을 깨닫는다. 그렇게 우리의 일상은 하나님의 거룩한 세계로 높임을 받아서 그의 자리를 바꾸게 된다. 물질이 거룩의 또 다른 세계로 자리를 바꾸게 되는 역사가 우리의 시각 안에서 일어난다.

빛을 옆에서 바라보면, 하나님께 드리는 기도는 내 앞에 있는 벽을 향해서 독백하는 단지 나 홀로, 나 자신을 향한 중얼거림에 불과하다. 고작해야 나 자신을 향한 자기 암시, 자기 세뇌에 불과하다. 기도는 과학의 시각에서 얼마든지 설명이 가능하다. 그리고 기도가 응답되어지는 영적인 설명도 과학의 설명에 의해서 대치될 수 있다. 강한 자기 암시는 강한 자기실현으로 소원이 성취될 수 있다. 또한 강한 자기 암시와 자기 세뇌는 그 사람의 소원 안으로 그 사람을 끌어당겨서 그의 목적과 소원을 달성하도록 한다. 이런 사회 심리학적인 설명으로 기도는 이제 해체되어 어떤 미스터리와 신비가 남아 있지 않다. 기도는 이제 자신을 향한 강도 높은 자기 암시다. 이렇게 기도는 과학에 의해서 철저하게 해체되고 환원되어, 기도는 생명력을 상실하고 뇌의 자기 세뇌 작용으로 결과 된다. 기도는 과학에 의해서 이렇게 설명된다.

우리는 여기서 전혀 반대의 시각을 가질 수 있다. 기도는 사람의 혀에서 나오는 자기 암시의 중얼거림이 아니라, 한 인간이 피조물로서 창조주이신 하나님께 드리는 고귀한 아룀이며 향기이다. 기도는 그래서 사람이 하나님께 드릴 수 있는 최고의 드림이다. 과학이 말하는 기도와는 너무나 동떨어진 기도 현실이다. 혀가 발하는 사람의 언어가 이토록 거룩하게 그 차원이 자리 바꾸기를 통해서 높아질 수 있고, 보이는 세계의 사건들이 보이지 않는 영적 세계의 사건으로 자리를 바꾸어, 새로운 세계로 그 자리를 차지한다. 그래서 기도는 두 세계의 경계를 모두 다 포함할 수 있다. 과학은 기도를 중얼거림으로, 신앙은 하나님을 향한 거룩한 아룀으로 본다.

들을 수 있는 귀와 볼 수 있는 눈이 필요한 이유가 여기에 있다. 영적 감각이 필요하다. 영적 감각을 갖고 있는 자는 기도의 영적 세계를 안다. 영의 감각을 알고 있는 자는 떡과 포도주에서 주님의 살과 피를 맛본다. 그리고 우리는 주님의 피와 살로 살아가는 영적인 존재라는 사실을 다시 확인하게 된다. 그래서 그리스도인은 이 세계를 살면서 떡과 포도주를 마시지만, 동시에 하나님의 세계를 살면서 예수의 피와 살을 먹고 마신다. 그렇게 우리는 두 세계를 동시에 살아간다.[487]

성경은 물론 기적으로 가득 차 있다. 보이지 않는 세계가 잠시 동안 보이는 세계의 규칙을 바꾸어 놓는 듯 보이는 일, 기적이 있다. 그리고 우리는 바로 그 기적을 원한다. 보이지 않는 그 세계가 보이는 세계로 들어와서 우리의 귀를 울리는 기적을 원한다. 하나님이 직접 말씀하시는 그 음성을 듣기 원한다. 그러나 하나님은 보이는 세계에서 자연스럽게 일하시는 방식을 선호하시는 듯하다. 예수의 동정녀 탄생도 하나님께서 배후에서 일을 하실 뿐이지, 매우 평범한 사건으로 이어진다. 물론 시작은 비범하게 되었다 해도, 다른 사람들의 눈에는 매우 자연스러운 과정이 이어진다. 젊은 여인이 임신을 하게 되고, 9개월의 임신 기간을 지내 왔으며, 나귀를 타고 피곤한 여행을 해야 했고, 마구간에서 초라하게 출산을 했다. 그렇게 해서 하나님의 아들은 조용히 이 땅에 오셨다. 기적을 일으키고자 하신다면 뭐하러 이런 복잡한 절차를 거치는가? 그대로 성인이 된 예수를 보내시고, 그분이 큰소리로 한번 말씀하시면 모두 다 귀를 기울이게 되고, 십자가는 무슨 십자가인가, 바로 부활로 들어가시고, 그러면 엄청난 사람들이 하나님께로 돌아올 것이다. 이렇게 하지 말라는 법이 없다. 그러나 하나님은 훨씬 더 자연스러운 방식으로 기적이 아닌 우리의 일상의 배후에서 일을 하신다. 동정녀 탄생, 여러 종류의 꿈, 하늘의 빛나는 별, 목자들의 두려움 등의 초자연적인 모습이 있었지만, 많은 부분에서 예수의 탄생과 성장은 매우 평범한 시간들이 지나가면서 진행되어진다. 단지 하나님은 배후에서 일을 하고 계시다.[488]

이집트의 탈출도 역시 마찬가지다. 이스라엘은 거대한 기적을 경험한다. 홍해의 갈라짐과 이집트 군사의 떼죽음과 그들의 탈출은 기적이 아니고서는 설명이 불가능하다. 하나님께서 크게 개입하셨다. 그러나 그들이 광야 생활에 들어섰을 때, 그들은 평범한 일상을 대부분 보낸다. 불기둥과 구름기둥의 인도하심과 만나와 메추라기 그리고 반석에서 물이 터져 나오는 등의 기적이 있지만, 대부분은 배가 고프고, 물이 갈하며, 모세의 꾸중을 들으면서 광야에서 장막도 짓고, 혼인도 하고, 아이들도 낳고, 교육도 하고, 셀 모임도 하면서 일상을 보낸다. 그러한 평범한 일상을 빼면, 남는 것은 거의 없다.

단지 초자연적인 기적과 이스라엘 백성의 이집트 탈출의 기적에 몰두하게 되면, 그전에 그들이 겪었던 400여 년 동안의 기적이 없었던 시기와 이집트 탈출 기적 이후의 40년 동안의 괴로운 광야 생활을 놓칠 수 있다. 하나님은 일상으로 일을 하시면서 그 배후에 서 계신다. 그래서 우리의 일상을 통해서 배후에 계신 하나님을 알고, 본다. 그 일상은 고차원으로 수준을 높여서 상위의 자리 바꾸기를 통해서 영적 현실이 된다.

우리 눈앞에 있는 물질세계는 실상 우리를 압도한다. 물질세계에서 영적 세계의 또 다른 세계를 본다는 것은 대단히 힘이 들어가는 것으로, 영적인 힘이 필요하다. 그러나 물질은 물질만으로 설명이 안 된다. 이는 물질주의적인 관점이 얼마나 취약한지를 명백히 보여 주는 면이다. 물질은 이성과 정신과 영혼에 의해서 설명되고, 물질은 정신에 의존해 있으며, 우리의 몸은 영혼 없이는 설명할 수 없다. 그래서 필립 얀시는 다음과 같이 말한다.[489]

> 신앙에 회의적인 시절, 나는 위로부터의 극적인 개입을 원했다. 보이지 않는 실체의 증거, 어떻게 하든 검증될 수 있는 명백한 증거를 원했다. 그러나 신앙을 갖게 된 후, 초자연적인 개입은 이전처럼 그리 중요해 보이지 않는다. 인생에 대한 물질주의적인 설명이 인간 삶과 인간 환경의 실재를 설명하기에는 턱없이 부족하기 때문을 알기 때문이다.
>
> 내가 믿는 이유는 보이지 않는 세계가 이 세상에 침범하기 때문이 아니라 보이는 세계가 내 마음을 울리면서 자기 스스로의 세계의 불안전함을 드러내기 때문이다.

보이는 세계는 보이지 않는 세계를 갈망한다. 우리의 세계는 또 다른 세계를 원하고, 필요로 하고, 갈망한다. 그래서 그리스도인은 눈에 보이는 포도주 한 잔에서 주님의 고귀한 피를 보면서 감격해한다. 물질만 보는 자들은 이런 두 가지 관점을 동시에 포괄하는 신앙을 비웃는다. 유물론은 물질만이 있다는 사고방식이고, 유물론이 공산주의의 핵심을 이룬다고 하지만, 실은 자본주의 세계도 공산주의와 다를 바가 없다. 자본주의에서도 역시 물질이 최고이며 물질만이 존재한다는 생각이 판치고 있다. 물질이 최고라는 물질주의는 모든 생각 중에서 가장 강력한 사상이 되었다. 공산주의와 자본주의는 물질을 최고의 우선순위에 두는 점에서 다르지 않다.

❖

1983년 3월 북한의 이웅평 대위는 남한으로 비행기를 몰고 귀순한다. 그는 공산주의 사회에서 교육을 받은 철저한 유물론자였다. 그가 귀순 후에 새문안교회를 자본주의 사회의 관람 차원에서 방문했던 것으로 기억한다. 그는 아마도 생전 처음 교회를 방문해서 예배를 드리는 것을 구경한 게 아닌가 싶다. 그리고 신문기자들이 그에게 물어본다: "교회에서 교인들과 함께 예배를 드린 느낌이 어떠십니까?" 순전히 나의 개인 기억에 의존한 대답이다.

> "이게 무슨 짓들을 하는 겁니까? 이렇게 모여서 시간을 낭비해도 괜찮은 겁니까? 교회에서 이렇게 기도하고 예배를 드린다고 하는 것이 국가와 민족을 위해서 무슨 유익이 있는 겁니까? 이런 종교 행사를 저는 시간 낭비라고 생각합니다."

유물론자의 입장에서 볼 때 매우 당연한 반응이다. 교회에서 사람들이 모여서 찬송을 하고, 기도를 하고, 설교를 듣고, 헌금을 하는 등의 일련의 예배는 유물론자가 보기에는 그야말로 하나도 의미 있는 행동이 아니고, 사실대로 말을 하자면 시간 낭비이며 모조리 미친 짓에 불과하다. 물질만이 있는데 영혼은 무슨 영혼이며, 하나님은 무슨 하나님인가? 물질은 삶에서 충분조건이 된다. 물질 외에 또 다른 어떤 것도 필요

없다. 사람들의 모든 문제는 물질 문제이므로, 물질만 있으면 모든 문제는 다 해결된다. 인간 문제는 곧 물질 문제다. 그러나 신앙은 물질을 통해서, 물질 안에서, 그리고 물질 위에서 또 다른 세계를 본다. 신앙은 하위의 물질세계에서 상위의 영적 현실을 충분히 본다. 신앙은 이렇게 두 개의 시각으로 살아가는 자들의 중심을 이룬다.

이제 처음의 물음으로 되돌아간다. 처음, 우리의 물음은 왜 하나님은 욥에게 폭풍처럼 나타나셨던 그 음성을 우리에게 들려주지 않으시는가 하는 것이다. 왜 하나님은 초자연의 기적의 개입을 꺼리시는가? 두 가지로 답변을 정리해 보았다.

1. 하나님은 기적의 강제를 통해서 우리를 그분께로 이끌지 않으신다. 하나님의 강제와 전능의 힘의 매력은 사람을 끌어당길 수 있다 해도 동시에 사람을 지저분하게 무너지게 만들며, 또한 기적으로 끌어들이는 자들과 하나님의 관계는 연인들의 사랑의 관계가 결코 아니다. 하나님은 우리가 명령과 지시에 따르는 지저분한 조폭 보스의 졸개가 아니라, 사랑을 주고받는 연인으로 나타나기를 원하신다.

2. 우리는 자연 세계 안에서도 하나님의 영적 현실을 본다. 보이지 않는 세계 안에서 하나님의 섭리와 하나님의 움직임을 본다. 하위의 시각은 자연을 보게 하지만, 상위의 시각은 이 땅의 자연을 통해서도 하나님의 세계, 하나님의 현실을 보게 한다. 그래서 우리는 두 세계를 동시에 보면서 산다. 우리는 이 세계 안에서도 하나님의 음성을 듣는다. 비 신앙은 결코 여기까지 다가오지 못한다. T. S. 엘리엇의 말은 핵심을 찌른다.

초자연의 세계(영적인 세계-옮긴이)를 믿는다는 것은 이 세상에서 성공적이고 물질적이고 아주 고결한 삶을 살다가 죽음 이후에 다시 최상의 세계로 가게 됨을 믿는 것이 전혀 아니다. 이 세상에서 빼앗기고 가난하고 굶주림의 삶을 산 후에 그동안 누리지 못한 모든 좋은 것들을 새 세상에서 누리게 될 것을 믿는 것도 아니다. 그것은 지금 현재, 바로 여기에서 초자연의 세계를 가장 위대한 실체와 현실로 받아들이는 것이다.[490]

6. 영적 현실을 어떻게 감각하는가

우리는 땅 위의 세계에 익숙해 있다. 때로 이 세계의 삶이 우리 본연의 삶이 아니라는 사실을 어렴풋이 깨닫는다 해도 이 땅을 떠날 생각은 없다. 더욱더 깊이 뿌리를 내리고 영원히 이 땅에 살 것처럼 집착한다. 이 땅의 삶을 향한 집착은 일종의 신앙처럼 작용한다. 그들은 이 땅이 그들 세계 전부이고, 죽은 다음에 더 이상의 세계는 없다고 믿는다. 눈에 보이는 세계가 그들 세계의 전부라는 생각은 그들의 신앙에 불과하다. 그들의 세계가 그들을 만족케 한다는 생각은 일종의 미숙한 신앙이고, 유치한 믿음이다. 물론 또 다른 세계를 믿는 믿음도 신앙이지만, 눈에 보이는 세계만이 존재한다는 믿음도 역시 신앙이다.

우리 눈에 보이는 이 세계만이 존재하고 있으며, 또 다른 세계는 소문에 불과할 뿐, 실제로 존재하는 것은 아니다. 인간은 물질이며, 죽으면 흙으로 돌아가고 그걸로 끝이다. 사람은 동물과 차이가 있다 해도, 죽으면 무로 돌아간다는 면에서 다르지 않다. 죽은 다음에 아무것도 없고, 신이니 하나님이니 하는 것은 아무것도 아니다. 과학의 미성숙이 만들어 낸 결과일 뿐, 귀신 씨 나락 까먹는 소리일 뿐이다. 이런 식의 사고방식은 우리 시대에 이 땅에 널리 퍼져 있는 믿음이며, 실제로 사람들이 가장 많이 따르는 신앙이다.

물론 이런 생각을 입증해 주는 증거는 어디에도 없다. 죽은 다음엔 아무것도 없다. 하나님은 어디에도 없다. 그러나 과학은 그런 내용을 결코 입증도 반증도 하지 못한다. 단지 과학을 빙자한 신앙으로 그렇게 우기는 것이다. 그것은 과학도 아니고, 과학을 벗어난 일종의 신앙이다. 믿음으로 하나님이 안 계시다고 믿는 것일 뿐, 어디에도 증거가 없다. 하나님을 믿는 것은 물론 신앙이다. 하나님을 믿지 않는 것 역시 신앙이다. 이들 각각은 불신앙과 신앙의 일종이고, 불신앙은 차라리 신앙의 뒤틀린 기괴한 변종이다.

물질은 물질 그 자체에 어떤 목적도 동인(動因)도 없다. 사람이 존재하는 데 어떤 목적이 있느냐고 묻는다. 이 땅 위에서 가족을 위하고, 크게 범위를 확대시키면 나라와 민족을 위하고 등의 목적을 말할 수 있지만, 궁극적이지 않다. 인간 삶의 궁극적 방향과 목적이 무엇인가? 그러면 왜 그런 목적이 있어야 하느냐고 반문한다. 거의 대부분의 인생의 방향이 '그냥 살다 죽지요!' 이다. 인간은 물질이고, 동물의 차원을 넘지 못한다는 말이다. 그러나 사람은 그의 삶의 방향과 목적을 묻지 않고 그냥 지나칠 수는 없다. 목적과 방향을 묻는 게 사람의 존재 그 자체의 피할 수 없는 물음이기 때문이다.

7. 두 세계를 동시에 살아가는 신앙

감각의 차이는 동물과 식물 그리고 사람에게서 두드러지게 나타난다. 식물은 감각을 지니고 있지만, 동물의 감각을 따라오지 못한다. 동물은 사람의 감각에 뒤처진다. 식물은 동물이 감각하는 것을 감각하지 못하고, 동물은 사람이 감각하는 것을 감각하지 못한다. 사람도 거듭난 사람은 거듭나지 못한 사람이 감각하지 못하는 것을 감각한다. 사도 바울은 그래서 거듭나지 못한 사람을 가리켜서 감각 없는 자들이라 하고, 그들이 죄와 허물로 죽었다고 한다. 죽은 자는 감각이 없다. 시체는 감각을 하지 못하고, 때려도 말이 없다. 살아 있다는 말은 감각이 있다는 말이다. 달라스 윌라드(Dallas Willard)는 거듭난 영혼의 하나님 감각을 다음과 같이 설명해 나간다.

식물은 감각이 있지만 미세하게 움직인다. 배추를 소금에 절이면 배추는 이른바 '죽는다'. 그건 배추가 생명이 있다는 증거다. 배추는 소금이라는 외부 환경에 반응하고 감각하여 점차로 죽어 간다. 배추가 소금이라는 외부 환경에 의해서 축 늘어진다. 뿌리가 잘린 배추는 끝내 생명이 끝이 나고 감각도 사라진다. 그러나 동물은 감각이 식물보다 더 발달되어 있다. 강아지는 공을 주면 반응한다. 살아 있기 때문에 강아지는 공의 움직임에 반응하고 감각을 보여 준다. 그러나 배추는 살아 있다 해도 공에 대해 반응하지 않는다. 생명의 수준 차이에 의해서 같은 생명이라 해도 반응 감각에 차이가 있기 때문이다. 배추와 강아지는 외부 환경에 대해서 다르게 반응한다. 그렇다면 강아지와 사람을 비교해 보자. 강아지는 사람이 반응하고 감각하는 것에 대해서 반응하지 않는다. 배추와 강아지의 반응이 다르듯, 강아지와 사람의 반응 또한 다르다. 강아지는 먹을 것에 대해서는 사람과 똑같이 반응한다. 강아지와 사람은 모두 다 똑같이 음식 앞에서 입에 침이 고인다. 하지만 강아지는 베토벤 교향곡 9번에 대해서 아무런 반응을 보이지 않는다. 강아지는 베토벤에 대해서 '죽어 있기' 때문이다. 사람은 베토벤에 대해서 감동하고 눈물을 보이기까지 한다. 그러나 강아지는 아무런 반응이 없다.

영적 감각이 되살아나서 그의 영혼의 감각이 민감하게 되었다. 라디오의 안테나가 한때 고장 났으나 이제 고쳐졌다. 그분의 음성이 들린다. 사도 바울은 사람들의 영적 감각이 죽어서 더 이상 하나님을 감각하지 못한다고 한다. 그러나 하나님의 생명이 그의 안에 들어가서 그가 거듭날 때, 그는 자연 세계 안에서 드리는 기도의 음성에서 이제 영적 현실을 감각한다.

식물의 생명과 동물의 생명 그리고 사람의 생명이 모두 다 반응을 보인다 해도, 수준의 차이를 보인다. 식물은 강아지가 감각하는 공의 움직임에 대해서 죽어 있고, 강아지는 사람이 감각하는 베토벤에 대해서 죽어 있다. 강아지는 아무리 들려 줘도 듣지 못한다. 배추 또한 마찬가지다. 그들의 감각이 죽어 있다는 말이다. 그러나 하나님의 자녀들은 하나님을 향한 영적 감각이 살아나서 하나님을 알게 된다.

거듭난 사람은 또 다른 생명을 지니고 있다. 예수께서는 사람이 거듭나야 하나님 나라를 볼 수 있다고 하신다. 이 말씀의 본래 뜻은 위로부터, 즉 하늘로부터 생명을 받아야 한다는 말이다. 사람이 본래 부모로부터 받은 몸의 생명이 아닌 또 다른 생명, 하나님의 생명, 영적인 생명, 영혼의 생명을 받아야 한다는 말씀이다. 그래야 영혼의 세계, 영적인 세계, 또 다른 세계를 감각하게 된다.

C. S. 루이스는 이 두 가지 생명을 구분해서 설명한다. 자연의 생명과 영적 생명이다. 전자를 '조에'(zoe), 후자는 '바이오스'라고 한다.[491] 조에는 사람이 태어날 때 주어지는 몸의 생명이다. 몸은 바로 이 자연의 생명에 의해서 움직여진다. 몸의 생명이 없으면 그는 죽은 자다. 그러나 사람은 또 다른 생명을 가져야 영적 세계를 감각한다. 바이오스의 생명에 의해서 사람은 하나님과 하나님 나라, 또 다른 영적 세계를 감각한다. 고장 난 안테나가 고쳐진 것이다. 그래서 그는 그 세계의 말씀을 들을 수 있고, 그 세계를 감각할 수 있게 된다.

예수께서 하나님을 아버지라고 부른 이유는 바로 이 때문이다. 그분의 생명을 나누어 가졌기 때문이다. 우리도 거듭나서 바이오스의 생명을 지니게 되면, 그로 인해 하나님을 아버지라고 부르게 된다. 하나님께서 그분의 생명을 우리에게 주셨기 때문에 우리는 그분의 자녀가 된다. 하나님의 자녀라는 말은, 그래서 하나님을 아버지라고 부르면서 하나님을 감각하고, 하나님의 영적인 세계를 감각하고 느끼고 경험한다는 사실을 말한다. 죽어 있는 '하나님 감각'이 되살아야 하나님을 감각한다.

이런 감각을 가진 자들이 있다. 이 땅의 삶을 향한 세속의 집착은 하나님 신앙과 또 다른 세계에 대한 갈망에 치명적인 독초로 작용하여 하하나님 나라에 대한 영적 감각을 무디게 한다. 세속에 깊이 발을 담가 더 이상 땅의 세계에서 벗어나지 못하고 땅의 일에 바쁘게 관심해서 땅의 전부를 그의 전부로 삼고 살아가게 된다. 그래서 하나님 감각과 영적 감각은 철저하게 메말라 비틀어지고, 끝내 죽고 만다.

C. S. 루이스는 신앙을 가진 자들은 두 세계를 살아가는 양서류와 같다고 한다. 사람은 무한과 유한의 두 세계 사이에 산다. 영원과 시간의 두 세계 사이에 산다. 땅과 하늘의 두 세계 사이에서 살고 있는 양서류다. 그는 땅 위에 발을 디디고 살고 있지만, 끊임없이 하늘을 바라본다. 사람은 '안트로포스'(Anthropos), 곧 '위를 쳐다보는 존재'(with a direction upward)다.[492] 이게 동물과의 경계선이다. 동물은 하늘과 관계없다.

사람에게서 하늘은 운명이다. 땅 위에 살면서도 하늘을 향한 시선을 마치 운명처럼 끝내 놓지 않는다. 그러나 그의 발은 여전히 땅 위에 있다. 또 시간은 마치 그의 운명처럼 그를 굴레 지운다. 그러나 동시에 그는 시간을 벗어나서 영원을 꿈꾸고 영원을 사모한다. 물질로 아무리 그의 몸과 마음을 가득 채운다 해도 영원을 향한 그의 시선을 그치지 않는다. 영원은 사람에게 매우 이질적이고 낯선 언어라 해도, 영원은 또한 사람의 운명이다. 사람은 시간을 살면서도 끊임없이 흘깃흘깃 영원을 곁눈질한다. 사람은 영원을 결코 외면할 수 없다. 그래서 죽을 목숨이 영원을 사모하고, 영원을 꿈꾸는 이 모순의 두 세계를 살아가고 있는 존재로서 사람은 양서류다.[493]

그리스도인은 물질세계와 영적 세계, 두 세계를 살아가는 양서류다.

신앙인은 전혀 다른 두 세계를 살아가면서 어느 한 세계도 놓치지 않는, 두 세계를 동시에 사는 두 세계의 존재다. 그러나 물질세계에서 사는 것보다 영혼의 세계에서 사는 것이 더 우리의 선택적 주의집중을 요구한다. 이 물질세계에서 우리는 물질세계 가운데 살고 있다는 사실을 거의 의식하지 않고 호흡한다. 우리는 이 세계를 생각할 필요도 없이 숨을 쉬고 내뱉을 수 있다. 그러나 영혼의 세계에서는 일부러 의식을 해야 영혼의 호흡으로 기도를 할 수 있다. 마음을 다하여, 기도를 마치 노동처럼 대해야 기도가 가능하다. 아무런 노력을 하지 않아도 우리 눈에 고급 차가 들어온다. 쭉쭉 빵빵한 몸매는 노력하지 않아도 우리 눈을 사로잡는다. 그러나 길거리에 앉아서 구걸을 하는 노숙자에게는 우리가 애를 써야 관심을 가지고 돈을 줄 수 있고, 주변에 있는 장애인들과 미망인들과 고아들에게 주어야 할 관심은 애를 써야 우리의 시선 가운데 들어온다. 3세기의 그리스도인 지도자인 크리소스토무스는 이렇게 말한다.

> 우리는 그들만큼, 아니 사실은 그들보다 더 부를 숭배하고 있다. 그들과 똑같이 죽음을 두려워하고, 가난을 끔찍해하고, 병을 두려워한다. 그들과 똑같이 영광을 얻고자 하고, 다른 사람을 내 맘대로 지배하기 원한다 … 그렇다면 그들이 어떻게 우리가 갖고 있는 믿음을 가질 수 있겠는가?[494]

8. 참으로 견디기 힘든 하나님의 침묵
엔도 슈사쿠의 경우

　엔도 슈샤쿠는 필립 얀시가 영혼의 스승이라고 칭하는 일본의 가톨릭 교인이다. 그의 「침묵」은 하나님의 침묵을 참으로 가슴 아프게 그린 스토리다. 일본에 가톨릭교가 처음 전해지던 시기, 1638년 3월, 포르투갈의 타요 항구에서 로드리고와 두 명의 신부가 일본을 향해 출발한다. 이들은 페레이라 신부의 제자다. 그런데 그들의 스승, 페레이라가 일본에서 선교를 하다가 배교했다는 말을 듣는다. 그들은 충격을 받는다. 존경하는 스승 페레이라 신부가 배교를 하다니. 있을 수 없는 일이라는 생각에 사실을 확인해야 한다 싶어서 일본으로 떠난다. 당시는 도요토미 히데요시가 그리스도교를 박해하면서 많은 신자들과 성직자들이 고문과 사형에 처해지는 상황이었다.

　일본에 도착한 두 신부는 마을 뒷산에 숨어서 신자들을 비밀리에 만나고 감시가 뜸한 시간을 이용해서 성경을 가르치고 예배를 드린다. 신부가 왔다는 소문이 돌자 포졸들이 몰려와서 그 바람에 체포당한 몇 사람은 바다 속 기둥에 매달려 결국 죽음을 맞는다.

　이때 바다의 밀물이 몰려오고 바닷가의 기둥에 매달린 자들이 힘없이 죽어 가는 장면이 그려진다. 그들이 무슨 죄를 지었는가? 이제 그들의 죽음은 무산되고 말 것이다. 그리고 그들을 죽이려 하는 자들이 오히려 하나님께 천벌을 받을 것이다. 그래서 바닷물이 밀려오는 동안 바닷가 기둥에 매달린 자들에게 희망이 가능하다. 점점 더 바닷물이 밀려들어온다. 턱밑까지 물이 들어오지만 마지막 희망을 버리지 않는다. 이제 하나님께서 일어나실 때가 되었다. 믿음을 포기하지 않는다. 그러나 태양빛 아래서 바닷물이 점차 밀려들어오는 해변에는 아무런 기적도 발생하지 않는다. 그들은 바닷물에 뒤덮여서 그대로 잠기고 만다. 참으로 납득하기 힘든 하나님의 침묵이 이어진다. 하나님은 도대체 그의 자녀들이 저토록 처절하게 죽어 가는데 왜 침묵하시는가? 왜 세미한 음성조차 없는 것일까?

> 무엇을 위한 순교인가? 바다는 그들을 죽인 다음 무서우리만치 굳게 침묵을 지키고 있다. 이 바다의 무서운 적막함 뒤에서 나는 하나님의 침묵을 느낀다.

그러다가 신부 로드리고는 체포당하고, 오두막에 갇히게 된다. 거기서 마을에서 만난 신자들을 만난다. 그러나 그들은 모두 다 가톨릭 신자가 되었기 때문에 비교적 편안하고 안정된 생활을 하다가 신앙을 가졌다는 이유만으로 고문을 당하고 처형당한다. 그들이 신부들을 배교시키는 방법은 신부를 고문하거나 처형하지 않고, 오히려 신자들을 탄압하고 고문하여 신부에게 배교의 압박을 가한다. 차라리 그들이 고문을 당하고 처형당한다면 감수할 수 있으나, 그들이 가르친 신자들의 처형과 고문 앞에서 그들은 주저앉는다. 이제 로드리고는 신자들의 고통과 죽음에도 어떤 응답도 없으신 하나님의 침묵 앞에서 많은 혼란을 겪는다.

농민들의 처형 앞에서 신부는 혼란에 빠진다. 납득할 수 없는 정경이 눈앞에 펼쳐진다. 매미와 파리의 날갯짓 외에는 참담한 침묵밖에 없다. 무고한 한 사람이 처참하게 죽어 가는데도 전혀 아무런 일도 없었던 것처럼 이 세상은 움직인다. 이것이 거룩한 순교인가? 하나님은 왜 침묵으로 일관하시는가? 왜 하나님은 이들의 처참한 죽음을 외면하시는 것인가? 하나님의 침묵은 차라리 고요함 가운데 두렵기까지 할 뿐이다.

드디어 처형당하기 전날 밤, 로드리고는 자신 때문에 구덩이에 거꾸로 매달려 죽지도 못하고 코와 입에서 피를 흘리면서 고통스러운 신음소리를 내는 사람들을 보게 된다. 그리고 그는 배교한 자신의 옛 스승 페레이아의 뒤를 따라서 성화를 밟고 배교한다. 그 이후 그는 죽은 일본 사람의 이름을 받고 그의 아내와 혼인을 한다. 배교는 그의 신부로서의 인생을 끝나게 했다. 그러나 신부 로드리고는 하나님이 침묵하셨던 것이 아니라 늘 자신의 곁에서 아픔과 고통을 함께 나누고 계셨다는 것을 깨닫는다. 배교의 순간 주님은 이렇게 말씀하신다.

> '밟아라! 밟아라! 네 발의 아픔을 누구보다 내가 잘 안다. 밟아라! 나는 너희들에게 밟히기 위해 이 세상에 태어났다. 너희들의 아픔을 나누기 위해 십자가를 짊어졌다.' 신부는 예수님의 초상을 발로 밟았다. 동이 텄다. 멀리서 닭이 울었다.

순교는 그들의 자부심이다. 그러나 그들의 순교는 그의 순교로 끝나지 않고 신자들의 고통과 죽음까지도 요구한다. 그들은 아무런 잘못이 없다. 신부가 없었다면 그들은 나름의 평안을 유지하면서 잘 먹고 잘 살았을 것이다. 그러나 그들은 그와 함께 죽어야 한다. 이때조차도 침묵하시는 하나님의 침묵은 무엇을 말하는가? 참으로 고통스러운 질문이 아닐 수 없다.

　　차라리 나 혼자 순교를 당한다면 그건 무엇보다도 쉬운 일일 터. 순교는 그의 삶의 목표이고, 순교로 그의 신부로서의 삶을 마치길 간절히 원한다. 그러나 자신 때문에 다른 무지한 자들까지도 죽음의 사지로 몰아넣고 저토록 고통스러운 죽음의 길을 가게 하다니, 참으로 견디기 힘들다. 나의 죽음은 나의 순교가 되고, 이제 그것은 나의 믿음과 나의 신앙을 분명하게 밝혀 줄 것이다. 그러나 나의 신앙과 나의 믿음이 이제 다른 사람들의 고통과 죽음을 요구한다. 나 혼자 죽는 나의 죽음은 어렵지 않다. 죽기 위해서 여기까지 온 것이다. 순교는 차라리 내 존재의 이유다.

　　그러나 그들의 고통과 죽음은 나의 순교를 포기할 정도로 나의 아픔이며 고통이다. 나의 슈교의 의로움과 나의 순교의 자존심을 포기하면 그들이 고통에서 해방되고, 그들은 목숨을 구할 수 있다. 차라리 내가 의로움과 순교를 향한 자부심을 거부한다면, 그래서 그들을 살릴 수 있다면, 내 의로움과 순교의 자부심이 무슨 문제인가? 주님 앞에서 나의 의로움을 포기할 수 있다면 차라리 그렇게 하자. 이게 그들의 신앙의 길이다. 나의 의로움과 나의 순교의 자랑스러움을 포기하면 그들이 살 수 있다. 차라리 순교 포기의 그 길을 택한다. 주님 앞에서 내가 무엇이 잘났다고 의로움의 길과 순교의 길을 간답시고 그렇게 많은 불쌍한 무리들의 죽음을 만들어야 하는가? 그들의 배교에서 차라리 죽음을 넘어서는 신도들을 향한 깊은 애정을 본다. 신도들의 아픔과 고통은 그들에게서 자신을 하나님의 제단에 순교의 제물로 드리는 거룩한 희생보다 더 귀한 것이다.

그들이 죽음이 두려워서 배교를 했다고 말한다면, 그들이 단순히 신도들의 죽음과 고통이 안타까워서 배교를 했다 한다면, 그것은 대단히 피상적으로 이 소설을 읽은 것이다. 그들은 자기 목숨 정도는 얼마든지 하나님께 드릴 수 있다. 순교를 한다는 것은 영광스러운 기쁨의 길이고, 기꺼이 열백 번도 더 할 수 있는 일이다. 내 목숨 하나를 드리는 것이 문제라면 일본까지 오지 않았다. 일본으로 출발할 때 그들은 이미 목숨을 하나님께 드린 지 오래다. 이제 그들의 문제는 어쩌면 내가 빛나는 나의 순교의 길보다는, 주님처럼 더럽게 짓밟히는 자리에 선다 해도, 신자들을 향한 사랑과 그들의 고통과 아픔을 나의 순교 때문에 외면하지 않는 자가 되어야 한다는, 굴욕과 수치의 신앙의 길을 말한다. 적어도 나는 엔도 슈사쿠가 말하고자 하는 바는, 이것이 순교라는 자기 영광을 포기하는 진정한 신앙의 길이 아닌가 하는 역설이다. 순교보다는 차라리 자기 영광을 포기하는 것이 더 어렵다.

순교가 최고의 영광이 아니다. 배교가 최고의 굴욕이 아니다. 순교보다 더 어려운 길도 있다. 그들은 순교의 영광을 거부하고, 그럴 만한 이유가 있다면, 차라리 굴욕과 수치의 길을 간다. 이 길은 하나님의 침묵을 견디는 또 하나의 위대한 굴욕의 길이기도 하다.

주석

1) C. S. Lewis, *The Screwtape Letters*(New York: HarperSanfrancisco, 1996), p. 61
2) Ibid., pp. 82~83
3) C. S. Lewis, *Mere Christianity*(New York: HarperSanfrancisco, 1996), p. 92
4) C. S. Lewis, *Mere Christianity*, p. 209. C. S. 루이스는 이 부분에서 소위 '익명(匿名)의 그리스도인(Anonymous Christian)이라는 신학적 주제를 말하는 듯하다. 가톨릭 신학자 칼 라너는 타 종교 안에서 하나님께 가까이 나아가는 자를 이렇게 칭한다. C. S. 루이스는 타 종교에 속한 어떤 자들은 그 자신 스스로도 잘 알지 못하지만 하나님의 비밀스러운 영향을 받아서 그리스도교의 핵심에 이르게 된다고 한다. 그 사람은 자신이 하나님께 속해 있다는 사실을 확연하게 알지 못한 채로 그리스도에게 속하게 된다. 논란의 여지가 있는 부분이다.
5) C. S. Lewis, *The Problem of Pain*(New York: HarperSanfrancisco, 1996), p. 77
6) C. S. 루이스는 'Lowercracy' 라는 말을 만들어 낸다. 이 말은 'bureaucracy' 라는 말을 배경으로 한다. 악마들의 권력 계급 체계는 악마들의 공간에서 지하로 더 내려가서 최고참 악마는 지옥의 맨 밑바닥에서 서식하고 있다는 은유이다. 그래서 '하늘에 계신 우리 아버지' (Our Father In Heaven)라는 표현에 빗대어서 '지하에 계신 우리 아버지' (Our Father Below)라고 그들의 최고 악마 사탄을 그렇게 부른다. 그래서 그들은 하나님을 '적' (Enemy), 하나님을 믿는 자들을 '환자' (patience) 라고 부른다. 이 말은 악마의 입장에서 보면 하나님을 향하는 신앙은 병적 증세이며 비정상적인, 정신이 반쯤 나간 자의 모습을 뜻하는 말이고, 우리 식의 번역으로는 욕설에 가까운 뜻으로 '병신' 이라고 해야 이해될 수 있다. *The Screwtape Letters*, p. 97
7) C. S. Lewis, *The Screwtape Letters*, p. 71
8) Ibid., p. 37
9) Ibid., p. 17
10) Ibid., p. 60
11) Ibid.
12) Ibid., p. 41
13) Ibid., p. 42
14) Ibid., p. 2
15) Ibid., p. 17
16) Ibid., p. 38
17) Ibid., p. 99
18) Ibid., p. 7
19) Ibid., p. 155, 하나님은 사람에게 영원을 사모하는 마음을 주셨다(전 3:11).
20) Ibid.
21) Ibid., p. 44
22) Ibid., p. 113
23) Ibid., p. 41

24) Ibid., p. 45
25) 영지주의는 신약성경의 배후 세계관과 많은 부분 일치한다. 그래서 더욱더 애매하게 신약성경의 메시지를 오염시킨다. 초대 교회의 저자들이 플라톤주의 또는 영지주의에 매력을 느끼는 데에는 이 세계 너머에 또 다른 진짜 세계, 이데아의 세계가 있다는 주장 때문이다. 그러나 그 진짜 세계를 진짜로 드러내기 위해서 몸, 육체, 물질 등을 가치 절하하는 주장은 성경을 벗어난다. 몸은 신약성경에서 늘 고귀한 대상으로 여겨진다.
26) "예수 그리스도께서 육체로 오심을 부인하는 자라 이런 자가 미혹하는 자요 적그리스도니"(요이 1:7).
27) C. S. Lewis, *The Screwtape Letters*, p. 12
28) Ibid., pp. 28~29
29) Ibid., p. 16
30) Ibid.
31) 악마 스크루테이프는 그의 조카에게 '악마훈련학교'가 다 망가지고 말았다고 불평한다. 어떻게 인간 유혹을 가르치는 일종의 악마신학교인데, 이런 것도 가르치지 않는가 하고 한심해 하면서 그 학교의 학장을 비난한다. C. S. Lewis, *The Screwtape Letters*, p. 37
32) Ibid., p. 17
33) Ibid.
34) Ibid.
35) Ibid.
36) Ibid., p. 18
37) C. S. 루이스의 'World'는 이 경우에 개역한글 성경의 '세상'과 같다. 성경에서 '세상'은 많은 경우 신앙을 파괴시키는 하나님의 적대적인 세력으로 자기 자신을 드러낸다. 너희는 이 세상을 사랑하지 말라는 말씀은 그래서 하나님 신앙을 거부하는 이 세상의 안락함과 재물과 영속적인 삶의 추구를 총체적으로 '세상'이라는 말로 표현한다. C. S. Lewis, *The Screwtape Letters*, p. 130. 이 글에서 나는 '세계' 또는 '세상'은 대체로 동일한 의미로 사용한다.
38) C. S. Lewis, *The Screwtape Letters*, p. 155
39) 예수께서 이렇게 말씀하셨다: "너희는 아래에서 났고 나는 위에서 났으며 너희는 이 세상에 속하였고 나는 이 세상에 속하지 아니하였느니라"(요 8:23), "너희가 세상에 속하였으면 세상이 자기의 것을 사랑할 것이나 너희는 세상에 속한 자가 아니요 도리어 내가 너희를 세상에서 택하였기 때문에 세상이 너희를 미워하느니라"(요 15:19), "이 세상이나 세상에 있는 것들을 사랑하지 말라 누구든지 세상을 사랑하면 아버지의 사랑이 그 안에 있지 아니하니 이는 세상에 있는 모든 것이 육신의 정욕과 안목의 정욕과 이생의 자랑이니 다 아버지께로부터 온 것이 아니요 세상으로부터 온 것이라 이 세상도, 그 정욕도 지나가되 오직 하나님의 뜻을 행하는 자는 영원히 거하느니라"(요일 2:15~17).

40) Ibid., p. 115
41) Ibid., pp. 38~39
42) Ibid., p. 155
43) Ibid., p. 131
44) Ibid., p. 155
45) C. S. Lewis, *The Screwtape Letters*, p. 131
46) http://www.studylight.org/lex/heb/view.cgi?number=05315
47) C. S. Lewis, *Mere Christianity*, pp. 136~137
48) Ibid.
49) C. S. Lewis, *The Screwtape Letters*, p. 75
50) Ibid.
51) Ibid.
52) Philip Yancey, *Disappointment with God*, pp. 222~223
53) Ibid., p. 75
54) C. S. Lewis, *Mere Christianity*, p. 142
55) C. S. Lewis, *The Screwtape Letters*, p. 104
56) Ibid.
57) Ibid.
58) Ibid., pp. 78~79
59) Ibid., p. 78
60) Ibid.
61) Ibid.
62) Ibid.
63) Ibid., p. 40
64) Philip Yancey, *Rumors of Another World*, p. 44
65) Ibid., p. 56
66) Philip Yancey, *Reaching for the Invisible God*, p. 69
67) Ibid., p. 91
68) 사람은 동물일 수도 있고, 천사일 수도 있다는 말은 파스칼의 말이다. 인간은 그의 환경에 따라서 동물이 되기도 하고, 사람이 되기도 한다. 사람은 사람으로 태어나는 것이 아니라 사람으로 키워진다. 사람이 사람의 환경 하에서 자라지 않고 동물의 환경 하에서 자라면, 사람은 동물이 되고 만다. 정글에서 늑대에게 키워진 어린아이가 늑대처럼 성장했다는 것은 보도를 통해서 잘 알고 있는 사실이다. 그래서 사람은 동물이 될 수도, 천사가 될 수도 있다. 생물학적 인간론에 의하면, 사람은 가장 늦게 성숙한다. 동물은 이미 성숙해서 어미의 자궁에서 출생한다. 그러나 사람은 태어날 때는 혼자서는 도저히 살 수 없을 정도로 약하게 태어난다. 약한 어린아이는 부모를 필요로 하고, 부모의 필요에 의해서 사람은 사람의 환경에서 사람으로 자라게 된다.

69) 악마 스크루테이프는 그의 조카에게 '악마훈련학교'가 다 망가지고 말았다고 불평한다. 어떻게 인간 유혹을 가르치는 일종의 악마신학교인데, 이런 것도 가르치지 않는가 하고 한심해 하면서 그 학교의 학장을 비난한다. C. S. Lewis, *The Screwtape Letters*, p. 37
70) Ibid.
71) Ibid., p. 39
72) Ibid.
73) Ibid., p. 40
74) Ibid., pp. 39~40
75) Ibid., p. 43
76) Ibid., pp. 43~44
77) Ibid., p. 118
78) Ibid., p. 44
79) Ibid.
80) http://cruciformlife.wordpress.com/tag/law-of-undulation
81) Ibid., p. 45
82) Ibid., p. 46
83) Ibid., p. 40
84) 아마도 십자가의 성 요한이 말하는 '어두움의 구름'을 염두에 두고 있는 것 같다. 하나님을 가까이했던 자들이 겪는 하나님 없음의 경험을 말하고 있다. 마더 테레사의 경우도 그런 경험을 했다는 보도가 있었다.
85) C. S. Lewis, *The Screwtape Letters*, p. 39
86) 어떤 측면에서 볼 때 하나님과 악마가 사람에게 원하는 것은 실상 동일한 차원이라고 볼 수 있다. 하나님 역시 사람의 마음을 원하신다. 사람의 마음이 하나님의 마음을 따라 주기 원하는 것이다. 마찬가지로 악마 역시 사람의 마음이 그의 마음대로 움직여 주는 것이다. 그러나 차이는 사람은 악마에게 흡수당해서 자신의 독립성과 개별성을 상실한다. 그러나 하나님은 그의 자녀들을 독립적으로 홀로 설 수 있도록 하신다. 이것이 바로 밥과 자녀의 차이다.
87) C. S. Lewis, *The Screwtape Letters*, p. 40
88) Ibid., p. 39
89) Ibid., p. 40
90) Ibid.
91) 지옥에서 각각의 존재들은 모두 경쟁 관계에 있다. 그러나 천국에서 각각의 존재들은 함께 살아간다.
92) C. S. Lewis, *The Screwtape Letters*, p. 40
93) "He can only woo." Ibid., p. 78
94) Ibid., p. 39
95) 칼빈주의 5대 교리는 이른바 TULIP이라고 하며, Total Depravity(전적 타락),

Unconditional Election(무조건적인 선택), Limited Atonement(제한된 속죄), Irresistible Grace(불가항력적인 은혜), Saint's Perseverance(성도의 견인)의 앞 자를 따서 그렇게 말한다.

96) 「고통의 문제」에서 C. S. 루이스는 칼빈주의의 교리 가운데 '전적 타락'(Total Depravity)에 대해서도 이와 흡사한 비판을 말한다. 인간은 적어도 자기 자신의 잘못된 죄에 대한 죄의식이 어느 정도 있다는 사실을 미루어 보아도, 사람은 전적으로, 자신의 죄를 알지 못할 정도로 타락한 것은 아니라고 한다. The Problem of Pain, p. 61

97) C. S. Lewis, The Screwtape Letters, p. 40

98) Ibid.

99) Ibid., p. 94

100) Ibid., 스크루테이프의 시선으로 이 세계를 보면, 마치 도박판과 같다. 놓인 판돈은 이미 정해 있고, 경쟁자 수도 정해 있다. 이제 누가 더 많이 따 먹느냐가 관건이다. 내가 많이 먹으면 네가 적게 먹는다. 네가 많이 먹으면 내가 적게 먹을 수 밖에 없다. 'What one gains, another loses'라는 표현에서 우리는 그런 시각을 읽을 수 있다.

101) Ibid.

102) Ibid., 이는 자연도태, 약육강식의 진화론의 세계와 관련을 말하는 것 같다. 지옥은 바로 리처드 도킨스가 말하는 '이기적 유전자'가 판을 치는 자본주의와 강자 생존의 세계를 가리킨다.

103) 반면에 하나님은 우리를 사랑받는 하나님의 자녀로 삼기 위해서 우리를 대하신다. C. S. Lewis, The Screwtape Letters, p. 102

104) Ibid., p. 165

105) Ibid.

106) Ibid., p. 94

107) Ibid.

108) Ibid., pp. 38~39

109) Ibid., p. 39

110) Ibid., p. 100

111) Ibid., p. 38

112) Ibid., p. 100

113) Ibid.

114) C. S. 루이스의 통찰력은 리처드 도킨스의 '이기적 유전자'에까지 이른다. 도킨스의 경우에는 모든 생명이 이기적으로 그의 유전자를 퍼뜨리는 것을 목적으로 한다. 비이기적인 모습도 자세히 살펴보면 실은 이기적 행동이다. 사람의 자기희생도 겉모습과 달리 자신의 이기적인 목적을 우회로 표현하는 것이다. 도킨스의 진화론에서 이기적 유전자는 약육강식의 자연도태에서 필연적인 결과다. 스크루테이프는 여기서 철저하게 리처드 도킨스의 입장을 대변한다. 사랑은 없다. 사

랑은 겉으로 보기에 그럴 뿐 실은 또 다른 동기가 있다. 이기적 투쟁만이 있을 뿐이다. 도킨스는 하나님 없는 세계를 정직하게 대면하는 무신론의 입장을 말한다. 그러나 프랜시스 콜린스의 신앙에서, 자기희생의 사랑은 진화론의 흐름을 뒤바꾸는 미스터리며, 하나님의 개입의 뚜렷한 증거다.(http://www.time.com/time/magazine/article/0,9171,1555132-4,00.html)

115) Ibid., p. 99
116) Ibid.
117) Ibid., p. 90
118) Ibid., p. 100
119) Ibid., p. 103
120) Ibid., p. 96
121) http://www.schooleyfiles.com/2006/07/mildly-roused-by-joy.html
122) Ibid., p. 171
123) Ibid., pp. 171~172
124) Ibid., p. 173
125) Ibid., pp. 173~174
126) Ibid., pp. 174~175
127) C. S. Lewis, *Mere Christianity*, pp. 138~139
128) C. S. Lewis, *The World's Last Night and Other Essays*(New York & London: Harcourt Brace Joranovich, 1973), p. 24
129) Philip Yancey, *Reaching for the Invisible God*(Grand Rapids: Zondervan, 2000), pp. 47~48
130) Ibid., p. 120
131) Ibid., p. 109
132) 알리스터 맥그라스, 「회의에서 확신으로」(서울: 한국기독학생회 출판부, 1997), p. 20
133) Ibid., p. 54
134) C. S. Lewis, *The Screwtape Letters*, p. 75
135) Ibid., p. 56
136) Ibid., p. 165
137) Ibid., pp. 126~127
138) Ibid., p. 127
139) Ibid., p. 126
140) Ibid., p. 57
141) Ibid., p. 44
142) C. S. Lewis, *Mere Christianity*, p. 75
143) 소위 '고지점령론'은 복음을 전하기 위해서 높은 자리에 올라가야 한다는 생각이다. 그러나 이는 예수께서 복음을 전하신 방법은 아니다. 신앙의 편리주의는

신앙을 단지 하나의 수단으로 사용하게 만든다.

144) C. S. Lewis, *Mere Christianity*, p. 25
145) Ibid.
146) Ibid., pp. 25~26
147) Ibid., p. 26
148) C. S. Lewis, *The Screwtape Letters*, p. 111
149) Ibid., p. 102
150) Ibid., p. 111
151) Ibid., pp. 76~77
152) Ibid., p. 77
153) Ibid., p. 126
154) Ibid., p. 127
155) Ibid., p. 119
156) Ibid., p. 120
157) 바리새인과 세리의 비유의 내용은 바로 이것이다. C. S. 루이스는 그의 책 「시편 사색」에서 자기 의로움을 가장 중요한 주제로 다룬다. *The Reflection of Psalm*, 제6~7장
158) C. S. Lewis, *The Screwtape Letters*, p. 112, 지옥도 알고 보면 겉표지에는 공의와 정의로 포장되어 있다(Samuel Johnson).
159) C. S. 루이스는 사람의 차원은 세 가지로 구성된다고 본다. 가장 안쪽에는 의지의 차원이 있다. 그리고 그 바깥에는 지성의 차원이 있고, 맨 바깥에는 환상의 영역이 있다. 사람들은 먼저 환상의 영역에서 상상하고, 그리고 비전을 갖는다. 그 후에, 그의 생각을 지적으로 다시 분석하고 합리적인가를 따진다. 그리고 의지의 차원으로 들어가서 행동으로 나타낸다. 악마는 모든 생각이 단지 판타지의 차원 안에서 상상으로만 머무르게 한다. 행동의 영역인 의지의 차원으로는 들어가지 못하게 한다. 그들은 단지 생각하고 상상하고 만다. 아무리 선하고 좋은 일이라 해도 상상하고 생각하는 것에 그치면 그것은 악마의 비웃음의 대상이 되고 만다.
160) C. S. Lewis, *The Screwtape Letters*, pp. 141~142
161) Ibid., p. 144
162) Ibid., p. 127
163) Philip Yancey, *Reaching for the Invisible God*, p. 280
164) Ibid., p. 284
165) C. S. Lewis, *The Screwtape Letters*, pp. 69~70
166) Ibid., p. 70
167) Ibid., p. 73
168) Ibid., pp. 70~71
169) Ibid., p. 84
170) C. S. Lewis, *The Problem of Pain*, pp. 69~70

171) C. S. Lewis, *The Screwtape Letters*, p. 69
172) C. S. Lewis, *Mere Christianity*, p. 106
173) Ibid., p. 107
174) Ibid., pp. 106~107
175) Ibid., p. 109
176) Ibid., p. 63
177) Ibid., pp. 102~103
178) Ibid., p. 63
179) C. S. Lewis, *The Problem of Pain*, p. 70
180) Ibid.
181) Ibid., p. 71
182) Ibid.
183) Ibid.
184) C. S. Lewis, *Mere Christianity*, p. 56
185) Ibid.
186) C. S. Lewis, *The Problem of Pain*, p. 61
187) C. S. Lewis, *Mere Christianity*, p. 128
188) 아맨드 M. 니콜라이, 「루이스 vs 프로이트」(서울: 홍성사, 2004), p. 164
189) C. S. Lewis, *The Screwtape Letters*, p. 75
190) Ibid., pp. 63~65
191) Ibid., p. 66
192) Ibid., p. 70
193) Ibid., p. 75
194) Ibid., p. 27
195) Ibid., p. 70
196) Ibid., p. 71
197) Ibid., p. 72
198) Ibid., P. 75
199) Ibid., p. 76
200) Ibid., p. 18
201) C. S. Lewis, *Reflections on the Psalms*(New York: Harcourt Brace Jananovich, 1958), pp. 30~31
202) Ibid., p. 28
203) Ibid., pp. 28~30
204) Ibid., p. 75
205) Ibid., p. 83
206) Ibid.
207) Ibid., p. 84

208) Ibid., p. 80
209) Ibid., p. 81
210) Ibid., p. 86
211) Ibid., p. 89
212) Ibid., p. 96
213) Ibid., pp. 102~105
214) Ibid., p. 102
215) Ibid., pp. 104~105
216) Ibid., pp. 72~73
217) Ibid., p. 74
218) Ibid., p. 76
219) Ibid., p. 78
220) C. S. Lewis, *The Problem of Pain,* pp. 70~71
221) C. S. Lewis, *Mere Christianity,* pp. 212~213
222) C. S. Lewis, *The Screwtape Letters,* p. 34
223) Ibid., p. 57
224) Ibid., p. 16
225) Ibid., p. 75
226) Ibid., p. 29
227) Ibid., p. 35
228) Ibid., p. 36
229) Ibid., p. 37
230) Ibid.
231) Ibid., p. 38
232) Ibid., p. 29
233) Ibid., p. 180
234) Ibid., pp. 179~180
235) 시 94:17, 115:17, 88:13, 전 9:5, 사 9:2
236) 시 44:20, 욥 12:24, 렘 2:6, 31, 시 88:4~6, 30:3, 88:12, 사 14:15
237) 시 137:7~10, 139:12
238) 시 49:15, 85:5
239) C. S. Lewis, *Reflections on the Psalms,* p. 30
240) Ibid., p. 61
241) Ibid.
242) 911 테러 현장 지휘자로 알려진 모하메드 아타는 거사 직전 자살 테러범들에게 "천국에서 처녀들이 우리를 기다리고 있다"고 격려하는 글을 남기고 여객기를 납치, 뉴욕 세계무역센터에 충돌시켰다. 죽은 다음에 그들은 72명의 처녀들이 천국에서 그들을 기다리고 있다는 믿음을 갖고 있다. (http://blog.chosun.com/

blog.log.view.screen?blogId=11630&logId=2631725)
243) C. S. Lewis, *Reflections on the Psalms*, p. 40
244) Ibid., p. 63~64
245) Ibid., p. 42
246) Ibid., pp. 40~42
247) Ibid., p. 43
248) Ibid., pp. 40~41
249) C. S. Lewis, *The Screwtape Letters*, p. 112
250) Ibid., p. 111
251) Ibid., p. 112
252) Ibid., p. 114
253) Ibid., p. 112
254) Ibid.
255) Ibid., p. 113
256) Ibid., p. 126
257) Ibid., p. 156
258) Ibid.
259) Ibid., p. 157
260) C. S. Lewis, *Mere Christianity*, pp. 45~46
261) 이 내용은 C. S. 루이스의 *Mere Christianity*에서도 '시간과 시간을 넘어서' (Time and Beyond Time)라는 장에서 다룬다. 스크루테이프의 설명과 함께 읽으면 이해가 더 쉽다. C. S. Lewis, *Mere Christianity*, pp. 166~171
262) Philip Yancey, *Disappointment with God*, p. 218
263) C. S. Lewis, *Mere Christianity*, pp. 142~146
264) Ibid., p. 180
265) Ibid., pp. 142~146
266) Ibid., p. 181
267) Ibid., p. 182
268) Ibid.
269) 악마에게서 사랑은 거미들이 결혼식을 끝낸 다음에 신부가 신랑을 잡아먹는 것과 같다. 사랑은 잡아먹는 것이고, 그렇게 해서 그들의 사랑은 끝이 난다. 사랑은 그래서 강한 자아가 약한 자아를 먹어 치우는 방식이다. C. S. Lewis, *The Screwtape Letters*, p. 121, 더 나아가서 악마에게 사랑이라는 것은 아예 처음부터 없다. 그래서 악마는 하나님의 사랑을 결코 납득하지 못한다. 하나님은 사람을 진짜로 사랑하지 못한다. 사랑은 어떤 존재에게도 가능하지 않다. 사랑은 말도 안 되는 모순이고, 사랑한다고 하면 이는 뭔가 다른 속셈이 있는 것에 불과하다. C. S. Lewis, *The Screwtape Letters*, p. 128
270) Ibid., p. 62

271) Ibid., p. 61
272) C. S. Lewis, Mere Christianity, pp. 145~146
273) C. S. 루이스는 The Miracles 첫 부분에서 '자연과 초자연' (Nature and Supernature)을 설명한다. 사람들의 감각에 의해서 보이고 만져질 수 있는 '자연' 과, 사람들이 잘 볼 수 없는 감각을 벗어난 '초자연' 의 관계를 말한다. 요지는 자연이라는 물질은 인간의 이성과 정신을 만들어 낼 수 없다는 것이다. 자연에는 인간 이성의 흔적이 없으며, 이성은 자연을 벗어나도 한참을 벗어난 전혀 상이한 뿌리를 지니고 있다. 그러므로 인간 이성은 그 자체로 자연을 벗어난 초자연의 영역을 충분히 생각할 수 있고, 그래야 인간 이성을 설명할 수 있다. 여기서 나는 '초자연' 이라는 문자적 표현보다는 '영적인 세계' 라는 말로 쓴다. C. S. Lewis, The Miracles: A Preliminary Study(HarperSanfrancisco, 2001), pp. 37~51
274) Ibid., p. 63
275) Ibid., pp. 63~64
276) C. S. 루이스는 태양에 대한 비유를 성육신의 기적을 설명하는 데 들고 있다. 우리가 태양을 우리 눈으로 응시하여 뚫어지게 처다보기 때문에 태양의 존재를 알게 되는 것이 아니라, 그 태양을 통해서 다른 모든 사물들을 우리 눈으로 볼 수 있기 때문이라고 말한다. C. S. Lewis, The Miracles, p. 176
277) C. S. Lewis, The Miracles, p. 64
278) Ibid.
279) http://digest.mk.co.kr/Sub/Board/InfoBook.Asp?Type=T&Gubun=love&Id=2&Sno=9010375&page=04
280) http://www.greatcom.org/resources/skeptics_who_demanded_a_verdict/chap01/default.htm
281) Thomas W. Merrill, "C. S. Lewis Goes to the Laboratory," The New Atlantis, Number 14, Fall 2006, pp. 113~117(http://www.thenewatlantis.com/publications/c-s-lewis-goes-to-the-laboratory)
282) http://www.pbs.org/wgbh/questionofgod/voices/collins.html
283) C. S. Lewis, Mere Christianity, pp. 6~7
284) Ibid., p. 23
285) "A full year had passed since I decided to believe in some God, and now I was being called to account. On a beautiful fall day, as I was hiking in the Cascade Mountains during my first trip west of the Mississippi, the majesty and beauty of God's creation overwhelmed my resistance. As I rounded a corner and saw a beautiful and unexpected frozen waterfall, hundreds of feet high, I knew the search was over. The next morning I knelt in the dewy grass as the sun rose and surrendered my life to Jesus Christ." (http://bethelburnett.blogspot.com/2010/01/i-was-atheist.html)
286) http://www.time.com/time/magazine/article/0,9171,1555132-4,00.html

287) 프랜시스 콜린스와 찰스 콜슨은 여기서 의견을 달리한다. 찰스 콜슨은 이렇게 말한다. 〈타임〉지 기사는 프랜시스 콜린스가 찰스 콜슨과 계속 대화를 하고 있다고 한다. 그러나 콜린스는 쉽게 콜슨을 설득시키지 못한다. 콜슨은 "내가 보기에 그는 필요로 하는 것보다 더 나아가고 있어요. 그리고 그는 내가 과학을 부인하고 있다고 생각합니다. 콜린스는 좋은 분입니다. 내가 아주 존경하는 참으로 감사하고 싶은 인물입니다. 우리는 함께 저녁을 하고, 이런저런 얘기를 여러 사람들과 나눕니다." (http://www.time.com/time/magazine/article/0,9171,1211593-4,00.html)

288) Collins: Why this scientist believes in God, POSTED: 9:37 a.m. EDT, April 6, 2007. By Dr. Francis Collins(http://www.cnn.com/2007/US/04/03/collins.commentary/index.html)

289) 존 폴킹혼의 강의 '이 세계 내에서 하나님의 활동' (GOD'S ACTION IN THE WORLD)을 중심으로 논의한다. GOD'S ACTION IN THE WORLD, John Polkinghorne: 1990 J. K. Russell Fellowship Lecture(http://www.starcourse.org/jcp/action.html)

290) 폴킹혼에 대한 모든 자료는 다음의 사이트에서 찾을 수 있다.(http://www.polkinghorne.net)

291) http://findarticles.com/p/articles/mi_m1282/is_n12_v46/ai_15544278/pg_3

292) "수학은 수천 년 동안 과학의 언어이며, 이 사실은 놀라울 정도로 분명하다. 위대한 물리학자 Eugene Wigner는 수학은 납득할 수 없을 정도로 그 놀라운 효과를 드러낸다고 말한다. Wigner의 이 말은 당혹스럽기는 하지만 공감을 불러일으킨다. 아인슈타인의 유명한 어구, "우주에 관해 정말로 이해할 수 없는 일은 이 우주를 이해할 수 있다는 거다"라는 말도 역시 이에 해당한다. 우주가 마구잡이도 행하지 않는다는 사실에 우리는 놀라움에 빠진다. 원자가 아무리 멀리 있는 은하계에서도 동일한 법칙에 따른다. 외계인이 우리와 같이 지성을 갖고 있다면, 우리가 함께 살고 있는 이 우주에 동일한 법칙이 적용된다는 사실에 놀라게 될 것이다. 그리고 그런 법칙을 그려 낼 수 있는 수학이 얼마나 효과적인지에 대해서도 놀라지 않을 수 없다." (Mathematics has been the language of science for thousands of years, and it is remarkably successful. In a famous essay, the great physicist Eugene Wigner wrote about the "unreasonable effectiveness of mathematics". Most of us resonate with the perplexity expressed by Wigner, and also with Einstein's dictum that "the most incomprehensible thing about the universe is that it is comprehensible". We marvel at the fact that the universe is not anarchic - that atoms obey the same laws in distant galaxies as in the lab. The aliens would, like us, be astonished by the patterns in our shared cosmos and by the effectiveness of mathematics in describing those patterns). (http://eggpo.tistory.com/153)

293) 존 폴킹혼, 이정배 역, 「과학시대의 신론」(동명사, 1998), p. 4

294) http://www.crosscurrents.org/polkinghorne.htm
295) http://www.crosscurrents.org/polkinghorne.htm
296) 존 폴킹혼, 이정배 역, 「과학시대의 신론」(동명사, 1998), p. 10
297) Ibid., p. 7
298) Ibid.
299) Ibid., p. 13
300) Ibid.
301) Ibid., pp. 14~16
302) Ibid., p. 21
303) http://www.science-spirit.org/article_detail.php?article_id=147
304) http://www.meta-library.net/transcript/dawk-frame.html
305) http://www.meta-library.net/transcript/dawk-frame.html
306) Ibid.
307) Philip Yancey, *Rumors of Another World: What on Earth Are We Missing?*(Grands Rapids: Zondervan, 2003), p. 35
308) 도정일, 최재천, 「대담」(휴머니스트, 2005), pp. 526~530
309) Ibid., p. 115
310) Ibid., pp. 116~117
311) Ibid., p. 132
312) http://www.meta-library.ne p. 1
313) Ibid.
314) 존 폴킹혼, 이정배 역, 「과학시대의 신론」(동명사, 1998), p. 17
315) Ibid., pp. 14~15
316) Ibid., p. 15
317) Ibid.
318) Ibid., p. 16
319) Ibid., p. 19
320) C. S. Lewis, *The Screwtape Letters*, p. 16
321) 파스칼의 '생각하는 갈대' 라는 말과 C. S. 루이스가 일치되는 지점이 아닐까 한다. C. S. 루이스는 계속해서 우리가 바르게 생각하고 이성을 정확하게 사용한다면 하나님을 만나는 것은 가능하다는 입장이고, 파스칼 역시 인간의 허약함에도 불구하고, 온 우주가 그를 삼킬 수 없는 이유는 인간이 우주와 달리 생각을 할 줄 안다는 데 있다. 인간은 우주와 하나님과 자기 자신을 생각할 줄 알기 때문에 위대한 존재다. 그러나 C. S. 루이스와 파스칼은 하나님을 찾아가는 방법에서 큰 차이를 보인다. C. S. 루이스가 이성의 능력과 작용을 크게 신뢰하는 편이라면, 파스칼은 이성보다는 마음의 기능으로 하나님께서 주시는 신앙의 선물을 수용한다고 본다. 파스칼에게 신앙은 내가 찾아가는 것이기보다는 하나님이 선물로 주시는 신앙을 받아들이는 열린 정신이고, 이는 이성의 최고의 결단이다.

322) C. S. Lewis, *The Screwtape Letters*, p. 1
323) Ibid., p. 2
324) Ibid.
325) Ibid.
326) Ibid.
327) Ibid., pp. 2~3
328) C. S. Lewis, *The Screwtape Letters*, p. 17
329) Ibid., p. 4
330) 송인규 교수는 그의 논문, 'Use of Human Reason in Apologetic Strategy of C. S. Lewis' (변증 전략에서 인간 이성의 사용, C. S. 루이스의 경우)에서 C. S. 루이스의 복음 전도 전략에서 인간 이성이 어떻게 사용되는가를 설명한다.
331) Ibid., pp. 95~96
332) Ibid.
333) Ibid., p. 96
334) Ibid., p. 99
335) 켈리 제임스 클락, 양성만 옮김, 「기독교 철학자들의 고백」(살림, 2005). 본서는 미국 철학자들의 신앙을 고백과 간증 형식으로 싣고 있다. 철학자들이 신앙을 갖게 된 많은 경우를 잘 보여 준다.
336) http://findarticles.com/p/articles/mi_m1282/is_n12_v46/ai_15544276/pg_3
337) Philip Yancey, *Reaching for the Invisible God*, p. 16
338) Philip Yancey, *Disappointment with God*, pp. 161~164
339) 필립 얀시는 여기서 구약과 신약의 주제 중 하나인 '점진적인 계시' (progressive revelation)와 흡사한 내용을 전개하는 듯하다. 구약의 계시는 신약에 의해서 완성되며, 신약의 계시는 구약의 도내를 가져야 한다. 구약과 신약은 상호 보충하면서도 신약은 구약에 의해서 완성되기 때문에 구약에서 시작을, 신약에서 끝을 본다. 따라서 구약의 계시는 신약의 계시에 의해서 분명하게 밝혀지며, 그때까지 어느 정도 희미하게 남아 있다. 연극은 끝에 이르러야 처음의 의미가 밝혀진다. 연극의 각 장면은 끝에 가서야 그 의미를 드러낸다. 연극이 진행되는 과정에서 그 장면은 그 의미를 충분히 드러내지 않는다. C. S. 루이스 역시 이런 사실을 문학 탐구의 방법론에 의해서도 설명한다. 그의 「시편 사색」에서 시편의 또 다른 의미를 찾는 방법을 말한다. 문학작품에서 저자의 본래 의도를 벗어난 또 다른 의미가 주어질 수 있다. 구약의 의미는 구약 그 자체에서 여전히 미지수다. 구약은 구약을 넘어서야 그 진짜 의미가 드러난다. 우리는 구약성경을 유대인으로부터 물려받은 것이 아니라, 예수 그리스도, 우리 주님으로부터 물려받은 것이다. 그래서 우리는 그리스도를 통해서 구약을 본다. 구약의 의미는 구약을 넘어서서 예수 그리스도에게 와서야 그 진짜 본래 의미가 밝혀진다. C. S. Lewis, *The Reflection of the Psalms*, 10장, 11장
340) Philip Yancey, *Disappointment with God*, pp. 164~166

341) Ibid., p. 36
342) Philip Yancey, *Reaching For the Invisible God,* pp. 121~122
343) 알리스터 맥스라스, 「위대한 기독교 사상가」(서울: 한국기독학생회 출판부, 1991), pp. 170~171
344) C. S. Lewis, *Mere Christianity*, p. 118
345) Wolfhart Pannenberg와 Max Scheler는 이를 인간의 '세계개방성'(world-openness)이라고 한다. 사람은 이 세계 내에 속한 존재이지만 세계를 거슬러 올라가서 세계를 초월하고자 하는 의지를 포기하지 않는다. 동물이 세계에 닫혀 있다면 사람은 세계에 열려 있다. 그래서 삶의 토대를 이루는 삶의 환경인 이 세계를 넘어서야 직성이 풀린다는 말이다.
346) Ibid., p. 50
347) 아맨드 M. 니콜라이, 「루이스 vs 프로이트」(서울: 홍성사, 2004), p. 146
348) Philip Yancey, *Rumors of Another World*, pp. 62~63
349) Ibid., p. 69. 필립 얀시는 어떤 단편소설의 내용을 인용한다. 아이를 낳았는데 그 아들은 장님이다. 태어날 때부터 장님인 그 아이를 키우면서 어머니는 그의 가족과 주변의 인물들에게 자기 아이가 스스로 장님이라는 사실을 알지 못하도록 키우고 싶다고 한다. 태어날 때부터 장님은 자신의 세계가 장님의 어두운 세계라고 믿고 자란다. 그에게 어두움은 자연스러운 정상의 세계다. 빛, 색깔, 시각, 눈으로 본다는 등의 말을 그 소년 앞에서는 사용할 수 없다. 소년은 자신이 눈이 먼 줄 모르고 자라난다. 그러던 어느 날 어떤 소녀가 그 집으로 들어와서 그 소년에게 온갖 금지된 단어를 마구 사용해서 소년은 그만 자신이 장님이라는 사실을 알게 된다. 소년은 그가 전혀 상상치 못하던 세계가 존재한다는 사실 앞에서 무한 좌절하게 된다.
350) C. S. 루이스는 「시편 사색」에서 플라톤을 인용한다. 그 내용은 의로운 자들이 받는 보상이 때로는 전혀 상상을 초월할 정도로 비참한 상황에 놓일 수 있다는 것이다. 의인이 오히려 악한 자처럼 취급받고 결박을 당하여 채찍질을 당하고 말뚝에 묶여서 찔려서 죽는 의인의 모습을 그린다. C. S. 루이스는 여기서 그리스도의 모습을 본다. 이는 단순히 우연이라고 하기에는 너무나 절묘한 우연이기 때문이다. 「시편 사색」 제10장 두 번째 의미 항목을 보라. 실제로 플라톤의 경우는 신약성경이 말씀하는 내용과 겹치는 부분이 많다. '이데아'라는 그의 개념을 설명하기 위한 도구로 동굴의 비유를 말하지만, 그 내용에는 그리스도인의 관점과 일치하는 부분이 많다. 그래서 초대 교회 교부들은 플라톤에게서 많은 친밀성을 찾았다. 너무 심하게 플라톤으로 기울게 되면 영지주의가 되고 만다. 예를 들면, 예수의 부활에서 몸의 부활이 의미가 손상당한 채로 이해될 때, 이는 신약성경 안으로 플라톤이 심하게 침투해 들어온 것이다.
351) Philip Yancey, *Reaching for the Invisible God*, p. 19
352) Ibid., p. 21
353) 버트란트 러셀은 자신을 무신론자라는 말보다는 불가지론자라고 말한다. 무신

론자는 신이 없다고 주장해야 하는데, 이론상 신만이 무신론자가 될 수 있을 뿐이다. 그러나 신 존재에 대해서 실제로 어떤 지식을 가질 수 없다는 불가지론의 입장이 더 정직하다. 불가지론은 신의 존재에 대해서 사람의 지식으로는 하나님이 있다, 없다를 말할 수 없다는 것이다.

354) Philip Yancey, *Reaching for the Invisible God*, p. 37 이 질문은 본래 잡지 〈New Yorker〉(1970. 2. 21)에 실린 러셀의 글 "The Talk of the Town"에 나온다. 강영안, 「신을 모르는 시대의 하나님」, IVP, p. 283. 최근에 유신론으로 그의 입장을 바꾼 무신론 철학의 챔피언 앤소니 플루 교수는 개리 하버마스 교수와 인터뷰에서 바로 이 러셀의 말에 대해서 설명한다. 하나님은 그의 존재에 대한 충분한 증거를 주지 않았다는 러셀의 말에 대해서, 플루는 러셀은 과학의 증거를 당시 갖지 못했다고 한다. 러셀에게 그런 증거가 주어졌다면 그는 과학의 증거에 대해서 매우 강한 입장 변경 가능성을 보였을 것이라고 한다. 그렇다면 코플스톤 교수와 신 존재 증명에 대한 또 다른 대화가 있었을 것이다.(http://www.biola.edu/antonyflew/flew-interview.pdf)

355) Philip Yancey, *Reaching for the Invisible God*, p. 112
356) Ibid., pp. 42~43
357) Ibid., p. 63
358) Ibid., p. 66
359) Ibid., p. 47
360) http://www.biola.edu/antonyflew/flew-interview.pdf
361) 알리스터 맥그라스, 「회의에서 확신으로」, p. 98
362) C. S. Lewis, *Mere Christianity*, p. 198
363) 영국의 철학자, 옥스퍼드대학교의 탁월한 앤소니 플루 교수는 27세 때인 1950년에 옥스퍼드의 한 학회에서 '신학과 위증성'이라는 논문을 발표하고 이는 무신론자의 '교과서'적 저술이 된다. 그는 "신은 너무 모호한 개념"이며, "신이 볼 수 없고, 만질 수 없고, 알 수 없는 대상이라면, 신이 없다는 것을 증명할 수 없다. 그러나 동시에 신이 있다는 것도 증명할 수 없다"는 주장을 펼쳤다. 그러나 최근 그는 유신론 저술로 화제에 올랐다. 이번에 발간한 「신은 있다」라는 제목의 책은 '세계에서 가장 악명 높은 무신론자가 어떻게 생각을 바꿨는지'라는 부제를 달았다. 플루는 이 책에서 전도사의 아들로 태어난 자신이 감리교 신학교를 거치며 무신론자가 된 과정과, 평생 신앙생활을 부정적으로 바라보다가 노년에 유신론으로 돌아서게 된 과정을 1인칭 시점에서 서술하고 있다. 〈뉴욕타임스〉는 이 책이 "자연의 법칙은 우연으로 보기에 너무 완벽하다"는 식으로 종교적 신념의 '과학'에 대해 서술한다고 보도했다. 2004년 말부터 플루는 '변절' 혹은 '전향'의 모습을 보여 왔지만, 그리스도인이 된 것은 아니다. 그는 "자신과 세계의 존재를 동시에 설명할 수 있는 지성(지적 설계자)을 믿을 뿐"이라고 설명한다. 플루에게서 학문적 영향을 받은 무신론자들은 이해할 수 없다는 반응을 보여 왔다. 「만들어진 신」의 저자 리처드 도킨스는 한 강연에서 이렇게 말한다: "그는 한때

훌륭한 철학자였다. 슬프다." (http://www.hani.co.kr/arti/culture/religion/248376.html)

364) 알리스터 맥그라스, 「회의에서 확신으로」, p. 23
365) Philip Yancey, *Reaching for the Invisible God*, p. 89
366) http://www.literature.org/authors/descartes-rene/reason-discourse/chapter-01.html
367) 물론 C. S. 루이스의 자서전 *Surprised by Joy*에서 그는 하나님을 향한 갈망을 말한다. 그리고 그 갈망이 그의 신앙의 여정의 출발점이 되었다. 또한 「순전한 기독교」에서도 하나님을 향한 갈망이 주제로서 다양하게 다루어진다. 그러나 필립 얀시는 전혀 마음으로 만나는 하나님에게 몰두하고 있다.
368) Fire. 'God of Abraham, God of Isaac, God of Jacob,' not of philosophers and scholars. Certainty, certainty, heartfelt, joy, peace. God of Jesus Christ. God of Jesus Christ. My God and your God. 'Thy God shall be my God.' The world forgotten, and everything except God. He can only be found by the ways taught in the Gospels. Greatness of the human soul. 'O righteous Father, the world had not known thee, but I have known thee.' Joy, joy, joy, tears of joy. I have cut myself off from him. They have forsaken me, the fountain of living waters. 'My God wilt thou forsake me?' Let me not be cut off from him for ever! And this is life eternal, that they might know thee, the only true God, and Jesus Christ whom thou hast sent. Jesus Christ. Jesus Christ. I have cut myself off from him, shunned him, denied him, crucified him. Let me never be cut off from him! He can only be kept by the ways taught in the Gospel. Sweet and total renunciation. Total submission to Jesus Christ and my director. Everlasting joy in return for one day's effort on earth. I will not forget thy word. Amen. (http://pascalianawakenings.blogspot.com/2007/11/on-this-day-pascals-night-of-fire_23.html)
369) Blaise Pascal, *Pensees*, ch. 243
370) 마음은 'heart'의 번역이다. 그러나 마음, 심령, 심정 등으로 다양하게 번역된다. 머리 또는 이성 등과 대비된다. 엠마오의 제자들의 "마음이 뜨겁지 아니 하더냐"에서 마음과 동일한 뜻이다. 마음은 대체로 인간의 지성과 대비되는 정서의 영역을 담당한다. 그래서 정서적 반응과 정서적 에너지에 의해서 사람은 움직이고 사람의 의지는 이성의 판단과 함께 정서적인 흐름에 민감하게 반응한다. (http://oregonstate.edu/instruct/phl302/texts/pascal/pensees-a.html)
371) 장성민, 「파스칼의 마음의 개념」, 총신대 논총, 제17집(1998), p. 34
372) Ibid., pp. 33~35
373) 'mathematical mind', 광세의 영역은 '기하학적인 정신'의 번역이다. '섬세의 정신'의 영어 번역은 'intuitive mind', '직관의 정신'이다.
374) 장성민, 「파스칼의 마음의 개념」, p. 33

375) Ibid., 34
376) Blaise Pascal, *Pensees*, ch. 284. Do not wonder to see simple people believe without reasoning. God imparts to them love of Him and hatred of self. He inclines their heart to believe. Men will never believe with a saving and real faith, unless God inclines their heart; and they will believe as soon as He inclines it. And this is what David knew well, when he said "Incline my heart, O Lord, unto thy testimonies.", 장성민(단순한 사람들이 이성으로 추론하지 않고서도 믿음을 갖는 것은 이상한 일이 아니다. 하나님께서 그분을 사랑하는 마음과 자신의 자아를 미워하는 마음을 나누어 주셨다. 하나님께서 그들의 마음을 믿음을 가지도록 기울이셨다. 사람은 구원의 신앙과 참된 신앙을 가지도록 믿을 수는 없다. 하나님께서 그들의 마음을 기울게 하시지 않으시는 한 말이다. 하나님이 그들의 마음을 기울게 하시면 즉시 그들은 믿는다. 그래서 다윗은 이 사실을 알고서 "주여, 나의 마음을 주의 증언으로 기울게 하소서"라고 기도한다).
377) 후설에 의하면, 인간 의식은 대상이 있다. 대상이 없는 의식은 의식이 될 수 없다. 늘 의식과 생각은 무엇에 대한 의식이다. 의식은 비어 있지 않다. 후설에 의하면, 의식은 항상 어떤 무엇을 향해 지향하고 관련된다. 의식의 대상은 의식의 주체를 떼어 놓을 수 없다. 의식의 지향성은 의식의 주체적인 경향을 말하고, 이는 의식의 주관성 개입을 의미한다. 따라서 의식에서 의식의 지향성, 의식의 기울어짐을 배제하지 않는다. 의식은 늘 어느 곳을 향하고, 어느 정도 편향된다. 후설은 지향성이라는 말로써 인간 의식의 주관성과 주체성을 말한다.
378) Blaise Pascal, *Pensees*, ch. 248. A letter which indicates the use of proofs by the machine. - Faith is different from proof; the one is human, the other is a gift of God. Justus ex fide vivit. [Rom. 1. 17. "The just shall live by faith."] It is this faith that God Himself puts into the heart, of which the proof is often the instrument, fides ex auditu; [Rom. 10. 17. "Faith cometh by hearing."] but this faith is in the heart, and makes us not say scio, ["I know."] but credo. ["I believe."]
379) Blaise Pascal, *Pensees*, ch. 278. It is the heart which experiences God, and not the reason. This, then, is faith: God felt by the heart, not by the reason. Faith is a gift of God; do not believe that we said it was a gift of reasoning. Other religions do not say this of their faith. They only give reasoning in order to arrive at it, and yet it does not bring them to it.
380) Blaise Pascal, *Pensees*, ch. 267. The last proceeding of reason is to recognise that there is an infinity of things which are beyond it. It is but feeble if it does not see so far as to know this. But if natural things are beyond it, what will be said of supernatural?
381) Blaise Pascal, *Pensees*, ch. 77. I cannot forgive Descartes. In all his philosophy he would have been quite willing to dispense with God. But he had to make Him give a fillip to set the world in motion; beyond this, he has no further need

of God. Blaise Pascal, *Pensees*, ch. 78. Descartes useless and uncertain
382) 아맨드 M. 니콜라이, 「루이스 vs 프로이트」(서울: 홍성사, 2004), pp. 112~113
383) C. S. Lewis, *Reflections on the Psalms*, p. 138
384) http://www.fordham.edu/halsall/basis/confessions-bod.html
385) C. S. Lewis, *Reflections on the Psalms*, p. 138
386) C. S. 루이스는 "하나님께는 모든 시간이 영원한 현재다"(All times are eternally present to God)라고 한다. "우리는 흔히 무엇으로든 죄를 없애 버릴 수 있지 않을까 생각한다. 그러나 하나님께 있어서 모든 시간은 영원히 현재이다. 하나님은 다차원적인 영원성을 지니고 있으며, 바로 이를 통해서 하나님은 당신이 파리의 날개를 뜯어내는 것을 영원히 보신다. 그리고 아첨을 하며, 거짓말하며, 여자를 밝히는 사춘기 시절을 영원히 보신다. 군복무 시절에 겁이 나서 도망치던 일과 잘난 체하던 일을 영원히 보신다." *Mere Christianity*, p. 92. 시간 밖에 계시는 하나님은 모든 것을 영원한 현재로 보신다. 우리에게는 아직 미래의 것이라고 해도 그의 관점에서는 모든 것을 알고 계시며 이미 이루어졌다. 하나님께는 현재, 과거, 미래가 모두 현재로서 있을 뿐이다. C. S. 루이스는 수천만의 사람들이 하나님께 동시에 기도를 드릴 때 하나님은 어떻게 그들의 기도를 들으시는가 하는 물음에 답변을 하면서, 하나님께는 과거와 현재와 미래가 물이 흐르듯이 그렇게 시간이 흘러가는 것이 아니라고 한다. 하나님은 시간의 흐름 바깥에 계시고 또한 시간의 흐름을 벗어나 계신다. 그런 측면에서 볼 때, 하나님께서 우리가 '내일' 이라고 말하는 것은 우리가 '오늘' 이라고 말하는 것과 다르지 않다. 모든 시간과 날들이 하나님께는 '지금 현재' 이다. 하나님에게는 역사가 없다. 역사는 과거로 흘러가 없어지는 것이고, 미래는 아직도 우리에게 다가오지 않았다. 단지 우리는 매우 짧은 현재라는 시간을 맛볼 뿐이다. C. S. Lewis, *Mere Christianity*, pp. 148~149
387) C. S. Lewis, *Reflections on the Psalms*, pp. 137~138
388) Ibid., p. 138
389) C. S. Lewis, *Mere Christianity*, p. 140
390) Ibid., p. 161
391) Ibid., p. 149
392) Ibid., p. 150
393) Ibid., p. 149
394) Ibid., p. 150
395) Ibid., pp. 146~150
396) C. S. Lewis, *Mere Christianity*, p. 153
397) Ibid., p. 150
398) Ibid., p. 151
399) C. S. Lewis, *The Problem of Pain*, p. 70
400) C. S. Lewis, *The Miracles*, p. 248

401) Ibid., p. 249
402) C. S. Lewis, *The Problem of Pain*, p. 86
403) Ibid., pp. 88~89
404) Ibid., p. 91
405) Ibid., p. 93
406) Ibid., p. 95
407) Ibid.
408) Ibid., p. 96
409) Ibid., p. 107
410) Ibid., p. 109
411) Ibid.
412) C. S. 루이스는 전적 부패 또는 전적 타락에 대해서 생각을 어느 정도 달리 한다. 사람이 완전히 부패하여 타락했다면, 그는 자신이 부패하고 타락했다는 사실조차 알지 못한다. 그러나 사람은 실제로 어느 정도는 자신들이 죄인이라는 사실을 인정한다. 이는 사람이 타락하고 치유하기 힘든 상황이긴 하지만, 완전한 타락에 빠져서 자신이 죄인이라는 사실도 거부할 정도는 아니라는 말이다. 이에 대한 반론은 다음을 보라.(http://thekingpin68.blogspot.com/2008/02/cs-lewis-and-total-depravity.html)
413) C. S. Lewis, *Mere Christianity*, p. 165
414) Ibid., p. 173
415) Ibid., pp. 218~219
416) Ibid., p. 220
417) Ibid., p. 221
418) Ibid.
419) Ibid., pp. 226~227
420) Ibid., p. 172
421) Ibid., p. 157
422) C. S. Lewis, *The Screwtape Letters*, p. 50
423) C. S. Lewis, *Mere Christianity*, p. 157
424) Philip Yancey, *Reaching for the Invisible God*, p. 126
425) Philip Yancey, *Finding God in Unexpected Place*, pp. 240~241
426) 물론 가장(假裝)에는 속임수가 있다. 그러나 여기서 가장은 그렇게 되고 싶고, 그렇게 믿기 때문이다. 속임수를 쓰기 위한 가장은 속임수가 끝날 때 즉시 자신의 본 모습으로 되돌아와서 본색을 드러낸다. 위선에는 두 가지가 있다고 C. S. 루이스는 말한다. 속임수를 위한 위장과 가장은 자신을 파괴시킨다. 그러나 선함을 향한 가장과 위장이 있다. 이는 우리 자신을 그 방향으로 강하게 움직이게 하는 믿음의 힘이다. C. S. Lewis, *Mere Christianity*, p. 180
427) C. S. Lewis, *Mere Christianity*, pp. 193~194

428) Philip Yancey, *Reaching for the Invisible God*, 제13장
429) C. S. Lewis, *Mere Christianity*, pp. 180~181
430) Ibid., p. 162
431) Ibid., p. 163
432) "의대 병환의 말씀이야 더욱 형편없고 이상한 괴질이시니 대저 옷 한 지 입으려면 10번이나 2, 30번이나 하여 놓으면, 귀신인지 무엇인지 위하여 놓고, 혹 불사르기도 하고, 가끔 쯤 순하게 갈아입으시면 천만 다행이요, 시종 드는 이가 조금만 잘못하면 옷을 입지 못하여 당신이 애쓰시고 사람이 상하니 이 아니 망극한 병이랴.", "어떤 때는 하도 많이 하니 무명인들 동궁 세간에 무엇이 많으리요. 미처 짓지도 못하고 옷감을 얻지 못하면 사람 죽기가 순식간의 일이니 아무쪼록 옷은 해 대려도 여간 신경이 쓰이는 바가 아니다.", "그 병환이 육칠 년에 걸쳐서 극히 심할 때도 있고 좀 진정할 때도 있다. 그 옷을 입지 못하여 애를 쓰시다가 어쩌다가 증세가 나아서 천행으로 한 벌 입으시면 당신도 다행인 것으로 아시고 더럽도록 입으시니 그 무슨 병이런고. 오만 가지 병 중 옷 입기 어려운 병은 자고로 없는데, 어찌 지존하신 동궁이 이런 병에 걸리셨는지 하늘을 불러 알 길이 없다.", "비단 군복 한 벌을 입으시려 하면 군복 몇몇 벌을 이어서 불사르고 겨우 한 벌을 입으셨다. 지어서 없앤 것이 비단 몇 궤인지 알리요. 조금 범연한 비단으로는 못하니 그때 내 간장이 얼마나 상했으리요." (http://seoul10.org/?mid=Writings&sort_index=readed_count&order_type=desc&page=3&document_srl=5875)
433) 법적으로는 무죄이지만, 실제로는 유죄이다. 미식축구 스타 O. J. 심슨은 1994년 부인 살해 혐의로 기소됐다가 다음 해 무죄로 풀려난다. 그는 79년 미식축구 명예의 전당에 입성했고 영화배우로도 명성을 떨친다. 하지만 그는 94년 LA의 고급주택가에서 아내 니콜 브라운 심슨과 애인 골드먼을 살해한 혐의로 1년 넘게 재판을 받았다. 유력한 용의자였지만 인종 차별과 스타급 변호사를 대거 영입해 형사재판에서는 무죄로 풀려났다. 당시 이 사건은 명백히 범죄 행위가 입증되었음에도 불구하고 무죄 판정을 받은 사건으로 유명해졌다. 그러나 그는 후에 민사소송에서는 배상금 850만 달러와 함께 징벌적 배상금으로 2,500만 달러를 유가족에게 지급하라는 판결을 받았다. 그는 실제로 유죄이다. 그러나 법적으로는 죄인이 아니다. 그리스도인의 칭의와 같은 위치에 선다. 그래서 마틴 루터는 그리스도인은 죄인이면서 동시에 의인이라고 한다.
434) Philip Yancey, *Rumors of Another World*, pp. 193~194
435) Ibid., p. 194
436) Ibid.
437) Ibid., p. 80
438) Philip Yancey, *Reaching for the Invisible God*, pp. 58~59
439) Ibid., pp. 57~58
440) http://www.bskorea.or.kr/infobank/bibref/refer_read.aspx?idx=203

441) 위르겐 몰트만, 「십자가에 달리신 하나님」, 김균진 옮김, 한국신학연구소, 1979. pp. 291~292
442) 니콜라스 월터스토프, 「기독교 철학자들의 고백」, pp. 74~75
443) Ibid.
444) Philip Yancey, *Reaching for the Invisible God*, p. 56
445) Philip Yancey, *Finding God in Unexpected Place*, p. 243
446) Ibid.
447) Ibid.
448) Ibid., pp. 240~241
449) Ibid., pp. 241~242
450) Ibid., p. 242
451) Ibid.
452) Philip Yancey, *Disappointment with God*, p. 182
453) Ibid., pp. 183~184
454) Ibid., pp. 191~194
455) Ibid., p. 197
456) Philip Yancey, *Finding God in Unexpected Place*, p. 172
457) C. S. Lewis, *The Problem of Pain*, p. 143
458) Philip Yancey, *Disappointment with God*, p. 201
459) Ibid., pp. 206~207
460) Ibid.
461) Ibid., p. 207
462) Philip Yancey, *Reaching for the Invisible God*, p. 284
463) Philip Yancey, *Disappointment with God*, pp. 211~212
464) Ibid.
465) Ibid., pp. 241~244
466) C. S. 루이스의 'shadowland'는 우리가 현재 살고 있는 이 땅을 뜻한다. 이 땅의 현실이 바로 그림자 세계라는 말이다. 그리고 이 그림자 세계는 또 다른 세계를 통해서 다가오는 진짜 현실을 준비하는 공간이다. 여기는 희미하고 구름이 낀 듯 침침하고 애매하다. 아주 어두운 깜깜한 밤중도 아니고, 모든 것들이 환하게 보이는 것도 아닌 애매한 중간의 회색 공간이다. 아무리 시력이 좋아도 애매함을 넘지 못한다. 뚜렷하게 보이는 분명한 현실도 알고 보면 애매하다.(http://sheffnersweb.net/blogs/reading/english-fiction/the-meaning-of-shadowlands/)
467) Ibid., p. 189
468) 심리학자들은 이를 '선택적 주의 집중'(selective attention) 또는 '선택적 듣기'(selective listening)라고 한다. 사람의 시선 앞에 여러 대상 혹은 한 대상의 여러 속성들이 나타나고 있으나 그중 어느 하나에만 주의 집중하는 것을 말한다. 이때 선택적 주의 집중은 주어진 상황에서 자신과 관련 있는 단서에 선택적으로 관심

을 가지면서 다른 정보를 걸러내는 것(여과)을 말한다. 많은 사람들이 모인 방에서 동시에 들리는 이야기들 중 자신과 관련 있는 특정 이야기를 선택적으로 듣는 '칵테일 파티 효과'가 그 좋은 실례다. 일상생활에서 우리는 종종 동시에 다수의 사물에 주의를 기울여야 하는데, 이를 '분산된 주의집중'(divided attention)이라고 한다. 예를 들어, 길에서 운전할 때 백미러를 감시하면서 당신 주변의 차와 신호등과 당신 차 속에 앉은 사람이 하는 말에 동시에 주의를 집중한다. 그렇지만 주의를 분산하는 우리의 능력은 제한되어 있다. 예를 들어, 운전하는 동안 책을 읽는 것은 교통사고로 이어질 가능성이 높다. 의식의 분산은 일상 경험에서 매번 일어나지만, 여기서 주된 관심사는 선택적 주의집중으로서, 특정 대상에 주의를 맞추되 다른 것들은 무시하는 것이다. (http://www.cogpsych.org/dict/dict.cgi?cmd=view_iterm&iterm=selective%20attention(

469) Philip Yancey, *Disappointment with God*, pp. 244~257
470) http://www.pseudobook.com/cslewis/wp-content/uploads/2006/09/meditation.pdf
471) Philip Yancey, *Disappointment with God*, p. 242
472) Ibid., p. 122
473) C. S. Lewis, *The Screwtape Letters*, p. 39
474) Philip Yancey, *Disappointment with God*, p. 121
475) Ibid., pp. 123~124
476) Philip Yancey, *Reaching for the Invisible God*, p. 116
477) Ibid., p. 117
478) 이슬람을 위해 싸우다가 죽은 순교자들은 그 순간 낙원으로 직행한다고 한다. 낙원에서는 72명의 처녀들이 기다리다가 용감한 이슬람의 순교자들을 맞아 준다고 한다. 이 세상에서 몸 던져 이슬람의 뜻을 이룬 순교자들은 그 아름다운 처녀들과 영원히 환락을 누리게 된다고 한다. 2001년 9월 11일에 뉴욕의 세계무역센터를 폭파한 테러리스트들은 죽음의 문을 통과한 후에 그 낙원으로 들어간다는 소망을 가지고 있었다. 그 며칠 전에 테러리스트들은 자신들의 지휘자인 모하메드 아타(Mohamed Atta)로부터 이런 메시지를 받았다: '처녀들이 그대들을 기다리고 있다.' (http://blog.chosun.com/blog.log.view.screen?blogId=11630&logId=2631725)
479) Philip Yancey, *Disappointment with God*, pp. 124~125. 기적이 믿음을 만들지 못한다는 필립 얀시의 말은 완전히 수긍하기 쉽지 않다. 때로 기적의 치유에 의해서 믿음을 갖는 경우가 많이 있다. 물론 그 이후에도 그런 치유 기적이 계속되는 것은 아니다. 그러나 기적이 신앙의 출발점을 만들 수 있다는 사실을 부인할 수는 없다.
480) Ibid., pp. 249~254
481) 필립 얀시는 이 장의 제목을 'Looking Along the Beam'이라 했다. 빛을 옆에서 바라보는 과학적인 객관자의 관찰자의 입장이 아니라, 빛과 더불어서 빛과 함께

또는 빛의 도움을 받아서 그 앞에 펼쳐지는 세계를 바라보는 유익을 말하는 것이다. Philip Yancey, *Disappointment With God*, pp. 261~266

482) 환원주의는 인간 현상을 물질주의의 관점에서 파악하고 해석하려는 입장이다. 하버드대학의 B. F. Skinner를 중심으로 하는 행동주의적인 심리학은, 남녀 사이의 사랑은 단지 남자의 몸과 여자의 몸 안에서 발생하는 호르몬의 화학 변화에 의해서 나타나는 현상일 뿐, 어떤 정신적인 현상이라는 설명을 거부한다. 정신적인 사랑이라는 것도 알고 보면 화학 반응으로 자리 바꾸기를 할 수 있다는 말이다. 개미를 연구해 보니, 그 개미의 사회 안에도 경제, 정치와 같은 사회 현상이 나타난다. 인간 사회 현상도 이런 곤충의 사회 현상과 크게 다르지 않다고 설명하는 것도 역시 환원주의의 입장이다.

483) Philip Yancey, *Disappointment with God*, pp. 244~245
484) Ibid., p. 250
485) Ibid.
486) Ibid., p. 252
487) Ibid., pp. 252~253
488) Philip Yancey, *Rumors of Another World*, pp. 188~189
489) Philip Yancey, *Disappointment with God*, p. 256
490) Ibid.
491) C. S. Lewis, *Mere Christianity*, p. 151
492) http://www.ellopos.net/elpenor/koinonia/topic.asp?TOPIC_ID=298
493) C. S. Lewis, *The Screwtape Letters*, p. 17
494) Philip Yancey, *Rumors of Another World*, p. 200